人力资源管理从入门到精通

张明辉 著

清华大学出版社

北京

内容简介

本书是一本企业人力资源管理实务书,由浅入深地介绍了人力资源管理的具体内容:在企业中,人力资源部门员工具体做什么、怎么做。职位不同,所需具备的知识和能力也是不同的。纵向职位层级的划分,构成了本书的框架:入门篇——人力资源专员的应知应会;提升篇——人力资源主管的技巧;精通篇——人力资源部经理的技巧。

全书共 20 章。从 HR 入行须知讲起,入门篇介绍了一个基本不懂业务的新手如何快速成长为熟手;提升篇介绍了人力资源主管的工作技巧,在专员、主管的层级,按五大模块(人事、招聘、培训、薪资、考核)具体介绍;精通篇介绍了人力资源部经理的管理技术,包括组织架构、人力资源预算、体系审核、猎头合作、人力资源软件选型、人力资源规划、经营计划与预算。

本书是作者 12 年企业 HR 从业经历的全面总结,适合企业人力资源部专员、主管、副经理、部门经理、总监等阅读,也可供相关专业本科生、研究生作为参考书。

本书免费提供相关表单等配套资源,下载地址:http://www.tupwk.com.cn/downpage。

本书封面贴有清华大学出版社防伪标签,无标签者不得销售。

版权所有,侵权必究。侵权举报电话:010-62782989 13701121933

图书在版编目(CIP)数据

人力资源管理从入门到精通 / 张明辉 著. —北京:清华大学出版社,2015(2020.5重印)
ISBN 978-7-302-39200-2

Ⅰ. ①人… Ⅱ. ①张… Ⅲ. ①人力资源管理 Ⅳ. ①F241

中国版本图书馆 CIP 数据核字(2015)第 017747 号

责任编辑:施 猛 易银荣
封面设计:周晓亮
版式设计:方加青
责任校对:邱晓玉
责任印制:丛怀宇

出版发行:清华大学出版社
    网 址:http://www.tup.com.cn,http://www.wqbook.com
    地 址:北京清华大学学研大厦 A 座 邮 编:100084
    社 总 机:010-62770175 邮 购:010-62786544
    投稿与读者服务:010-62776969,c-service@tup.tsinghua.edu.cn
    质 量 反 馈:010-62772015,zhiliang@tup.tsinghua.edu.cn
    课 件 下 载:http://www.tup.com.cn,010-62794504
印 装 者:三河市龙大印装有限公司
经 销:全国新华书店
开 本:185mm×260mm 印 张:26.25 字 数:479千字
版 次:2015 年 2 月第 1 版 印 次:2020 年 5 月第 13 次印刷
定 价:56.00 元

产品编号:059209-01

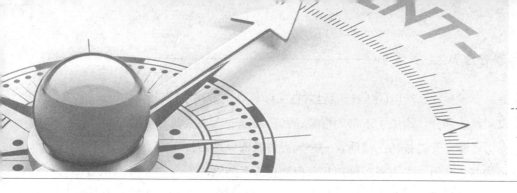

前言

一、本书的框架——入门到精通的体现

时至今日，说到人力资源管理(简称HR)，行业内、社会上已不陌生。

如果编写人力资源管理教科书，必定要从人力资源管理的历史、概念、作用、分类等方面讲起(我们称之为西方舶来品)，并对国内早先的传统人事管理批判一通。这是教科书的"地盘"，自有它的惯例。

本书属企业人力资源管理实务工具书，不再反复强调一些理论概念，直接进入实质环节：在企业中，人力资源管理具体做什么、怎么做。

这个问题，很容易被模块化为人事、招聘、培训、薪资、考核五大模块，以及岗位、HR规划两大基础。模块的划分，或有出入，比如：增加员工关系、企业文化、组织架构等。针对每个模块，再逐一介绍概念、方法、工作流程、表单、案例等。但是，这种编写方式没有完全满足HR用户的需求。因为企业人力资源部的员工，在职位、技能要求方面存在差异，类似一种部分重叠的递增阶梯。

人力资源部的职位首先有层级的区别：专员、主管、副经理、部门经理、总监等。这些职位层级的含金量不同：工作内容从简单到复杂，逐级变化(当然会有重叠)；对应的薪资收入，也从低到高(也有重叠)逐渐增加。正应了一句老话：一分价钱一分货。

虽然可以按模块划分职位，比如人力资源专员层次可划分为：人事专员、招聘专员、培训专员、薪资专员、考核专员等。但是，在已经任职于某一个模块的情况下，要想在较短时间内涉猎其他所有模块，是不太可能的。更现实的情况是：人事专员想着如何晋级为人事主管；或者薪酬主管想着如何晋级为副经理。

除了"关系户"，多数人还是要靠自己的本事吃饭，职务晋级也一样。因此，如何胜任目前层级的模块，熟练技能，把握机会增加一个模块，获得职务晋级(衍生薪资收入提高、权限提高，在部门、公司中的地位提高，更多的信息占有)，也就成了对HR们来说比较实际的关注点。

可以说，职场中的HR们不是站在一个平面上，而是站在山脚、山腰、山顶，高度不同。有的不断地想往上爬，也有的这山望着那山高。

因此，低职务层级与较高职务层级，做的事情不同，对应的技能要求也不同。本书就是按照这个思路，告诉大家：专员、主管、副经理、部门经理、总监，每个层次大概要做什么事情，要掌握什么技能(这些技能包含在实际任务的解决中)。

纵向职位层级的划分，构成了本书的框架：入门篇——人力资源专员的应知应会；提升篇——人力资源主管的技巧；精通篇——人力资源部经理的技巧。

这也是将本书命名为"人力资源管理从入门到精通"的缘由。

对于专员、主管层级，按五大模块具体介绍；对部门经理、总监的介绍，不再按五大模块，而是尽可能按照职责涉猎的工作模块展开。

关于人力资源管理能力，过去教科书也有划分：事务性、专业性、战略性。本书的架构，更接近这类纵向水平的划分，并落实到人力资源部的职位层级。

在这种框架下，作者在素材的分类筛选上花费了很大的精力。素材仍然体现原创精神，尽量不引用他人已发表的，而是从自己12年积累的资料中搜集。本书写作过程的艰难，就在于原始素材实在太多，又怕遗漏，从初步总结的100多万字，逐次删减到50万字、30多万字。确保各类素材归类到合适的篇章后，才正式开始文字撰写。此时，已过去半年。

本书不仅聚焦于HR技术。另有对职场关系的全新阐释，穿插于各章末，并以附录的形式提供延伸阅读材料。人力资源部人员与其他员工群体一样，都置身于职场。在按照制度、流程操作处理的过程中，受到本单位上上下下、周边甚至单位外部的人际关系的影响，面对的职场人群又形形色色，有着各自的利益取向、性格、行为方式、价值观，极易发生冲突，导致情绪受挫、心里委屈，实在难免。因此，HR职场关系，也成为本书的关注点。

二、本书的内容

开篇的引子，介绍了HR入行须知，便于尚未入行但想入行的新人从"门口张望"：正是由于企业人力资源部的职位空缺，才引发了HR的入行。人力资源部的员工来源于实习生、应届生、社会招聘的新手或熟手、内部调岗等。人力资源部的职位名目繁多，包括英文缩写、编制外的泛HR供应商、HR的转型(退出行业)。

入门篇，介绍了人力资源专员的应知应会。

第1章：人力资源专员怎样上手。介绍了把一个基本不懂人力资源业务的新手培养为熟手的过程，包括：熟悉情况、交代简单工作任务、对照职位说明书、工作方式、流程规范、常犯差错、如何提高、专员的目标。并穿插了人力资源专员的职场困惑访谈。

第2章：人事专员的应知应会。介绍了通讯录整理、入职离职手续办理、考勤管理、劳动合同管理、人事月报编制、社保公积金办理、人事信息库维护、福利统计发放等人事专员层次的工作任务、技能。

第3章：招聘专员的应知应会。介绍了熟悉招聘流程、整理招聘需求、发布招聘信息、招聘会小结、简历筛选、参与组织面试、录用通知、招聘专员的压力缓解等招聘专员层次的工作任务、技能。

第4章：培训专员的应知应会。介绍了培训课程方案、培训课前准备事项、培训满意度统计、培训小结报告撰写。

第5章：薪酬专员的应知应会。介绍了做工资操作、做工资依据(薪酬专员须知)、劳动年报申报、人工成本统计、工资差错和延误、工资条设计的劳动法提示。

第6章：考核专员的应知应会。介绍了完成月考核操作、修改考核表单、制定考核指标标准、考核权限。

提升篇，介绍了人力资源主管的技巧。

第7章：人力资源主管的工作职责区别。介绍了各类主管头衔的区别、人力资源主管的区别、人力资源主管与专员的区别。并穿插了人力资源主管的职场困惑访谈。

第8章：人事主管的技巧。介绍了人头计划控制分析、劳动工资统计报表的统计口径、劳动合同主体变更协议、复杂考勤问题处理。

第9章：招聘主管的技巧。介绍了招聘计划、招聘渠道、招聘方案、招聘进度控制、招聘分析、离职面谈。

第10章：培训主管的技巧。介绍了年度培训工作思路、培训需求——访谈法运用、年度公司培训计划、培训制度分析、培训分析、培训形式的变化。

第11章：薪酬主管的技巧。介绍了薪酬疑难杂症(薪酬主管须知)、薪资体系设计(薪点制)、分类薪酬方案设计的思路。

第12章：考核主管的技巧。介绍了制定考核方案、修订考核方案、销售提成计算技巧、考核反馈。

精通篇，介绍了人力资源部经理的技巧。

第13章：人力资源部经理的职责。介绍了人力资源部经理的头衔与职位含金量、人力资源部的部门职责、人力资源部经理的职位说明书、人力资源部经理的压力(业务部门对人力资源部的建议要求)。并穿插了人力资源部经理的职场困惑。

第14章：人力资源部经理的技巧——组织架构。介绍了组织架构的几种画法、组织架构通知撰写、组织手册编写、部门职责修订、定岗定编。

第15章：人力资源部经理的技巧——人力资源预算编制。介绍了年度人力资源预算、年度人力资源计划表、年度薪资福利预算表、部门费用预算。

第16章：人力资源部经理的技巧——体系审核。介绍了ISO9000程序文件清单。

第17章：人力资源部经理的技巧——与猎头合作。介绍了猎头访谈、猎头费用比较、猎头操作流程、猎头需求提出、签订猎头服务协议、猎头招聘进度控制、背景调查、委托招聘录用函、劳动关系与薪酬协议，并穿插了猎头的职场困惑。

第18章：人力资源部经理的技巧——HR软件选型。介绍了电子化招聘管理系统立项报告撰写、e-HR系统建设立项报告、e-Learning系统建设立项报告。

第19章：人力资源部经理的技巧——人力资源规划。介绍了公司发展规划的组成、人头计划(人员配置)的方法、部门HR规划(客服中心三年人员需求预测)。

第20章：人力资源部经理的技巧——经营计划与预算编制。介绍了预算管理制度、某公司预算管理现状分析。

张巧兰参与撰写第2章，其中第2.9节人事档案管理由其独立撰写。

三、本书的特色

编写架构有层次，逐步递增，符合人力资源部职位由低到高对应的工作目标和技巧要求；内容素材来自企业实际，多次反复筛选；文字风格延续了作者一贯的讲解叙述；每章都有诸多案例、表单、数据作支撑。本书是作者对12年企业HR从业经历的全面回顾。

出于均衡篇幅的考虑，绩效、薪酬部分的内容在本书中有所限制。可参考作者已出版的图书：《人力资源总监绩效管理笔记》《从零开始学绩效指标设计》《资深人力资源总监教你做薪酬》。

四、本书的读者

本书适合企业人力资源部的专员、主管、副经理、部门经理、总监、副总等阅读，尤其适合作为各类主管、部门经理提升业务能力的工具书。

本书也适合本科生、研究生等作为参考书，帮助他们提前一步了解人力资源管理理论之外的企业实务究竟要做什么、怎么做。

本书的架构，对管理院系的大学教师编写实用经管类图书或有参考、启发。

张明辉
2014年12月

目录

引子　HR入行须知 ··· 1
  0.1　职位空缺与HR入行 ··· 1
  0.2　人力资源部的人群来源 ·· 1
  0.3　人力资源部的职位有多少种 ··· 4
  0.4　有关HR职能、职位的英文缩写 ··· 5
  0.5　人力资源部的编外人员 ·· 5
  0.6　HR的转型 ··· 6

入门篇　人力资源专员的应知应会

第1章　人力资源专员怎样上手 ··· 8
  1.1　什么叫上手 ··· 8
  1.2　上手1：熟悉情况 ··· 8
  1.3　上手2：简单工作任务 ·· 9
  1.4　上手3：对照职位说明书 ·· 9
  1.5　上手4：工作方式 ·· 10
  1.6　上手5：流程规范 ·· 11
  1.7　上手6：常犯差错 ·· 11
  1.8　上手7：如何提高 ·· 11
  1.9　人力资源专员的目标 ·· 12

第2章　人事专员的应知应会 ·· 16
  2.1　通讯录整理 ·· 16
  2.2　入职离职手续办理 ·· 17
  2.3　考勤处理 ·· 20

2.4 劳动合同处理 ································· 24
 2.5 人事月报编制 ································· 28
 2.6 社保公积金办理 ······························ 34
 2.7 人事信息库维护 ······························ 38
 2.8 福利统计发放 ································· 39
 2.9 人事档案管理 ································· 39
 2.10 领导临时交办的其他任务 ················· 43

第3章 招聘专员的应知应会 ···················· 44
 3.1 熟悉招聘流程 ································· 44
 3.2 整理招聘需求 ································· 45
 3.3 发布招聘信息 ································· 48
 3.4 对招聘会进行总结、分析 ··················· 54
 3.5 筛选简历 ······································· 55
 3.6 参与组织面试 ································· 57
 3.7 通知录用 ······································· 63
 3.8 招聘专员的压力来自哪里 ··················· 63

第4章 培训专员的应知应会 ···················· 65
 4.1 培训课程方案怎么做 ························ 65
 4.2 培训课前准备要注意哪些事项 ············· 70
 4.3 培训满意度调查怎么做 ····················· 71
 4.4 培训总结报告如何撰写 ····················· 72

第5章 薪酬专员的应知应会 ···················· 79
 5.1 做工资 ·· 79
 5.2 做工资的依据——薪酬专员须知 ·········· 84
 5.3 劳动年报申报 ································· 92
 5.4 人工成本统计 ································· 95
 5.5 工资差错和延误 ······························ 95
 5.6 工资条设计的劳动法提示 ··················· 98

第6章 考核专员的应知应会 ···················· 100
 6.1 组织实施月度、季度考核 ··················· 100
 6.2 修改考核表单 ································· 103
 6.3 制定修改考核指标标准 ····················· 106
 6.4 考核权限 ······································· 108

提升篇　人力资源主管的技巧

第7章　人力资源主管的工作职责区别 ··· 112
  7.1 各类主管的区别 ··· 112
  7.2 人力资源主管的区别 ·· 112
  7.3 人力资源主管与专员的区别 ··· 113

第8章　人事主管的技巧 ·· 119
  8.1 人头计划控制分析表 ·· 119
  8.2 劳动工资统计报表的统计口径 ··· 120
  8.3 劳动合同主体变更协议 ·· 122
  8.4 考勤的复杂 ··· 123

第9章　招聘主管的技巧 ·· 129
  9.1 招聘计划 ··· 129
  9.2 招聘渠道 ··· 133
  9.3 招聘方案 ··· 135
  9.4 招聘进度控制 ··· 138
  9.5 招聘分析 ··· 139
  9.6 离职面谈 ··· 140

第10章　培训主管的技巧 ·· 141
  10.1 年度培训工作思路 ·· 141
  10.2 培训需求——访谈法 ··· 145
  10.3 年度公司培训计划 ·· 149
  10.4 培训制度分析 ··· 154
  10.5 培训分析 ·· 159
  10.6 培训形式的变化 ··· 165

第11章　薪酬主管的技巧 ·· 168
  11.1 薪资疑难杂症——薪酬主管须知 ··· 168
  11.2 设计一套公司薪酬体系——薪点制 ·· 172
  11.3 分类薪酬方案设计的思路 ··· 180

第12章　考核主管的技巧 ·· 192
  12.1 制定考核方案 ··· 192
  12.2 修订考核办法 ··· 205

  12.3 销售提成计算技巧 ·········· 211

  12.4 考核反馈 ·········· 215

精通篇　人力资源部经理的技巧

第13章　人力资源部经理的职责 ·········· 226

  13.1 人力资源部经理的头衔与职位含金量 ·········· 226

  13.2 人力资源部的部门职责 ·········· 227

  13.3 人力资源部经理的职位说明书 ·········· 228

  13.4 人力资源部经理的压力(业务部门对人力资源部的建议要求) ·········· 229

  13.5 人力资源部经理的职场困惑访谈 ·········· 231

第14章　人力资源部经理的技巧——组织架构 ·········· 233

  14.1 组织架构调整的文件方案撰写 ·········· 234

  14.2 组织架构图的画法 ·········· 235

  14.3 引发组织架构调整的多种原因 ·········· 239

  14.4 部门职责修订 ·········· 246

  14.5 定岗定编 ·········· 249

  14.6 组织手册编制 ·········· 250

第15章　人力资源部经理的技巧——人力资源预算编制 ·········· 257

  15.1 年度人头计划表编制 ·········· 257

  15.2 年度薪资福利预算表编制 ·········· 262

  15.3 年度培训计划预算表编制 ·········· 268

  15.4 年度部门费用预算表编制——人力资源部 ·········· 274

第16章　人力资源部经理的技巧——体系审核 ·········· 280

  16.1 ISO9000的人力资源管理程序要求 ·········· 280

  16.2 与人力资源部有关的管理程序介绍 ·········· 283

  16.3 体系审核计划 ·········· 287

第17章　人力资源部经理的技巧——与猎头合作 ·········· 289

  17.1 访谈：猎头、HR对"猎头"业务的看法 ·········· 289

  17.2 明确猎头工作流程 ·········· 292

  17.3 确定猎头岗位需求 ·········· 294

  17.4 猎头费用比较 ·········· 298

  17.5 签订猎头服务协议 ·········· 300

17.6	猎头招聘进度控制	307
17.7	背景调查	308
17.8	委托招聘录用确认函	310
17.9	录用签订劳动关系与薪酬协议	311
17.10	猎头合作的注意事项	313

第18章 人力资源部经理的技巧——HR软件选型 ... 316
- 18.1 引入e-HR、e-Learning有何利弊 ... 316
- 18.2 e-HR选型报告 ... 319
- 18.3 e-Learning选型报告 ... 323
- 18.4 ERP项目的人力资源子模块 ... 329

第19章 人力资源部经理的技巧——人力资源规划 ... 334
- 19.1 人力资源规划的报告分析 ... 334
- 19.2 人头规划(人员配置)的方法 ... 340
- 19.3 部门HR规划案例：客服中心三年人员需求预测 ... 342

第20章 人力资源部经理的技巧——经营计划与预算编制 ... 347
- 20.1 了解全面预算管理——财务的角度 ... 347
- 20.2 熟悉本企业的预算管理制度组成 ... 352
- 20.3 预算工作时间的安排 ... 356
- 20.4 案例：某公司全面预算管理现状 ... 357

附录A 人力资源管理制度清单及诊断说明书 ... 360
附录B 上市尽职调查(HR部分)案例 ... 364
附录C 公司重组的人力资源管理案例 ... 367
附录D HR定员定额管理流程 ... 375
附录E 车间主任访谈结果报告 ... 377
附录F 职场HR故事：劳动法风云1、2、3 ... 380
后记 ... 402

引子　HR入行须知

0.1　职位空缺与HR入行

随着公司业务的发展，应组建人力资源部；或人力资源部成立以后，由于组织架构变化、人事调整、员工离职、员工休假等，会出现职位空缺。

出现职位空缺以后，有几种处理方式：①将该职位的工作职责拆分给现有人员，职位编制取消；②内部补员，如直接调岗或内部招聘；③外部招聘，包括校园招聘、社会招聘、猎头等方式。

有时，也会发生以下情况：人力资源部的某位员工休假，季节性工作量增加，现有人员工作量一直饱和，就会产生阶段性的"职位空缺"。这时，出于节约人工成本和满足阶段性需求的考虑，人力资源部往往会发布招聘实习生的信息。

所以，要说资历最浅的HR，应是实习生。

0.2　人力资源部的人群来源

0.2.1　实习生

在诸多实习生中，有的会被录用；有的纯粹是为了获得打工体验，在简历上增加一笔工作经验；有的实习生，是某种关系户。因为公司也是社会的一分子，公司的各级别领导、经理、老员工，也有客户、同事、亲友等关系要照顾，为了卖个面子，人力资源部也会将这些实习生安排到别的部门或自己的部门。在人力资源部的编制中，实习生就是临时工，算是编外人员。

0.2.2　应届生

应届生，是应届毕业生的简称。它与实习生的区别主要在于是否(将要)毕业，我们通常理解为大四学生。

实际上，由于学历的不同，应届生也有大专(高职)生、本科生、硕士研究生、博士研究生等的区别。多年以前，应届生还包括中专、职高、技校生，后逐渐被高职(职业技术学院)生取代。本科也分多个级别，包括一本、二本、三本，一本里还有985、211等所谓的重点本科，三本等同于独立民办学院。按照中小企业人力资源部招聘应届生的标准来看，一般主要面向本科生、大专生。一些大企业，可能需要招聘硕士、博士研究生。

人力资源部发布的应届生招聘信息，最常见的职位叫人力资源专员，也可称为HR专员、人事专员，或者助理。对于研究生，也许会给予主管、高级主管、经理助理的头衔。

虽然说招聘不应有歧视，包括学历歧视，但是由于行业不同、企业规模大小不同、所处地域不同、时代推移的背景不同，各家企业的人力资源部对于到底是本科生好用、大专生好用，还是研究生好用，都有不同的说法。

总体来说，学历低些的应届生，可能对薪资期望低，对岗位分工不挑剔，办事卖力，对人力资源部来说，在公司薪酬政策偏低的情况下，选择余地大。但从未来的成长性和内部人才培养的角度来看，在未来，随着他们对基础模块熟悉程度的加深，当企业需要他们应用更多方案设计、统计分析等中高阶的技能时，可能还是会感叹：学历高些，或重点本科出身的，思维能力更强。当然，也不能一概而论。

0.2.3 社会招聘的HR新手或熟手

除了应届生，人力资源部也会通过人才网、人才市场、熟人推荐等社会招聘方式，筛选简历。

社会招聘与应届生招聘的区别主要是招聘有相关工作经验的社会人员。社会招聘的HR新手职位，也以人力资源专员、主管为主，一般要求应聘人员具备1～3年的相关工作经验。

在工作经验前面，为何要加"相关"两字？因为工作经验的匹配，有程度上的区分。

有的候选人，毕业后三年，都在行业相同、规模接近的企业的人力资源部工作，从事的岗位也是相同的，这就接近100%相似了；而有的候选人虽然工作了三年，却在不同行业、不同规模企业的其他部门的岗位(如销售、商务、客服、采购等)工作，这就不相似了；也有的匹配程度参差不齐，行业、企业规模、部门、岗位等因素，有重叠的也有不重叠的。

在筛选的有效简历比较多、可供录用的候选人比较多的情况下，人力资源部会倾向于采用严格的标准看待相关工作经验；反之，在有效简历和候选人不多、薪资又低、其他工作条件也不理想(地理位置偏僻、单休、经常要加班、福利差等)的情况下,人力资源部也会放宽录用条件,只要"相关",甚至不相关,也会考虑录用。

以前在别的公司没有做过HR职位,或只做过短暂的时间(比如少于一年),接触的人力资源管理的实务较少,都可以叫做HR新手;从事HR工作三年左右的,实际操作技能也达到一定水平的,可以叫做HR熟手。

可见,有些HR的入行,实际是转行。没有相关工作经验,要转行入HR行业,说容易,也不容易。

客观上,我们发现,在HR从业人员中,有科班出身的(一般理解为人力资源管理专业及相关专业:心理学、工商管理等),也有半道出家的(原来从事别的工种,后来由于各种原因,主动或被动进入HR行业),还有通过自考、成人教育等方式获得人力资源管理相关学历的。除了学历证书,通过考证获得人力资源管理师从业资格也成了不少半道出家的HR的入行途径。

0.2.4 内部调岗

以上说的,都是外部招聘的情况。实际上,有些人进入HR行业,是内部职业发展的结果。比如:前台,有可能转岗为人事助理;会计,有可能转岗为薪资专员(有的小公司,最早由财务部做工资)、考核专员;销售、客服、技术支持,有可能转岗为培训主管(或培训师)。

还有一种可能,是转为半业务+半HR的职位。比如:销售公司的区域经理,转岗为销售公司的行政人事部经理或综合管理部经理,不仅要做本系统内的HR相关工作,还要负责与销售相关业务(含客服、商务等)的考核奖金、提成等综合方案的设计与管控执行。

同样,研发中心、生产工厂、新成立或收购的外地子公司,也会发生内部调岗,由业务出身(销售,技术,供应链,质量等)的主管、经理,平级调动或晋级为从事半业务+半HR的管理职务(一般叫2级经理,泛中层干部)。

也有一些少见的情况,就是将技术业务出身的子公司总经理、副总,以及大部门的总监、经理等,直接提拔为副总裁、总裁助理、人力资源总监、行政人事总监等,进入公司高管的行列。

HRBP,也就是业务单元的HR合作伙伴,近几年开始流行。这种潮流的思想,主要想表达:HR出身,想理解业务,成为业务伙伴,难;而业务出身,理解业务,再学点HR知识技巧,容易。

姑且不论这种论调是否正确，或正确到何种程度，但对原来讲究"根正苗红"的HR专业出身的HR来说，是个冲击。包括人力资源部可以外包、拆分，企业HR会出现职业危机，绩效主义害了索尼等论调，无一不是对现有的HR行业的冲击。

0.3 人力资源部的职位有多少种

一般来说，公司的人力资源部的职位层级大致可分为：人力资源专员、人力资源主管、人力资源部副经理、人力资源部经理。

近些年，对于大中型企业，只要有集团的，有人力资源部总经理、人力资源总监、行政人事总监这些叫法。有的是名副其实(公司大、薪资高、权力大、核心信息多、进入高管层)；有的是"虚胖"(公司不算太大、薪资不算太高、权力不算太大、核心信息不多、还是中层)，当然，这种头衔的夸大，也算一种不付费的面子激励。

在公司层面，分管或主管人力资源的有：董事长、总裁、常务副总裁、副总裁、董事长助理、总裁助理；或：董事长、总经理、常务副总、副总、董事长助理、总经理助理。总经理助理是个可大可小、伸缩性很大的职位。

理论上，工会主席与人力资源部经理是对立的。但实际上，民企的工会主席也有由人力资源部经理兼任的情况。

相对于正职而言，人力资源部副经理是副职。与人力资源部副经理级别相同的、实际工作类似的、名称不同的职位还有：行政人事部经理、综合管理部经理(综合部、管理部)。可能的区别在于集权还是分权，以及向谁汇报：集权的，人力资源部副经理向人力资源部经理汇报；分权的，行政人事部经理向子公司总经理汇报，向人力资源部经理虚线汇报。

在主管与副经理之间，还可能有经理助理的职位，也有的叫助理经理，这是为了重点表示：我虽然是助理，但也是经理(部门领导行列)。这跟助理总裁与总裁助理，有异曲同工之妙。

有的经理助理，纯粹是助理，跟主管差不多，甚至没有下属，就是职等高、薪资高，为了方便招聘、吸引相对高层次的人才，由公司自己培养；有的经理助理，是公司培养的过渡人才，经培养锻炼后要提拔重用。

主管，也有多种叫法，如：高级主管、资深主管、主任、项目经理、高级经理、资深经理等。有的表示资深(时间长，老员工)，有的表示管理职务高(有下属)，有的表示水平高(大型集团，员工人数多，人力资源部人数也多，工作按模块分得细，有些工作都要做合并报表、统计分析)。有的猎头公司称这类主管为模块经理，作为候选人不能当部门经理、副经理的管理职务时的变通说法。

专员，在中小企业，人力资源部人不多，就是叫人力资源专员；在大企业集团，人力资源部人多，专员还细分为：人事专员、招聘专员、培训专员、薪资专员、考核专员等，也有员工关系专员、任职资格专员、企业文化专员。或者组合起来，称为人事招聘专员。在国企，还有负责干部管理的岗位。

有的公司，还要将专员细分为：助理，如人事助理、培训助理、招聘助理；甚至细分到员，如档案员、考勤员、工资核算员。在工厂就有这种叫法。

人力资源部，是从传统的劳资处、人事处演变而来的名称。在实际中，也出现了一些另类的叫法，如绿城集团叫"本体建设部"、阿里巴巴有"政委"的提法。

0.4 有关HR职能、职位的英文缩写

HR：人力资源，人力资源部，人力资源专业人员。HRM：人力资源管理，人力资源部经理。HRD：人力资源开发，人力资源总监。HRVP：人力资源副总裁。HRBP：人力资源业务合作伙伴，派驻到各业务部门的HR。HR Unit：人资单位，人力资源部门。

0.5 人力资源部的编外人员

上述职位多数是人力资源部编制内的，也就是签订劳动合同的职位。前文提及，编外的叫实习生。实际上编制外的，也不仅有实习生，还可能有退休返聘的顾问，比如厂医、法务顾问，一般都由资历比较老的员工担任。也有可能是劳务派遣的，合同与劳务派遣公司签订。

一个公司的人力资源工作(如果看做一类业务)，除了人力资源部在做，也涉及公司高管、业务部门的经理、主管，也有员工参与。

同时，人力资源部也会有特定的供应商，如培训公司、咨询公司、猎头公司、劳务派遣公司、IT公司、律师事务所、认证机构、高校就业处、人才网站等。在选择培训课程、开展咨询项目、引进中高级人才、招工、上HR系统、处理劳动纠纷、体系审核、发放奖学金、网络招聘、上市等HR业务方面，可通过支付费用的方式采购，进行补

充，以满足公司各层面对人力资源管理实务的不同阶段的需求。

HR行业，在中国加入世界贸易组织(WTO)前后，也就是1999年前后(仅是本书的观点)，开始从无到有、从冷门到热门，已有15年的发展历程。这个行业也从备受期待、发力，到承受各种压力、议论，进入了成熟期。未来的中国HR行业，究竟是冷是热，谁也说不好，有着不确定性。因此，HR入行，也涉及退出的问题，或叫转型。

0.6 HR的转型

HR的转型，可归类为几种出路：做到HRD以后，要么继续往副总裁发展，要么转为做猎头、自由讲师、咨询顾问，或开培训公司、劳务派遣公司等。当然也有人完全脱离这个行业，开淘宝店、开咖啡馆、开餐饮公司、开外贸公司、办厂等，但都不具有典型性。

HR行业，总是要依赖于其他行业的发展而变化。

|入门篇|

人力资源专员的
应知应会

第1章 人力资源专员怎样上手

本章介绍了把一个基本不懂业务的新手培养为熟手的过程,包括:熟悉情况、交代简单工作任务、对照职位说明书、工作方式、流程规范、常犯差错、提高方法、专员的目标。章节中穿插了人力资源专员的职场困惑访谈。

1.1 什么叫上手

当人力资源部出现职位空缺,比如需要人力资源专员,可通过内外部招聘进行补员,使人员尽早到位。

我们把实习生、应届生、相关工作经验少于一年的新员工,统称为HR新手;考勤员、人事助理、招聘专员等,统称为人力资源专员。

人力资源部现有的副经理、主管、专员(熟手),都有自己的职责,能够得心应手地处理业务,独当一面。现在,来了个新手,作为人力资源部经理(有时由直接主管考虑)应该如何安排新手的工作呢?把一个基本不懂业务的新手培养成熟手的过程,叫上手。

1.2 上手1:熟悉情况

新员工报到入职当天,先由人力资源部按照正常流程办理入职手续。可能包括:提交核对身份证、相关证件,签订劳动合同,领取门禁卡(饭卡)、员工牌,开通公司邮箱、办公系统OA账号,办理工资卡,发放员工手册、电脑、必要的办公用品等。可通过邮箱发放通讯录,请新员工去OA下载并自学公司规章制度、财务报销流程等,还可以直接把职位说明书发给他。

然后,人力资源部经理(或直接主管)找新员工谈话。除了表示欢迎,还要交代他尽快熟悉情况,包括公司、本部门、本岗位的情况。

熟悉情况包含以下几种意思。

第一种意思,熟悉办公环境。包括吃饭的地方(自办食堂,外包的餐厅,周边的小餐馆,外卖等)在哪里,洗手间在哪里,打印机在哪里,开水房(饮水机)在哪里,自己的工位在哪里,其他办公室的布局等。

第二种意思，熟悉人头。一是了解组织架构，二是看通讯录，三是对照通讯录上的人名，通过电话、邮件、QQ等在工作接触中与其熟悉起来，能尽快将名字与他的信息(部门，职务，工作范围)、长相等对应起来。

第三种意思，熟悉公司规章制度。包括上下班时间，迟到早退的扣罚，打卡考勤的规定，请假规定等。

第四种意思，熟悉工作情况。一是前任移交的工作，包括资料、流程的熟悉；二是本岗位的职责，汇报关系；三是工作周报、月报的交代。

规范的离职移交，应该有待办事项；或者直接主管从现有工作中剥离、罗列的事项。这些事项，一般都是具体的任务，对熟手来说不难，但对新手来说，这些待办事项、罗列事项，正是入门的开篇，也是试用期、实习期的基本考验。

一般来说，谈话结束后，在一周内，HR新手就应去OA下载各种制度文件，在短时间内，对公司、部门的情况有个大致的了解。

1.3 上手2：简单工作任务

这时，新手会在直接主管的指导、监督下，开始对照遗留的待办事项，或新罗列的工作事项，逐条去尝试完成。

直接主管最有可能先向新手下达简单的工作任务。这些任务会是什么呢？可能包括：社保办理、公积金办理、考勤统计、人才网站招聘职位日刷新、电话邮件通知面试、面试接待(收发应聘登记表，引导，倒茶水，发公司宣传资料等)、档案整理、通讯录更新、劳动合同签订、培训课程组织电话邮件通知、培训现场协助(准备茶水、白板、水笔、音控设备、投影仪、开门钥匙，组织签到，发餐券等)、招聘现场协助(拿易拉宝，在展位摆摊收简历，旁听)、维护人员信息库。

面对这些任务，积极、上进、肯干的新手，会忙得不亦乐乎，并在与同事接触的过程中相互熟悉起来；而消极、不上进、混日子的新手，会忙得晕头转向、没有方寸，并心生抱怨。

1.4 上手3：对照职位说明书

这时候，我们如果把新手的职位说明书拿出来对照，会发现：这些琐碎具体的事项，在职位说明书里，被归纳得很简单。而实际展开后，对新手来说，一个职责，却对应着不少具体的需花时间、耗精力的工作任务。

职位说明书由不少信息模块组成。其中，一个信息模块叫职能设置，一般只有一句话：通过……做……用以达到……(目的)。另有一个模块叫工作职责，一般列出5～8条。每一个职责都是由"动词+宾语"组成的。如：①办理保险、公积金；②协助招聘；③协助、参与培训实施；④办理劳动合同签订；⑤统计考勤数据；⑥维护人员信息库；⑦完成领导交办的其他临时任务。

同时，在每个提炼出来的动宾结构后面，有具体的事项，如：办理社保、公积金：根据人事月报的人员进出情况，及时、准确地办理员工的社保及公积金缴纳、停缴、调整，确保员工的合法权益。

这时，动词"办理""协助""参与""维护"等，就体现了人力资源专员(助理)的职位层级和工作含金量。因为，在人力资源主管的职位说明书中，描述其工作职责的动词，更多是：编制、拟定、审核、分析等；而人力资源部经理(副经理)的职位说明书中，描述其工作职责的动词，更多是：审核、协调、监督、指导、规划等。

1.5 上手4：工作方式

这时，人力资源专员的工作，更多是现场处理。这里所说的"现场"，可能是人力资源与社会保障局的办事窗口；可能是社保中心、公积金中心的办事大厅(现在网上也可以申报，拿着材料去盖章)；可能是人才市场摊位，高校的招聘会、宣讲会，公司内部的会议室、接待室；可能是公司内部的培训教室，外租的酒店会议室；还可能是前台(导出门禁打卡数据，记录迟到、早退情况)。

人力资源专员的工作，还包括通过电话、邮件、QQ等，完成各类通知、联系(联系制作横幅等)。

在工作中，主要涉及的办公软件、硬件有：Word，因为要写名单、发通知、填签到表；打印机、复印机，应能熟练使用；Excel，用于简单的计算，主要是简单统计；PPT，使用较少，用于与培训、招聘相关的简单的字、图的制作与展示。

总之，HR新手的工作，可以概括为：办事，跑腿，打电话，录数据，做表单。

1.6　上手5：流程规范

怎样才能做好工作，尽快胜任岗位？会出怎样的状况、差错，导致工作频繁延误？

从知识、技能、态度来看，知识不在于全面，而在于能转化为实务操作技巧。对于HR新手来说，光看职位说明书是没有用的，而是要通过具体的工作事项办理，提炼出"工作流程"。有的公司，在ISO体系、有作业指导书，这就是对工作步骤的细分，明确了员工什么时间、做什么事情、投入什么、如何加工、产出什么。

人力资源专员，也要有这种"投入—加工—产出"的概念。每做一件事情之前，都要想一想：依据(法规政策，公司内部规章制度)是什么，需要准备哪些材料、是否齐全，相关领导、岗位人员是否签字确认(投入)；是根据明确的书面规定操作的，还是自己的主观设想(加工)；这项工作要提交给谁，在什么时间提交(产出)。

1.7　上手6：常犯差错

我们在培养新手的过程中发现，新手常会犯差错，或导致延误。分析原因，有多种可能：①对自我检验环节投入不够，没有完全掌握相关的法规政策、公司规章制度条款；②被动或主动的信息不对称，对公司最新的通知制度、人事报表等没有关注；③统计、计算不熟练，缺乏检查、复核意识；④对定期的时限或不定期的专项时间节点，没有紧迫感，没有在笔记本上作记录，并刻在脑中、印在心里；⑤不知道下道工序也有时限要求，本道工序提交延迟，会影响下道工序和整个工作流程的贯穿；⑥不知道工作差错和延误，会被客户投诉、责骂，会造成经济损失；⑦不知道姓名、职务，写错了会引起领导、经理、员工的不满。

1.8　上手7：如何提高

上述技能，实际上还是最基础的操作技能，只要用心做、用心学，经过几个月的接触，是可以掌握的，关键还是意识和态度。

新手理解、领会上级的意图的能力是欠缺的。如果新手在这方面做得好，一般上级、同事会评价：悟性高，灵活。

所以，直接主管在布置任务时，要把意图讲解、交代清楚，并向其确认：我刚才提到的事情、任务，你再重复下，有没有问题？新手也要在领任务时，多问一句：领导(主管)，您刚才交代的任务，我理解是这样的，对吗？这就可以在源头上避免方向上的偏差。

上级也应尽可能地把相关依据打包给新手，包括如何检查的技巧，多提醒他，告诉他，提交时先自己检查一遍。

任务提交时，直接主管要有心理准备：新手刚开始做的表单、名单统计等，多少都是有差错的，这时候，要把发现的差错圈出来，并加以批注，要把新手找来，面对面地指导他：有哪些差错，怎么修正。还要问他当时怎么没想到，今后如何避免。虚心的新手，会把主管的这些工作指导意见记在笔记本上，回去细细琢磨。一般2~3次后，对于这些低级错误，新手就会牢记在心并尽量避免。

有些工作如筛选简历、做表、录数据、打电话等，主管可以亲自示范。这就是手把手的培训或叫在职指导。对新手来说，如果能碰到这样的上级，是职业生涯中的幸事。

关于延误，有些是自身性格拖沓导致的，有些是操作技巧差、工作量大、工作处理效率低导致的，也有的是别的同事、部门员工刁难、不配合导致的。这时候，上级就要在工作开展的过程中提前发现、纠正、控制。不要等到事情已经超时间了，再粗暴地责问。上级有责任去协调新手不能控制的事情，这就是资源支持。

为了使新手更有计划性和目标感，直接主管可通过工作周报的方式予以锻炼、强化：本周完成了哪些，还有哪些没有完成(原因是什么)，下周计划要做哪些。当然也有计划外的任务临时出现，需考虑周全。

对于每日的工作，可指导新手，在上班后的半小时内，把今天要做的事情写在纸上，做完一件划掉一件，下班前半小时对照下。当然，新手自己要努力的话，可以提早半小时来公司上班，晚半小时下班。尤其在试用期三个月，这样做有好处：可给上级、同事留下努力、不计较、勤奋好学的印象；自己也可以成长得更快。

甚至，在晚上或周末时，也可以做些额外的工作。现在的工作节奏快，新手没有在额外时间投入准备，在8小时内把事情做完，有时是不现实的；而经过阶段性的工作历练，在工作中学习，熟手是可以在8小时内把工作基本做完的。

1.9 人力资源专员的目标

人力资源专员的入门，实际是写给HR新手看的，目标是让新手成为熟手。及时性、准确性、效率、态度，就是评价衡量从新手到熟手的指标。

接下来，我们假定HR新手是细分的人事专员。那么，我们就应明确：他的岗位职责是什么？对应的工作任务有哪些？怎么处理这些任务？常犯的错误是什么？如何提高？

职业发展是分阶段的，刚参加工作的专员、主管、副经理、经理、总监等，每个阶段都有不同的困惑。然而，有些人可以顺利通过困境，而有些人却遇到了天花板，这是为什么呢？请看不同阶段HR的职场困惑访谈。

> **延伸阅读：HR专员的职场困惑访谈**
>
> **访谈1：人事专员A，工作不到半年**
>
> 毕业时到温州找了份工作，做了三个月，当时感觉温州民营经济发展好，但人力资源管理相对落后，我在部门内从事一些人事、行政、工会甚至团委的工作，很杂，事务性很强，而且工资非常低(1500元/月)，个人感觉在这样的企业没有发展前途，最终离开。
>
> 年轻人一方面考虑在工作中是否可以学到东西，另一方面考虑收入的高低，如果这两点都不好，留在那里就是耗费青春，对自己未来的发展是很不利的。
>
> 杭州的人力资源管理水平高，而且有很多大公司，感觉机会也多，最终考虑到杭州发展。
>
> ××公司招聘，当时感觉薪资还可以，学习平台也不错(好领导)，感觉有前途，能看到一丝光明(以前迷茫、黑暗)，有了学习方向、有盼头，最终选择进入××公司。虽然××公司的工作氛围不是很好，不过这个阶段以学习为主，这个可以克服。
>
> 目前从事基础的人事工作，很繁琐，希望自己能在一两年内把基础的人事工作做熟练，然后转到一些较专业的模块，作出点成绩。争取到三十几岁能做到人力资源经理。总体上，目前我最关注的就是专业发展问题(学习平台)和薪酬福利待遇，其他问题暂时还没有。
>
> **访谈2：人事专员B，工作近三年**
>
> 春晚小品《昨天、今天、明天》，对应到职业发展，就像现在的后辈、当前者和前辈一样。后辈的很多感受，都能引发当前者和前辈的共鸣；而前辈们所讲的，

也是后辈们以后要经历的，可以学习借鉴。

大学里学过职业生涯规划，也了解企业生命周期，一个人从出生到成长到衰老，这些都是相对的，我们也会经历从成长到稳定到衰退的过程。

我刚参加工作的时候也充满了雄心壮志，感觉风华正茂，有远大的理想和目标，然而经过几年的工作磨砺，我现在反而会有些迷茫。感觉从事人事模块很长时间，自己的发展前景也不是非常明朗，甚至会有些厌倦，这些是真真切切的感受。

小A刚才按照时间维度为自己制定了目标，来衡量自己的发展期望，如计划三十多岁收入达到多少、岗位达到人力资源经理等。我从时间上感觉，从业前两三年难有大的突破。但从工作内容上来说，从人事、绩效到招聘，很像一个个里程碑，至少在工作模块上有新的接触，对我个人来说，工作激情、兴趣、工作意愿都有提升。对刚进入职场、工作经验不多的人来说，阶段性的新拓展是有积极作用的。

工作这么长时间以来，自己收获了很多感悟。

从环境适应能力上来讲，获得了很大的提升。刚进入公司时个人状态非常模式化，唯唯诺诺，话也不敢大声讲，去食堂吃饭都不好意思和别的同事攀谈，但慢慢地熟悉了环境之后，对公司的基本情况、各部门间的同事关系等都有了基本的认识，现在自己能够对公司的很多方面提出意见和想法，并敢于就某些事情发表自己的观点。

从个人工作的参与度上来讲，也在不断地取得突破。刚开始负责打杂、跑腿，参与度不是很高，有时候也不去问为什么，主管让怎么做就怎么做。逐渐地，对于一些人事问题、考核问题，有时候会提一些自己的看法、意见，在参与度上介入得更深。就长远发展而言，希望自己能做一些方案，做得更深入一些，而不是"二传手"。

在公司发展，人际关系也是很重要的。曾看过这样一句话，一个成功的人需要四种人来帮助他：高人指点、贵人相助、爱人激励、小人监督。

以我为例，高人和贵人，比如学校的老师、导师，传授经验并介绍工作；又如公司的好领导，给予指教。高人和贵人，让自己褪去学生的书生气，逐渐成熟起来，从而取得职业上的进步，他们非常重要，我很感激。爱人激励类似组织行为学中的需求理论，发展到一定阶段，在满足低层次的需要后会不断希望得到更高层次需要的满足，而家庭、爱人等确实能给自己一些激励，能让自己更成熟、更有担当。"小人"监督,"小人"是指一些和自己性格、价值观等不同,相处起来冲突多、感觉不舒服或过于利益导向的人,我们无法要求环境来匹配自己、迎合自己,而这样一类人的存在,会让自己平时更清醒,更有目标或者对自己要求更严格一点。

从学校到社会再到工作,不只是个人的事情,更多地需要我们处理好与周遭的一些人和事的关系。刚提到的四种人,是我工作以后对人际关系的感悟与总结。

如今,几年工作下来,感觉自己像个"二传手",缺乏思考和提问,更多专注于做。在以后,要加强培养自己的职业能力、独立思考能力,不能仅做一些事务性工作,安于现状,要自己去思考、摸索,提高主动性。

第2章 人事专员的应知应会

本章介绍了通讯录整理、入职离职手续办理、考勤处理、劳动合同签订、劳动合同处理、人事月报编制、社保公积金办理、人事信息库维护、福利统计发放、入职离职手续办理、档案资料保存、职称办理、领导临时交办的其他任务等人事专员层次的工作任务、技能。

虽然不同的公司对人事专员的职责、要求有所出入,但能完成上述事项,可以算相对合格的人事专员了。

2.1 通讯录整理

公司通讯录维护,有的由办公室秘书负责,有的由人力资源部负责。如在HR部门,一般交由人事专员负责。

公司通讯录样表,见表2.1。

表2.1 公司通讯录

序号	部门	姓名	职务	电话	手机	短号	E-mail	备注
1	公司领导							
2								
3								
4	办公室							
5								
6								

总部地址: 邮编: 公司总机: 传真:

通讯录维护虽然简单,但也会出错。例如:离职人员没有删除,新进人员没有增加;转岗人员没有转移到新部门;职务变动,没有体现;手机有变化,没有更改;部门名称变了,没有替换。

通讯录的维护也有"输入—加工—输出"的过程。新手要注意维护的依据:公司组织架构调整的通知、新进离职调动人员的人事信息、员工通过邮箱等告知的联系方式的变更,都要注意及时收集。对人名、职务称呼要尤为注意,一不小心写错了、写低了,容易引起领导、同事的不满。

要注意：通讯录是为便于公司内部人员工作沟通而设置的，所以信息大多比较详尽。这就给猎头公司提供了方便，当他们通过一些手段搞到通讯录时，该公司的人员信息就"一网打尽"了。所以，有些公司的通讯录上只有姓名、手机号码、邮箱等必要信息，不写职务，或只写公司领导职务，部门经理、一般员工的职务不写。

通讯录的栏目也随着时代的发展不断变化，例如：寻呼机、小灵通早已退出通信领域，因此不会在如今的通讯录上出现。随着互联网、移动互联网的发展，通讯工具也在不断更新，QQ、微信等也会出现在某些公司的通讯录上。

2.2 入职离职手续办理

2.2.1 入职手续办理

新员工招聘到位，前来报到，相关工作就由招聘专员转给人事专员了。新员工报到入职，人事专员大致需要办理：验证(身份证原件复印件、离职证明、学历学位职称证书等)、协调相关部门相关岗位为新员工办理餐卡、领取电脑、开通OA账号、申请公司邮箱等，有的还要求新员工去指定医院做体检。相关资料查验后与应聘登记表一起存入档案袋。

过去在工厂的人事专员，常碰到假身份证或身份证过期的问题，导致招录到童工、未成年工等，这会带来体系审核(验厂)的麻烦。

2.2.2 离职手续办理

离职手续办理，相关文件资料包括：离职申请表、离职移交单、工作移交单、劳动合同解除证明等。并要注意与财务部、薪酬专员、部门领导做好衔接，以避免没有移交工作就开具离职证明、结算了薪资，员工还有借款、物品没有归还，给公司造成损失。

离职申请表，见表2.2。离职移交单，见表2.3。工作移交单，见表2.4。劳动合同解除证明，见表2.5。

表2.2 离职申请表

申请日期： 年 月 日

姓名		员工编号		拟离职日期	
部门		职位		学历	
专业		职称		入职日期	
申请离职原因	离职原因(请详述)：				
部门主管意见	签名/日期：				
行政人事部意见	签名/日期：				
分管领导意见	签名/日期：				
人力资源部意见	签名/日期：				
总经理意见	签名/日期：				

表2.3 离职移交单

姓名		部门/岗位		移交时间	
移交原因	□内部调动　□终止合同　□解除合同　□其他				
部门	移交项目				负责人签名
人力资源部意见	1.请到下列部门办理移交手续： 2.到财务部缴纳下列款项： 3.其他：办妥移交手续后到人力资源部报到。 签名：　　　　　　　　　　　　　　　　年　月　日				
本部门	移交内容	接受人或经办人意见		签名	
	□工作移交 □资料移交、归还 其他： 员工工作最后日期：				

(续表)

总裁办	办公用品、劳保用品 宿舍 电脑(含笔记本电脑)及OA/ERP账号注销 其他固定资产 党组织关系 其他：餐费/餐卡等			
财务部	个人借款 应收账款和投标保证金(请附清单) 其他应收账款 赔偿金 其他：			
工会	会员关系 借款 其他：			
审核意见				
审批意见				

人力资源部审核人：　　　　　　　　　　　　　移交单返回时间：　年　月　日

表2.4　工作移交单

姓名		岗位		所在部门	
移交原因				移交日期	
一、文件及实物移交					
名称	数量	单位	内容		
二、待办事项移交					
待办事项		已完成情况		待办重点	

移交人：　　　　　　　　接交人：　　　　　　　　监交人：

注：本移交单一式三份，一份存人力资源部/行政人事部，一份交给交接人，一份交给移交人。可另附附件。

表2.5　劳动合同解除证明

解除劳动合同证明
兹有在本公司_____部门担任_____职务的员工____，性别____，身份证号码_____。经双方协商后，根据《劳动合同法》等相关规定，_____员工从_____年____月____日起解除与本公司的劳动合同，并从解除劳动合同之日起终止与本公司的一切关系，特此证明。 　　　　　　　　　　　　　　　　　　　　　　　　　杭州××软件技术有限公司 　　　　　　　　　　　　　　　　　　　　　　　　　　　　　201×年×月×日

2.3　考勤处理

下面，用一句话来概括考勤处理具体做什么：根据公司的考勤流程，通过不同的考勤打卡方式提取、审核日考勤数据，监督日常考勤行为，制作月考勤记录表，统计月出勤、缺勤数据，在规定时限内提交下道工序的负责人员。

2.3.1　考勤打卡有几种方式

常见的考勤打卡方式有：考勤表签字、纸质打卡、电子打卡、指纹打卡。

(1) 考勤表签字。在前台、车间放置纸质考勤表，墙上挂考勤钟，由员工手写上下班时间并签名。

(2) 纸质打卡。在前台、车间放置考勤机，每个员工有一张纸质卡片，员工自行将卡片插入考勤机，考勤机在卡片上打印姓名、上下班时间、中途进出时间。

(3) 电子打卡。门禁系统就是考勤机。员工进出刷胸卡(餐卡)，门禁系统自动记录姓名、上下班时间。

(4) 指纹打卡。门禁系统就是考勤机。员工进出刷指纹，门禁系统自动记录姓名、上下班时间、中途进出时间。

电子打卡、指纹打卡的考勤数据，可在电脑中导出Excel表，一般由前台协助，定期提交给人事专员。

随着移动互联网的发展，也出现了新的打卡方式：QQ群、网站等开通了"签到"功能，智能手机也提供了远程打卡的功能。如三茅人力资源网的用户每日(工作日)可通过网络、手机打卡，这些HR用户因此被称为"卡卡"。

2.3.2　日考勤数据是怎样的

不管选择哪种考勤打卡方式，原则上都应手工整理，或通过Excel导出，变成日考勤记录表，为制作周、月考勤记录表提供基础。

下面，以××科技公司为例。2010年10月15日，当天是星期五，该公司规定8:30上班，采用指纹打卡。门禁系统通过Excel导出数据，形成日考勤数据表，见表2.6。

表2.6 日考勤数据表示例(考勤机导出的部分数据)

部门	证件号	姓名	打卡日期	星期	打卡1	打卡2
	19		2010.10.15	五	8:27:48	8:27:49
	27		2010.10.15	五		
	18		2010.10.15	五	8:18:36	
	38		2010.10.15	五	8:28:03	
	49		2010.10.15	五		
	3		2010.10.15	五		
	5		2010.10.15	五	8:29:40	
	7		2010.10.15	五		
	32		2010.10.15	五	8:16:35	
	33		2010.10.15	五		
	34		2010.10.15	五	8:02:41	
	36		2010.10.15	五		
	37		2010.10.15	五		
	39		2010.10.15	五	8:09:36	

注：证件号指员工指纹登记的序号。

由此表可见：当天打卡的员工，未出现迟到情况。但有部分没有打卡记录的，则需人事专员核实缺勤的不同情况。

注意：从门禁系统导出Excel表是前台的职责，但对表中数据的核实是人事专员的职责，核实是需要花点精力的。

2.3.3 加班记录、请假记录是怎样的

考勤时，除了需要打卡记录上下班时间，还需要记录加班时间。加班记录表，见表2.7。

表2.7 员工加班记录表

部门	员工姓名	加班日期	小时数	类别	加班事由	是否已批准	备注

注：部门根据公司实际情况来分类。类别指：法定节假日、双休日、平时。

如有缺勤，还需要核实请假记录。员工请假申请表，见表2.8。

表2.8 员工请假申请表

部门		姓名		职务/岗位	
请假时间	从 年 月 日 时至 年 月 日 时			销假时间	
请假原因					
部门意见	部门负责人签字：				
人力资源部意见	部门负责人签字：				
备注					

2.3.4 月考勤记录表是怎样的

人事专员核实日考勤数据后，结合请假记录、加班记录、旷工记录等，需加工周、月考勤记录表。注意：做周表是为了提前把基础工作做完，否则到月末，事情堆积很多，会导致工作延误。

月考勤记录表一，见表2.9。

表2.9 月考勤记录表一(部分信息)

序号	部门	姓名	1二	2三	3四	4五	5六	6日	14一	15二	16三	17四	18五	19六	20日	21一	22二	23三	24四	25五	26六	27日	28一	29二	30三	31四
1			√	√	√	√	√	公	√	√	√	√	√	√	公	√	√	√	√	√	√	公	√	√	√	√
2			√	√	√	√	√	公	√	√	√	√	√	√	公	√	√	√	√	√	√	公	√	√	√	√
3			√	√	√	√	公	公	√	√	√	√	√	√	公	√	√	√	√	√	√	公	√	√	√	√
4			√	√	√	√	√	公	√	√	√	√	√	√	公	√	√	√	√	√	√	公	√	√	√	√
5			√	√	√	√	公	公	√	√	√	√	√	√	公	√	√	√	√	√	√	公	√	√	√	√
6			√	√	√	√	√	公	√	√	√	√	√	√	公	√	√	√	√	√	√	公	√	√	√	√
7			√	√	√	√	公	公	√	√	√	√	公	公	公	√	√	√	√	√	√	公	√	√	√	√

表中第一行，是每月的1—31日，需设置当月对应的工作日、休息日。人事专员的工作内容，就是对每个员工每日的出勤缺勤状态进行符号标注。标注的依据是考勤打卡记录、其他请假旷工记录等。

符号标签：正常出勤=√，休息日=公。其他各类缺勤请假的符号示例，见表2.10。

表2.10 考勤符号

符号	意义	英文名称
√	出勤	Present
SL	病假	Sick Leave
AB	旷工	Absent
AL	年假	Annual Leave
NP	无薪假	No Pay Leave
MH	婚假	Marital Holiday

(续表)

符号	意义	英文名称
LA	迟到	Late
CL	补休	Compensate Leave
PH	公休日	Public Holiday
O	其他假	Others
ML	产假	Maternity Leave
SH	法定假	Statutory Holiday
×	缺勤	Absent

不同的公司，月考勤记录表类似，但出勤、缺勤的符号大多不同。月考勤记录样表二，见表2.11。

表2.11 月考勤记录表二(部分信息)

姓名	1	2	3	4	5	6	7	8	9	10	11	12	13	14	15	16	17	18	19	13	14	15	16	17	18	19	27	28	29	30	31
	X	X	P			X	X	X	S	X			X	X	X	X				X	X	X	X				X	X	X	X	
	X	X				X	X	X	X	X			X	X	X	T	X			X	X	X	X				X	X	X	X	
	O	O	O			O	O	O	O	O			O	O	O	O	O			W	W	W	W				O	O	O	O	

月考勤记录表样表二的出勤、缺勤符号说明：X=全勤、P=事假、W=婚假、O=其他(请用批注注明：A=年假、S=病假、T=外出培训、△=迟到、早退。另：半天的假期可用1/2表示，如半天病假可用1/2S表示。

2.3.5 月、年考勤统计表是怎样的

月考勤统计表，见表2.12。

表2.12 月考勤统计表(部分信息)

序号	职务/部门	员工姓名	迟到次数	出差天数	培训天数	调休天数	年假天数	事假天数	病假天数	婚假天数	护理假天数	产假天数	丧假天数	出勤天数
1			0	3	0	0	0	0	0	0	0	0	0	18
2			0	0	0	0	0	0	0	0	0	0	0	21
3			0	0	0	0	0	0	0	0	0	0	0	21

年考勤统计表，见表2.13。

表2.13 年考勤统计表(部分信息)

序号	姓名	科目	月份												合计
			1	2	3	4	5	6	7	8	9	10	11	12	
1		探亲假	2	7											9
2		探亲假	1	7											8
3		旷工			3										3
4		病假			3	31	30	31	30	31	31				187

(续表)

序号	姓名	科目	月份												合计
			1	2	3	4	5	6	7	8	9	10	11	12	
5		病假			26	30									56
6		病假			11	30		12	31	31					115
7		婚假			6	9									15
8		病假				1									1
9		事假					1	1							2
10		病假									9				9

2.3.6 考勤注意事项

新手除了易出差错,及时性也无法保证。有时想当然地在月末最后一周才做考勤表,但由于月末月初事情多,就容易拖延,影响下道工序的工作提交。所以,月考勤统计表,每周应及时更新。考勤统计是薪资计算、发放的一部分,考勤统计延误,会导致薪资计算的工期紧张,从而产生矛盾。

人事专员,尤其是新手,考勤管理的日常工作就是重复上述操作:从考勤机导出Excel表,核实日考勤记录,形成月考勤统计表,提交给下道工序的负责人。

但是,考勤没有这么简单。还会碰到真考勤、假考勤、代刷卡、体系审核、拟上市、加班等更复杂的问题。人事专员熟手、人事主管对此有应付处理的经验。有时,人力资源部经理、副总都要过问考勤问题。在后面的章节,还会讲到更复杂的考勤问题。

2.4 劳动合同处理

用一句话可概括人事专员在劳动合同处理中具体做什么:根据公司的劳动合同管理办法,针对不同的人员类别,在规定时限内完成劳动合同的处理,包括签订、续签、终止、解除等。

2.4.1 劳动合同范本的选取

公司规模小时,劳动合同范本可能只有一种;公司规模扩大,劳动合同范本往往有多种。比如:总部与异地子公司的劳动合同,不同;高管、技术管理人员、销售人员、顾问、生产工人、劳务派遣等人员的劳动合同,不同。

劳动合同范本，可直接采用当地政府制定的范本，也可采用公司修改过的范本。有的还需补充劳动合同附件，包括：保密协议、竞业限制协议、薪资协议、业绩合同等。

人事专员的工作内容是根据劳动合同范本，与相关人员完成劳动合同的实施操作（签订、续签、终止、解除等）。

2.4.2 劳动合同签订的大致信息

劳动合同中的某些基本信息，需由人事专员填写，如公司名称、公司地址、法人等。有些采用手工填写，有些用蓝印"萝卜章"印上去。

人事专员需要填写：岗位名称、合同期限、试用期、薪资、试用期薪资、工作地点、工作时间等必要信息。合同末尾，"一式__份"处填写：三份或两份。还有的要填写补充条款，或者划掉，写上"无"。最后是甲方盖章，填写日期；让员工签字，填写日期。

2.4.3 劳动合同注意事项

1. 岗位

尽量写大类，如：管理人员、技术人员、营销人员、生产人员等。不要写得太细化，如：财务部经理、会计、研发工程师。原因是：写得太明确，今后发生岗位调动时，可能会有劳动纠纷。

2. 合同期限

2008年新劳动法出台前，很多公司都写：1年或2年。2008年以后，就不能这样写了。因为劳动法规定：连续2次签订合同，或工作满10年，员工就可与公司签订无固定期限合同。所以，这一栏可写：3年或5年。当人事专员写下这个年限数字时，心里要明确：这与劳动法是有关系的，这样写是否有隐患？

对于合同期限，以及附带的试用期约定，也要注意：试用期与合同期限是有限制关系的。

> **小贴士：**
> 劳动合同期限三个月以上不满一年的，试用期不得超过一个月；劳动合同期限一年以上不满三年的，试用期不得超过二个月；三年以上固定期限和无固定期限的

劳动合同，试用期不得超过六个月。同一用人单位与同一劳动者只能约定一次试用期。以完成一定工作任务为期限的劳动合同或者劳动合同期限不满三个月的，不得约定试用期。试用期包含在劳动合同期限内。劳动合同仅约定试用期的，试用期不成立，该期限为劳动合同期限。

劳动者在试用期的工资不得低于本单位相同岗位最低档工资或者劳动合同约定工资的百分之八十，并不得低于用人单位所在地的最低工资标准。

3. 约定工资

从法律和道理上来讲，约定工资应该按照实际数据填写；但是从公司的立场来说，在填写时要做一些特殊处理。比如：月薪5000元，可根据公司薪资制度，拆分为岗位工资3000、绩效工资2000，则约定工资就写3000元。要将年终奖等剔除，不要折算平摊进去。这样做，将来发生降级降薪、离职补偿、违法解除赔偿等情况时，在补偿基数上，对公司有利，或者说留有余地。

对于约定工资，以及附带的试用期工资。劳动法规定，试用期工资不得低于约定工资的80%。

4. 工作地点

工作地点不要写得太详细，如：××市××区××街道××路××号××大厦××房间。可写得粗略一些，如：××市；或者××市、××县、外地子公司、办事处等。这样做的原因是：今后如出现公司搬迁、岗位调动、外派等情况，公司留有余地。

5. 工作时间

人事专员需了解三种工时：标准工时、综合计算工时、不定时。对于一般员工应填写：标准工时。但有的工种，要填写综合计算工时，如：生产工人、司机等。部分工种可填写：不定时，如：高管、销售人员等。当然，填写综合计算工时、不定时，都是要去劳动部门备案批准的。

新手了解这些注意事项后，就可以操作了。但需要不断地研究、熟悉公司的劳动合同管理办法，国家、当地的劳动政策。心里需时刻有根弦：这样写会不会有隐患？将来会不会导致劳动争议？

6. 还要注意合同的签收

在本地办公的，可让员工在专门的劳动合同签收本上签收；在异地办公的，可让员工在寄回的那份上注明"已签收",并签名、填写日期。此外,人事专员找员工签订劳动合同时要注意,员工在本地的,要求员工当面签名、填日期;员工在异地的,如当地有办事处或其他办公人员,最好找可靠人员帮忙监督员工本人签字。实在没有其他同事可帮忙的,务必在收到劳动合同后找其他经员工本人签名的文件进行核对以确认签名是否一致。应使用黑色水笔签字。尤其要避免有些销售人员因在外出差,人事催促紧迫时会找人代签,以此来完成工作的情况出现。所以签订劳动合同前要安排好时间,异地人员要留有足够的时间。

2.4.4 劳动合同处理新手常犯错误

容易引起劳动纠纷,而新手又不太注意也经常犯的错误有:①劳动合同签订不及时。比如:超过一个月还没有签订劳动合同,却构成了事实劳动,要双倍赔偿工资。②没有提前一个月通知续签、终止、解除,也算违规。即使在发出通知后,由于工作忙碌,劳动合同处理还需要员工本人、部门经理、分管领导、人力资源部经理等过手,如中间环节拖延,也会导致人事专员最终的延误超时。

这就需要人事专员注意时限的控制,做好合同的状态跟踪表,与相关人员协调沟通,必要时请上级出马支持。

2.4.5 常用表单:劳动合同期满考核表

劳动合同期满考核表,见表2.14。

表2.14 劳动合同期满考核表

姓名		部门		岗位	
合同起止时间					
本人小结及态度(可另附页)	是否续签? □是 □否			本人签名: 年 月 日	
部门意见				是否同意续签? □是 □否 续签期限: □3年 □5年 □无固定期限 □其他(请注明)	
	签名: 年 月 日				
分管领导意见					
				签名: 年 月 日	

(续表)

人力资源部或行政人事部意见		签名：　　　　　年　月　日	结论： □续签　□终止合同 续签期限： □3年　□5年　□无固定期限　□其他
总经理意见			签名：　　　　　年　月　日

2.5 人事月报编制

人事月报，一般包括的子表有：员工花名册、人员增减表。

2.5.1 员工花名册

第一张表叫员工花名册(Excel)，见表2.15。

每个部门名称下的空格处填写员工姓名，管理、营销、技术人员在Excel的"批注"中备注。如：财务部序号3对应员工×××，批注为主办会计。对于小计、合计一栏，可以手工统计，也可以用Excel公式"=COUNTA( )"统计。

表2.15　员工花名册(201X年X月)

编制日期：

序号	公司领导	总裁办	投资证券部	人力资源部	财务部	计划管理部	采购部	技术中心	质管部
1									
2									
3									
小计									
合计									

编制：　　　　　　　　　　　　　　审核：

2.5.2 人事异动名单汇总

第二张表叫人事异动名单汇总，其实就是员工增减名单，见表2.16。

该表由新进、离职、调动三部分组成。合计可以手工统计，也可以用Excel公式"=COUNTA( )"统计。

表2.16 年　月人事异动名单汇总

编制日期：

	序号	员工编号	姓名	性别	部门	岗位	入职日期	人员类别	学历	任职资格	出生年月日
新进	1										
	2										
	3										
	本月合计		人				至上月末人数		人	本年合计	人
	序号	员工编号	姓名	性别	部门	岗位	离职日期	人员类别	学历	任职资格	离职原因
离职	1										
	2										
	3										
	本月合计		人				至上月末人数		人	本年合计	人
	序号	员工编号	姓名	性别	原公司及原部门	原岗位	异动日期	现公司现部门	现岗位	人员类别	学历
调动	1										
	2										
	3										
	本月合计		人				至上月末人数		人	本年合计	人

编制：　　　　　　　　　　　　　　审核：

填表说明：①本表作为人事异动月报表的补充说明，也是做好人事异动月报表的基础。故所列的人员性质、用工性质、学历及任职资格的统计口径应与人事异动月报表相一致，以便准确统计。②离职原因分类应与人事异动月报表相一致，以便统计。

2.5.3　人事异动月报表

第三张表叫人事异动月报表，其实就是员工增减表。先做人事异动月报表(某系统)，见表2.17。

该表的数据统计相对复杂，需要事先设置Excel公式。

表2.17 人事异动月报表(某系统)

人数统计 / 异动类别		本月末人数	新进人数 合计	离职人数						系统间调动人数			合计调整人数		系统内异动人数						上月末人数	本月平均人数	离职率	备注
分类	人员类别			合计	试用期不符合要求	终止合同	辞退	辞职	其他原因	合计	调入	调出	增加	减少	升职人数	升职来源	降职人数	降职去向	其他调整增加	其他调整减少				
公司总人数		82	3	4	1	1	-	1	1	5	5	-	4	2	2	-	-	-	-	2	2	78	80.0	4.9%	
行政线	行政管理	57	2	1	1	-	-	-	-	2	2	-	0	0	0	-	-	-	-	-	-	54	55.5	1.8%	
技术线	技术研发	5	-	1	-	1	-	-	-	2	2	-	0	0	0	-	-	-	-	-	-	4	4.50	25.0%	
	技术支持	-	-	0	-	-	-	-	-	0	0	-	0	0	0	-	-	-	-	-	-	-	0.0		
	质量管理	8	-	0	-	-	-	-	-	0	0	-	0	0	0	-	-	-	-	-	-	9	8.5		
	现场工艺	-	-	1	-	1	-	-	-	1	1	-	4	2	2	-	-	-	-	2	2	-	0.0	11.1%	
	设备管理	-	-	0	-	-	-	-	-	0	0	-	0	0	0	-	-	-	-	-	-	-	0.0		
	小计	13	-	3	0	1	-	1	0	3	3	-	4	2	2	-	-	-	-	2	2	13	13.0	23.1%	
营销线	营销管理	-	-	0	-	-	-	-	-	0	0	-	0	0	0	-	-	-	-	-	-	-	0.0		
	客服管理	-1	-	1	-	-	-	1	-	0	0	-	0	0	0	-	-	-	-	-	-	-	-0.5		
	营销人员	-	-	0	-	-	-	-	-	0	0	-	0	0	0	-	-	-	-	-	-	-	0.0		
	服务人员	-	-	0	-	-	-	-	-	0	0	-	0	0	0	-	-	-	-	-	-	-	0.0		
	小计	2	-	0	-	-	-	-	-	0	0	-	4	2	2	-	-	-	-	2	2	2	2.0	0.0%	
生产线	生产管理	-	-	0	-	-	-	-	-	0	0	-	0	0	0	-	-	-	-	-	-	-	0.0		
	生产工人	-	-	0	-	-	-	-	-	0	0	-	0	0	0	-	-	-	-	-	-	-	0.0		
	辅助生产工人	2	-	0	-	-	-	-	-	0	0	-	0	0	0	-	-	-	-	-	-	2	2.0		
	小计	2	-	0	-	-	-	-	-	0	0	-	0	0	0	-	-	-	-	-	-	2	2.0	0.0%	
后勤服务	后勤服务	10	1	0	0	-	-	-	0	0	0	-	0	0	0	-	-	-	-	-	-	9	9.5	0.0%	

（续表）

人数统计分类	异动类别	本月末人数	新进人数 合计	离职人数 试用期不符合要求	离职人数 终止合同	离职人数 辞退	离职人数 辞职	离职人数 其他原因	系统间调动人数 调入	系统间调动人数 调出	合计调整人数	增加	减少	系统内异动人数 升职 升职人数	升职 升职来源	降职 降职人数	降职 降职去向	其他调整 增加	其他调整 减少	上月末人数	本月平均人数	离职率	备注
学历结构	博士/硕士及以上	10	0								0	0	0							10.0	10.0	0.0%	
	本科	26	2						3		3	0	0							21.0	23.5	0.0%	
	大专	20	0								0	0	0							20.0	20.0	0.0%	
	中专	16	0						1		1	0	0							15.0	15.5	0.0%	
	高中/职高/技校	9	0								0	0	0							9.0	9.0	0.0%	
	初中/小学及以下	5	1						1		1	0	0							3.0	4.0	0.0%	
任职资格	高级	4	0								0	0	0							4.0	4.0	0.0%	
	中级	19	0								1	1	0					1		18.0	18.5	0.0%	
	初级	29	0						2		2	2	0					2		25.0	27.0	0.0%	
性别	男	47	3						4		4	0	0							40.0	43.5	0.0%	
	女	39	0						1		1	0	0							38.0	38.5	0.0%	

2.5.4 人事异动月报表的填表说明

1. 公式说明

(1) 本月末人数=上月末人数+新进人数-离职人数+系统间调动人数(调入)-系统间调动人数(调出)+系统内异动人数(增加)-系统内异动人数(减少)。

(2) 新进人数合计=新进的管理线人员+技术线人员+营销线人员+生产线人员+后勤辅助线人员。

(3) 离职人数合计=离职的管理线人员+技术线人员+营销线人员+生产线人员+后勤辅助线人员。

(4) 系统间调动人数合计=系统间调动的管理人员+技术人员+营销人员+客服人员+一线生产工人+辅助生产工人+后勤辅助人员+其他人员。

(5) 系统内调动增加/减少人数合计=系统内调动增加/减少的管理线人员+技术线人员+营销线人员+生产线人员+后勤辅助线人员。

(6) 上月末人数合计=上月末的管理线人员+技术线人员+营销线人员+生产线人员+后勤辅助线人员。

(7) 离职率=离职人数合计/累计在册人数=离职人数合计/(上月末人数+本月新进人数)=离职人数合计/(本月末人数+离职人数合计)。

2. 指标解释

(1) 行政线人员是指在公司各职能部门从事行政事务管理相关岗位的人员，包括：公司领导(除总工程师/副总工程师外)；总部总裁办、投资证券部、人力资源部、财务部、计划管理部、采购部、项目指挥部办公室等各职能部门；生产中心行政人事部门中所有从事行政管理相关岗位的人员。

(2) 技术线人员是指在公司各技术部门从事技术管理、技术研发、技术支持、质量管理、现场工艺、设备管理等技术管理及技术工作等相关岗位的人员。

(3) 营销线人员是指在公司各销售部门从事销售管理、销售及后勤支持等相关岗位的人员。

(4) 生产线人员是指在公司生产部门从事生产及生产管理相关岗位的人员。

(5) 后勤服务线是指在公司职能部门从事保安/门卫、食堂、卫生、司机等后勤服务相关岗位的人员。

(6) 系统间调动是指发生在股份公司、技术中心、A销售中心、B销售中心、A工厂、B工厂、C工厂六大系统之间的人员调动情况。系统内调动是指发生在上述各个系统内部的人员调动情况。

3. 提交时限

各分/子公司须认真填写此表，在次月3日前将本月人事异动月报表、人事异动名单汇总及员工名册经部门经理审核后报送公司总部人力资源部。

2.5.5 人员统计月报表(汇总)

上述各表，进行Excel子表间的公式链接后，可得到合并的人员统计月报表，见表2.18。表内信息包括：纵向有总人数、人员类别、学历结构、任职资格(职称)、性别；横向有月末总人数、比例、单独人数。

表2.18 人员统计月报表(汇总)

填报日期：　年　月

人数统计分类		异动类别	本月末总人数		其中						
			人数	所占比例	总部	技术中心	A销售中心	B销售中心	A工厂	B工厂	C工厂
公司总人数			1108		86	18	91	16	519	94	284
人员类别	行政线	行政管理	77	6.9%	58	0	0	0	5	3	11
	技术线	技术管理	16	1.4%	6	4	0	0	3	1	2
		技术研发	22	2.0%	0	13	0	0	0	0	9
		技术支持	7	0.6%	0	0	5	1	0	0	1
		质量管理	11	1.0%	9	0	0	0	0	0	2
		现场工艺	6	0.5%	1	0	0	0	3	0	2
		设备管理	10	0.9%	0	0	0	0	7	1	2
		小计	72	6.5%	16	17	5	1	13	2	18
	营销线	营销管理	23	2.1%	0	0	15	5	0	0	3
		客服管理	7	0.6%	0	0	7	0	0	0	0
		营销人员	48	4.3%	0	0	33	10	0	0	5
		服务人员	35	3.2%	0	0	31	0	0	0	4
		小计	113	10.2%	0	0	86	15	0	0	12

(续表)

人数统计分类		异动类别	本月末总人数		其中						
			人数	所占比例	总部	技术中心	A销售中心	B销售中心	A工厂	B工厂	C工厂
人员类别	生产线	生产管理	19	1.7%	2	0	0	0	9	4	4
		生产工人	622	56.1%	0	0	0	0	380	55	187
		辅助生产工人	158	14.3%	0	1	0	0	86	26	45
		小计	799	72.1%	2	1	0	0	475	85	236
	后勤服务	后勤服务	47	4.2%	10	0	0	0	26	4	7
学历结构		博士/硕士及以上	29	2.6%	10	5	3	2	1	2	6
		本科	103	9.3%	26	10	27	10	11	6	13
		大专	92	8.3%	20	2	26	4	12	8	20
		中专	55	5.0%	16	0	8	0	21	12	-2
		高中/职高/技校	461	41.6%	9	1	22	0	226	18	185
		初中/小学及以下	368	33.2%	5	0	5	0	248	48	62
任职资格		高级	6	0.5%	4	0	0	0	0	0	2
		中级	43	3.9%	19	7	5	1	3	2	6
		初级	89	8.0%	29	9	16	9	6	9	11
性别		男	786	70.9%	47	15	83	9	462	75	95
		女	322	29.1%	39	3	8	7	57	19	189

每家公司的人事月报一般都有规定格式，人事专员只需熟悉表式、统计口径、公式设置，根据每月的增减变化，仔细认真地操作，就可以逐步熟练。

更复杂的人事数据分析，将在人事主管章节展开。

2.6 社保公积金办理

2.6.1 社保办理

可用一句话概括社保办理具体做什么：在规定时限内，把当月的社保新增、减少申报表，提交给当地的社保中心。

1. 常用表单——社保办理

参保人员新增申报表，见表2.19。参保人员减少申报表，见表2.20。

表2.19　XX市社会保险参保人员新增申报表

单位编号：　　　　　　单位名称：　　　　　　填报时间：

姓名	社会保障号(身份证号)	招录用时间		户籍性质	用工性质	月工资收入	是否特困	备注
		年份	月份					

填报人：　　　　联系电话：　　　　社保机构受理时间：　　年　月　日　　受理人：

法人邮箱：

表2.20　XX市社会保险参保职工减少申报表

单位编号：　　　　　　单位名称：××科技股份有限公司　　　　　　填报时间：

姓名	社会保障号(身份证号)	参保截止时间		减少原因	月工资收入	备注
		年份	月份			

填报人：　　　　联系电话：　　　　社保机构受理时间：　　年　月　日　　受理人：

法人邮箱：

不同地区的社保中心规定的增减表，有所不同，如××区企业在职职工社会保险增减月报表，见表2.21。

表2.21　XX区企业在职职工社会保险增减月报表

单位名称(盖章)：　　经济性质：股份制　　单位编号：　　参保状态：正常　　联系电话：

序号	上月末参保人数					本月净增人数			本月末参保人数		备注
	增或减	姓名	养老保险手册编号	身份证号码	性别	当年月平均工资	本次参保时间或退保时间	参加险种或退保险种	户口类型	工作岗位	
1											
2											
3											

注：××缴费基教为全省上年平均工资的60%

填报人：　　　　　业务员审核：　　　　　　　填报日期：

2. 填表说明

(1) 当月无增减免报。

(2) 本表应于增减发生当月25日前一式两份报社险办审核后,一份退还上报单位留存。

(3) 新增人员参保时间定在办理当月;减少人员时间定在办理次月。

(4) 增减原因必须写清楚。

(5) 参加失业保险必须写明"户口类型",户口类型关系改变要求及时填写增减月报表。

3. 劳务派遣代理缴纳社保

有的公司有异地分支机构(子公司、分公司、办事处),通过劳务派遣公司代理缴纳社保、公积金,这时,人事专员就要把最新的调整基数提交给劳务派遣公司,由他们代为办理。

2012年××公司代理员工社保公积金缴纳基数调整表,见表2.22。

表2.22　2012年××公司代理员工社保及住房公积金缴纳基数调整表(部分信息)

序号	部门	姓名	原基数	社保新基数	公积金新基数	备注
1			6000	6000	6000	不变
2			3000	3000	3000	不变
3			2850	3600	3600	上调

4. 社保办理注意事项

以前不提供网上申报服务,人事专员就要在规定时限前(如杭州市为25日)去社保办事大厅提交相关申报表。所以,这个工作属于外勤跑腿的活。

注意:除了核对表内信息准确与否,外出跑腿办事,还要记得提前盖好公司章,否则就会白跑一趟;还要注意不要错过规定时限;还要注意当天几点去办事大厅比较合适,否则等待时间较长;还要熟悉最便捷的公交车(公司一般不让打车,由人事专员自己骑车或乘公交前往),比较辛苦。

除了交给社保中心、劳务派遣公司的对外表,人事专员也要做好内部台账,以便年底统计年度数据时提取。××公司员工社会保险增减表,见表2.23。

表2.23　××公司员工社会保险增减表

公司：××科技股份有限公司

年初已办理社会保险人员数量				109人				
月份	日期	姓名	变动原因	增加数	减少数	月末人数	缴费基数	备注
一月	1月4日	×××	新增	1		110	2100.00	
二月	2月15日	×××	新增	1		111	3850.00	2月起缴
三月	3月29日	×××	减少		1	110		4月停缴

5. 办理社保其他临时任务

除了上述基本工作，每个月还会不定期发生一些杂七杂八的事，例如：员工的养老保险转移、怀孕女职工的生育保险办理、发生工伤事故的申报办理、离职人员个别要求开具失业证(去领失业补助，但这要求开具公司主动解除合同，对公司有隐患)。还有不少员工通过电话、邮件，或来办公室咨询各种问题，也比较耗费人事专员的精力。

此外，每年的7月(全国各地规定的时间不一样)，还要根据政府公布的当年社保缴纳基数调整决定，作出补扣补缴的调整，当月会增加工作量。

2.6.2　公积金办理

可用一句话概括公积金办理具体做什么：在规定时限内，把当期的公积金缴存比例、缴存基数调整表，提交给当地的公积金中心。

2011年度杭州市住房公积金缴存比例、缴存基数调整表，见表2.24。

表2.24　2011年度杭州市住房公积金缴存比例、缴存基数调整表(部分信息)

资金性质：一般住房公积金		缴存比例/%		12	请在前面的单元格内录入缴存比例			备注
单位客户号		单位名称		杭州××软件有限公司				
序号	个人客户号	姓名	身份证号码	上一年度月平均工资额/元	月缴存额/元			
					单位	个人	合计	
1				2400	288	288	576	
2				2450	294	294	588	调整
3				1310	157	157	314	调整

社保、公积金都涉及缴纳基数、缴纳比例，以及确定的缴纳额，这些都有明确的政府最新公布的数据作依据。但相关测算，一般由薪资专员负责。人事专员只负责"办理"。当然，人事专员要想培养综合能力，每做一件类似的事情，都可以去了解得更多些，因为越往上晋级，或从事的工作综合性越强，要求具备的技能就越多。

2.7 人事信息库维护

人事信息库，也叫员工花名册(实际上与前文提及的员工花名册不同)，人事专员需定期进行信息库维护。

2.7.1 人事信息库的表单组成

××公司人事信息库维护表，见表2.25。

表2.25 ××公司人事信息库维护表

序号	姓名	性别	出生日期	年龄	所在部门	担任职务	入公司日期	转正日期	工龄
1	×××	男	198×.5.28	33	工程部	自控工程师	200×.6.6		5
2									
3									

(续表)

合同起讫时间	合同签订情况	薪资	身份证号	联系电话	学历	毕业学校
200×.6.6—200×.11.30	(1) 200×.6.6—200×.11.30	2000元			本科	××大学

(续表)

专业	毕业时间	职称	证书	户籍	户口所在地	地址	档案存放地
自动化	200×.7	助理工程师					

这张表，可分为不同的子表，包括：正式员工、试用期、返聘、子公司、离职等，应分类维护。有的在Excel表中维护，有的在EHR、ERP子模块中维护。

2.7.2 人事信息库维护注意事项

从事本项工作，新手容易出错之处包括：每条信息或者不完整，或有差错；该有的人员信息没有，不该有的人员信息没有转移到其他子表中。

原因分析：信息不完整，有的是因为人事专员不够认真严谨；有的是因为录入依据没有审核(比如应聘登记表)。信息不对称，有的是因为相关岗位负责人没有把变化的信息提交给人事专员，比如离职名单；也有的是因为员工有身份、证件、地址方面的变更，但没有及时告知HR。

人事信息库维护存在差错或维护不及时，会影响后续的人事数据提供，导致最终数据出现差错。人事专员新手应养成严谨、认真、仔细的工作态度，以及定期维护、核对信息的习惯，以确保人事信息的准确性、提交的即时性。

薪资信息原则上不应出现在这张表中。有的公司，人力资源专员做薪资也做人事，就把薪资信息维护进去了。但未来发生岗位调动，人事专员不应知道薪资数据，所以要把薪资科目从信息库中删除。

2.8 福利统计发放

除了五险一金，多数公司也有其他福利。比如：过节费、高温费、误餐补贴、劳保补贴、生日津贴等。这些津贴、补贴，公司有规定的标准，有些标准是全公司统一的，有些标准是分类的。人事专员需要按规定时限，进行统计造册，发给薪资专员。

200×年××公司异地劳动节福利发放表，见表2.26。

表2.26　200×年××公司异地劳动节福利发放表

序号	部门	姓名	发放金额	备注
1	财务部	×××	200.00	
2	项目运维部	×××	200.00	
3	项目运维部	×××	100.00	
	合计		500.00	

福利统计的注意事项：这些统计表都是简单的Excel表。但新手常犯的差错，还是不该有的人员没有删除，该有的人员却遗漏了。

差错原因：信息不对称，相关岗位告知信息不及时、不准确。人事专员不够认真、仔细、严谨。人事专员对公司规定不够熟悉，比如：正式员工，过节费全发；劳务派遣、试用期内、实习生，可能减半发放；离职人员不发；顾问全发，或减半，或不发。针对这些特殊情况，薪资专员都要事先对照规定，如有不明之处应向主管请示。

2.9 人事档案管理

劳动关系、薪资福利、绩效考核、招聘、培训、日常人事管理等涉及公司人事资料的环节都需做好档案管理工作。例如，员工档案、劳动合同、工资相关资料、考核记录、培训记录、奖罚记录、社保公积金业务处理资料、离职资料等都是非常重要的，需要完整并妥善保管，以免给企业增加不必要的风险。

除了劳动合同、员工档案外，其他人事资料都可以按月度或年度来整理，资料多的可以分月度归档，资料少的就可以按年度来归档，并装进档案盒，每盒做一个目录，作为本盒档案的清单明细。还可以做得更细致一些，在每页打上页码，目录表上每个项目都标明对应的页码，这样更方便查找，同时目录应保留电子版。卷内文件目录表，见表2.27。

表2.27 卷内文件目录表

档案编码：

序号	责任者	文号	题名	日期	页数	备注

制表人：　　　　　　　　　　　　　　　　　制表时间：

档案分类编码、归档范围和保管期限，见表2.28。

表2.28 档案分类编码、归档范围和保管期限表

公司号	档案主类编码	主类别名称	次类别编码	次类别名称	分类码	分类名称	年份	序列号	序列名称	卷内目录	保存期限	月度档案存放部门	年度档案存放部门	备注
6	人事档案	01	劳动关系管理	01		劳动合同					永久	人力资源部	办公室文书档案室	
				02		劳动年检资料					长期			
				03		劳动关系处理报告/请示					永久			
				04		人事挂靠相关					永久			
				05		劳动争议案件					永久			
			02	工资福利管理	01		年度薪资福利计划					长期			
				02		薪资方案/薪资调整/确认资料					永久			
				03		工资发放表及相关辅助资料					永久			
				04		工时制度确认及考勤资料					永久			
				05		社会保险业务处理					永久			
				06		公积金业务处理及年审报告					永久			
				07		工伤处理					永久			
				08		劳动情况报表(季/年报)					长期			

(续表)

公司号	档案主类编码	主类别名称	次类别编码	次类别名称	分类码	分类名称	年份	序列号	序列名称	卷内目录	保存期限	月度档案存放部门	年度档案存放部门	备注
6		人事档案	03	绩效管理	01	季度绩效考核					长期	人事档案室		其中年度评比资料归公司文书档案室
					02	年度绩效考核					长期			
					03	表扬批评					长期			
					04	星级奖励					长期			
					05	年度评比					长期			
			04	招聘管理	01	年度人力资源计划					长期		人力资源部	
					02	人员增补申请					三年			
					03	招聘合作协议					三年			
			05	日常人事管理	01	人事异动资料					永久			
					02	员工离职资料					永久			
					03	离职员工档案					长期			
			06	培训管理	01	年度培训计划					长期	人事档案室		
					02	新员工培训					短期			
					03	专项培训					短期			
					04	部门培训	岗位培训				短期			
					05	培训协议					长期			
			07	其他	01	职位描述					长期			
					02	员工体检(年度)					短期			
					03	会议记录					短期			
					04	其他各类报告/请示					短期			

员工劳动合同也可用同样的方法进行整理，按劳动合同起止时间排序整理，装进档案盒，打上页码、附上目录，只要看目录就能查到谁的合同在第几页，然后翻到那页就找到了。同时目录要保留电子版，需要时可先通过电脑确定那份合同的具体位置，再去找纸质的就很方便了。

员工档案内资料较多，包括入职登记表、身份证复印件、各类证书复印件、照片等，所以要将每个员工的资料装进档案袋，并在档案袋上注明员工姓名、工号等信息，方便查找。

员工档案表模版，见表2.29。

表2.29　员工档案表模版

姓名	身份证号	年月日	性别	年龄	民族	籍贯	省份	婚姻状况	户籍	户籍所在地详细地址	所属公司	部门	职位

(续表)

岗位级别	加入公司日期	工龄	转正日期	实际试用时间	就业状态	合同编号	合同类型	合同期限	合同起始日	合同到期日	合同到期提醒

(续表)

毕业学校	所学专业	最高学历	毕业时间	特长爱好	政治面貌	参加党派时间	职称	职称级别	E-mail地址	现住址	家庭电话	移动电话

(续表)

紧急联系人	紧急联系人电话	人员来源	是否挂靠档案	是否挂户口	离职日期	离职原因

员工档案可以按部门、入职日期、工号来整理。如果公司有员工工号，建议按照工号来整理归档；如果没有设置工号，则按照入职日期来整理归档，这样更便于查找。也有些公司按照部门来整理，这种整理方式稍微麻烦些，因为公司的组织架构不是一成不变的，员工也会遇到调岗换部门的情况，这样每次调整时都要调整档案，增加了工作量。也有些公司的劳动合同是装在员工档案里的，这样直接整理员工档案即可。

此外，每一个负责保管人事资料的员工都要注意资料的保密性，不可随意将资料交给员工个人或其他人。因工作原因需借阅的，必须做好登记并跟踪档案及时还回，还回时最好检查下档案是否有变动。

案例：劳动合同被借走未归还的后果

某公司人力资源总监从人事专员处获取了自己与总经理的劳动合同，后一直未归还，鉴于职位悬殊，人事专员也未进行催回。

后公司决定解除人力资源总监的劳动合同，并按规定支付经济补偿金，可在与人力资源总监沟通时，其拿出劳动合同称公司支付的经济补偿金不足。原因是公司劳动合同约定如因公司原因与总监级及以上员工解除劳动合同除了支付正常的经济补偿金以外，需额外支付2个月的工资作为补偿，而人力资源总监和总经理的劳动合同上写明需额外支付6个月的工资作为补偿。

因公司没有明确的文件规定，同时公司已拿不出原来的那份劳动合同，也没有证据证明其更改了劳动合同，所以最终只好额外多支付4个月工资。

2.10 领导临时交办的其他任务

人事专员的工作内容，大致如前文所述。新手有个熟悉、学习的过程，学会了，日复一日即可。当然，每月都会有些例外情况，要调整，也要沟通协调、请示汇报。

可以看到，这些工作包括：做表单、统计数据、核对数据、外出现场办理业务、电话邮件当面沟通。也有额外发生的工作，比如：体系审核时，要提供各种相关的人事数据，此时会比较忙碌，需要加班。

工作较多时，可能无法及时办理社保公积金等，有些员工就会来质询、"吵架"。人事专员干了一天活，碰到这种负面情况，会影响心情。由于Excel表不熟练、公式链接错误、数据不对，被主管、部门领导批评，也是常有的事。社保大厅、公积金中心的工作人员态度不好，排队人很多，导致心情很差，也是常有的事。相关岗位人员、薪资专员、财务部人员、车间人员、外地销售等，一部分人的性格不好、脾气很大、做事风格很牛、说话很拽，人事专员被"欺负"，也经常发生。对于这些情况，人事专员应调整自己的心情，积极面对。

此外，人事专员还要做好工作周报、月度总结、半年总结、年度总结等文字性工作。也要走OA报销自己的发票，或者领导的发票。

人事专员的目标是晋升为人事主管，或者平调为其他专员。这将面临更复杂的问题，或陌生的工作模块，我们将在后面章节中继续探索。

第3章 招聘专员的应知应会

本章介绍了熟悉招聘流程、整理招聘需求、发布招聘信息、进行招聘会总结、筛选简历、参与组织面试、发布录用通知、缓解招聘压力等招聘专员层次的工作任务、技能。

可用一句话概括招聘专员做什么事情：根据公司招聘流程，整理招聘需求，发布招聘信息，参加招聘会，筛选简历，组织面试，发布通知录用等，完成月招聘计划。

3.1 熟悉招聘流程

下面先看一家公司制定的招聘工作流程，有个大致的了解。

1. 提交需求

各部门根据用人需求情况，由部门经理填写《招聘申请表》，报主管经理、总经理批准后，交人力资源部，由人力资源部统一组织招聘。

2. 材料准备

人力资源部根据招聘需求，准备以下材料：①招聘广告。招聘广告内容包括本企业的基本情况、招聘岗位、应聘人员的基本条件、报名方式、报名时间、报名地点、报名需带的证件和材料以及其他注意事项。②公司宣传资料。发给通过初试的人员。

3. 选择招聘渠道

招聘渠道主要有三种：参加人才交流会、人才交流中心介绍、刊登报纸广告。

4. 填写登记表

应聘人员带本人简历及各种证件复印件来公司填写《应聘人员登记表》。《应聘人员登记表》和应聘人员资料由人力资源部保管。

5. 初步筛选

人力资源部对应聘人员资料进行整理、分类，定期交给各主管经理。主管经理根据资料对应聘人员进行初步筛选，确定面试人选，填写《面试通知》。主管经理将应聘人员资料及《面试通知》送交人力资源部，人力资源部通知面试人员。

6. 初试

初试一般由主管经理主持，主管经理也可委托他人主持。人力资源部负责面试场所的布置，在面试前将面试人员资料送交主持人；面试时，人力资源部负责应聘人员的引导工作。主持人在面试前要填写《面试人员测评表》，应特别注意填写测评的具体项目内容。主持人应将通过面试的人员介绍至人力资源部，由人力资源部人员讲解待遇问题、赠送公司宣传资料。面试结束后，主持人将《面试人员测评表》及应聘人员资料交至人力资源部，但通过初试的应聘人员并不一定会被公司录用。

7. 复试

通过初试的应聘人员是否需要参加复试，由主管经理决定。一般情况下，非主管经理主持的初试，通过初试的面试者都应参加复试。复试原则上由主管经理主持，一般不得委托他人。复试的程序与初试的程序相同。但每家公司的招聘流程有所不同，招聘专员需要熟悉本公司的流程。

3.2 整理招聘需求

招聘需求的整理，有两种方式：对内整理、对外汇总。

3.2.1 用人部门填写招聘申请表(对内)

由用人部门填表，说明：招聘原因、招聘渠道、招聘来源、新员工报到时间、对人力资源部的招聘组织希望、岗位具体要求(岗位名称、人数、岗位职责、岗位要求)。不明之处，招聘专员通过电话、邮件、当面沟通等方式，进行修改补充。

招聘申请表，见表3.1。本表适用HR初步收集公司内部各部门的用人需求。

表3.1 招聘申请表

招聘原因	
希望以何种渠道招聘	
希望的招聘来源	
希望新员工报到时间	
希望公司人力资源部参与的工作	□发布信息 □推荐简历 □初步面谈 □面试 □深入面谈 □审批 □其他(请说明):

(续表)

序号	岗位名称	人数	岗位职责描述	岗位要求

单位/部门(盖章)：　　　　　　　　负责人(签字)：　　　　　　　年　月　日

3.2.2　HR填写招聘需求表(对外)

获知公司内部的部门招聘需求后，招聘专员应进行审核、修改、汇总，再填写招聘需求表(对外)，如人才市场、职业介绍所等处张贴的招聘需求表。

1．××工厂HR发给人才市场的招聘需求表

该表包括的基本信息有：招聘单位、企业性质、公司简介、用工形式、联系电话、联系人、联系地址、邮编、注意事项、具体岗位招聘需求(工种、人数、招用条件、薪资)。具体见表3.2。

表3.2　××工厂招聘需求表

招聘单位	杭州××科技有限公司		企业性质	有限责任公司
公司简介				
用工形式	合同	联系电话	联系人	
联系地址	××经济开发区		邮编	310000
注意事项	1.试用期为两个月，保安、保洁试用期薪资为700元/月，其余岗位为850元/月，试用期满考核合格后的月度薪资标准见下表。 2.公司提供集体宿舍，水电费自理。 3.除保安、保洁和食堂厨师岗位外，其余人员一经录用，公司安排在工厂进行2～4个月的集中培训			
工种	人数	招用条件	薪资(含菜金补贴、中夜班津贴等)	
质检员	4	中专或职高以上学历； 具有1年以上相关工作经验	计件工资，1400～1700元/月	
叉车工	2	高中以上学历； 具有叉车证和叉车工作经验者优先	计件工资，1650～2000元/月	
操作工	8	初中以上学历	计件工资，1500～1700元/月	
保安	4	要求男性，初中以上学历； 退伍军人或具有保安工作经验者优先	1045元/月	
保洁	2	要求女性，初中以上学历； 具有保洁工作经验者优先	880元/月	

注：有效期至　　　年　月　日。

2. ××科技公司HR发给人才网的社会招聘需求表

该表包括的信息有：需求岗位、需求人数、岗位要求。岗位要求包括：学历、专业、年龄、工作经验、任职资格等。由于该公司涉及自动化控制行业，因此，招聘专员需熟悉该行业的一些专业术语。具体见表3.3。

表3.3 ××科技公司社会招聘需求表

序号	需求岗位	需求人数	岗位要求
1	高级销售经理	1	大专及以上，暖通相关专业(建筑环境与设备工程、供暖通风、低温制冷、热能、流体力学、流体机械)； 26~35岁，5年以上销售经验，有平衡阀、控制阀、水泵、中央空调等行业经验者优先； 有深厚的设计院人脉资源，有商务资源和能力直接获取订单
2	建筑销售经理(江苏地区)	1	大专以上学历，自动化、机电一体化或暖通等相关专业； 熟练使用Office办公软件，5年以上自动化、中央空调或阀门行业销售经验，2年以上销售团队管理经验； 有设计院、开发商等客户群销售经验者优先； 具有娴熟的销售技巧和较强的客户关系处理能力
3	研发人员	5	硕士研究生以上学历； 流体力学、自动化、仪器测控、电气工程、暖通、控制系统、机械一体化相关专业
4	高级暖通工程师	2	给排水、暖通相关专业本科以上学历； 3年以上项目设计、筹建和运行管理经验，有空调系统设计经验及中型以上设计院设计经验者优先； 具备丰富的暖通、给排水专业技术知识，具有较强的技术管理能力； 具有丰富的酒店、写字楼等项目暖通、给排水专业的设计管理经验，熟悉国家相关规范及技术标准； 有良好的沟通、协调和专业技术监管能力
5	高级自控工程师	2	本科或硕士学历，本科5年、硕士3年以上自动化行业独立项目经验，能独当一面； 精通西门子、ABB、CT等厂家的变频器调试； 熟练应用AUTOCAD，能根据工艺要求独立绘制电气原理图； 主持并独立设计过大型控制系统项目； 对电机拖动控制系统、监测仪表有深厚造诣，有团队管理经验、变频器开发经验者优先

3. ××科技公司HR发给高校就业处网站的应届生招聘需求表

该表包括的信息有：岗位名称、计划人数、学历要求、任职要求、工作地。具体见表3.4。

表3.4 XX年度XX科技公司应届生招聘岗位需求表

序号	岗位名称	计划人数	学历要求	任职要求	工作地
1	自控工程师	6	本科	1. 自动化、电气自动化、测控技术与仪器、机电一体化等自动化相关专业，英语4级； 2. 熟悉西门子400或施耐德、ABB、AB等的PLC编程； 3. 适应出差	杭州，需出差
2	电气工程师	3	本科	1. 本科以上学历，电气工程、自动化、机电一体化或相关专业； 2. 熟悉并掌握PLC编程和调试程序； 3. 熟悉电气布线、电气控制柜设计、电器部件选型，对气动系统有一定了解； 4. 熟练使用CAD和OFFICE办公软件，具备较高的识图能力，熟悉各类电气施工标准； 5. 有高低压上岗证等相关证书者优先	杭州，需出差
3	暖通工程师	3	本科	1. 暖通空调(建筑环境与设备工程)、低温制冷、给排水、供热与空调类专业本科及以上学历； 2. 对中央空调的运行特性和节能方式有深入的了解	杭州，需出差
4	暖通技术支持	3	本科	1. 暖通空调(建筑环境与设备工程)、低温制冷、给排水、供热与空调类专业本科及以上学历； 2. 对中央空调的运行特性和节能方式有深入的了解； 3. 具备很强的语言表达及沟通能力； 4. 吃苦耐劳，能经常出差	杭州，需出差
5	销售工程师	5	本科	1. 自动化、暖通、流体等相关工科专业； 2. 有良好的沟通与人际交往能力、组织协调能力	杭州，需出差
合计		20			

3.3 发布招聘信息

发布招聘信息有几种方式：张贴招工启事、找劳务中介、登报纸、通过人才网(免费、收费)发布信息、发布电视广告等。

3.3.1 招工启事(传单、张贴)

工厂发布的招聘广告通常被称为招工启事。一般都写得比较简单实用，通常采取发传单、张贴(厂门口、电线杆、职介所)的方式。

案例1：××公司生产部的招工启事

××公司生产部招聘

因生产需要，本公司需招聘以下人才。

1. 成品检验：8名

要求：25～40周岁，已婚女性，初中以上文化程度。会检验，有实际工作经验，爱岗敬业，吃苦耐劳，具有团队精神，办事认真负责。

2. 充毛工：6名

要求：熟练工，女性，吃苦耐劳。

3. 包装工：若干

符合条件的人员可至火车站附近××公司生产部报名。

联系电话：××××××××

一经录用，待遇从优，提供住宿。

人力资源部
200×年×月×日

注意：一般招工启事字体很大，内容较少，要占满一页。

案例2：××公司人力资源部发布的内部招工启事

内部招聘仓管员

招聘岗位：江西子公司本地仓库保管员。

岗位要求：

1. 高中以上文化程度。

2. 目前任生产各分部统计员、仓库管理员、布料或成品检验员的，具备财会专业知识的车工均可报名。

3. 报名时间：6月14日—6月18日

符合条件的员工可至人力资源部填写人员招聘表参与面试。

浙江××有限公司人力资源部
200×年×月×日

3.3.2 找劳务中介

工厂有招工需求时，人力资源部有时会与劳务中介(劳务派遣公司、职介所、技工学校)合作。这时，招聘专员需填写招工模版给劳务公司。

某劳务派遣公司的招工模版中的信息包括：单位说明、条件、工种工资及福利保险、食宿条件、工作时间、补充说明，具体见表3.5。

表3.5 某劳务派遣公司招工模版

单位说明	企业名称			企业性质			联系人		
	通讯地址			联系电话		传真		网址	
条件	性别	籍贯	人数	年龄	学历	专业	身高	证件要求	其他要求
工种工资及福利保险									
食宿条件									
工作时间	每天工作时间：（　）点—（　）点　　中午休息（　）								
	每周工作日：								
补充说明									

3.3.3 报纸发布

选择报纸发布招聘信息，版面、字数不同，收费不同，所以要控制字数。

某家纺公司原来做外贸业务，后发展国内业务，开了家纺专卖店。需招聘：部门经理、营业员、收银员、勤杂工、销售内勤等，在××商报招聘专刊发布了招聘信息。

案例3：××商场××商报招聘专刊

诚　聘

现有一家专业型家纺超市，品牌"×××"，在国际市场中享有极高的商誉。

招聘岗位：

1. 部门经理：2名，性别不限，大专，35岁以下，有家纺和服装业从业经验者优先。

2. 营业员：10名，女性，高中以上，35岁以下。

3. 收银员：4名，女性，高中以上，35岁以下。

4. 勤杂员：1名。

5. 销售内勤：1名。男性，中专以上，懂电脑，有从商经验。

报名电话：×××××××

工作地点：杭州××路

报名地点：杭州××路××号

一经录用，待遇从优。

该公司的生产部招聘操作工，在《钱江晚报》发布了招工启事。

案例4：××公司急聘车工

浙江××有限公司急招大量车工、绗棉工，18～40周岁女性优先。地址：××区××路××号。电话：××××××××

3.3.4 人才网站发布

采用人才网发布招聘信息，收费与字数无关，因此，招聘信息可详细一些。

××家纺公司新设专卖店，除了在报纸上发布招聘信息外，在浙江人才网也发布了招聘信息。

案例5：×××商场招聘信息(人才网发布)

01

职位：部门经理(人数2名)

工作职责：

1. 负责商场的品牌策划及销售；

2. 把握市场动态，制定产品拓展的整体策略并予以实施；

3. 进行人员管理，负责卖场的监督、考核。

职位要求：

1. 性别不限，大专，35岁以下，有家纺和服装业从业经验者优先；

2. 3年以上销售营运管理经验；

3. 能够有效指导和激励本部门员工；

4. 具备出色的沟通和谈判技巧；

5. 有较强的组织和协调能力；

6. 综合素质高，能承受较强的工作压力；

7. 有较强的市场感知能力，以及敏锐地把握市场动态、市场方向的能力。

工作地点：杭州市区××路

年薪：面议

02

职位：收银员(人数2名)

职位要求：女性，高中以上，35岁以下；有一定的电脑操作技能、有较强的服务意识和工作责任心，形象佳，曾从事收银工作者优先。

工作地点：杭州市区

03

职位：商场营业员(人数5名)

职位要求：女性，高中以上，35岁以下；有一年以上营业员从业经历，从事过家纺和服装销售者优先，形象气质佳。

工作地点：杭州市区

3.3.5 公司网站发布

除了收费的人才网，也可利用本公司的网站发布招聘信息。

案例6：某科技公司在自有网站人才招聘栏发布的招聘信息

招聘职位1：

节能公司G销售工程师(4名)

岗位描述：

1. 根据设定的目标，制订可行的销售计划；

2. 积极开拓高潜客户和新的业务机会，以承接自动化技改工程和节能改造工程为主，推动合作伙伴产品和本公司自主研发产品的销售；

3. 积极反馈市场和客户的需求，配合研发部门设计新的节能减排方案；

4. 与管理层和支持部门保持顺畅的沟通；

5. 严格遵循公司的各项制度和流程。

任职资格：

1. 冶金、化工、自动化专业大学专科及以上学历；

2. 二年以上工业领域销售工作经历；

3. 优秀的人际沟通能力，责任心强；

4. 愿意接受挑战，能在较大的压力下工作；

5. 能适应经常性出差。

招聘职位2：

节能公司G自控工程师(2名)

岗位描述：

负责节能公司G工程的实施工作，主要包括控制程序的编制，控制系统的出厂测试及现场调试。

任职资格：

1. 要求男性，自动化、控制理论与控制工程专业本科及以上学历；

2. 具有扎实的理论知识，勤奋好学，身体健康，能够吃苦耐劳；

3. 具备良好的团队合作意识，能够接受中、长期出差；

4. CET四级，计算机二级以上；

5. 熟悉西门子400系列PLC，施耐德、AB、ABB等品牌PLC(可编程逻辑控制器)；

6. 有一年以上冶金及化工行业工作经验者优先考虑。

3.3.6　易拉宝制作(招聘会现场)

××公司去人才市场参加大型交流会，现场放置易拉宝，向求职者展示招聘信息。

案例7：易拉宝文案

××公司　诚聘

杭州××有限公司成立于199×年，是集研发、生产、销售于一体的高新技术企业。公司主导产品——××牌电池是国家重点支持的高技术产业化产品。目前，公司拥有5家核心层企业及5家参股企业，拥有资产近2亿元。投产至今的四年间，共实现利税7500万元，年销售额每年递增70%以上。

随着公司的不断发展，现诚邀有识之士加盟。

岗位或专业	人数	学历	性别	年龄	专业要求	其他相关要求
办公室副主任	1名	本科及以上	男	40周岁以下	有较强的文字撰写能力、公关社交能力和CI策划、导入能力，沟通协调能力强，熟悉办公自动化	积极进取，极具敬业精神；豁达、公正，乐于奉献；有三年以上本专业或相关专业工作经验
国际贸易部主管	1名	本科及以上	男	35周岁以下	具有较强的市场策划能力以及管理能力，熟悉进出口业务和国家相关政策，英语听、说、读、写能力强	
电化学或化学	2~3名	本科及以上	男	30周岁以下	熟悉蓄电池生产工艺，具有本行业产品的研究、设计和开发能力，或生产作业管理能力	

有意者，请将个人简历及学历证书、身份证等相关材料复印件寄至公司人力资源部。

公司地址：杭州市××路××号

邮编：310000　联系电话：××××××××　E-mail：××××@××.com

3.4 对招聘会进行总结、分析

某公司招聘专员参加了多次校园招聘，回来后对校招情况进行了简要的分析、总结，并提交给人力资源部经理。分析内容主要包括：学历、院校分布、专业分布、性别。其中，参加东南大学、南京航空航天大学等招聘会的情况，见表3.6。主要数据有：简历总数41份，HR剔除6份，费用2500元。

表3.6　东南大学、南京航空航天大学等招聘情况

学历分析	
学历	人数
本科	22
硕士	13
合计	35
院校分布	
院校分布	人数
南京航空航天大学	13
东南大学	9
河海大学	5
南京邮电大学	2
南京农业大学	2
江苏大学	1
中国矿业大学	3
合计	35

(续表)

专业分布	
专业	人数
自动化	24
暖通	10
机械	1
合计	35
性别	人数
男	30
女	5
合计	35

3.5 筛选简历

在进入面试环节之前，招聘专员的任务就是获得合适的简历，前文介绍的各种招聘渠道都有助于招聘专员获得简历。筛选简历，关键依据就是匹配程度。业务不熟练时，可对照每个职位的招聘要求；业务熟练时，招聘要求自然熟记于心。

一般来说，看简历，应选择快速浏览的方式。先看专业学的是什么，是否匹配；再看工作经历，做过什么，是否匹配。简历多的时候，标准要严格；简历少的时候，标准可放宽。

简历可能是有水分的，要注意圈出其中的疑点，作为电话面试的问题。如工作断档被掩饰了，职位、工作责任被放大了，离职原因被美化了，工作经历被删除或隐蔽了，都有可能出现。有经验的招聘专员具有一定的敏感性，看到疑点，就会产生直觉。

3.5.1 网络招聘：主动搜索简历的必要性

招聘专员与求职者的关系比较微妙。公司在人才网发布招聘信息，求职者投递简历，招聘专员去查看筛选，这种情况，会让招聘专员产生一种求职者有求于自己的错觉。

有的公司有时不舍得花钱，在人才网站投放的招聘广告不显眼，导致投递简历不多。这时候怎么办？等待是不可取的，招聘专员还可以选择其他方式，就是主动搜索简历。这时候，招聘专员与求职者的关系，就变成了：我求你。

因此，有些招聘专员或主管不喜欢这样做。他的理由可能是：主动搜索简历，要费很多口舌,有些求职者很拽(因为是你主动找我的)。这与猎头打电话或发邮件给候选人,候选人立马觉得自己的地位攀升了类似。但猎头是中介方,HR代表公司,与求职者是甲方乙方的关系。

在这里,我特意点出这种心态,希望招聘专员要克服、调整。其实不管你愿不愿意,招聘主管、人力资源部经理也会要求你这么做。因为他们也需要承担用人部门、公司下达的压力。所以,主动搜索简历,是招聘专员必须掌握的技巧。

3.5.2 主动搜索简历的技巧和心理预期

主动搜索简历的技巧,关键在于关键词的输入。包括职位、专业、学历、薪资期望、工作地、简历最新更新等的单独或组合的设置。条件设置少,筛选的简历就多;条件设置多,筛选的简历就少。可以多试试,才有感觉。比如:将"简历最新一周更新、自动化专业、本科、自控工程师、杭州、3000~4000元/月"设置为关键词,看看有多少简历?

如果筛选的简历要求薪资高,而公司对学历要求可以放低,可将"本科"设置为"大专",其他条件不变,看看有多少简历?

如果最新更新一周的合适简历不多,就选择更新一月内,甚至两月内,看看有多少简历?

筛选简历有时不在工作时间完成,因为白天的杂事比较多,经常被打断,为了完成工作,招聘专员不得不在业余时间,如晚上或周末自己加班。这个搜索的过程,会带来兴奋感,如发现很多简历,下载后,以电话或邮件的方式,提交给直接主管;也会带来沮丧感,搞了半天,设置多种条件,合适简历很少,没法提交给直接主管,或者简历虽不少,但电话打过去,很多人处于在职状态,离职意向不强,本公司影响力小、薪资低,人家不理你。对于这些,招聘专员都要有心理预期。

3.5.3 应聘人员一览表

对筛选的简历进行整理,形成应聘人员一览表,并将简历附后,提交招聘主管或部门经理审核。有些公司习惯以邮件的形式发送,方便、省钱;有些公司习惯打印;也有公司采取简化处理的方式,不做这类表,直接提交简历给直接主管,并做口头汇报。

应聘人员一览表(社招),见表3.7。

应聘人员一览表(校招),见表3.8。

表3.7 应聘人员一览表(社招)

序号	姓名	性别	出生年月	文化程度	毕业学校	专业	简况	应聘岗位	户籍	联系方式
1	××	男	1974年10月	硕士	浙江大学	材料学	1996.7—1997.7四川××集团电材厂 技术员 1997.7—1998.5四川××集团生产技术处工艺管理	产品研发工程师	杭州	
2	×××	男	1980年5月	本科	浙江大学	材料学	略	工艺设计	常州	
3	×××	女	1982年4月	本科	浙江大学	营销学	略	外贸部营销	滁州	

表3.8 应聘人员一览表(校招)

序号	姓名	性别	学历	专业	学校	拟实习日期	招聘来源	备注	就业协议	拟分配部门	拟签订公司
1	×××	男	本科	机械设计制造及自动化	浙江科技学院	2011.11.14	秋季人才交流大会	已开始实习	就业协议已签	四部	A子公司
2	×××	男	本科	电气工程及自动化	中国计量学院	2011.11.28	智联招聘	已开始实习	就业协议已签	二部	股份公司
3	×××	男	专科	电气自动化	浙江水利水电专科学校	2011.12	校园宣讲	已开始实习	就业协议已签	三部	股份公司

3.6 参与组织面试

3.6.1 填写应聘登记表

应聘人员应先填写应聘登记表,见表3.9。

表3.9 应聘人员登记表

基本情况	姓名		性别		出生年月		
	出生地		现岗位				
	户籍性质(城镇、农村等)		政治面貌(党员、团员、群众)			照片(近期一寸免冠)	
	婚姻状况		身份证				
	档案何处			最高职称及获取时间			
	户籍地址						
	家庭住址				民族		
	联系方式	办公座机		E-mail			
		手机		邮编			

(续表)

学习经历	起止年月	学校名称	专业	学历或资格证书

工作经历	起止年月	单位名称	岗位	离职原因	获取资格证书

家庭情况	姓　名	与本人关系	工作单位	职务	联系方式

在杭紧急联系人	姓　名	工作单位	现住址	联系方式

技能	英语水平		其他外语		电脑技术	
	驾驶执照		兴趣特长		其他技能	

自我评价	

注：本人保证以上信息真实，否则自愿承担责任。

签名：　　　　　　　　　　　　　　　　　　年　月　日

3.6.2　面试题目选取

组织面试时，面试维度及面试评分可参考表3.10。

表3.10　评分参考

基本条件是否符合要求	年龄、学历、专业等条件是否基本与招聘条件一致
相关资料、证件是否真实	各类证书的原件与复印件是否一致
语言表达能力	口齿清晰、语言流畅；谈话内容有条理、逻辑性强并能使他人准确理解；有说服力；用词准确、恰当、有分寸
仪表、举止、精神面貌	容貌端正；穿着打扮得体；言行举止符合一般礼节；精神面貌积极向上

该表主要从以下方面考虑：基本条件、资料证件、语言表达能力、仪表举止、精神面貌。然后，确定多个评价项目及对应的评价要点、参考题目：反应应变能力、工作经历、专业背景与招聘岗位的适配度、对企业文化的认同度、综合分析能力、团队精神。

下面是更详细的标准描述。

1. 反应、应变、理解能力的面试题选取

评价项目：反应、应变、理解能力。

评价要点：头脑的机敏程度；对突发事件的应急处理能力；能否迅速、准确地回答主考官提出的问题。

参考题目：

(1) 假设你所在的部门下设6个科，你是某科的科员，在你们科里，除了科长之外，大家公认你的业务能力最强。有一天，部门经理交给你一份刚收到的会议通知，让你去参加某个会议。请你谈谈，从你接到通知那一刻到参加会议前，你会做些什么？

(2) 如果你入选了，但你的岗位级别定得较低，而你的主管在学历、资历、能力等方面都不如你，你该怎么办？

(3) 请你说说与领导相处和与同事相处的不同点。

(4) 你和你的上司有过意见不一致的情况吗？如果有，且你觉得自己理由充分，你会据理力争吗？如果不会，为什么？你是否担心今后他给你"穿小鞋"？

(5) 企业管理人员的选择可以采用外部招聘和内部提升两种方式，你认为各有何优缺点？

(6) 面对客户除工作之外的要求，如暗示要财务旅游、招待，你如何对待？

(7) 你管理的员工及时处理了工作中发生的紧急情况，但违反了规章制度，事后，你会怎么办？

(8) 请你为我们这次面试做个小结或提个建议好吗？你对我们几个面试人员有什么看法和建议？

(9) 原单位的领导对你的离开会持什么态度？会不会挽留你？

(10) 请用三个词评价你自己(考虑半分钟)。

2. 工作经历、专业背景与招聘岗位的适配度的面试题选取

评价项目：工作经历、专业背景与招聘岗位的适配度。

评价要点：从事应聘职位的工作经验丰富程度；所学专业与应聘工作的匹配程度；业余进修、培训经历是否有助于该岗位工作；在原工作岗位的升迁情况。

参考题目：

(1) 请谈谈你现在的工作情况和工作业绩。或在你最近的工作中，最突出的业绩是什么？

(2) 你认为现在的工作对你的发展有何影响？你为什么想换工作？对于这个岗位你有哪些优势和不足？你打算怎样弥补不足？

(3) 你怎样理解你所应聘的岗位？你觉得如果我们录用你，你能为我们带来的最直接的效益是什么？

(4) 你需要多长时间来适应一个新工作岗位？最难处理的是什么事情？为什么？

(5) 你最富有创造性的工作成果是什么？

(6) 对你而言，"成功"有何含义？在你以前的工作经历中，什么事令你最有成就感？

(7) 最不喜欢怎样的工作？觉得自己最大的失败是什么？从中吸取了哪些教训？

3. 对企业文化的认同度的面试题选取

评价项目：对企业文化的认同度。

评价要点：根据其自述，判断其在价值观、工作态度等方面是否与企业文化的主旨相一致。

参考题目：

(1) 你为什么应聘我们公司？你对我们公司有哪些了解？你最看好公司哪些方面？

(2) 你向往怎样的工作环境？欣赏怎样的领导风格？最反感怎样的领导风格？

(3) 你觉得至今为止，什么事情或什么人对你的影响最大？如何影响你？为什么？

(4) 你平时最喜欢什么休闲活动？最喜欢哪部文学作品或者哪个人物，为什么？

(5) 请结合自己的情况，谈谈你对公司晋升制度的建议？

(6) 你是如何看待事业和家庭之间的关系的？平时周末做什么？如经常需要周末加班，会有什么问题？为什么？

(7) 在你看来，当今最优秀的或最成功的企业是哪一家？为什么？(请考虑一分钟)

(8) 你选择工作时，薪酬的重要性排在第几位？排在第一位的是什么？为什么？

4. 综合分析能力的面试题选取

评价项目：综合分析能力。

评价要点：对事物能从宏观角度进行总体考虑；对事物能从微观角度考虑。

参考题目：

(1) 你怎样看待人大、政协会议期间，与会代表们提出的"建设诚信社会"这个问题？

(2) 你对中国的电信运营商有哪些评价和看法？

(3) 吸引你来应聘的因素是什么？你觉得我们公司的优势在哪里？你对公司的发展有何建议？

(4) 怎样看待民营企业今后的发展趋势？你觉得他们的优势在哪里？我公司能从中学到什么？

(5) 你认为现在的工作单位在管理上主要有哪些弊病？你觉得该怎样克服？那么我们公司该怎样避免这种情况的发生？

(6) 你认为我们公司今后的发展可以借鉴哪家公司的经验？为什么？

5. 计划、组织、协调能力的面试题选取

评价项目：计划、组织、协调能力。

评价要点：能制定部门、个人的长远发展目标；预见未来趋势、机会和不利因素，作出中、近期计划；把握、协调工作各方之间的关系；根据现实需要和长远效果作出适当选择，及时作出决策；合理调配并安置人、财、物等有关资源。

参考题目：

(1) 假设你所在部门的领导决定召开一次业务会议，由你制定一个会议业务方案，你认为这个方案应包括哪些内容？

(2) 你是一名普通管理人员，当你在工作中发现另一部门有问题时，你如何处理？如果这个部门的负责人是该专业领域的权威人士，你怎么办？

(3) 你的上司早上给你布置了一项任务，要求在下班前完成，你已经感到很吃力了。现在他又下达了一项新任务，要求也必须在下班前完成，你将怎么办？

(4) 你为自己设置过职业发展目标吗？你怎样为实现这个目标作准备？你觉得在自己的发展计划中什么问题有可能成为最大的障碍？你打算怎样应对？

(5) 你对每月、每周的工作作计划吗？根据什么作计划？作总结吗？通常能完成计划吗？你的家庭开支有计划吗？

6. 团队精神的面试题选取

评价项目：团队精神。

评价要点：与团队成员积极合作；善于进行有效的沟通；有积极的参与意识；既有主见又善于听取他人的意见；善于学习。

参考题目：

(1) 你觉得什么样的人最难相处？遇到这样的人怎么办？

(2) 谈谈你对自己的表现不甚满意的一次工作合作经历。

(3) 假设要求你们几个人共同完成一项工作，小组中的成员都是经验丰富的老员工，而领导却让你当组长，成员们对此都有些不满，你该怎么办？

(4) 假如你被聘用后，工作很努力，成绩也很突出，但由于不善于表现无法赢得领导的信任，而某些能力比你差、成绩平平的同事却因能说会道博得了领导的赏识，对此你有何看法？

(5) 假如你竞聘成功，工作很努力，领导对你也很器重和信任，但领导又经常叫你帮他做一些本职工作以外的事，一段时间以后，你发现你的同事在疏远你，你会怎么办？

(6) 你的上司总是交给你的同事很多工作，显得你有些无所事事，你会怎么想、怎么做？

(7) 你在什么情况下会成为聚会的中心？请举例说明。

(8) 工作中遇到难题了，自己一直无法解决，你通常怎么办？

(9) 对于自己本职以外的工作，你的积极性如何？为什么？

(10) 你正忙着而且心情不好，同事却有急事请教你，你怎么办？

7. 专业理论知识水平、专业技能、案例分析的面试参考标准

专业理论知识水平：在专业领域具有扎实的理论基础；能不断更新、提高自己的理论、知识水平；密切跟踪技术发展的最新潮流。

专业技能：掌握专业工作必需的技能；具有丰富的实践经验；能指导他人开展工作。

案例分析：能迅速找出问题的症结所在，准确地分析问题，圆满地解决问题，并提出改进方案。

3.6.3 面试结果拟定

面试结果拟定，见表3.11。

表3.11 面试人员名单及结果

序号	姓名	性别	出生年月	参加工作时间	职称	学历	毕业时间	毕业学校	专业
1	×××	男		2001.07	工程师	大学本科		浙江大学	通信技术
2	×××	男		1993.07	工程师	大学本科		东南大学	光电子技术
3	×××	男		1999.07	工程师	大学本科		长安大学	电气技术

(续表)

现单位	现岗位	联系电话	综合素质(40%)	专业能力(60%)	总分	备注
深圳中兴通讯股份有限公司	技术经理/项目经理/CTO		81.0	80.6	80.76	
UT斯达康	项目和技术支持		79.2	78.3	78.66	
诺基亚杭州公司	通信工程师		78.9	74.3	76.14	

注：总分=综合素质×40%+专业能力×60%。

3.7 通知录用

发布录用通知，具体见表3.12。

表3.12 录用情况表

序号	姓名	性别	出生年月	工作年限	教育程度	毕业时间	毕业学校	专业
1	×××	男		4	大学本科		浙江大学	工业与民用建筑
2	×××	男		17	大专		浙江省职工政治大学	经济管理
3	×××	男		4	大学本科		东南大学	应用物理学

(续表)

单位	现岗位	录用意见	岗位意向	备注
市电信规划设计院	土建设计	已录用	省公司工程部土建管理	
省邮电器材公司	财务部经理	拟录用	省公司财务部财务管理	原单位不放
市电信分公司	计算机开发维护	待定		

3.8 招聘专员的压力来自哪里

前文只是介绍了招聘专员的工作过程。但企业的招聘工作，有时要的就是结果。企业常制定月招聘计划达成率、周招聘进度等指标，让招聘专员倍感压力。例如，领导有时会追问本月要求招聘到位30人，你完成了多少？招聘专员的压力主要来自以下几个方面。

(1) 有的公司，人力资源部的地位很低，用人部门很拽。公司在年初也没制订明确的招聘计划，临时要人，很急，一句话甩给HR要求尽快招到人，你去跟他沟通招聘需求，他说不清楚或根本就不理你。

(2) 用人部门的经理、主管，管理水平不高，导致员工离职，便让HR重复招聘，增加了招聘工作量。

(3) 公司薪资低、福利差、工作时间长、企业文化不好，人员进进出出，HR招聘困难多。

(4) 求职者不好应付，面试爽约。常有HR吐槽，筛选了几十份简历，电话通知面试，结果只来了几个。

所以，不少招聘专员每天都在忙忙碌碌中度过，搞得身心俱疲，时间长了，就产生了职业疲倦，想换工作。有些人会想：也许别的模块会轻松些。实际上，别的模块也有压力，任何工作都有压力，招聘专员对此要有心理预期。面对招聘困难，要去克服、想办法，但不要过于苛求自己，有些情况，是你一个小小的招聘专员无法控制的。影响招聘结果的因素太多了，你只能在现有的资源条件下，不断提高自己的招聘技巧，尽力而为。

第4章 培训专员的应知应会

可用一句话概括培训专员具体做什么工作：编制培训课程计划、课前准备、协助现场实施、发放统计培训满意度、撰写培训小结报告等。

4.1 培训课程方案怎么做

培训专员要会做具体的培训课程方案。方案包括：会议议程、课程安排表、专项培训班方案、培训课程费用预算等。

培训类型一般包括：岗前培训、岗位培训、适应性培训等。新员工见面会是适应性培训的一种常见形式。

4.1.1 新员工见面会会议议程

新员工见面会，是最简单、最常见的培训安排，需要拟定会议议程。应写明：时间、地点、参加人员、主持人、会议议程等内容。新员工名单、参加会议的公司领导名单应作为附件。会议议程中应写明事项和时间点。

案例1：某公司新员工见面会会议议程

一、时间：20××年×月×日9:30

二、地点：公司多功能厅

三、参加人员：公司领导、新进员工

四、主持人：人力资源部经理

五、会议议程：

1. 由人力资源部向新员工分别介绍参会的公司领导(姓名、职务、分管职责等)，时间为10分钟。

2. 由公司总经理致欢迎辞，时间为5分钟。

3. 新进员工自我介绍。时间控制为每人3分钟左右。主要介绍本人的基本情况(包括姓名、年龄、毕业学校、专业、原工作经历、兴趣爱好等)及应聘岗位。预计共30分钟。

4. 请各大部门新员工代表(研发中心1名，营销中心1名，总部1名)具体谈一下目前的工作体会，时间为每人5分钟左右，共15分钟。

5. 自由提问时间30分钟，可灵活控制。新员工可以就本人关心的问题向各领导提问，由公司领导为其解答。

6. 最后由公司总经理向新员工提出公司层面的期望与要求(即兴即可)。

六、会议结束(预计在12点前结束)

附件一：新员工名单

附件二：参会的公司领导名单

人力资源部
20××年×月×日

4.1.2　新员工培训课程安排表

新员工培训课程安排表的内容包括：时间、课程单元、课程主题、时间段、责任人等。课程单元可包括：破冰、公司业务发展专题、公司文化专题、职业指导专题、公司市场与客服专题、公司产品技术专题、员工要求、结束。中间可插入游戏、休息、用餐等环节。

某公司的新员工培训课程安排表，见表4.1。

表4.1　新员工培训课程安排表

序号	时间	课程单元	课程主题	时间段	责任人
1	8:30—9:00	破冰	①介绍1天的安排；②破冰游戏；③分组游戏：取队名、选队长、唱队歌、喊口号、队员介绍	30分钟	
2	9:00—10:00	公司业务与发展专题	①公司的历史沿革、发展历程及两大主营业务；②公司组织结构、规模、价值观、管理团队及目前的经营目标及思路；③公司的愿景和未来3年的发展规划	60分钟	
3	10:00—10:20	游戏	——	20分钟	
4	10:20—10:30	茶休	茶休、自由交流	10分钟	
5	10:30—11:00	公司文化专题	以员工的切身体会谈谈公司的文化	30分钟	
6	11:00—11:05	游戏		5分钟	
7	11:05—12:00	职业指导专题(一)	在一个新环境中如何做人与做事	55分钟	
8	12:00—13:00	午餐	中餐、休息	60分钟	
9	13:00—13:10	热身活动	集体互动	10分钟	

(续表)

序号	时间	课程单元	课程主题	时间段	责任人
10	13:10—13:45	公司市场与客服专题	①公司市场与客服情况；②公司市场展望	35分钟	
11	13:45—14:00	游戏	——	10分钟	
12	14:00—14:45	职业指导专题(二)	商务礼仪培训	45分钟	
13	14:45—15:30	公司产品与技术专题	①公司产品开发与设计原理；②公司产品系列与变革；③公司产品的发展趋势	45分钟	
14	15:30—15:40	茶休	茶休、自由交流	10分钟	
15	15:40—15:50	游戏	——	10分钟	
16	15:50—16:40	职业指导专题(三)	沟通技巧培训	50分钟	
17	16:40—17:00	游戏	——	20分钟	
18	17:00—17:15	员工要求	对员工的要求与期望	20分钟	
19	17:15—18:00	收尾	①小组畅谈培训心得；②培训总结、颁奖；③培训问卷调查；④培训游戏同心圆分别	40分钟	

4.1.3 新员工入职培训计划

上述内容适用于新员工集中培训。在新员工陆陆续续进来，无法开展集中培训的情况下，可针对个别新员工制订入职培训计划。对于在异地招聘、工作的员工，到总部接受入职培训，需考虑时间和费用的控制。培训内容包括：入职手续、公司制度、企业文化、销售知识、技术业务、生产工厂参观、财务报销流程、领导谈话等。

某科技公司的异地新员工入职培训计划，见表4.2。

表4.2 新员工入职培训计划

部门：工业销售部　　岗位：销售经理　　计划编制：			
培训日期	培训内容	相关指导人	备注
4月9日	人力资源部经理面谈(公司组织架构以及工业销售部整体架构的讲解)		根据时间安排
	应聘人员登记表的填写补充；办理入职相关手续；员工手册发放		
	学习公司样本、手册并观看公司宣传视频		
	劳动合同的签订、保险缴纳等		
	跟市场部人员学习交流		
4月10日	跟工业销售人员沟通交流		
	跟商务部学习交流与合同等相关的后续工作		
	向公司技术总监请教学习		
	跟工程技术部的各技术经理学习交流		
	跟研发中心人员学习交流		

(续表)

4月11日	参观生产基地		班车时间：7:30 地点： 车号： 驾驶员
	了解生产部产品组装工作		
	了解生产部系统成套工作		
	在生产部仓库学习		
4月12日	跟民用销售部人员学习交流		出差，无法安排培训
	跟民用商务部人员学习交流		
	跟民用市场部人员学习交流		
	向财务部经理学习财务相关制度		
	向IT部门人员了解关于公司OA及邮箱使用问题		
	与营销总监面谈，安排工作计划		
住宿安排在公司的定点经济酒店，费用列入工业销售部。培训学习期间午餐由公司提供，由人力资源部统一领取			

4.1.4 专项培训班方案

除了新员工，对于老员工的培训，可采用专项培训班的形式。写这类培训方案，大致可从以下几个方面入手：时间、地点、参加人员、车辆安排、活动议程、责任分工、费用预算。

案例2：某公司生产管理骨干培训闭营式活动方案

一、时间：9月28日—9月29日(周日、周一)两天

二、地点：××拓展培训基地

三、邀请领导：

四、参加人员：生产管理骨干学员等约50人；领导4人。

五、车辆安排：生产中心负责接送

六、活动议程：

时间	活动内容	地点	责任人	备注
第一天 7:00—9:00	出发至××拓展培训基地	车上	司机	
9:00—9:30	入住宾馆	宾馆		
9:30—10:00	换装出发至基地	车上	司机	
10:00—12:00	野外军事定向：①分组，创建突击连(2组)；②找水源；③找工具；④穿越雷区；⑤伪装防空袭；⑥穿越沼泽	基地	拓展培训公司	

(续表)

时间	活动内容	地点	责任人	备注
12:00—12:30	集合回宾馆	车上	司机	
12:30—13:00	工作餐	餐厅		
13:00—13:30	集合出发至基地	车上	司机	
13:30—17:00	定向野战：①孤岛穿越；②夺宝；③人质护送	基地	拓展培训公司	
17:00—17:30	集合回宾馆	车上	司机	
17:30—18:00	回房洗漱	房间	——	
18:00—19:30	工作餐	餐厅		
19:30—	休息	房间	——	
第二天 7:30—8:30	洗漱、早餐	房间/餐厅		
9:00—9:30	员工代表发言	会议室		
9:30—10:30	人力资源部经理讲话			当前新形势下的员工队伍管理
10:30—11:30	领导讲话			新工厂的展示、介绍及总结
11:30—12:00	总结发言			
12:00—12:30	给一年后自己的信			在信件中写明对自己的工作期待，集体封存，一年后启封邮寄给本人
12:30—14:00	午餐、退房	餐厅		
14:00—	返回生产中心	车上	司机	

七、责任分工：

内容	时间	责任人	备注
与培训公司进行培训项目的沟通	9月27日		确定活动会场、户外场地和餐饮标准；对活动内容安排进行沟通
总部领导邀请	9月26日前		
参加人员确认	9月25日前		
学员发言代表确定	9月25日前		
点心、水果购买	9月27日前		
现场活动摄影、摄像	9月28日、9月29日		事先携带相关器材
现场总协调	9月28日、9月29日		
车辆调度	9月28日、9月29日		确认司机
住宿安排	9月28日、9月29日		28日入住，29日中午办理退房手续
会议室、餐饮安排确认	9月28日		

八、费用预算：

拓展训练费用	300元/人×40=12 000元
餐费	300元/桌(10人/桌)×5桌=1500元×3餐=4500元
会议室租用	600元
住宿	240/间×24间=5760元
车辆费用	3000元
水果、点心购买	300元
总计	26 160元

九、人员名单：

类别	姓名	人数	备注
公司领导		3	
培训讲师		3	参加拓展培训
培训学员		36	参加拓展培训
工作人员		4	不参加拓展培训

4.2 培训课前准备要注意哪些事项

培训计划方案编制后，经相关领导审批，培训专员需要做好课前准备。因为培训现场涉及多种不确定因素，为确保培训可控，需要列好培训注意事项，准备好各种培训器材，提前去现场调试，以免发生培训"事故"。

某培训公司的培训注意事项清单，见表4.3。每完成一项，在"□"内打"√"。

其中，培训签到表也是必备工具之一，见表4.4。

表4.3 培训注意事项清单

□会议室租用(钥匙)
□横幅
□培训课件PPT
□麦克风、音响
□投影仪
□笔记本电脑
□白板笔
□照相机
□布置会场(白板、椅子摆放)
□水果、点心、咖啡、茶叶、一次性纸怀
□热水
□午餐券
□培训签到
□培训提醒(手机关机/开振动)
□领取餐券

表4.4　培训签到表

培训内容：201×年第1期新员工培训
培训人：
培训时间：201×-5-14 8:40—17:20　培训地点：

序号	姓名	上午签到	姓名	下午签到
1				
2				
3				

4.3　培训满意度调查怎么做

培训结束后，可发放培训满意度调查表，事后作统计。培训满意度调查表包括：基本信息、课程内容评价、讲师授课评价、培训综合评价等模块，以及开放式的建议、意见类题目。对收集的问卷进行统计分析，相关数据可在培训课程小结报告中引用。

案例3：某公司的培训满意度调查表

尊敬的学员：

您好！

非常感谢您全程参与我们的培训。为了解本次培训效果和您的培训感受，从而能进一步完善和改进我们的培训工作，请您花几分钟时间认真填写这份调查表，您的宝贵意见和建议对我们非常重要。

课程名称：201×年第1期新员工培训		培训讲师：			
培训时间：201×年5月13—15日		培训地点：湘湖、会议室			
一、评估者基本信息(该项可填可不填)：					
姓名：	部门：工程技术中心			岗位：自控工程师	
二、课程满意度调查：(5代表"非常满意、非常认同"；4代表"比较满意、比较认同"；3代表"还可以、一般认同"；2代表"不太满意、不太认同"；1代表"不满意、不认同"。请根据您的真实意愿和实际感受进行选择，在您认为的评分上打"√")					
	评 测 指 标	5	4	3	2	1
课程内容评价	1. 课程目标明确	√				
	2. 课程内容安排合理性	√				
	3. 课程内容的实用性	√				
	4. 课程理论与案例的分配程度	√				
	5. 对课程所授观点的认同度	√				
	6. 课程内容满足您需求的程度	√				

(续表)

讲师授课评价	1. 讲师语言清晰度和表达准确度	√		
	2. 讲师对课堂氛围的营造和把控	√		
	3. 讲师语言生动、幽默	√		
	4. 讲师的互动性	√		
	5. 讲师针对学员提问给予的指导	√		
	6. 培训课件的完整、清晰和美观		√	
培训综合评价	1. 培训时间的安排		√	
	2. 培训地点的安排	√		
	3. 培训形式的认同	√		
	4. 培训效果和您的预期相比	√		
综合评分				

三、意见与建议

1. 您认为本次培训哪些内容让您印象最深刻，为什么？

　　公司文化和今后发展方向。确定公司和自己今后的发展方向，跟着公司的脚步走才能更好地发展自己，和公司一同成长是工作中的最佳成长方式。

2. 您认为本次培训中哪些内容对您帮助最大？

　　自己所在的部门是工程技术中心，感觉还是Y老师讲的系统技术和产品技术对今后的工作帮助最大。

3. 您认为培训还需要改进和提升的地方(包括课程内容、培训讲师、培训组织方式)有哪些？

　　第二天的培训时间比较紧凑，内容较多；第三天参观生产工厂的时间较多。

4. 在今后的工作中，您最希望接受哪方面或什么课程的培训？

　　技术和财务、HR方面。

5. 其他建议。

　　因本人入职时间很短(五月入职的)，此次培训内容丰富、全面，使自己快速了解了各部门和公司制度。但只是有了一个初步的概念和方向，希望后续还有细分的培训，使我能进一步熟悉同事和加深同事之间的感情

4.4 培训总结报告如何撰写

　　培训总结报告的撰写，可从以下两个方面入手：本次课程基本信息(培训时间、目的、对象、组织部门)、培训实施分析(好的地方简要提及，主要指出不足、提出改进建议)。

案例4：新员工培训总结报告

　　一、培训时间：7月24日—7月26日。

　　二、培训目的：使新员工了解公司的发展历程、销售业务、产品技术、组织架构、规章制度等，尽快融入公司的企业文化，加强对企业的归属感。

三、培训对象：4月28日以后入职的新员工(含外地员工)，29人。

四、组织部门：人力资源部。

五、培训实施分析：

这次的新员工培训项目由拓展培训、集中培训、生产基地参观培训三大部分组成。通过两天多的培训，使新员工尽快适应公司的新环境，融入新团队，熟悉了基本工作流程，对公司的产品技术和业务方面也有了更全面的了解。但在组织协调与讲师授课方面也存在很多不足点。

1. 没有对培训公司进行深入对比分析、了解咨询与实地考察；组织方与培训公司的衔接沟通不到位；拓展培训的项目进度安排不合理，CS场地等不规范；培训公司的组织协调不到位，项目变更影响了员工的积极性，以及相关项目(篝火晚会)并没有实质意义、质量不高。

建议：下次应具体询问相关项目内容，如发现条件不足，应参考对比多家公司，才可作出选择。

2. 授课方式单一，不够生动。纯粹地照本宣科，气氛不够活跃，缺乏与学员的互动沟通。

建议：结合一些实际案例进行讲解，提高学员的积极性。应该多增加一些互动项目，增加学员的互动性和积极性。

3. 安排紧凑且时间较长，员工需花费一定的时间消化。因参与拓展培训，员工感觉较累，听课效果受到影响。

建议：为员工提供一些娱乐游戏，适当放松。

4. 内容设计重点不突出，对于不同工作岗位的新员工而言，他们根本不懂产品技术，会影响听课效果。

建议：讲师应有针对性地选择内容，做到简单、清晰、明确。

5. 员工听课时，注意力不集中，有随意进出、交头接耳、窃窃私语的现象。

建议：在培训前提醒大家不要随便走动、讲话。更重要的是讲课时给员工提问机会，增强互动性。

案例5：精益培训分析报告

近几年，随着原材料、运输等成本的不断上涨，企业逐步失去低成本优势，越来越多的企业开始将目光聚焦在人力资本增值、单位劳动生产效率提高上。为了在金融危机爆发的经济形势下实现可持续发展,公司高管决定引进精益生产培训,这充分说明了公司近几年来取得的经营业绩和高层对企业运营、人力资源的可持续性的重视。

目前,培训系列课程已持续4个月之久,通过4位老师的教导,我们已对精益生产理论有了系统的认识,但每次培训结束后我们都会发现上课人数越来越少,大家的激情越来越淡,培训远未达到预期效果。为此,我对培训现状进行了分析。

一、培训现状分析

1. 培训到课率及满意度分析

通过观察、统计前几门课程的课堂到课情况后发现,前两次课程的到课率为90%以上,其中未到人员基本为因工作请假人员;后几门课程的到课率都不足50%,培训满意度除TPM课程之外其他都较为平缓。

培训到课率及满意度:

序号	课程名称	应到人数	实到平均人数	平均到课率/%	培训满意度
1	精益介绍	64	60	93.75	88
2	5S与目视管理	84	77	91.67	86
3	TPM	104	39	37.50	74
4	工业工程	93	35.8	38.49	84
5	车间布局	93	43.2	46.45	84
6	拉动系统	113	57.5	50.88	88
7	库存管理	89	41.5	46.63	88
8	标准作业	113	58.25	51.55	88
9	供应链管理	88	37.35	42.44	80

平均到课率、培训满意度分析:

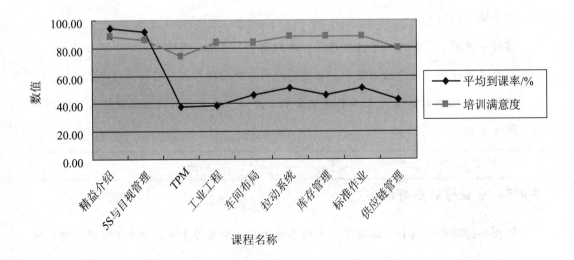

2. 学员基本情况分析

通过调查每次参加培训的人员的学历后发现,大专及以上学历的人员占59.5%,高中及以下学历的人员占40.5%。由此可知,学员的学历水平相对较低,只有近六成的人员受过高等教育。

学员学历情况:

学历	硕士	本科	大专	高中	职高	技校	中专	初中	合计
人数	4	41	15	15	3	4	8	11	101
比例	3.96%	40.59%	14.85%	14.85%	2.97%	3.96%	7.92%	10.9%	100.00%

3. 培训期间发现的问题

精益培训已历时4个月,在此期间,根据对培训现场的观察以及通过与员工的交流,将反映的意见及建议等大致归纳如下。

(1) 培训需求不明确。精益培训是公司的一项重大培训,可是培训初期并没有做细致的培训需求分析,课程完全由咨询公司制定,我们又缺乏对这方面比较精通的人员,所以无法比较哪些课程对我公司的现状比较适用、哪些不适用。并且每次培训为了让更多的人受益,一般要求各部门都派人参加,这也导致了大部分人听课以后觉得与本公司情况无法结合,使员工降低听课的欲望,进而引起缺课现象。

(2) 对培训的重视程度不够。公司在金融危机时期还投入如此高的成本用于精益培训,可见公司高层对此的重视程度。可是在培训过程中经常会听见员工抱怨工作太忙,没时间去参加培训等。其实,通过对课堂到课人员的情况进行分析后会发现,部门经理、科长、车间主任每次都坚持来听课,周六也都放弃休息时间来学习;而班组长几乎都不参加培训;其他部门的人员周五抱怨工作太忙,周六仍然不能来参加。由此可见,工作忙只是大家的一个借口而已。

其实只要仔细观察不难找出引起这些现象的原因,在这些每次都按时听课的部门中,部门经理都是带头参加的,除非与公司会议等发生时间冲突,否则每次都能见到他们的身影,比如L2生产中心副总经理每周六都放弃休息时间来参加培训。而其他部门的经理基本都是"三天打鱼、两天晒网",没有一堂课是完完整整听下来的,有些甚至从来没有参加过,所以部门的其他人员也是能不参加就不参加,表现得很松懈。部门经理应督促部门员工珍惜学习机会,并起带头作用。

(3) 培训设置及时间安排不合理。负责前几次培训的4位老师有些是企业高管,有些是大学教授,他们之中有些实践经验丰富,有些理论知识丰富。在培训方法上,基本采用传统模式授课，"老师讲，学员听，作业测"，上课没有互动，从而产生枯燥、效果不好的弊病，使员工对培训失去兴趣。另外，因学员的学历水平有很大的差距，有些人觉得很受益，有些人觉得无法理解，使得培训内容及进度难以协调，效果不显著。

此外，精益不仅仅是培训，培训只是向大家灌输一种思想、一种理念，真正重要的是具体的实施。目前，公司只在同一时间集中培训，并且每次培训都需两天时间，其中一天是周六，如此密集的培训时间安排使得员工产生疲惫心理。并且培训后没有付诸实施，使得培训内容只是纸上谈兵，大家无法从中真正体会培训内容的实用性。

(4) 培训过程中缺乏沟通。当培训进入实施阶段，需要对培训进行监督，实时反馈学员的学习情况，在不断反馈的过程中不断改善。而实际情况是，对学员来说，培训中缺乏沟通。同样的培训课程，有的学员学习效果很好、获益匪浅，而有的学员却所学甚少，就是因为沟通存在问题。并且没有将课件提前发给大家，难以做好准备，在学习中没有就本企业中存在的问题或者没完全听懂的问题与培训老师或者班上其他学员进行讨论。这样使得每次培训都像是在走流程，每次都按照一个标准模式进行。

(5) 培训结束后缺乏学以致用的环境。知道不等于悟到，悟到不等于做到，做到不等于得到。培训可以解决"知"的问题，而学到的知识只有不断地实践、应用、反馈，才能真正将其储存下来，转变为自身的工作、行为习惯。培训结束后返回工作岗位，员工需要有一个能够促进培训成果转化为实践的环境。但目前，培训只是一味地传授理论知识，这或许是因为L2生产中心尚未完工，而L生产中心推行精益生产难度较大，所以公司领导希望利用这段时间先进行培训，以灌输思想，然后在L2生产中心推行。但是从培训效果上看，这种培训方式存在很大的弊端，因为缺乏培训成果转化的环境会导致"培训没有太大的实际用处"的观点产生，对培训工作的开展又是一大阻碍。

二、进一步的建议

对精益培训现状的分析，不禁引起我们的反思，假设重新开展如此大规模的培训，我会从以下几方面着手做好工作。

1. 成立精益项目小组

"精益"是一项长久、持续的工作，公司若想进行精益化管理，首先应成立一个精益项目小组。精益培训不仅仅是人力资源部门的工作，而是所有部门的工作。成立项目小组将有助于精益培训及活动的推行，并可制定相关的制度来明确管理方法、各自的职责等。

2. 重视培训需求调查

确定培训需求是培训过程的开始，也是培训过程的重要环节。确定培训需求，就是确定投资方向和项目，如果投资项目选得好，就会带来良好的投资回报；如果项目选择失误，则会导致企业人力、物力、财力的极大浪费。在精益培训前期，虽然也对车间主任等进行过访谈，但是全部培训课程完全是根据老师所指出的精益的系统性课程来安排的，有些课程在讲授过程中过于理论化，并没有结合公司的实际情况以及学员的知识水平、能力，并且在初期大家对精益培训并没有太多的了解，无法得知哪些是本公司所需要的。所以我觉得应该在每次培训之前进行一次培训需求调查，然后根据大家的意见由精益项目小组讨论决定，最后与咨询公司协商确定培训内容。根据大家的意愿制定的培训课程更能激发学员的学习欲望及热情，并且能使其自觉加入培训的队伍中来。

3. 培训时间、流程安排

现有的培训是两周一次、每次两天，在工作较忙的情况下，学员根本没有时间去消化，很多时候连作业都无法按时完成，长此以往课程积压得越来越多，不懂的也越来越多，由此会使大家产生疲惫心理。为了使培训效果更显著，应延长每次培训的周期，一般以两个月为佳。

(1) 在每次培训前一周进行需求调查，项目小组确定需求并和老师协商。

(2) 第二周确定培训内容并提前发给大家预习，为了保证预习效果，可提前安排几个问题让大家思考，这样也可以让大家带着问题去听课。

(3) 第三周进行授课，在课堂上通过老师的讲解及大家的讨论确定答案。课后安排实践作业(时间为一个月)，让大家把所学的内容应用于日常工作中。

(4) 在第七周进行个人成果展示，把自己在改善前及改善后的状态展示出来进行大比拼，并由项目小组组成评委进行评价。然后进行专项测试，将笔试成绩及实践成绩按权重进行汇总，对总分进行排序，对前三名的学员进行奖励，奖品为《精益过程理论与实务》教程。

(5) 第八周由项目小组对本轮培训的情况进行汇总，指出其中的优缺点，对不足之处提出改善意见，并将意见和建议反馈给咨询公司，这样有助于后期培训的改善。

以此类推，每次培训结束后都要进行测试，每半年、一年可安排"精益生产大比拼"或者知识竞赛等活动，一方面是对过去半年培训的总结，另一方面也是对学员成果的考查。对学员的考查也不仅仅局限于课后测试及比赛，考查在整个培训时期将无处不在。诸如在课堂上，学员的出勤情况、积极主动回答老师的问题、主动帮助其他学员等都是我们考查的范围。每个学员都有一个培训档案，在此期间的所有表现及成绩等都有详细的记载。

在所有培训内容结束后，将每位学员每次的成绩及日常表现结合起来评选出优秀学员，对于这些学员，公司将派其参加国家精益生产师资格考试，对于获得证书的人都有相应的奖励措施。对优秀的学员进行奖励，一是表示对大家的激励，二是表示对大家改善成绩的肯定，使公司处处洋溢着"比学赶超"的学习气氛，使"让我学"变成"我要学"，让员工真正感受到"不学习，有压力""要学习，有机会"的氛围。

第5章 薪酬专员的应知应会

本章内容包括：做工资操作、做工资依据(薪酬专员须知)、劳动年报申报、人工成本统计、工资差错和延误、工资条设计的劳动法提示。

当你接手前任薪酬专员的工作时，工资表是现成的，只需继续维护即可；当你进入一家新公司，或公司的薪资体系有大的变动时，就需要依据公司最新的薪资制度、当地的劳动政策新建工资表(Excel)。新建表主要由科目、计算公式组成。

下面重点介绍月工资表的设计要点。

5.1 做工资

5.1.1 设计一套Excel月工资表

第一步，横向的设置(基本信息、科目)。

在薪资制度、薪资预算中，科目有1级、2级之分。1级科目可以细分为多项2级科目。但在月工资表中，一般直接做到2级科目。

第一部分为基本信息，包括：序号、公司、部门、职位、姓名、薪点、出勤天数等。

第二部分为应发工资对应的2级科目，包括：基本工资、绩效工资、司龄工资、补贴、计件工资、销售提成、加班工资、其他。这部分每个公司会有所不同。

第三部分为代扣代缴、实发工资，包括：个税、养老、医疗、工伤、生育、失业保险，公积金，工会费等，以及备注栏。

第二步：纵向的设置(序号、基本信息填写、小计、合计)。

填写序号，确保基本信息的录入完整、准确，最终作合计或小计。当有多个子公司账户分别做工资表，或各部门分类(人数多)较多时需小计。最后合并的，是合计。

第三步：规范表式，包括页面横向设置、字体及大小、小数点、打印需要等方面。

工资表一般需要打印后找领导签字，所以事先要设置好页面。注意点：页面横向设置，字体选宋体，一般建议选9号；小数点保留两位，单元格中的数据统一为左对齐或居中；拉好页边距，确保一个页面即可全部打印(横向)。

通过上述操作，工资表设计初步完成，见表5.1。

表5.1　月工资表

序号	公司	部门	职位	姓名	薪点	出勤天数
1						
2						
3						
合计						

(续表)

基本工资	绩效工资	司龄工资	补贴	计件工资	销售提成	加班工资	其他	应发工资

(续表)

个税	养老保险	医疗保险	工伤保险	失业保险	生育保险	公积金	工会费	实发工资	备注

5.1.2　Excel计算公式设置

1. 实发工资的计算设置

实发工资=应发工资-代扣代缴。也可用：实发工资=应发工资+代扣代缴，其中，代扣代缴数值前面加"-"，如-2010.00。

代扣代缴的计算可用求和公式：SUM()。假定序号1对应的是第3行，代扣代缴对应的是Q~X列，则代扣代缴和=SUM(Q3:X3)；应发工资对应的是P列，实发工资对应的是Y列，则实发工资=应发工资-代扣代缴，则计算公式为：Y3=P3-SUM(Q3:X3)。

2. 应发工资的计算设置

假定序号1对应的是第3行，应发工资的2级科目对应H~O列，应发工资的计算公式为：P3=SUM(H3:O3)。

3. 小计、合计的设置

假定工资表内有10人，序号1～10对应3～12行，小计对应13行。以基本工资科目对应的H列为例，小计的计算公式为：H13=SUM(H3:H12)。

4. 每个科目的计算设置

对于基本工资的设置，一种方式是直接录入，比如2100.00；另一种方式是录入薪点再计算。例如：员工李某，薪点3.0，公司薪资制度规定薪点值1分=1000元，标准月薪=基本工资+绩效工资；比例规定为基本工资0.8、绩效工资0.2，则月基本工资=薪点×1000×0.8=3.0×1000×0.8=2400.00。假定序号1对应第3行，薪点对应F列，基本工资对应H列，则基本工资的计算公式为：H3=F3×1000×0.8。

以上计算未考虑出勤、缺勤情况。

(1) 假定按出勤计算。例如：11月有30天，工作日21天。李某出勤20天，缺勤1天。则基本工资=月基本工资标准/21.75×20。21.75=(365天-52周×2天)/12个月。用公式表示：H3=F3×1000×0.8/21.75×20=2206.90。

(2) 假定按缺勤计算。基本工资=月基本工资标准-月基本标准工资/21.75×1。用公式表示：H3=F3×1000×0.8-F3×1000×0.8/21.75×1=2289.66。

对于其他科目，需要根据薪资制度，用公式表示，再设置Excel公式进行计算。

序号1的所有科目的计算公式都设置好后，下拉，即完成对序号1～10的所有科目的公式设置，见表5.2。

表5.2 经初步公式设置的工资表(部分数据)

序号	公司	部门	职位	姓名	薪点	出勤天数	基本工资	绩效工资	司龄工资	补贴	计件工资	销售提成	加班工资	其他	应发工资
1					3.0	20	2289.66								2289.66
2					4.0	21	3200.00								3200.00
3							0.00								0.00
合计							5489.66								5489.66

(续表)

个税	养老保险	医疗保险	工伤保险	失业保险	生育保险	公积金	工会费	实发工资	备注
								2289.66	
								3200.00	
								0.00	
								5489.66	

5. 分类工资表、汇总表(按公司或部门)

上文所述针对只有一张表的情况。实际上，大部分公司有多个部门(事业部、分公司、子公司、关联公司等)，需要在多个子公司账户建立工资表。在这种情况下，需要把Sheet1重命名，比如：A公司、销售公司、研发中心、B工厂等。每张表的小计，最终都汇总到一张合并表中。则基本工资的汇总表，H3=Sheet1!H3+Sheet2!H3+Sheet3!H3，或H3=SUM(Sheet1!H3,Sheet2!H3,Sheet3!H3)。

5.1.3 录入数据

公式设置好后，就可以开始录入数据，见表5.3。

表5.3 数据录入后的工资表(部分数据)

序号	公司	部门	职位	姓名	薪点	出勤天数	基本工资	绩效工资	司龄工资	补贴	计件工资	销售提成	加班工资	其他	应发工资
1					3.0	20	2289.66								2289.66
2					4.0	21	3200.00								3200.00
3					2.0	21	1526.44								1526.44
合计															

(续表)

个税	养老保险	医疗保险	工伤保险	失业保险	生育保险	公积金	工会费	实发工资	备注
								2289.66	
								3200.00	
								1526.44	

5.1.4 检查数据

为防止出现差错，薪酬专员要系统考虑，列个自检清单，内容包括以下方面。

(1) 录入数据是否有差错：多输还是少输？小数点是否有误？

(2) 计算公式是否设置错：下拉时，是否错位？

(3) 提供的原始依据是否有问题：考勤是否正确？请假记录是否正确？公司薪资政策修订后，是否修改了标准？劳动部门的新政策是否执行了？

(4) 基本信息是否有差错：公司、部门、岗位有变动，是否修改？姓名是否写错？新进人员是否有遗漏？离职人员是否删除？

(5) 金额是否有大的变动：例如，以前每月合计100万左右，这次突然涨至200万，是否有误？小数点是否有误？

5.1.5 审核、审批

1. HR经理审核

薪酬专员将工资表提交给HR经理后，HR经理一般怎么审核？

首先，看汇总表的应发工资、实发工资，与上月的数据是否有大幅度出入；浏览基本信息，是否有文字错误；是否存在离职的没删除、新进的没增加的情况。

其次，看每个人的应发工资、实发工资，大致范围是否正确，如与以前几个月相比，突然有较大的出入，圈出来，做个记号。

再次，看一些特殊科目，对于一些员工没有、另一些员工有的项目，要看看备注，明确扣罚或奖励的原因。

然后，看看附后的做工资依据，如各种调薪报告、考勤请假统计、各种处罚、各种奖励等。如无疑问，签字；如有问题，圈出。

此外，还可以看看计算公式是否有问题，有没有低于最低工资标准的情况并明确原因。

最后，与薪资专员核实，有错误要及时修改。

平时，HR经理应对每个月汇总的应发工资、实发工资，以及相关科目做笔记并随时翻看、对照。对于老总、领导交代过的，而薪酬专员不知道的事务，应督促其及时补充。

2. 领导审批

领导审批，一般由总经理或常务副总代签(老板授权，或出差临时授权)。

领导一般习惯于当面翻看，如有问题，会与HR经理沟通。有些老板比较细致，能看出一些错误数据和HR经理没考虑到的方面；也有些老板只是大致翻翻，很少提出异议。但是，大多数老板都会关注人工成本是增加还是减少了。有时会要求提供明细，或税前、税后的月均收入、年收入等，然后要求HR经理考虑是否要调薪；也有一些部门，副总会向老板提出个别调薪的请求，老板会特意交代。

5.1.6 后续发放：财务和银行

1. 提交财务(财务付款给银行)

财务以有总经理审批签字的工资表为依据，包括纸质或OA审批，按当月工资总额(税后的实发工资)打款给银行，并通过电子邮件或网银上传工资明细。这里的操作界面会有些模糊：有些公司由财务负责，有些公司由HR负责，银行也有接口本公司工资发放业务的工作人员。

2. 银行打卡

(1) 银行查收。银行确认收到该公司当月工资总额和明细后，按流程在系统上操作，将工资打入该公司员工的工资卡，一般会提供短信提醒服务。

(2) 员工查收，流程结束。员工收到短信后，工资流程一般就可宣告结束。但也有例外情况，还需要HR协调财务、银行等方面。

(3) 工资表初始化后，自第2个月起，薪酬专员的工作量可减少。新建工资表需要花费一段时间，但从次月起，薪资专员的主要工作就是维护工资表，工作量将大大减少。

5.2 做工资的依据——薪酬专员须知

作为熟手，下述技能是必须掌握的，涉及薪资名词、数据、政策、计算公式等方面。

5.2.1 个税的计算

工资、薪金所得适用超额累进税率，税率为3%～45%，具体税率见表5.4。工资、薪金所得，以每月收入额减除费用3500元后的余额，为应纳税所得额。工资、薪金所得税按月计算，于发放时从职工的工资中代扣。

表5.4 个人所得税税率表 （工资、薪金所得适用）

级数	全月应纳税所得额	税率/%	速算扣除数
1	不超过1500元的部分	3	0
2	超过1500元至4500元的部分	10	105
3	超过4500元至9000元的部分	20	555
4	超过9000元至35 000元的部分	25	1005
5	超过35 000元至55 000元的部分	30	2755
6	超过55 000元至80 000元的部分	35	5505
7	超过80 000元的部分	45	13 505

个人所得税具体的计算公式为

应代缴的个人所得税=(当月工资薪金收入−实际缴存的社会保险费和住房公积金−个人所得额扣除数)×适用税率−速算扣除数

5.2.2 经济补偿金的个税计算

(1) 个人因与用人单位解除劳动关系而取得的一次性补偿收入(包括用人单位发放的经济补偿金、生活补助费和其他补助费),其收入在当地上年职工平均工资3倍数额以内的部分,免征个人所得税;超过的部分,按照规定计算征收个人所得税。

举例:王某在2013年劳动合同解除时一次性从公司取得经济补偿金90 000元。而杭州市2012年职工平均工资是42 493元,杭州市2012年职工平均工资的三倍是42 493×3=127 479元。由于王某所取得的经济补偿金低于127 479元,所以王某所得的90 000元经济补偿金不需要缴纳个人所得税。

(2) 企业依照国家有关法律规定宣告破产,企业职工从该破产企业取得的一次性安置费收入,免征个人所得税。

(3) 对于一次性取得的经济补偿金,在计算个人所得税时应当扣除以下部分,个人根据国家和地方政府规定比例实际缴纳的:①住房公积金;②医疗保险费;③基本养老保险费;④失业保险费。但是事实上,由于上述费用一般在员工工资中予以扣除,所以在经济补偿金中可不用再扣除上述费用。

(4) 考虑到个人取得的一次性经济补偿收入数额较大,被解聘的人员可能在一段时间内没有固定收入,对于个人取得的一次性经济补偿收入,可视为一次取得数月的工资、薪金收入,允许在一定时期内进行平均。

具体平均办法为:以个人取得的一次性经济补偿收入,除以个人在本企业的工作年限数,以其商数作为个人的月工资、薪金收入,按照税法规定计算缴纳个人所得税。个人在本企业的工作年限数按实际工作年限数计算,超过12年的按12计算。

一次性经济补偿金应缴纳的个人所得税的具体计算公式为

应代缴的个人所得税={[(经济补偿金总收入-当地上年度职工平均工资的3倍-实际缴存的社会保险费和住房公积金)÷本单位的工作年限-个人所得额扣除数]×适用税率-速算扣除数}×本单位实际工作年限

法律依据:《国家税务总局关于个人因解除劳动合同取得经济补偿征收个人所得税问题的通知》(国税发[1999]第178号)及《财政部国家税务总局关于个人与用人单位解除劳动关系取得的一次性补偿收入征免个人所得税问题的通知》(财税[2001]第157号)。

5.2.3 社保公积金代扣代缴的计算

随着社会保险法的实施，企业社会保险需严格按照国家规定进行缴纳，少缴、不缴都将存在法律风险。所以企业在招聘人员后必须及时缴纳社会保险，以免造成不必要的损失，损害企业的信誉。社会保险费用既然是一项必须承担的支出，那么对于企业来说，必须了解其主要构成及相关政策规定。

1. 社保缴纳金额核算

社保月缴纳金额的计算公式为

社保月缴纳金额=社保缴费基数×缴费比例

(1) 企业社保缴费基数：即企业本月工资总额。按照国家统计局的有关文件规定，工资总额是指各单位在一定时期内直接支付给本单位全部职工的劳动报酬总额，由计时工资、计件工资、奖金、加班加点工资、特殊情况下支付的工资、津贴和补贴等组成。

劳动报酬总额包括：在岗职工工资总额，不在岗职工生活费，聘用、留用的离退休人员的劳动报酬，外籍及我国港澳台人员劳动报酬以及聘用其他从业人员的劳动报酬。

(2) 员工社保缴费基数：即职工本人上一年度月平均工资。新参加工作、重新就业和新建用人单位的职工，从进入用人单位之月起，当年缴费工资按用人单位确定的月工资收入计算。

职工缴费工资低于上一年度全省在岗职工月平均工资60%的，按照60%确定；高于上一年度全省在岗职工月平均工资300%的，按照300%确定。

(3) 缴费比例由各省市自行制定，以杭州市为例，各类保险缴费比例如表5.5所示。

表5.5 杭州市的社保缴费比例

险种	企业部分费率	个人部分费率	备注
养老保险	14%	8%	
医疗保险	11.5%	2%+4	
失业保险	2%	1%	农业户口个人失业保险不缴
工伤报销	0.6%	0	按企业类别略有不同
生育保险	1.2%	0	

员工个人缴纳的社会保险费用由用人单位每月从职工工资中代扣代缴。

2. 公积金缴纳金额核算

公积金缴纳金额的计算公式为

公积金月缴纳金额=公积金缴费基数×缴费比例

(1) 公积金缴费基数：即职工本人上一年度月平均工资。新参加工作的职工从参加工作的第二个月开始缴存公积金，月缴存基数为本人当月工资；单位新调入的职工从调入单位发放工资之日起缴存公积金，月缴存基数为本人当月工资。

(2) 公积金缴费比例参照各地标准，以杭州市为例，公司及个人部分缴费比例各为12%。

5.2.4 年终奖避税

全年一次性奖金是指行政机关、企事业单位等扣缴义务人根据全年经济效益以及员工全年工作业绩的综合考核情况，向员工发放的一次性奖金。此一次性奖金也包括年终加薪、实行年薪制和绩效工资办法的单位根据考核情况兑现的年薪和绩效工资。具体可总结为：老算法、新税率。

1. 关键词总结：老算法、新税率

(1) 老算法：年终奖的计税方法仍然遵循国税发[2005]9号文件的规定。

国税发[2005]9号文件《国家税务总局关于调整个人取得全年一次性奖金等计算征收个人所得税方法问题的通知》规定：纳税人取得全年一次性奖金，单独作为一个月工资、薪金所得计算纳税，并按以下计税办法，由扣缴义务人发放时代扣代缴：先将员工当月内取得的全年一次性奖金，除以12个月，按其商数确定适用税率和速算扣除数。

(2) 新税率：费用减除标准、税率和速算扣除数根据《关于贯彻执行修改后的个人所得税有关问题的公告》(国税发[2011]46号)的规定按照新《个人所得税法》执行。

2. 计算公式

年终奖个税基数的计算公式为

$$年终奖个税基数 = 全年一次性奖金/12$$

如果在发放年终一次性奖金的当月，员工当月工资薪金所得低于税法规定的费用扣除额3500元，应将全年一次性奖金减除"雇员当月工资薪金所得与费用扣除额的差额"后的余额，按上述办法确定全年一次性奖金的适用税率和速算扣除数。

算法1：当员工当月工资薪金所得$A \geq 3500$(税法规定的费用扣除额)时，年终奖个税=员工当月取得全年一次性奖金×适用税率-速算扣除数。

算法2：当员工当月工资薪金所得$A < 3500$(税法规定的费用扣除额)时，年终奖个税=(员工当月取得全年一次性奖金-员工当月工资薪金所得与费用扣除额的差额)×适用税

率-速算扣除数。

在一个纳税年度内，对每一个纳税人只允许按上述方法计算一次全年一次性奖金。员工取得的除全年一次性奖金以外的其他名目的奖金，如半年奖、季度奖、加班奖、现金奖、考勤奖等，一律与当月工资、薪金收入合并，按税法规定缴纳个人所得税。

案例：缴纳个人所得税额的计算

刘女士是一家公司雇员，2013年12月取得当月工资6500元，年终奖18 000元，应缴纳多少个人所得税？

计算：

当月工资6500>3500，年终奖个税采用算法1。计算可知，当月应缴纳个税195元。

刘女士当月缴纳个税：

当月工资A/元	个税扣除数B/元	差额A-B/元	适用税率P/%	速算扣除数D/元	月个税E=(A-B)×P-D/元
6500	3500	3000	10%	105	195

年终奖个税，应缴纳540元。

年终奖个税计算(当月工资≥3500时)：

年终奖W/元	按12个月折算的基数/元	适用税率P/%	速算扣除数D/元	年终奖个税F=W×P-D/元
18 000	1500	3%	0	540

最终结果：合计个税=195+540=735元。

赵先生在某公司工作，2013年12月10日取得工资收入3000元，月底又一次取得年终奖金40 000元，计算其12月份缴纳多少个人所得税？

计算：

当月工资3000<3500，年终奖个税采用算法2。

当月个税，应缴纳0元。依据：月工资低于3500，不用扣个税。

年终奖个税，应缴纳3845元。

赵先生年终奖个税(当月工资<3500时)：

年终奖W/元	月工资A/元	个税扣除数B/元	差额B-A/元	W2=W-(B-A)/元	W2按12个月折算的基数/元	适用税率P/%	速算扣除数D/元	年终奖个税F=W2×P-D/元
40 000	3000	3500	500	39 500	3291.67	10%	105	3845

最终结果：合计个税=0+3845=3845元。

5.2.5 薪资计算的依据

员工在工作中不可避免地因为各种事项需要请假,有些假期是国家规定需要严格执行的,有些假期是员工因个人需要而产生的,不管何种假期,对薪资核算人员来说,需要了解每种假期的具体规定,了解不同假期的工资核算方法。在此,我们可以将各类假期分成两类:少做少得的假期、不做也得的假期。

1. 少做少得的假期

(1) 事假。可以不支付事假期间的工资,按天核算。

(2) 病假。员工病假期间需要支付病假工资,但是根据员工工作年限的不同,医疗期的期限是不一样的,在医疗期内是不得解除劳动合同的。

① 员工患病(非职业病)或非因工负伤期间的医疗期核算标准,见表5.6。

表5.6 医疗期核算标准

总工作年限	本单位工作年限	应给予的医疗期	计算周期
10年以下	5年以下	3个月	6个月
	5年以上	6个月	12个月
10年以上	5年以下	6个月	12个月
	5年以上10年以下	9个月	15个月
	10年以上15年以下	12个月	18个月
	15年以上20年以下	18个月	24个月
	20年以上	24个月	30个月

② 病假期间的工资计发,见表5.7。

表5.7 病假工资计算

连续工龄	连续病假6个月以内	连续病假6个月以上
10年以下	本人工资的50%	本人工资的40%
10年以上20年以下	本人工资的60%	本人工资的50%
20年以上30年以下	本人工资的70%	本人工资的60%
30年以上	本人工资的80%	本人工资的70%

注:无论是病假工资还是疾病救济费,均不得低于当地最低工资的80%

2. 不做也得的

(1) 年休假。年休假期间,工资、奖金和其他福利待遇照发,不得扣减。

(2) 婚假。婚假期间,工资、奖金和其他福利待遇照发,不得扣减。

(3) 丧假。丧假期间，工资、奖金和其他福利待遇照发，不得扣减。

(4) 产假。产假期间，工资福利待遇不变，企业缴纳生育保险且符合计划生育规定的，产假期间工资由生育保险基金支付；企业未缴纳生育保险的，由企业支付。

(5) 护理假。男方护理假期间，工资、奖金和其他福利待遇照发，不得扣减。

(6) 工伤假。工伤假期间，工资、奖金和其他福利待遇照发，不得扣减；工资按照发生工伤前12个月的平均工资核算。如果发生工伤前入职未满12个月，则按实际月数核算平均工资。

5.2.6 最低工资标准

根据国家和地方有关最低工资的文件，最低工资是指"在法定工作时间或依法签订的劳动合同约定的工作时间内提供了正常劳动的前提下，用人单位依法应支付的最低劳动报酬"。

最低工资包括：基本工资、奖金、津贴、补贴。不包括：加班加点工资、特殊劳动条件下的津贴，国家规定的社会保险和福利待遇。企业通过伙食补贴、住房等支付给劳动者的非货币性收入亦不包括在内。上述标准是指劳动者在正常工作时间内获得的报酬，假如员工当月新进、离职，或者请事假、病假，则工资应按天核算，显然有可能会低于最低工资。

另以浙江省为例，按照规定，员工个人缴纳社会保险、住房公积金的费用包括在最低工资标准内，所以员工工资扣除个人应承担的社保、公积金后会低于最低工资。

5.2.7 工时的规定

1. 标准工时

标准工时制是最常用的一种工时制，对于采用标准工时制的员工，要求每天工作8小时，每周工作40小时。同时，按照《中华人民共和国劳动法》的规定，法定节假日用人单位应当依法支付工资，即折算工作天数时不得剔除国家规定的11天法定节假日。所以月平均工作时间和月平均计薪时间是有所不同的。

(1) 月工作天数的计算。年工作日=365天-104天(休息日)-11天(法定节假日)=250天。月工作日=250天÷12个月=20.83天。

(2) 月计薪天数的计算。年计薪天数=365天-104天(双休日)=261天。月计薪天数=261天÷12个月=21.75天。公司核算员工工资时，应以计薪天数来核算。

2. 综合计算工时与不定时工时

企业因生产特点不能实行标准工时制度且符合条件的，经劳动保障行政部门批准可以实行不定时工时工作制或综合计算工时工作制。

(1) 企业对符合下列条件之一的职工，可以实行不定时工作制：企业中的高级管理人员、外勤人员、推销人员、部分值班人员和其他因工作无法按标准工作时间衡量的职工；企业中的长途运输人员、出租汽车司机和铁路、港口、仓库的部分装卸人员以及因工作性质特殊，需机动作业的职工；其他因生产特点、工作特殊需要或职责范围的关系，适合实行不定时工作制的职工。

(2) 企业对符合下列条件之一的职工，可实行综合计算工时工作制，即分别以周、月、季、年等为周期，综合计算工作时间，但其平均日工作时间和平均周工作时间应与法定标准工作时间基本相同：交通、铁路、邮电、水运、航空、渔业等行业中因工作性质特殊，需连续作业的职工；地质及资源勘探、建筑、制盐、制糖、旅游等受季节和自然条件限制的行业的部分职工；其他适合实行综合计算工时工作制的职工。

(3) 对于实行不定时工作制和综合计算工时工作制等其他工作和休息办法的职工，企业应根据《中华人民共和国劳动法》第一章、第四章的有关规定，在保障职工身体健康并充分听取职工意见的基础上，采用集中工作、集中休息、轮休调休、弹性工作时间等适当方式，确保职工的休息、休假权利和生产、工作任务的完成。

5.2.8 加班工资计算

按照规定，员工在正常工作时间以外付出劳动的，企业需要支付加班工资，加班工资核算标准如下所述。

员工延长工作时间的，加班工资按150%计发；休息日安排劳动者工作又不能补休的，加班工资按200%计发；法定节假日安排劳动者工作的，加班工资按300%计发。

实施综合计算工时工作制的企业，综合计算工作时间超过法定标准工作时间的，加班工资按150%计发；法定节假日安排劳动者工作的，加班工资按300%计发。

工资基数如何确定？对实行标准工时制的月薪制员工，其加班工资基数为标准月薪数，日加班工资基数为"月标准工资/21.75"，小时工资基数为"日工资/8"；对于实行纯计件工资制的员工，加班工资可以以计件单价为基数来核算。

5.2.9　员工离职经济补偿金、赔偿金的计算

随着劳动合同法的不断完善，劳动者的法律意识逐渐增强，企业的竞争压力逐渐增大，经济补偿金核算变成人事工作中不可避免的一项工作。

经济补偿金按照劳动者在本单位的工作年限支付，因2008年新劳动合同法实施，对经济补偿金的标准做了修订，所以2008年1月1日以后按照新法执行，2008年1月1日以前按照旧法执行。

新法与旧法的不同之处有两点：对于入职不满6个月的，2008年以后按半个月工资核算，2008年以前按1个月核算。对于月工资不到社平工资3倍的，2008年以后补偿年限不封顶，对于超过社平工资3倍的，最高年限不超过12年；而2008年以前对月工资不设限，但补偿年限不超过12年。

新旧法的经济补偿金标准，见表5.8。

表5.8　经济补偿金标准

对比	2008年以后	2008年以前
每满1年	1个月工资	1个月工资
6个月以上不满1年	1个月工资	1个月工资
不满6个月	半个月工资	1个月工资
支付年限及标准	月工资高于用人单位所在地区上年度职工月平均工资三倍的，按职工月平均工资三倍支付，最高年限不超过12年	按职工月工资核算，最高年限不超过12年

上述经济补偿金中的月工资是指在解除/终止劳动合同前12个月的平均工资。工资统计时包括计时工资、计件工资、奖金、津贴和补贴、加班加点工资、特殊情况下支付的工资。用人单位违法解除/终止劳动合同的，应当向劳动者按照经济补偿金标准的两倍支付赔偿金，用人单位已经支付了赔偿金的，不用再支付经济补偿金。赔偿金的计算年限自用工之日起计算。

5.3　劳动年报申报

企业劳动年报一般要按季度进行申报，其中申报的内容包括企业人员信息和企业薪酬信息两部分。单位负责申报的人员只要根据单位的人事月报、薪资报表将相关数据按要求填入上报即可，统计口径需要按照规定进行分类统计。

相关统计表单示例，见表5.9、表5.10、表5.11、表5.12、表5.13、表5.14。

表5.9 单位人员期末人数统计

期别	单位从业人员											离开本单位仍保留劳动关系的				
	合计	其中：女性	其中：农村劳动力	1. 在岗职工					2. 其他从业人员			职工	内部退养	停薪留职	借给外单位人员	下岗未就业
				小计	其中：女性	其中：专业技术人员	长期职工	临时职工	小计	退休返聘人员	劳务派遣人员					
	1	2	3	4	5	6	7	8	9	10	11	12	13	14	15	16
一季度																
二季度																
三季度																
四季度																
全年合计																

说明：1=4+9，4=7+8。

表5.10 职工按劳动岗位分组

期别	期末职工人数合计	工人	学徒	工程技术人员	管理人员	服务人员	其他人员	离开本单位仍保留劳动关系的				
								小计	内部退养	停薪留职	借给外单位使用	下岗未就业
	1	2	3	4	5	6	7	8	9	10	11	12
一季度												
二季度												
三季度												
四季度												
全年合计												

说明：1=2+3+4+5+6+7+8-10-11。

表5.11 职工技术、技能情况

期别	人才资源总数	在岗职工人数	其中：专业技术人员				其中：工人按技能等级分					
			合计	高级职称	中级职称	初级职称	合计	高级技术	技术	高级工	中级工	初级工
	1	2	3	4	5	6	7	8	9	10	11	12
一季度												
二季度												
三季度												
四季度												
全年合计												

说明：3=4+5+6，7=8+9+10+11+12。

表5.12 职工按学历分组

期别	在岗职工人数	博士	硕士	本科	大专	中专	中技及高中	初中	小学及以下
	1	2	3	4	5	6	7	8	9
一季度									
二季度									
三季度									
四季度									
全年合计									

说明：1=2+3+4+5+6+7+8+9。

表5.13 劳动报酬和生活费

期别	单位从业人员劳动报酬							离开本单位仍保留劳动关系的		
	合计	在岗职工工资总额		其他从业人员劳动报酬				关系职工的生活费	内部退养职工	下岗未就业人员
		小计	其中：女性	小计	退休返聘人员	劳务派遣人员	兼职人员			
	1	2	3	4	5	6	7	8	9	10
一季度										
二季度										
三季度										
四季度										
全年合计										

说明：1=2+4。

表5.14 职工工资总额构成情况

期别	职工工资总额合计	在岗职工工资总额								离开本单位仍保留劳动关系的职工生活费
		小计	计时、计件标准工资	奖金、超额工资	津贴和补贴	加班加点工资	其他			
							小计	调整工资补发上年工资	其他	
	1	2	3	4	5	6	7	8	9	10
一季度										
二季度										
三季度										
四季度										
全年合计										

说明：1=2+10，2=3+4+5+6+7。

5.4 人工成本统计

人工成本是组织运营时对人的选、用、育、留所需的投入及政策规定组织应承担支出的各项费用总和。企业每月/季度需统计当月/季度的人工成本,对企业的人工成本支出实时把控,对预算的执行情况实时监督。

统计人工成本时要将所有与人相关的费用都统计进来,通常来说分成工资成本、政策成本及其他成本等,每项包含的内容如下所述。

(1) 工资成本。包括基本工资、绩效工资、奖金、司龄工资、补贴、津贴等。

(2) 政策成本。包括单位缴纳部分社会保险(工资总额的29.3%)、单位缴纳部分公积金(工资的8%~12%)、经济补偿金、加班工资、医疗期工资、工伤补助、带薪年休假、防暑降温费(每年6—9月)、商业保险费、残疾人保障金(当地上年度社平工资×单位在职人数×1.5%)、工会经费(工资成本的2%)、职工教育经费(工资成本的2.5%)等。

(3) 其他成本。包括档案管理费、招聘费、培训费、交通补贴、通信补贴、福利(午餐补贴、节日补贴、劳保补贴)等。

5.5 工资差错和延误

5.5.1 发放延误和差错怎么造成的

通常公司会确定一个发工资的固定日期,假设定为每月10日,HR要保证工资正常发放,必须做好计划,用倒推的方式来确定每个节点的完成时间。比如:工资最终10日发放,财务需要一天时间和银行对接,那么HR需要在9日前提交数据给财务;因领导签字估计需要1天,那么HR需要在8日前完成薪资报表的编制;HR核算需要4个工作日,那么考勤员、各部门统计需要在4日前提交相关基础数据给HR。假设中间遇上双休日或法定节假日,则相关节点的截止时间还需提前,否则就会造成工资无法如期发放。从上述流程可发现,造成工资延误或差错的原因有以下几个方面。

(1) 数据提供部门、人员如不能及时提供薪资核算所需的基础数据,则会造成后面各个节点的推延,而最关键的节点就在HR这里,HR只能尽量缩减核算的时间;如果基础数据提供错误,则会造成核算错误,比如考勤数据提供错误,就会导致员工工资核算错误。

（2）工资核算最重要的环节是薪资核算，除了提供基础数据的人员外，所有的薪资报表都由HR核算完成，所以HR的责任很重大。除了根据数据核算工资以外，还需审核基础数据的有效性和真实性，要能够发现其中的一些差错。另外，在核算过程中需要非常仔细，核算完毕后需要先进行自检，特殊问题需要重点核对。

（3）HR薪资核算完毕后需提交领导审核，领导审核时一般不能面面俱到，只能抓重点、抓特殊情况来审核。如果遇上比较忙、常出差的领导，则需要时刻关注其行程安排，尽量保证工资能按期或提前审核完毕，并签字确认。如遇领导刚好出差在外，并且近几天都不回的情况，则需考虑如何特殊处理，切不可因此延误了工资发放的时间。

（4）工资审核、签字完毕后就可以提交财务发放了，因为工资由银行代发，所以还会涉及与银行的联系，一般都由财务部和银行进行对接，银行对工资提交的时间、工资数据的格式、数据的准确性都有很高的要求。此外，还有一些员工同名同姓的情况也会造成工资发放的失误。

5.5.2 薪资发放错误如何纠正

因薪资报表的编制需要基础数据的支撑及HR人员核算，所以薪资发放完毕难免会出现员工来反映工资错发的情况。一般核算错误由以下几方面原因导致。

（1）一般来说，工资错发是由核算人员或基础数据提供人员的粗心、不仔细造成的，比如考勤统计错误、计件工资统计错误、特殊补贴遗漏等，这种情况比较好处理，员工发现问题后大多自己会来询问，只要核对清楚、确认无误，次月给员工多扣少补即可。

（2）还有些核算错误是由HR人员对政策的不理解导致的，比如病假工资怎么核算、其他各类假期的工资如何核算、加班工资如何核算等。如果对相关政策不了解就会导致核算错误。这种错误员工就不太容易发现，因为他们也不了解相关政策，除非觉得特别异常才会来询问，否则只能靠HR人员自己来核查。HR人员核查出问题后应在事后及时补救，以免给员工或公司造成不必要的损失。

（3）公司规模扩大之后容易招聘到同名同姓的员工，此时对工资核算和发放都会造成一定的困扰，比如同一个车间出现两个名字一模一样的员工，车间核算计件工资或统计考勤时容易错位，财务发工资也容易将银行卡号弄错导致错发。如遇这种情况，HR

人员可以员工工号来识别员工，车间统计、HR核算、财务发放等各个环节的表单内都要将姓名和工号绑定，姓名可能会重复，但工号肯定不会重复，以此来识别员工信息比较可靠。当然也可以根据身份证号码来识别，但操作起来比较麻烦，因为身份证号码位数太多，不利于统计。

以上是笔者总结的一些常见错误，一般来说，HR人员在进行工资核算时只要能认真、细致一些，此类失误都能避免。

5.5.3 体系审核时被要求整改，怎么造成的

公司都会面临各种各样的审核，主要有体系审核、供应商审核，这些统称为外部审核。公司为了避免审核出问题，质管部门会组织一些对审核有经验的资深人员先进行内部审核，这样可以提前进行整改，有利于外审时顺利通过。

在体系审核过程中，根据体系的侧重点的不同，会审核与体系内容相关的部门和内容，而由客户来执行的供应商审核则会覆盖公司的各个层面。对人力资源部而言，一般涉及的审核内容主要有培训、薪资、劳动关系等方面，招聘、绩效考核也会涉及，但不是重点。下面就本文涉及的薪资模块来介绍审核时发现的一些常见问题。

(1) 强迫性劳动。包括：有些公司尤其是工厂会要求员工入职时缴纳各类押金，比如钥匙押金、饭卡押金等，这是不允许的；按照劳动合同法规定，员工入职后30日之内需要签订劳动合同，而且需要将合同的其中一份返还给员工本人；公司是否按照规定给员工缴纳社会保险。

(2) 歧视处罚。公司应遵守同工同酬制度，否则将被视为歧视；员工在工作中犯错，公司不得作出减薪之类的处罚，公司无权扣发员工工资。

(3) 工作时间。考勤问题是审核的重点，因为大部分企业都无法保证严格执行劳动法关于上班时间的规定，加班更是家常便饭，所以考勤是最容易查出问题的方面。对于一些特殊行业、特殊岗位是否执行政府审批的综合计算工时制和不定时工时制也是审核的关键方面。总体而言，在考勤方面一般会有以下问题需要整改：日加班时间超时；月加班总时间超时；对于采用综合计算工时制的员工在核算周期内总加班时间超时；加班时间的计算不合法。

(4) 工资。审核工资核算时，主要的整改问题有以下几方面：最低工资，员工工资是否会有低于当地最低工资标准的情况出现；加班工资核算，与考勤一同审核，加班时

间对应的加班工资的计算是否符合规定；除了社会保险、公积金、个人所得税、员工请假等法律规定的可以在工资内代扣代缴的项目，公司无权扣减员工工资；员工工资是否按时发放。

5.6 工资条设计的劳动法提示

在2008年新劳动法实施前，工资条可有可无。但劳动法实施后，由于企业需要举证、员工的维权意识增强、劳动纠纷增多，对公司的制度提出了很多新要求。在薪资模块，工资条的设计也会涉及法律问题，需要多加注意。

(1) 处罚不能随便扣，要变相为奖金科目。比如，以前工资3000元，迟到扣50元，应发工资就是3000-50=2950元，很简单。但现在不能这样做，要变成：工资2500，绩效奖金500，包含要求不迟到等员工奖惩条例规定的情况，如有迟到情况，绩效奖金只有450元，所以应发工资是2500+450=2950元。

有人说，这只是在走形式。是的，这就是对现实的妥协和对规定的合理规避。

(2) 加班工资。需要在工资条上体现，也就是要在月工资表中体现这个科目。比如有的公司有加班情况，但不想鼓励加班，怎么办呢？如工资3000，可把它拆为基本工资2400、加班工资600。只要实际的加班工资不多于600，就可归于这个科目下。

(3) 年休假补偿，也要有单独的科目。

(4) 最低工资。每个地区都有各自的标准。比如，杭州市2013年的最低工资是1960元/月。容易引起误解的方面包括：加班工资不包含在内；出勤按满勤计算。假如，你本月出勤只有16天，实收工资低于1960元，不一定是公司违法。HR在做工资条时要确保应发工资剔除国家规定的科目、按满勤折算后，不低于1960元/月。

(5) 计件工资。平时加班、双休日加班、法定节假日加班，不能以1倍标准计算。可采用1.5倍、2倍、3倍的标准，事先要去劳动部门备案。每周加班累计不应超过36小时，采用综合计算工时制(1周6天，确保1天休息)等。

(6) 存档。员工签字很重要，最好附说明，如：本月工资已结清，我与公司没有劳动争议。存档工作要做好，因为企业举证，需保存两年。

(7) 薪酬制度、处罚规定都要满足内容合法、程序合法、传递合法的要求。也就是说，工会、职工代表大会的流程要走，否则即便工资条设计操作合法，企业也容易陷入被动局面。

(8) 工资条容易引发员工私下交流，无法实现工资保密。很多公司有规定，如果互相交流、打听，泄露工资，就要处罚，或者解除劳动合同，但实际操作效果往往大打折扣。有条件的公司可引入IT系统，薪资发放后可设置自助查询模块，由员工自己查看工资条，且经理也可以掌握下属们的工资情况。

注：本章内容选自张明辉著《资深人力资源总监教你做薪酬——操作实务与设计技巧》。

第6章 考核专员的应知应会

本章介绍了完成月考核操作、修改考核表单、制定考核指标标准、考核关系图（权限）。

6.1 组织实施月度、季度考核

6.1.1 发布考核通知

根据公司绩效管理办法，对季度、月度考核拟定考核通知。一般包括本季度考核事项、下季度绩效计划事项。下面是某公司的季度考核通知。

案例：关于做好一季度绩效考核及下阶段绩效计划的通知

各部门、各系统、各生产中心：

为做好公司绩效管理的各项工作，现将公司一季度绩效考核及下阶段绩效计划等工作通知如下。

一、一季度绩效考核

1. 实行月度考核的部门、系统及生产中心：按照绩效计划于4月13日前将一季度绩效完成情况和一季度重点工作计划完成情况报人力资源部；综合管理科和相关部门组织完成员工一季度绩效考核，在部门、系统及生产中心的考核结果的基础上进行评估，并将考核结果于4月15日前汇总报人力资源部。

2. 实行季度考核的部门、系统：各部门及系统领导请于4月10日前详细填写部门一季度工作计划的实际完成情况记录，交人力资源部，由分管领导考核打分；员工绩效在部门、系统考核结果的基础上进行评估，请于4月15日前完成，并报人力资源部。

3. 各位员工请对照一季度绩效计划，填写完成情况，于4月7日前交直接主管考核打分。

4. 营销系统：

(1) 销售部行业总监、大客户部经理、各大区经理及外贸部经理请于4月13日前填写完毕季度绩效考核表的实际完成情况，分别交销售部总监和外贸部总监审核。

(2) 请销售部各大区经理(包括大客户部)负责做好本区域的高级客户经理/客户经理的季度工作表现考核以及大区副经理、客服主管、客服工程师、客服人员的季度绩效考核，于4月15日前将考核结果报人力资源部。

(3) 请外贸部负责做好外贸客户经理/客户经理/业务助理的季度绩效考核，于4月15日前将考核结果报人力资源部。

5. 部门互评：

一级部门的部门互评工作由绩效管理小组牵头，人力资源部负责实施，请各部门、各系统、各生产中心填写季度客户评价考核表，按要求进行客观评价和特殊事件评价，于4月7日前将评价结果报人力资源部。

6. 请各数据评估部门及时将考核数据和数据统计报表提交人力资源部。

二、下阶段绩效计划

1. 实行月度考核的子公司及部门：请分别于4月9日前和4月15日前完成当月绩效计划和员工二季度绩效计划的制订，并于4月17日前完成员工上季度绩效沟通。

2. 实行季度考核的部门：请于4月10日前完成二季度绩效计划，并于4月17日前完成员工一季度绩效沟通和二季度绩效目标制定。

三、注意事项

经公司第一届二次职工代表大会审议通过，原《绩效管理制度》已进行修订，一季度考核时请关注以下事项。

1. 客户评价：客户评价包含客观评价和特殊事件评价两部分，以客观评价为主，特殊事件评价为补充。客观评价的操作流程不变，特殊事件评价是指在考核期内，对除配合事项外的工作事件或工作态度的评价，该评价不预先提交计划，仅在评价时提交，要求事件表述详尽，该评价项目为加分或扣分项目。以上要求由牵头部门在考核时提交完成情况和考核得分，常务副总裁对完成情况和考核得分进行审核。

2. 各部门、各系统、各生产中心及员工绩效评分标准统一以70分为满意分。

3. 考核单元重新进行了划分，具体为：总部行政管理单元(总裁办、人力资源部、财务部、投资证券部、项目办)、生产管理单元(计划管理部、采购部、外协管理部)、技术单元(技术中心、质量管理部)、营销单元(销售部、外贸部)、L生产中心、L2生产中心、LD生产中心。

4. 当员工的考核结果出现明显偏差或不合理情况，有权要求该部门/系统/生产中心重新进行考核，如不及时进行修正，则该部门/系统/生产中心员工的考核等级为D等，同时该部门/系统/生产中心负责人的绩效考核得分扣5～10分。

特此通知。

人力资源部
年 月 日

6.1.2 考核分数计算

假定某公司绩效管理办法规定，部门考核分=∑(上级评分×权重/100)。自评分仅作为上级评分参考，不计入权重。甲部门当季的绩效计划有5项，权重分别为：35、20、15、15、15，则甲部门季度考核分=90.25。具体见表6.1。

表6.1 部门季度考核分

序号	考核内容	权重/%	实际完成情况	自评分	上级评分
1		35		90	85
2		20		85	85
3		15		100	95
4		15		100	100
5		15		95	95
	得分	100		92.75	90.25

注：自评分得分等于各项考核内容权重与各项考核内容自评分乘积之和。上级评分得分等于各项考核内容权重与各项考核内容上级评分乘积之和。

假定公司绩效管理办法规定，员工的工作表现得分=∑(考核项得分×权重/100)。考核项为：责任意识、团队意识、创新意识、学习意识；权重分别为：30、30、20、20。则三个部门的三个员工的工作表现得分为：86.0、88.0、91.0，平均为88.3。具体见表6.2。

表6.2 员工工作表现考核结果汇总表

序号	部门	姓名	责任意识(30%)	团队意识(30%)	创新意识(20%)	学习意识(20%)	工作表现得分
1	办公室	甲	90	90	80	80	86.0
2	人力资源部	乙	90	90	90	80	88.0
3	计划财务部	丙	100	90	90	80	91.0
	平均分		93.3	90.0	86.7	80.0	88.3

假定公司绩效管理办法规定，员工的工作胜任能力得分=∑(考核项×权重/100)。考核项为：基本素质、业务技能、管理能力、发展潜力；权重分别为：10、30、40、20。每个考核项得分=该项对应的考核细项的平均分。具体见表6.3。

表6.3 员工工作胜任能力考核得分计算

序号	部门	姓名	1	2	3	基本素质(10%)	4	5	6	7	8	9	业务技能(30%)	10	11	12	13	14	15	管理能力(40%)	16	17	18	19	发展潜力(20%)	能力得分
1	办公室	××	90	80	100	90	80	100	90	80	90	90	88.33	90	100	90	90	80	90	90	90	90	90	90	90	89.5
2	人力资源部	××	90	100	100	96.67	80	90	100	80	90	90	88.33	90	90	90	90	80	90	90	90	100	90	90	92.5	90.67
3	计划财务部	××	90	90	100	93.33	90	100	100	80	90	100	93.33	90	100	90	90	80	90	90	90	100	90	90	92.5	91.83

注：能力得分=基本素质×0.1+业务技能得分×0.3+管理能力得分×0.4+发展潜力得分×0.2。

基本素质得分=第1~3项的平均分；业务技能得分=第4~9项的平均分；管理能力得分=第10~15项的平均分；发展潜力得分=第16~19项的平均分。

假定公司绩效管理办法规定，员工考核分=任务绩效×0.5+工作表现×0.3+工作能力×0.2，则员工甲乙丙的考核分为：88.8、90.0、91.7。具体见表6.4。

表6.4 员工绩效考核结果汇总表

序号	部门	姓名	任务绩效(50%)	工作表现(30%)	工作能力(20%)	考核分
1	办公室	甲	90.25	86	89.5	88.8
2	人力资源部	乙	91	88	90.7	90.0
3	计划财务部	丙	92	91	91.8	91.7

注：考核分=任务绩效×50%+工作表现×30%+工作能力×20%。

假定分公司考核方案规定，分公司考核指标之一为收入成本费用率，权重为20分(总分100分)。计算公式为：本项考核分X=计划收入成本费用率/实际收入成本费用率×20，最高24分。则分公司1—5月的月度考核得分计算，见表6.5。

表6.5 分公司月度考核得分计算

序号	分公司	目标值			实际完成数			得分/分	修正得分/分
		考核收入/万元	成本费用/万元	收入成本费用率/%	考核收入/万元	成本费用/万元	收入成本费用率/%		
1	A	468	177	37.82%	1160.86	333.06	28.69%	26.36	24.00
2	B	480	181	37.71%	1183.7	396.63	33.51%	22.51	22.51
3	C	270	153	56.67%	607.44	338.92	55.79%	20.31	20.31
4	D	135	75	55.56%	323.67	176.4	54.50%	20.39	20.39
5	E	103	47	45.63%	216.69	186.48	86.06%	10.60	10.60
	合计	2249	1020	45.35%	5203.21	2344.55	45.06%	20.13	20.13

注：收入成本费用率=成本费用/考核收入。

得分=目标值的收入成本费用率/实际完成数的收入成本费用率×20。

6.2 修改考核表单

基本的考核表单，包括部门考核表(绩效协议)、员工考核表(绩效协议)。一种以评分制为主，一种以计分制为主。

员工绩效协议(评分制，纵向)模板，见表6.6。

表6.6 员工绩效协议

☐年度 ☐季度

部门： 岗位： 有效时间：

序号	绩效目标	权重/%	实际完成情况	自评分	上级评分
1					
2					
3					
得分		100%			
资源支持承诺					
计划确认签字栏			考核确认签字栏		
本人： 直接上级： 日期： 日期：			本人： 相关上级： 日期： 日期：		

员工绩效协议(评分制，横向)模板，见表6.7。

表6.7 员工绩效协议

☐年度 ☐月度

部门：人力资源部 岗位： 姓名： 有效时间：2003.11.1—2003.11.30

序号	绩效目标	权重	结果描述	时间期限	满分绩效标准	实际完成情况	自评分	上级评分
1								
2								
3								
4								
5								
得分								
资源支持承诺								
计划确认签字栏				考核确认签字栏				
本人签字： 直接上级签字： 日期： 日期：				本人签字： 相关上级签字： 日期： 日期：				

员工绩效协议(计分制,横向)模板,见表6.8。

表6.8　个人绩效协议

部门:　　　　　　岗位:　　　　　　姓名:　　　　　　绩效周期:

指标类型	具体指标	结果描述	时间期限	权重/%	考核标准	资源需求
量化指标						
主要工作目标与任务						
计划确认签字	本人:　　　　　　日期: 直接主管:　　　　日期:

部门绩效协议(计分制,横向)模板,见表6.9。

表6.9　部门绩效协议

部门:　　　　　　绩效周期:

指标类型	具体指标	结果描述	时间期限	权重/%	考核标准	资源需求
量化指标						
主要工作目标与任务						
学习成长						
扣分指标						
计划确认签字	部门总经理:　　　　日期: 分管领导:　　　　　日期:

客户评价表是部门考核表的一种,适用评分,模板见表6.10。

表6.10 客户评价表

被评价部门： 客户部门： 时间：

评价指标	二级指标	分数①	权重/%	分数②	根据实际事例说明理由
信息沟通	寻求信息		30		
	提供信息				
	业务指导				
服务态度	责任意识		30		
	服务态度				
支持合作	关系融洽		40		
	服务及时				
	服务质量				
	服务结果				
负责人：	年　月　日		得分		

注：
1. 客户部门参考以下标准进行评价(注：评价分数只能以0、5结尾)

0～20	30～50	60～70	80～90	100
不满意	不太满意	比较满意	满意	非常满意

(1) 寻求信息：主动在双方之间建立良好的信息沟通渠道，建立沟通机制，积极寻求信息，善于发现双方合作中的问题，提高信息沟通的及时性、有效性。
(2) 提供信息：根据我方工作需求及时提供信息，从不拖延；提供的信息数据准确无误。
(3) 业务指导：能够提供必需的专业业务知识，对我部门不熟悉该业务的员工进行业务指导。
(4) 责任意识：对方部门对自己应该承担的责任从不推脱；接到任务后负责到底；服务细致、认真，从没因工作疏忽而造成差错。
(5) 服务态度：为我方提供服务的过程中态度热情，从无抱怨。
(6) 关系融洽：双方合作愉快，没有发生责权利上的纠纷、争执。
(7) 服务及时：按我方要求及时提供我需要的产品和服务。
(8) 服务质量：提供的产品或服务满足我方要求的程度。
(9) 服务结果：因无法提供必要支持导致我方工作不能顺利开展。
2. 得分统一保留一位小数点。
3. 分数②=分数①的平均数×权重，得分=∑分数②。
4. 审核人负责对结果进行审核。
5. 禁止各部门之间沟通客户评价结果，也禁止向其他人询问客户评价结果。

6.3 制定修改考核指标标准

考核标准，有的是统一的文字描述(评分)，有的是根据不同岗位分别制定(可评分，也可计分)。

6.3.1 评分标准(描述)

评分标准采用百分制,具体标准如下所述(注:评价分数只能以0、5结尾)。

(1) A(100分):出色,工作绩效经常超出本职位常规标准要求。通常具有下列表现:严格按照规定的时间要求完成任务并经常提前完成任务,经常在数量、质量上超出规定的标准,获得客户的满意。

(2) B(80~90分):优良,工作绩效经常维持或偶尔超出本职位常规标准要求。通常具有下列表现:基本上达到规定的时间、数量、质量等工作标准,没有客户不满意。

(3) C(60~70分):可接受,工作绩效基本维持或偶尔未达到本职位常规标准要求。通常具有下列表现:偶有小的疏漏,有时在时间、数量、质量上达不到规定的工作标准,偶尔有客户投诉。

(4) D(30~50分):需改进,工作绩效有时未达到本职位常规标准要求。通常具有下列表现:多次有小的疏漏,有时在时间、数量、质量上达不到规定的工作标准,需要突击完成任务,有客户投诉。

(5) E(0~20分):不良,工作绩效显著低于常规本职位正常工作标准要求。通常具有下列表现:工作中出现大的失误,或在时间、数量、质量上达不到规定的工作标准,经常突击完成任务,经常有投诉发生。

6.3.2 岗位职责考核标准

1. 职责分工内工作及时保质完成

100分:计划内工作提前1~2天或按期完成。90分:计划内工作因客观原因延期完成。80分:计划内工作因主观原因完成80%。50分:完成工作70%。0分:完成工作少于70%。

2. 分管设备完好率

100分:95%(含)~100%。90分:85%(含)~95%。80分:83%(含)~85%。50分:80%(含)~83%。0分:80%及以下。

3. 重大安全责任事故率(每月)

100分:无事故。90分:轻微事故,一次损失在0~500元之间。80分:一次损失在500(含)~2000元之间。50分:一次损失在2000(含)~3000元之间。0分:一次损失3000

元及以上。

4. 日巡检设备

100分：90%(含)～100%。90分：80%(含)～90%。80分：75%(含)～80%。50分：70%(含)～75%。0分：70%及以下。

5. 分管设备及时检修率

100分：一般设备在12小时内、进口设备在24小时内修复。90分：每月1～3次未及时修复。80分：每月3～4次未及时修复。50分：每月4～5次未及时修复。0分：每月5～6次未及时修复。

6. 及时编写切实可行的作业指导书

100分：按期完成编写。90分：延期1天完成编写。80分：延期2天完成编写。50分：延期3天完成编写。0分：延期4天以上完成编写。

7. 技改计划完成率

100分：技改计划按期完成。90分：完成80%。80分：完成70%。50分：因客观原因完成60%。0分：完成60%及以下。

8. 员工技能培训

100分：完成计划或临时交办的培训工作。90分：有计划但因客观原因延期完成。0分：因主观原因没有完成计划培训。

9. 完成上级临时交办的其他任务

100分：按期完成。90分：延期2天完成。50分：延期5天完成。0分：延期5天以上完成。

10. 领导综合满意度

100分：领导非常满意。90分：领导基本满意。50分：领导不太满意。0分：领导很不满意。

6.4 考核权限

采用评分制时，为确保相对公平，对不同人员的考核权限用权重进行平衡。有时可采用考核关系图(见图6.1)，再用计算公式。

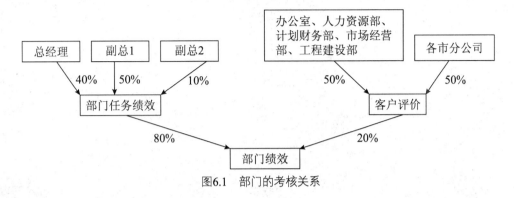

图6.1 部门的考核关系

根据图6.1的考核关系，可知部门绩效的计算公式为

部门绩效=部门任务绩效×0.8+客户评价×0.2

部门任务绩效=总经理评分×0.4+分管副总1×0.5+分管副总2×0.1

客户评价=省公司其他职能部门评分的平均分×0.5+各市分公司评分平均分×0.5

|提升篇|

人力资源
主管的技巧

第7章 人力资源主管的工作职责区别

本章介绍了各类主管头衔的区别、人力资源主管的区别、人力资源主管与专员的区别。并穿插了人力资源主管的职场困惑访谈。

7.1 各类主管的区别

在一个公司的职等职级表中，主管级包含多个岗位，比如：车间主任、办事处主任、高级营销经理、项目经理、主管工程师、主办会计、行政主管、采购主管、IT主管、质量主管、总经理秘书等。

主管有两种：第一种有下属，是管理职务；第二种无下属，是技术业务职务。

例如，车间主任就属于有下属的主管，且管理的下属较多，有组长、员工。行政主管也有保安、清洁工、前台等下属。相对来说，人力资源主管的下属较少，有时这一称谓就仅仅代表了资历、头衔，薪资比专员更高些，没有下属。

有的主管，没有直接下属，但有虚线下属，比如集团人力资源部的人力资源主管与各子公司的人事主管具有业务管理的关系。

7.2 人力资源主管的区别

有的小公司，有综合管理部，经理下面设置行政主管、人力资源主管，HR各模块基本都会涉及，面宽但深度浅。

有的中型公司，人力资源部与办公室分开设置，经理下面设置2~3个主管，每个主管要负责两个以上模块，比如：人事薪资、招聘培训、薪资考核等。

有的大型公司，人力资源部有经理、副经理，每个模块都有主管，主管下面配置专员、助理等，有7~10人。

有的大型控股集团，人力资源部设有总监，下面只有2~3个主管，但他们在集团的职等职级表中，可能属于高级主管级或资深主管级，头衔一般为××经理，也就是模块经理，薪资也相对较高，除总部的职能部门的员工外，还要对子公司的中高层进行管理。

7.3 人力资源主管与专员的区别

那么,主管与专员,在工作职责和技能方面,有什么区别呢?

一般来说,担任主管需要具备3~5年的资历。主管要求能够独当一面,如果下设专员或助理,主管会把一些最基础的事务剥离出来,将更多精力集中在更有专业性的工作职责上;如果没有下属,主管也要负责基础事务,工作量大,同时要协调工作时间,以承担更有专业性的工作职责。

这些所谓的"专业性的工作职责"到底是什么呢?主要有制度修订、报表分析、方案测算、协调、调查、审核。

主管的技能涉及:制度建设(新设计、修订),方案测算,报表数据的统计、分析,定期性日常工作的差错和及时性的控制,专项调查,与对外政府部门的衔接。主管,需要积累更多的资料,也要参加一些跨部门的会议讨论,定期或随时提供领导需要的人事数据,协调处理一些例外事项,做好部门费用的统计分析以及参与项目系统的选型等。主管打交道的对象涉及其他部门的主管、副经理、部门经理等。

(1) 以编制通讯录为例。当有下属时,通讯录的编制由下属完成,但主管需要审核,发现差错,控制时限;当没有下属时,通讯录的编制要由自己来做,相较而言,更熟练、差错更少、及时性更高,易于自我检查控制。

(2) 以考勤为例。当有下属时,考勤原始数据的处理由下属完成,包括:从门禁系统导出转为Excel表;根据每个员工当月的日考勤记录,结合公司考勤规定,分类统计出勤天数、缺勤天数(含各类请假、旷工、加班等)。主管需要做的是:监督下属完成每周的考勤统计,而不是到月底最后几天处理,以免延误;对考勤的原始数据进行复核,发现可能的差错;将下属加工过的考勤分类数据,用于薪资计算的引用;工厂有体系审核时,对考勤进行某些处理,使其符合体系审核的需要;保存考勤记录,在发生劳动纠纷时提取,用于企业的举证需要;随着时间的推移,对考勤制度进行修订。

总体来说,主管与专员的工作职责有重叠,但有些职责的难度更大,专员难以胜任。不同的主管,工作的深度也有差别。

延伸阅读:HR主管的职场困惑访谈

访谈3:绩效主管C,工作五年

结合我自己的感受,讲下从第一家公司到第三家公司的从业经历。

刚毕业时没有职业生涯规划的概念，很迷茫，想得更多的是养活自己，找份工作，以便对自己的大学四年做个交代。在找工作时很积极，广泛投简历、参加面试，最终进了Y公司。

那时的工作，很琐碎，有什么做什么，领导安排什么做什么，尽管也想做一些有技术含量的工作，但仅仅停留在想法层面，更多考虑怎样把当前的琐碎工作做好，避免领导不满。

后来有了从事专业工作的机会(招聘和劳动关系)，开始有了自己的想法，感觉有了努力目标。那时想过以后走招聘专家的道路，希望能通过招聘提升自己，但当时没人指导(公司人员紧缩，部门有经验的老员工离职后，没再补充)，只能靠自己边做边学。自己很困惑，不知道能达到什么地步，更多的感觉是希望渺茫，很想知道正规的大公司在这方面是怎么做的。

当时的收入很低(1500元/月)，基本开支后就没多少钱了，记得当时借钱考了驾照(3400元)，将近两年才还清欠款，感觉很痛苦，对自己的未来充满怀疑。

当时的环境，整体上比较乱，氛围不好，即便是在总经理会议上，推诿、吵架的现象也很普遍。总感觉这样的企业没前景，而且又是低端制造业，很土气。

在上述几个问题中，当时感觉最难以忍受的是收入，所以在工作一年半的时候，我申请加薪200元，但没被批准。我突然感觉很灰心，总体考虑了几个方面，感觉工资低、环境差、岗位学习平台差，所以开始寻找新机会。

最终，我进入一家高端制造业企业。

这家企业刚成立，制度等都还不完善，没有积累，生产尚在准备阶段，是否能成功不好说。但当时感觉这个企业属高端制造业，且产品销售前景非常好(卖方市场)。人力资源部是新成立的部门，自己现在入职以后就是老员工，发展机会多，而且有个好领导教(某知名国企的HR总监)，收入和以前相比也有较大提高，还有公积金、电话补贴等，个人觉得非常满意，能被录取感到非常庆幸。

那时候的工作虽然非常忙碌，但很充实、很开心，建制度、搞流程，很有成就感，感觉自己信心满满，只要努力，前途一片光明。

然而事物和环境都是在动态变化的，在公司的权利斗争和博弈中，我的领导离开了公司，董事长秘书突然成了我的新上司，前领导给我的规划和承诺都变为虚无。在经济危机的形势下，公司发展前景开始变得不明朗，由之前的卖方市场变成买方市场，退单现象时有发生，公司资金链开始断裂，时有延迟发工资的现象，甚至能听到很多公司要破产的传言。

在这样的背景下，我有了离职的想法，感觉在这个公司不可能长远发展下去，但这个公司当前所处的阶段提供了很好的锻炼平台，所以我给自己制订了提升计划。

在这家企业任职期间，我在绩效、招聘和培训方面积累了一定的经验。

机缘巧合，我进入现在的公司。在新公司，我的困惑主要集中在三个方面。

一是自身积累能否完全满足企业对我的期望。公司已经发展得很成熟了，希望自己能在工作领域有创新表现，对自己期望较高，但自己的经历和目前的能力水平有限，提出创新举措、大刀阔斧地改革的能力有限，因此倍感压力、焦虑、彷徨。

二是自己有生涯规划，有前景期望，但就目前的现状来说不一定有机会实现，部门人员多、实力强，我资历浅、年龄小，突围机会渺茫。

三是个人问题。以我当前的年龄，马上要面临很多问题(结婚、生小孩、买房子、父母养老等)，这些都对自身的收入提出了更高的要求，感觉压力很大。

总体来说，在不同的工作阶段都有不同的困惑和问题，主要来源于工作平台和岗位、收入、工作环境等方面。

几年下来，我在收入、岗位、职业环境方面都有所发展。在这个过程中，个人感觉以下几点比较重要。

一、很多时候要坚持、要忍耐，正确地看待问题。当遇到困难时不要轻易放弃，当遇到职业困难、环境压力时不要气馁，多开导自己，看开一点，不要过于在意一时的得失。当你坚持过后，再回头看那些问题，就觉得当时困惑的问题，在现在看来也不算什么，而且那些问题给自己带来的经验和教训是很有益的，自己的付出是很值得的。

二、要自强。当环境不如意或别人帮不到自己的时候，自己要多帮助自己，通过主动学习等方式把自己武装起来，相信通过自己的努力可以改变自己的命运。网络是个很好的学习渠道，要善于利用，比如各类人力资源论坛等。很多东西，不是只有自己经历了才算经验，别人经历了、成功了，你如果能学到，也是很有益的积累。

三、要交朋友，尤其是"善意"的朋友(对自己有帮助的、有益的朋友)。对此个人受益匪浅。在我有困惑的时候，经理指导我；在我有困难的时候，一些朋友可以开导我。"不识庐山真面目，只缘身在此山中"，往往自己身处其中，所以懵懂困惑，在适当的时候由过来人帮你拨开迷雾，很多问题都会迎刃而解。

"路漫漫其修远兮，吾将上下而求索。"既然还在路上，以后能走多远还要看自己的努力程度以及机会。

访谈4： 招聘主管D，工作5~6年

我之前在药业公司做过一年，后来在猎头公司做了三四年。在猎头公司工作很辛苦，比较能锻炼人，工作类似销售，压力很大。

现在从事企业招聘工作。猎头工作相对单纯，找准目标就挖人，但公司招聘要分析岗位，感觉更复杂。当前我个人面临以下几个问题。

一、企业内部岗位多、层级多，如何来合理设计，是当务之急。

二、职位与收入方面，个人感觉也挺困惑，不知道自己以后能否做到经理的位置。

三、招聘做了很多年，希望能进入其他领域去锻炼，通过多领域实践，把自己的能力拓展一下。收入方面希望能有所提高，对自身的激励和肯定是很现实的需求。

四、个人问题方面也比较现实，目前未婚。

访谈5： 高级招聘经理E，工作7~8年

刚毕业的时候因机缘巧合进了外企工作。当时我毕业论文的选题涉及HR方面，并得到较高的评价，于是后来做了HR工作。

当时找工作时，主要考虑三个方面：城市、行业、职业。

关于行业的选择，当时看了一个报道，了解了不同行业的加薪程度和发展，IT、金融、医药都是很好的行业。

关于职业的选择，工商管理属万金油职业，当时找工作的时候遇到各种机会，有总助、销售、行政、HR等，当时想了半天，不知道自己的优势是什么。

所以我先做了SWOT分析。我的优势是比别人更善于思考和反省。在学校时，我最大的特点就是我会反省自己的得失。我在想是否会有一种工作模式类似于咨询，而这种工作在未来10年、20年始终可以不断地帮自己增值，帮自己积累经验，我知道SALES可能做10年就要换到一个新的领域。

我当时没想过做管理，当时考虑更多的是自己职员的角色，再三考虑后，我觉得HR这个职业可以给我一种时间上的积累，然后我就选择去了当时的A公司(知名网络公司)。

2005年，A公司的管理体系还很混乱，内部HR有科班背景的很少，他们多数是技术出身，是根正苗红的内部人，对公司文化和价值观有很好的认识，但是对HR专业知识确实比较欠缺。因此，公司从外部聘请了HR高管并制定了各类手册，如绩效手册、招聘手册、培训手册等，下面的人照着执行就可以。

2008年A公司上市，进入一个新的阶段，中间层需要大换血，HR体系逐渐健康起来，上市后，HR体系已非常完善了。

当时，公司的HR团队有150人，如何在这150个人中脱颖而出是我当时一直考虑的问题。团队中有来自世界五百强的HR，有在公司做了五年以上且各方面非常优秀的资深员工，脱颖而出非常困难。

那时，我又重新做了一次SWOT分析，我在想我的出路在哪里？我是该继续留在A公司，还是去外面拓展新的天地？

后来，我获得了一次内部轮岗的机会，代表公司到西南某省分公司做HR负责人，我为分公司建立了HR体系，实现了分公司HR管理的从无到有。

这个机会给我的感触是，我的能力施展不出来，就说明这个岗位不适合我。A公司有个不成文的规定，如果想往上走，就要接受外派。后来四川大地震，我觉得呆在那边不安全，便申请回杭州，这时杭州总部的HR有两百多人，想出线更难，所以我决定走出去看一看，到了第二家公司——某会计师事务所B。

当时选择B的原因很简单，就是想进知识密集型和服务型企业，B符合，所以就去了(杭州不可能大力发展制造业)。在B面临做事还是做人的问题，在A需着重考虑做事，在这边则需多考虑如何做人。当时最大的感受是效率很低，一个e-HR项目开展了一年半还处于需求调研阶段，效率很滞后。后来跳槽去了某网络公司C。

当时感觉C像2003年的A，是不错的机会，而且职位也有提升，所以就去了。在C的时候观念上有一些变化。在A工作的时候，最早带我的这批HR MANAGER，向我传授了很多管理上的经验，不断地在我的管理实践中得到印证。我想明白了一个道理，做管理者并不一定要在专业技能上达到非常优秀的程度，管理是通过人来解决问题的。其实他们能做到HR管理者，并不是因为他们的HR专业技能比别人强。

企业的组织结构多呈金字塔型,高层做得最多的是决策,中层做得最多的是系统解决方案的提供,基层做得最多的是执行。

如果大家都按部就班地工作,组织难以取得进步,只有基层在执行的时候能够理解中层制定方案的目的,才能更好地执行。中层在做系统解决方案的时候,也要知道高层为什么作出这样的决策,他的战略、目标、愿景、使命是什么,我的系统解决方案想要达到什么目的。只有这样,中层才能往高层走,实现流动。

以上是我这几年的一些从业体会。

第8章 人事主管的技巧

本章介绍了人头计划控制分析、劳动工资统计报表的统计口径、劳动合同主体变更协议、复杂考勤问题处理。

我没有做过人事主管,但我管过人事主管。在当部门经理的早期,我对人事主管相对有所忽视,导致曾有人事主管对我大有意见。直到2008年新劳动法实施后,随着用工环境的日益复杂、公司上市等情况的出现,劳动人事纠纷变得频繁和棘手,让我对人事主管的工作有了新的认识。

8.1 人头计划控制分析表

人事专员也要做表,但大多负责表单填写、数据统计。人事主管除了做统计表,还要做分析表。分析就是对各种数据的比较,目的是实现有效控制。比如,某公司对人头计划的控制分析表,见表8.1。

该表的横向,对年度计划人数、本月末人数、本月平均人数进行了分析。该表的纵向,除总人数外,还对人员分类进行了分析。

表8.1 人头计划控制分析表——月末人数与年度计划差

人数统计分类		计划与实际值	年度计划人数	本月末人数	本月平均人数	月末人数与年度计划差异值	差异原因分析
公司总人数			984	824	801.5	−160	
人员类别	行政线	行政管理	76	66	64	−10	
	技术线	技术管理	13	14	13.5	1	
		技术研发	20	13	14	−7	
		技术支持	9	6	6	−3	
		质量管理	14	9	9	−5	
		现场工艺	10	4	3.5	−6	
		设备管理	12	8	8	−4	
		小计	78	54	54	−24	
	营销线	营销管理	25	20	21.5	−5	
		客服管理	8	7	8	−1	
		营销人员	48	43	39.5	−5	
		服务人员	33	31	30	−2	
		小计	114	101	99	−13	

(续表)

人数统计分类		计划与实际值 年度计划人数	本月末人数	本月平均人数	月末人数与年度计划差异值	差异原因分析
公司总人数		984	824	801.5	-160	
人员类别	生产管理	17	15	15	-2	
	生产工人	517	435	421.5	-82	
生产线	辅助生产工人	143	113	108.5	-30	
	小计	677	563	545	-114	
后勤服务	后勤服务	39	40	39.5	1	

表8.2是某公司的人头计划分析表，该表的横向，分析了上年末人员情况、年度计划人数、至今人员情况、人员增减情况、与年度计划对比的绝对数与差异比例，具体数据可通过观察获得；该表的纵向，是总数、各个部门。

表8.2 人头计划控制分析表

部门(公司)	上年末人员情况	年度计划人数	至今人员情况	人员增减情况	与年度计划对比	与年度计划差异比	差异原因分析
合计	779	984	824	45	-160	-16.3%	
股份总部	78	105	86	8	-19	-18.1%	
技术中心	21	25	18	-3	-7	-28.0%	
A销售中心	87	100	91	4	-9	-9.0%	
B销售中心	16	23	16	0	-7	-30.4%	
A工厂	512	588	519	7	-69	-11.7%	
B工厂	65	143	94	29	-49	-34.3%	

8.2 劳动工资统计报表的统计口径

人事专员也做劳动工资统计报表(对外申报)，但只按照固有惯例。一旦情况发生变化，就不会应付，还需要人事主管分析情况后提出调整措施，比如统计口径。下文中，我们以某公司为例进行说明。

8.2.1 为何要调整统计口径？

由于上年股份公司与A子公司拆分、200×年B生产中心搬迁后一部分人员劳动关系转入了A子公司等，工资发放与实际组织机构不相吻合、工资发放单位与劳动关系单位不统一的情况比往年增多，劳动工资统计口径已显模糊。

由于统计执法检查的力度将越来越大,有必要将股份总部及A子公司的劳动工资统计报表口径做一个界定,并从此建立统计口径的确定、调整机制。

8.2.2 从业人员统计口径的调整

对从业人员统计口径,统计部门统计口径的要求是:谁发工资,谁统计。

本公司人员统计口径的确定除了考虑本要求外,还需要考虑以下几方面因素。

1. 残疾人就业保障金的核定因素

按规定,所有发工资的员工及顾问均应计入在岗职工和其他从业人员中,构成全部从业人员。考虑到残疾人就业保障金是根据本报表上的全部从业人员人数或在岗职工人数核算征缴金额的,为了尽可能合理地减少人员数,在E子公司及D生产中心中,与杭州或A签订劳动合同的员工但不在杭州或A发工资的,将不再计入从业人员数。另外,财务部将厂医的工资福利录入福利科目,其他顾问工资录入管理费用,故顾问中除了厂医外,其他人员将不再作为其他从业人员进行统计。

2. 劳动年检的因素

按照"谁发工资、谁统计"的原则,在岗职工人数与社保参保人员肯定不一致,因此要做好相关资料的备查工作。劳动年检时,劳动部门如果没有要求报送或者我们能争取不报送统计年报,就不报送;万一要报送,就由参保地开具参保证明,说明情况。

根据上述原因,上年劳动工资统计年报的统计口径,经与区统计部门、劳动监察部门沟通,结合本公司实际及历年的统计口径的延续性,将从业人员统计口径确定如下:不论社保在何地缴纳,从业人员按财务上的工资发放人数统计。

股份公司的报表统计包括股份总部(除A财务、计划管理部、采购部、质量管理部外)、国内、外贸部、D生产中心总经理和工艺设备经理,以及由A子公司划出的装箱班组的人员。顾问一名,作为其他从业人员统计。

A子公司的报表统计包括A子公司以及由总部划出的A财务、计划管理部、采购部、质量管理部的人员。上述人员根据用工性质可区分为在岗职工(劳动合同制人员)和其他从业人员(各类聘用制人员)。

8.2.3 劳动报酬统计口径的调整

按统计部门的要求,应统计所报从业人员统计口径范围内所有的工资、福利,要求能够与财务报表应付工资、福利费、工会福利相关科目汇总保持一致。

考虑到与财务相关科目口径的一致性，本公司劳动报酬统计口径现确定如下。

(1) 统计项目范围与财务统计口径一致，包括应付工资(包括上年计入应付工资的一个月工资的年终奖金及业绩工资补发部分)、奖惩款项(应收账款奖励额度比较多)。另一个月的年终奖金及营销年度兑现均以费用形式记账，故不计入本口径范围。

(2) 福利方面，根据财务的福利及工会科目，统计了如下数据：从工资中剔除的330元的误餐补贴、工作午餐津贴；从工资中剔除的300元通信津贴。

(3) 报地税部门的工资总额：根据工资发放公司的规定，按应付工资报送。剔除的330元误餐补贴及300元的通讯津贴不计入应付工资口径范围。

(4) 根据社保缴费工资基数的规定，低于社会平均工资60%的部分予以补足，高于社会平均工资300%的部分予以扣减。每年度根据参保地开具的参保证明，以及聘用人员的参保证明及相关资料，提交财务结算一部分社保费用。

(5) 个人的年度缴费基数确定：因个人基数与公司缴费并无关联，故没有必要低报个人缴费基数。股份总部维持原有的口径：老员工按上年度1—12月月平均工资申报，新进员工第一次参保按第一个月工资额申报。A子公司可自行确定申报基数。

今后如遇政策调整，需要调整统计口径，需重新组织相关人员确定新的统计口径。

8.3 劳动合同主体变更协议

企业与员工签订的劳动合同，有时因情况变化，需要与关联公司签订，这叫劳动合同主体变更，此时需要签订协议，否则存在劳动纠纷隐患。签订完毕，工龄累计。劳动合同主体变更协议模板如表8.3所示。

表8.3 劳动合同主体变更协议模板

甲方： 单位性质：有限责任公司 地址：
乙方： 性别： 身份证号：
丙方： 单位性质：有限责任公司 地址：

(续表)

根据《中华人民共和国劳动法》及有关法律、法规和政策规定，经双方平等协商一致，原与乙方签订的劳动合同的主体自　年　月　日起由甲方变更为丙方。原乙方在甲方的工作年限计入乙方进入丙方工作后的工作年限。乙方愿意服从丙方统一安排，到公司所属的各分支机构工作。薪资福利根据丙方薪资制度及相关规定执行。 甲方、乙方、丙方三方共同做好劳动合同及社保相关事宜，顺利完成主体变更相关工作。 甲方(盖章):　　　　　乙方(签字):　　　　　丙方(盖章): 　　　　　　　　　　　　　　　　　　签约日期:　年　月　日

8.4　考勤的复杂

人事专员处理考勤事务，虽然繁琐，且工作量大，但不太复杂。实际上，考勤问题如复杂起来，也很令人头疼。

8.4.1　人事主管眼里的考勤小结

考勤管理其实是每天都要进行的工作，主要包括以下几个方面。

(1) 平时要求保安监督员工按实际时间签到/签退，当天中午会在总台查看考勤签到表，判定异常情况，并针对异常情况向员工所在部门经理进行跟踪确认处理。

(2) 不定时地直接在前台值勤，观察当天的考勤情况，对异常情况进行现场搜集，并向员工所在部门经理进行跟踪确认处理。

(3) 将每天的考勤结果录入ERP考勤管理模块。

按上述流程处理考勤问题，平均每天至少花费半小时到一小时。

考勤管理是原则性很强的问题。在考勤管理方面，工作人员需顶着很大的压力，也要花费不少精力。

为了使考勤管理过程的阐述有个明确的依据，特设计如下表格，以记录考勤管理的过程。领导核查的重点包括：一来看一下考勤管理过程、沟通频次；二来看一下公司考勤管理问题及难点。某公司×月考勤管理记录见表8.4。

表8.4　×月考勤管理记录

日期	管理方式	异常情况记录		
		姓名	异常情况	处理情况记录
3日	查考勤表	××	产假结束但未上班	经与部门经理、HR经理沟通确认，按请假处理，并已电话通知员工抽时间回公司办理请哺乳假手续
		××	未签到	经与经理确认，他与技术中心人员出差。已要求经理督促员工办理出差手续

(续表)

日期	管理方式	异常情况记录		
		姓名	异常情况	处理情况记录
4日	总台值勤	××	未签到	向经理确认：直接外出办公了，9:15进公司
		××	未签到	向经理确认：到工厂办公了
		××	未签到	向经理确认：到工厂办公了
		××	未签到	外出办事。要求部门经理在考勤表上确认
		××	未签到	到工厂办公。要求部门经理在考勤表上确认
		××	未签到	直接外出。要求部门经理在考勤表上确认

需要说明的是，附件仅用来说明异常情况：即部门经理或员工未签到但没有主动报备原因、需要电话——跟踪确认并作记录的情况。

可以看出，考勤管理的难点在于：员工对于考勤管理的约束，存在天然的抵制情绪。

如果有一部分部门经理认识不到考勤管理的重要性，基于各种主观、客观原因，不能积极地配合人力资源部进行下属员工的考勤管理，如：护短、为下属找理由等，将给考勤管理增加很多难度。

在日常管理中，如发现考勤异常，一般由考勤管理人员负责向部门经理和员工询问，那么，我们能不能换一个方向，让部门经理和员工主动来找考勤管理人员确认考勤并提供依据呢？

保安是很重要的一环，一定要协助人力资源部做好考勤监督工作，监督员工按实签到、不要让人代签。建议把这个职责列入保安岗位职责及绩效考核范围。

部门经理是更重要的一环，自己的下属当天是否正常出勤，不可以不闻不问。所以对部门经理的考核也要体现这部分内容。

当然考勤管理制度本身也有一些大大小小的问题，致使一部分员工不愿意遵守这个制度，给HR的执行造成了一定的难度。比如：对于员工加班没有制定换休政策；员工工时制度不够明晰；迟到处罚相对比较重；考勤体系构建不完善；约束了两头而没控制中间过程；执行尺度不一；等等。

从以上表述中，可以看出这位人事主管的经验相对丰富，把考勤的难点都提炼出来了，极具参考价值。

8.4.2 真考勤

做外贸业务的工厂，常面临各种体系审核的压力，导致实际情况与标准差距大。为了过关,往往制定内外两套考勤体系,俗称:真考勤(对内)、假考勤(对外)。关于假考勤的内容我们将在下节中阐述。

外贸工厂真考勤的流程与注意事项,见表8.5。

表8.5 外贸工厂真考勤流程与注意事项

序号	时间	处理事项	表单内容	工作流向	注意事项
1	每月的1—5日前	发通知到各部门,及时做好考勤调整工作	填写考勤表及产量表	各车间、各部门	1. 各部门在填写考勤表时要注意每周的工作日不得超过6天 2. 每周的加班时间不得超过36小时(包括周六上班时间及钟点工加班时间)
2	每月10日止	各部门上交考勤及产量调整表	检查考勤表及产量表的正确性	人力资源部	1. 首先看考勤表及产量表是不是按通知要求制作 2. 考勤表上人员是否为公司目前在册人员 3. 计件单价是否考虑加班情况进行适当调整 4. 产量表与考勤表是否相一致 5. 每个员工的工资是否低于当地最低工资(没全勤的另作考虑)
3	每月24日止	考勤表交财务部	由财务根据考勤表作出每月员工工资	财务部	1. 根据规定扣除所得税 2. 根据规定扣除保险费用 3. 其他相关费用的扣除工作
4	每月28日止	工资表反馈至人力资源部	核对工资表	人力资源部	1. 核对工资表是否正确 2. 加班工资是否计发 3. 关注工资表中低于当地最低工资的数据,查明原因
5	每月月底	材料汇总	将核对完毕的工资表、考勤表、产量表归档	人力资源部	1. 材料是否完整、准确 2. 各车间、各部门是否签字 3. 总经理是否签字认可

外贸工厂的另一个真考勤流程,见表8.6。

表8.6 外贸工厂真考勤流程

序号	处理事项	表单内容	工作流向	注意事项
1	数据的采集、汇总、输出工作	各部门人员考勤记录	考勤员	1. 考勤员每天对考勤数据进行采集,至次月初完成考勤数据的汇总及输出工作。 2. 输出办法:①打开考勤系统软件—采集数据—考勤维护—根据打卡识别班次—设置考勤月份—查询得出人员名单—根据打卡时间得到班次—编排完成保存。②考勤维护—建立考勤档案(不参加考勤人员在左边)—选择所属部门—查询得出人员名单—保存。③统计查询—统计考勤记录—设置统计时限(月初至月末)—选择核算的部门—开始核算—结束保存退出(如需打印,确认即可)。④点击原始记录查询(可以按个人,也可按部门)—设置要查询的时间—查询后输出文本—保存在局域网上(保存时要新建文件夹如2005年3月,输出数据的时间与文件名一致)。 3. 各部门可以通过网上邻居查询考勤数据

(续表)

序号	处理事项	表单内容	工作流向	注意事项
2	各部门制作考勤表	出勤记录及考勤表	考勤员	1. 各部门(除一、二、四车间外)出勤记录上的名单与考勤系统上的名单相一致。 2. 确认一、二、四车间的工资名单上的员工是否办理进厂手续及考勤卡。 3. 除一、二、四车间外，确认其他部门人员的出勤天数是否与考勤系统相同
3	审核考勤资料	出勤记录及考勤表	人事主管及经理	1. 抽查考勤资料，是否有与实际情况不相符的现象，如有需各部门返工，并对考勤员进行考核。 2. 在审核后的考勤材料上签字并交财务部(一、二、四车间，生产2部、成品质检的考勤材料交员工A，其他材料交员工B)

8.4.3 假考勤(验厂需要)

所谓上有政策、下有对策，为了应付次数频繁的、工作量很大的体系审核，一些实际达不到标准的外贸工厂自发研究出假考勤。

1. 某外贸工厂企管部发布了制作备查考勤表的作息日期

该外贸工厂当时实行每周单休的制度。其发布的制作备查考勤表的作息日期如表8.7所示。

表8.7 某外贸工厂企管部发布的制作备查考勤表的作息日期的通知

> 200×年12月制作备查考勤表的作息日期：休息日为5、12、19、26日，共4天，法定工作时间为23天，本月共31天，其中4、11、18、25日为周六加班。因本月公司生产任务不足，有些部门实际放假日期较多，各部门在制作考勤表的过程中如有放假请按实际放假考勤，以免出现有上班记录而无产量记录的情况。
>
> 企管部
200×年12月×日

2. 客户厂验时有关资料的准备(主要是材料准备的时间安排)

(1) 考勤表。出勤日期由人力资源部于当月私底下发给各部门，各部门的考勤表于次月3日送人力资源部，审校后录入。

(2) 产量表。生产1部于次月10日前将产量表送人力资源部，生产2部于次月15日前将产量表送人力资源部。

(3) 工资表。人力资源部于13日将生产1部产量表、考勤表送财务部，于17日将生产2部产量表、考勤表送财务部，以便财务人员制作工资表。将工资表于20日反馈至人力资源部，交相关部门员工签字，并由总经理签字认可后返回财务部。

(4) 现场记录表单。各部门将当月记录表单于次月初及时按本部门考勤表所列工作日整理完毕(休息日,即星期六、星期天全部抽出)。

(5) 客户厂验的要点。月工资收入不得低于当地最低工资即640元,因此,月工资收入=最低工资/法定出勤天数×实际出勤天数。工作天数与工作时间:每周工作日为6天,但星期六为加班时间,每天工作8小时,月加班时间不得超过36小时,年上班时间不得超过2400小时。休息时间:每周最少休息一天。考勤记录核对时要注意考勤表、工资表、计件产量表、员工个人出勤时间、员工花名册须一一对应。在员工档案的管理中,对于18周岁以下的员工要单独列开,18周岁以上的员工的身份证、员工照片、员工名册要一一对应。劳动合同的签订:现场工人,一年签合同试用期1个月,三年签合同试用期1~3个月;管理人员,根据合同签订要求进行签订。社会养老保险的办理:根据公司外报人数的适当比例进行投保(提供参保名单和缴费凭证)。

我们介绍假考勤,不是为了鼓励大家都去做假考勤。只是处于不同阶段、不同行业的企业,面临着不同的现实情况,包括客观存在或曾经存在的各种情况。随着社会的发展、人权的提高,当企业实际条件达标后,自然不用做假了。

8.4.4 考勤措施

在考勤统计过程中如发现问题,还要制定相应的措施。这部分工作由人事主管负责。下面介绍三个案例。

1. 考勤抽查

某公司发布的考勤抽查通知如表8.8所示。

表8.8 某公司发布的考勤抽查通知

各部门:

本周四上午,公司高管按规定对考勤记录进行了抽查。考勤记录显示:有7名员工打卡时间超过8:30。其中,A部4人,B部1人,两个职能部门各1人。
    轮值高管已将抽查到的结果,通过邮件与员工本人确认,并抄送给其直接主管和分管领导。要求直接主管与员工做好沟通,提醒员工尽量控制好上班时间,共同遵守公司管理制度。
    本次暂不公布具体的部门和姓名。今后视情况,对迟到早退现象或其他违反公司管理制度较严重的部门和员工予以公布警示。
    特此通知。

2. 考勤的制度与灵活性综合考虑

考虑到公交车的客观因素,每人可有2次迟到机会/月,迟到时间控制在15分钟内。

8:45后到达仍作为迟到1次处理。8:45前到达,将原因以邮件形式发送HR,下班时间为17:45以后,确保8小时工作时间,可算作不迟到。超过2次,第3次扣30元,第4次起,扣50元。

3. 代刷卡处理

某公司员工发布的代刷卡处理说明如表8.9所示。

表8.9　某公司员工发布的代刷卡处理说明

尊敬的人力资源部领导:
临近春节,节日气氛越发浓厚,部分同事因离家较远思乡心切或家中亲属生病等原因,思想上放松了对考勤制度的重视。应同事请求,我于2月×日下班时替三位同事打卡。事后经领导批评,意识到问题的严重性。为此,于次日让有关同事补办了请假手续。今后我将加强对《员工奖惩条例》和《假期及考勤管理制度》等相关规定的学习,杜绝类似事情的再次发生。

第9章 招聘主管的技巧

本章介绍了制订招聘计划、选择招聘渠道、撰写招聘方案、面试、招聘进度控制分析、招聘专项分析、离职面谈。

9.1 招聘计划

招聘专员做招聘,主要看月度达成率,因此需要制订月招聘计划。月招聘计划来自年度招聘计划的分解。由于对职位的权限有需求,年度招聘计划由招聘主管参与制订。

9.1.1 预算编制与年度招聘计划

年度招聘计划的编制,其中一个很重要的盘点基础,是预算人员编制的人头预算表,某公司的人头预算表见表9.1。

该表可分类统计出各部门、公司总体的人头数据,便于比较上年末、本年计划的差异。差异要通过预算依据来说明,以备质询。

表9.1 人头预算表

序号	部门	2级部门	岗位	姓名	上年末实际数	本年计划数	差异数	预算依据	工作地	人力资源部意见
1	节能公司J	技术一处	副总工程师/技术一处主任		1	1	0			
2	研发中心	技术一处	自控工程师		0	0	0			
3	研发中心	技术一处	自控工程师		0	0	0			
小计					1	1	0			
总计										

在盘点分析年度人头预算表的基础上,可编制年度招聘计划表,某公司年度招聘计划表见表9.2。

该表用于说明:部门、岗位对应的招聘人数,本年招聘人数,下年招聘人数,招聘方式。招聘方式有:社会招聘、应届生、内部调整,或三种均可。

该表的分析:上年底至下年人力资源共需求34个岗位、397人。其中:管理岗位9个,9人;技术岗位13个,18人;营销岗位1个,10人;生产工人岗位4个,336人;机修岗位2个，12人；其他工人岗位5个，12人。表中标注"*"的为新增岗位，共8个岗位，其中工人岗位3个。

表9.2 年度招聘计划

公司、部门		岗位	招聘人数	本年招聘	下年招聘	招聘方式
总部	总裁办	网络工程师	1	1		社会招聘
		宣传策划*	1	1		
		资料员*	1		1	
	投资证券部	证券事务*	1		1	社会招聘
	生产管理部	采购员	1		1	内部调整
		仓库管理员	1		1	
小计		6(其中1个工人岗位)	6	2	4	
技术体系	技术中心	产品开发	1	1		社会招聘
		产品设计	1	1		内部调整
		产品测试	1	1		社会招聘
		产品测试(工人)*	1	1		内部调整
		工艺管理	2	1	1	社会招聘
	生产技术部	设备管理(电气)	1	1		社会招聘
		设备管理(机械)	1		1	
		档案整理、工程核算*	1	1		
	质管部	质量工程师	1		1	社会招聘
		质量统计员*	1		1	均可
小计		10(其中2个工人岗位)	11	7	4	
销售公司		营销人员	10	7	3	均可
		客服工程师	5	3	2	均可
		客服人员	8		8	均可
		驾驶员	1		1	社会招聘
小计		4(其中2个工人岗位)	24	10	14	
L生产中心		培训管理*	1		1	社会招聘
		劳动人事*	1		1	
		制造部核算	1		1	
		机修工	10		10	
		操作工(其他)	207		207	
小计		5(其中2个工人岗位)	220		220	
Z生产中心		生产工人	15		15	社会招聘
LD		设备部副经理	1	1		社会招聘
		机械工程师	1	1		社会招聘
		电气工程师	1	1		社会招聘
		工艺工程师	1	1		社会招聘/应届生
		品质工程师	1	1		社会招聘
		操作工	111		111	社会招聘
		检验员	3		3	社会招聘

(续表)

公司、部门	岗位	招聘人数	本年招聘	下年招聘	招聘方式
LD	机修工	2	2		社会招聘或内调
小计	8(其中3个工人岗位)	121	7	114	
合计	34	397	26	371	

9.1.2 月招聘计划

年度招聘计划经审批后，便进入具体实施的阶段，需分解为月招聘计划，某公司月度招聘计划表见表9.3。

表9.3 月度招聘计划表

需求部门	招聘岗位	所需专业	需求人数	录用基本条件
财务部	财务主管	财务或经济管理相关专业	1	本科以上，大中型工业企业财务管理经验5年以上
人力资源部	人力资源管理	人力资源或相关专业	2	一名硕士，一名本科
研发中心	研发工程师	电化学或化学工程	5~7	博士1名、硕士2名、本科1~3名
研发中心	研发工程师	金属材料	1	本科以上
研发中心	研发工程师	高分子材料	1	本科以上
研发中心	研发工程师	机械设计	1	本科以上，3年以上机械设计工作经验，熟练使用CAD
营销总部	市场研究	工商管理、市场营销或相关专业	3	1名硕士，2名本科，3年以上营销工作经验
营销总部	营销经理	市场营销或相关专业	3~5	本科以上，3年以上营销工作经验
工厂	工艺工程师(储备)	电化学或化学工程	2~4	本科以上
工厂	机械工程师	机械或机电一体化	2	本科以上，3年以上工作经验
工厂	电气工程师	自动化控制	2	本科以上，3年以上工作经验
工厂	仓储物流管理	管理类相关专业	1	大专以上学历，3年以上工作经验
工厂	计算机管理	工科类专业	1	本科以上
工厂	咨询与传播	专业不限	1	本科以上，擅长企业形象策划，具有较好的文字功底和一定的美术基础
合计：			25~31	

根据表9.3，某公司招聘主管需由自己或安排招聘专员一起通过招聘途径完成下列事项：①参加8月18日举办的200×年杭州市第二届高级人才招聘会；②通过浙江人才网实行网上招聘；③登报招聘(钱报、都市快报同时刊登招聘广告)；④前往高等院校联系明年毕业生。

招聘职位的发布，有些简单的，可由招聘专员操作；但有些复杂的、要求高的，涉及对本行业、本企业的业务理解的，就需要由经验相对丰富的招聘主管操作了。如某知名IT企业的招聘发布计划表，见表9.4。

表9.4 某知名IT企业的招聘发布计划表

序号	岗位名称	职位所属部门	工作地点	招聘人数	招聘人数更新	公司网站类	外部网站参考职类	公司招聘网站状态	岗位职责	职位要求	职位要求更新	是否重点核心岗位	备注
1	质量工程师	供应链管理部	杭州	1		制造与物流	质控与安检	发布中	质量管理、质量保证、体系稽查	1. 供应链质量体系的建立和优化；2. 对合作厂家质量体系的稽查及协助提升；3. 产品质量保证；4. 检验、稽查指导书的编写，检验员的日常管理；5. 熟悉SOHO类网络产品，本科以上学历，英语口语和读写能力良好	/	是	
2	计划物流经理	供应链管理部	杭州	1		制造与物流	市场营销与商务拓展+商务	发布中	对分销供应链计划/物流/合同信息处理等负责，人员日常管理	1. 4年以上分销产品计划预测工作经验；2. 熟悉分销全球物流运作；3. 熟悉ERP系统，熟悉订单信息处理流程；4. 良好的协调沟通能力和逻辑思维能力；5. 良好的英语口语和读写能力，本科以上学历	/	是	
3	TQC	供应链管理部	杭州/深圳	2	2	制造与物流	工程师(电讯)+工程师（计算机、信息工程）	发布中	及时处理、定位和分析生产过程中的来料质量问题，通过对供应商品质管理水平的提升，保证来料的质量	1. 2年以上来料质量管理工作经验；2. 熟悉电子元器件的通用规格；3. 较强的品质管理理论基础和丰富的实践经验；4. 良好的协调沟通能力和供应商管理能力；5. 良好的英语口语和读写能力，本科以上学历	/	是	

9.2 招聘渠道

招聘专员一般只选择现有公司既定的招聘渠道或免费的渠道(赶集网等)，而对于其他付费渠道的选取或替换，就需要根据企业的招聘需求特点、招聘费用预算、招聘渠道的效果比较，来进行招聘渠道的选择。这就需要对不同的招聘供应商进行筛选。下面，我们以针对某公司的A供应商和B供应商为例，来进行说明。

9.2.1 A供应商的方案比较

A供应商的社会招聘网络服务方案1，见表9.5。

A供应商的社会招聘网络服务方案2，见表9.6。

表9.5 社会招聘网络服务方案1

产品大类	产品功能	产品规格或内容	单位	发布数量	备注
城市页面	杭州四合一按钮	360×33	周	6	浏览量最大的广告区，快速吸引目标人群，能够招聘到中高端极品岗位，提供高质量简历。能够同时达到招聘以及公司宣传的效果，显示公司的实力。可根据招聘档期的安排分期放置
城市页面	杭州特别推荐企业	19个汉字	周	10	可根据招聘档期的安排分期放置
后台搜索	全国普通列名搜索	职位发布	年	150	职位信息可在全国范围内发布，共计150个
后台搜索	浙江普通列名搜索	职位发布	年	50	职位信息可在全国范围内发布，共计50个
简历下载	全国简历下载	主动搜索简历	份	300	企业可主动出击，搜索简历库中的现有简历，全国300份
简历下载	浙江简历下载	主动搜索简历	份	600	企业可主动出击，搜索简历库中的现有简历，浙江省600份
总计(优惠后)					9880元

表9.6 社会招聘网络服务方案2

产品大类	产品功能	产品规格或内容	单位	发布数量	备注
城市页面	杭州四合一按钮	360×33	周	10	浏览量最大的广告区，快速吸引目标人群，能够招聘到中高端极品岗位，提供高质量简历。能够同时达到招聘以及公司宣传的效果，显示公司的实力。可根据招聘档期的安排分期放置
城市页面	杭州特别推荐企业	19个汉字	周	16	可根据招聘档期的安排分期放置
后台搜索	全国普通列名搜索	职位发布	年	150	职位信息可在全国范围内发布，共计150个

(续表)

产品大类	产品功能	产品规格或内容	单位	发布数量	备注
后台搜索	浙江普通列名搜索	职位发布	年	50	职位信息可在全国范围内发布,共计50个
简历下载	全国简历下载	主动搜索简历	份	300	企业可主动出击,搜索简历库中的现有简历,全国300份
简历下载	浙江简历下载	主动搜索简历	份	600	企业可主动出击,搜索简历库中的现有简历,浙江省600份
整体总计(优惠后)					12 000元

9.2.2 B供应商的套餐比较

1. 全国套餐

适合分布于多地区的企业以及需要在各地/全国挑选人才的企业,其优势是包含优惠的"职位发布""下载简历"。结合网站首页增值广告,可增加推广渠道。具体套餐情况见表9.7。

表9.7 全国套餐

会员类型	价格	会员有效期	有效地区	职位发布	下载简历	电子化招聘处理系统	51job.com增值广告
全国A套餐	¥11 800	12个月	全国不限	80个	300份	标准版1	2周知名企业——高级(首页) + 400条短信
全国B套餐	¥14 800						2周知名企业——高级(首页) + 2周知名企业——高级(校园频道) + 400条短信
全国C套餐	¥16 800						2周C区图文广告(首页) + 400条短信
全国D套餐	¥19 800						2周C区图文广告(首页) + 2周知名企业——高级(校园频道) + 400条短信

2. 地区标准版套餐

适合:当地中小型企业;只需要当地人才的企业。具有满足普通招聘需求的优势,包含优惠的"下载简历",可主动搜索人才。结合当地报纸或网站增值广告,可增加推广渠道。具体的套餐情况见表9.8。

表9.8 地区套餐

会员类型	价格	会员有效期	有效地区	职位发布	下载简历	电子化招聘处理系统	51job.com杭州增值广告
A套餐	¥500	1个月	杭州地区,包括浙江省内全部城市	10个	100份	标准版1	1周最热招聘
A+套餐	¥800	1个月		10个	100份		2周最热招聘(带HOT图标)
B套餐	¥1100	3个月		30个	200份		3周最热招聘(带HOT图标)

(续表)

会员类型	价格	会员有效期	有效地区	职位发布	下载简历	电子化招聘处理系统	51job.com杭州增值广告
B+套餐	￥1800	3个月	杭州地区，包括浙江省内全部城市	30个	200份	标准版1	3周知名企业——标准+50条短信
C套餐	￥3300	12个月		40个	600份		2周最热招聘(带HOT图标) + 4周知名企业——标准+100条短信
C+套餐	￥4800	12个月		100个	600份		4周C区图文广告 + 4周知名企业——标准+200条短信
D套餐	￥6800	12个月		100个	800份		4周C区图文广告 + 6周知名企业——标准+200条短信
D+套餐	￥12 800	12个月		100个	800份	企业版1	1周A区超大Button + 4周C区图文广告 + 200条短信

3. 简历下载无忧简历库

该方案为补充"套餐服务"，或可根据公司需要另行购买。具体情况见表9.9。

表9.9 补充套餐——简历下载

服务类型	单价	起卖每20份	有效期	有效地区	人才夹
浏览及下载	￥30	￥600	1个月	全国不限	包含

9.3 招聘方案

招聘主管还需要拟定招聘专项方案，向部门经理汇报、请示，以获得资源支持，解决阶段性的招聘问题。

9.3.1 案例：工厂工人招工渠道拓展方案

下面，我们以D工厂的招聘方案为例，来进行说明。

鉴于目前D工厂全面开工，年底公司订单相对较多，D生产中心对工人需求量较大，操作工、保安、仓管、质检岗位存在招工需求。同时鉴于D当地劳动供给量较小，在当地招工比较困难，现希望通过以下方式扩充招聘渠道。

1. 报刊发布招聘信息

通过《钱江晚报》发布招聘信息。报刊发布收费以字数计算，按照发布3天、每天300元的标准计算。费用核算：300元×3天=900元。

2. 散发传单

雇佣大学生发布招聘信息。出于对公司形象的维护，传单上写明招聘岗位，不注明公司名称。同时办理两张联通手机卡,接受工人报名。计划雇佣2名大学生,每日每人次补贴50元,另外补助通讯费及交通费50元。费用核算:(津贴50元+通讯交通补助50元)×2人×2周=400元。

3. 推荐奖励机制

鼓励公司员工通过个人推荐、群信息发布、老乡介绍等途径推荐工人。公司给予推荐人奖金,推荐一人奖励200元,奖金分两次发放,用工满3个月给予100元,其余部分于工作满半年后发放。费用核算:按照推荐100人次计算。累计费用:200元×100人=20 000元。

4. 政府合作

通过电话联系四川、陕西、贵阳等劳动输出省份政府部门,联系劳动定向输出合作事宜。但开展此项工作比较困难,前期安徽等省份实施效果不佳。

另外,根据D招工的实际情况,建议对不在D的应聘人员,采用每周定时面试的形式,希望公司可以在杭州安排定点接送车辆,接送工人前往D应聘,以提高应聘率。

9.3.2 案例:校园招聘方案

下面我们以某公司的校园招聘方案为例,来进行说明。

本次校园招聘的主要目的是为公司未来三年的战略研发招募合适的人才,同时为工业节能及节能公司J储备所需的技术人员。

1. 招聘要求

具体的招聘需求见表9.10。

表9.10 年度应届生招聘计划表

序号	岗位名称	招聘人数	专业	学历	院校
1	中央空调控制组	2~3人	制冷及低温	硕士	浙大机能学院
2	供热系统与控制组	2~3人	热能	硕士	浙大机能学院
3	新能源应用组	2~3人	能源环境工程	硕士	浙大机能学院
4	智能阀门组	2~3人	流体机械及工程	硕士	浙工大机械学院
			机械设计理论	硕士	浙工大机械学院
5	软件组	2人	软件设计与开发	本科	
6	仪表组	2人	检测技术与自动化装置	硕士	杭电自动化学院
7	测评标准化处	2人			

(续表)

序号	岗位名称	招聘人数	专业	学历	院校
8	自控工程师	8人	自动化	本科	杭电自动化学院
备注	本次共招聘22~26人,对于研发中心各组需求的人员,原则上招募硕士研究生,但如有特别优秀的本科生也可考虑。自控工程师岗位需招聘8人,包括节能公司G需求6名、节能公司J需求2名				

2. 目标院校

浙江大学机械与能源学院:制冷与低温技术、热能、能源环境工程。浙江工业大学机械学院:流体机械及工程、机械设计理论。杭州电子科技大学自动化学院:自动化、检测技术与自动化装置。

3. 具体行程及安排

具体行程及安排见表9.11。

表9.11 校园招聘日程表

招聘地点	时间安排	天数	参与部门
浙江大学	计划200×年11月第1周	半天	人力资源部、研发中心、节能公司G
浙江工业大学	计划200×年11月第1周	半天	人力资源部、研发中心、节能公司G
杭州电子科技大学	计划200×年11月第2周	半天	人力资源部、研发中心、节能公司G

注:以上行程安排可根据实际情况稍作调整。

4. 招聘流程

(1) 现场宣讲与交流。向学生宣讲本公司主要经营业务、发展史、科技实力、人员情况、企业文化及愿景,让他们能够初步了解本公司的情况,确定自己的意愿。必要时需请老总亲自宣讲。同时和他们进行简短的交流,初步了解他们的情况,以便有个初步的印象,为之后的简历筛选打好基础。

(2) 简历搜集。当场搜集,并留下联系方式,11月20日前截止。

(3) 简历筛选。11月20日前完成。

(4) 集体面试。11月下旬通知筛选后的同学来公司参加集体面试,由人力资源部主持,考量学生的仪表谈吐及文化适应性。

(5) 单独面试与复试。12月全月对通过集体面试的同学进行单独面试,以用人部门为主、人力资源部协助。

(6) 录用。2010年1月10日前对所有通过面试的同学发送录用通知书,整个招聘过程结束。

5. 后勤支持

在整个校园招聘过程中，需要做好以下几项后勤保障工作。

(1) 本次校园招聘由人力资源部组织安排，邀请研发中心及部门内其他员工两名、节能公司G主任工程师一名参与现场招聘工作，帮助解答一些关于所招职位技术工作方面的问题及协调现场的一些后勤辅助工作，使本次校园招聘工作能够顺利圆满地完成。

(2) 提前准备好招聘所需的宣传资料、VCR片(目前未制作，但实际上很有效果)、演示文本、张贴画等。

(3) 联系总经办安排好招聘期间的车辆使用问题，需保证一定数量的车辆等待在招聘现场并协助后勤做好辅助工作。

6. 费用预算

现场招聘费：500元/场×3场=1500元(备用，一般情况下不会发生)；宣传资料成本：2.75元/公司样本×100本+3.0元/小册×500份=1775元；午餐费(按7人标准)：120元/天×3天=360元；饮料费(矿泉水)：150元；出租车费(应急)：200元。总计：3985元。

9.4 招聘进度控制

招聘主管需要及时控制进度，最好以图表的形式来反映，可将招聘情况分为正在招聘、已完成招聘、取消/暂停招聘三类。另外，需在每张表下注明：①增补类型为补员、新增、储备三类；②补员是指因原岗位员工异动或离职而发生的人员增加；③新增是指因部门业务发展目前急需增加的岗位；④储备是指部门预见到未来的发展而提出的人员储备需求。

正在招聘的具体情况，见表9.12。

已完成招聘的具体情况，见表9.13。

表9.12 正在招聘

区域	职位	需求理由	招聘具体要求						到岗情况	需求人数	到岗人数	需求提出日期	要求到岗日期	计划招聘周期
			性别	年龄	学历	专业要求	工作地	招聘来源						
	销售经理	新增	男		大专	自动化相关专业	成都	社会招聘		2	1	2011-12-1	2012-2-29	90
	销售经理	新增	男		大专	自动化相关专业	沈阳	社会招聘		1	0			
	销售经理	新增	男		大专	自动化相关专业	武汉	社会招聘		1	1	2012-2-1	2012-5-1	90

表9.13　已完成招聘

序号	需求部门	区域	职位	需求理由	招聘具体要求					已到位人员	需求人数	到岗人数	需求提出日期	要求到岗日期	计划招聘周期
					性别	年龄	学历	专业要求	工作地	招聘来源					
1	节能公司G		销售经理	新增	男		大专	自动化相关专业	成都	社会招聘		2	1	2011-12-1	2012-3-1	90
2	节能公司G-系统二部	云南、山东	销售经理	新增	男		大专	熟悉EPC模式，工业销售相关工作经验5年	云南、山东	社会招聘		2	2	2011-12-9	2012-2-6	59
3	节能公司G-系统二部	云南、山东	销售工程师	新增	男		大专	自动化相关专业	云南、山东	社会招聘		3	1	2012-1-1	2012-6-30	181

9.5　招聘分析

为了保证招聘工作的顺利进行，为以后招聘工作的开展提供依据，招聘主管需要做招聘分析。招聘效果分析表，见表9.14。招聘渠道分析表，见表9.15、表9.16。

表9.14　招聘效果分析表

招聘KPI	数据
需求数/人	76
到岗数/人	35
到岗率/%	46%
平均计划周期/天	83
平均实际周期/天	62
平均延误天数	-16
到岗延误数/人	1
到岗延误率/%	3%

表9.15　招聘渠道分析表1

渠道	人数	比例
智联——投递简历	5	27.78%
智联——主动搜索	9	50.00%
赶集网	1	5.56%
员工推荐	2	11.11%
校园招聘	0	0.00%
猎头	0	0.00%
其他	0	0.00%
内部调动	1	5.55%
关系介绍	0	0.00%
合计	18	100.00%

表9.16 招聘渠道分析表2

序号	招聘渠道	使用日期	效果评估	存在问题
1	前程无忧	2010年开通，2011年3月11日续签	简历投递多，效果较好	
2	高新人才网	2011年1月1日开通	简历投递少，效果差	职位发布不及时，不全面
3	公司网站			职位发布不及时，不全面
4	智联招聘	2011年3月4日开通	简历投递多，效果较好	
5	现场招聘会		效果一般	

9.6 离职面谈

为了保证离职工作的顺利进行，招聘主管需要做好离职面谈。离职面谈记录表，见表9.17。

表9.17 离职面谈记录表

员工姓名	×××	岗位	技术支持
部门	××部门	直接主管	×××
入职时间	200×年2月22日	拟离职时间	200×年9月30日
离职类别	□试用期离职　☑试用期满合同期内离职		
选择公司的原因	□1. 公司规模及在行业中的地位　□2. 岗位具有挑战性 □3. 能学到东西，提升技能　□4. 和原岗位比，职位有所升迁 □5. 受薪酬福利吸引　□6. 被直接主管的个人魅力打动 □7. 希望换个工作环境，仅此而已　□8. 朋友推荐 □9. 其他原因 主要原因(请按从高到低排序，可列举多项)：2项 备注：2005年离职，后因公司内部招聘海外技术支持而重新选择回公司		
离职原因员工谈	□1. 薪酬原因　□2. 缺乏晋升机会 □3. 交通因素　□4. 家庭因素 □5. 直接主管领导风格　□6. 难以适应公司环境 □7. 面试中承诺的事项未兑现　□8. 难以胜任工作岗位的变更 □9. 与个人职业生涯发展不符　□10. 工作乏味，缺乏挑战 □11. 其他原因 主要原因(请按从高到低排序，可列举多项)：2、1、9项 次要原因(请按从高到低排序，可列举多项)：10项		
对所在部门的建议	无		
对公司的建议	建议公司做好员工发展方面的工作，要让员工在进入公司胜任岗位后，能明确地看到自身的发展空间。以我个人为例，目前就遇到发展瓶颈，欧洲市场已招聘到一名成熟的技术支持，专业知识丰富，英语交流流畅，公司目前暂无派驻海外人员的需求；如果今后去做市场的话，现有客户均有老业务员在维护，开拓新市场的难度相当大；本人的职业规划是做管理，目前公司内部又无合适的岗位，刚好外部有销售管理岗位(副总级)的招聘需求，同时，出于经济原因，故选择离职		
1. 如果你有机会选择公司内其他部门或其他岗位，你是否愿意留下？ □愿意　☑不愿意 2. 若愿意，你希望去哪个部门从事哪个岗位？ 部门：　　　　　　　　　岗位：			
面谈人：　　　　　　　　　　　　　　　　　日期：200×年　月　日			

第10章 培训主管的技巧

本章介绍了年度培训工作思路、培训需求访谈法的运用、年度公司培训计划、新员工培训问题、培训形式变化。

10.1 年度培训工作思路

案例1：某电信公司年度培训工作思路

1. 年度工作目标

初步建立适应明年乃至今后两年实际需求的阶段性培训体系。该体系要能够为当前的工作服务，并且可以为未来的培训体系发展奠定基础(目标的两阶段性，培训体系的长期目标与规划，近期目标与规划)。

2. 培训的分类及我公司相应的培训形式

为适应我公司当前需求，培训工作通常可分为岗前培训、岗位培训、企业文化与团队建设培训。其中，岗位培训分为岗位技能培训、转岗培训。

员工的职业发展，可简单划分为向"业务专家型"发展和向"管理专家型"发展两个方向。借鉴现代企业管理技术，可将公司干部培养工作划入员工向"管理专家型"发展这一方向。因此，我们可以把岗位技能培训分为专业技能培训、领导素质与技能培训(后备干部培养的基础)、岗位晋升培训(干部资格培训)。

根据我公司的实际情况，将相关培训及采取的培训形式汇总成表：

培训分类			培训形式					
			自学	内部培训		外部培训		
				专题	交流	业务交流	专题	在职	脱产
岗前培训			●	●					
岗位培训	岗位技能培训	专业技能培训	●	●	●	●	●	●	
		领导素质与技能培训	●	●	●		●	●	●
		岗位晋升培训	●	●	●		●		
	转岗培训		●	●	●	●			
企业文化培训				●	●		●		

3. 工作的主要内容与进程(阶段，ABC分类)

公司200×年度培训计划制订工作：制订年度公司培训预算。

岗前培训/岗位培训/企业文化与团队建设培训支撑工作：相关培训的内容层次规划设计(与当前的需求和已有岗位的职责结合)；外部培训资源库、渠道的建立(含选择、评审等)；内部培训资源库、渠道的建立(老师群的建立)；培训教材的确定(含电子版的整理、逐步累积，公司内网的教育资源库的初步建立，计算机软硬件准备)；培训实施、考核，相关管理规章制度的建立；培训考核材料的确定、试题库的建立；培训档案的初步建立(与入职、绩效考核有关表格等结合)。

岗前培训/岗位培训/企业文化与团队建设培训计划的实施工作：组织培训；检查培训效果；记录培训结果并归档。

干部任免与干部培养：有关干部任免工作管理制度的建立(含流程)；干部任免工作实施；后备干部选拔、培训、管理、晋升等制度、办法的建立；后备干部相关岗位技能、经验等规定的制定；相关培训资源选择、渠道建立工作；后备干部的培养工作实施。

公司岗位设计与岗位职责说明书的制定工作：与各分公司的建设工作进程配套。

培训体系调整准备工作1：以岗位职责为标准和要求，结合工作的实际考核结果，检查、考核各单位人员的素质；结合个人期望和要求，整理完善培训档案；进一步建立培训管理信息系统(MIS)。

培训体系调整准备工作2：进行员工职业生涯设计——与后备干部培养结合(管理线、专家线)；设计个人培训规划，为公司培训计划的制订提供基础。

培训体系调整工作：根据培训档案、职业生涯设计、绩效考核、公司发展要求与目标、各单位目标计划等，科学、系统地完成公司培训计划的制订、实施、考核等工作，并通过MIS系统提供支持。

4. 培训计划制订流程

培训计划应在完成培训的其他流程以后再制订，本流程与下一环节的工作直接相关。培训工作通过两级培训体系完成，培训计划的制订工作也是如此。

培训计划制订流程图：

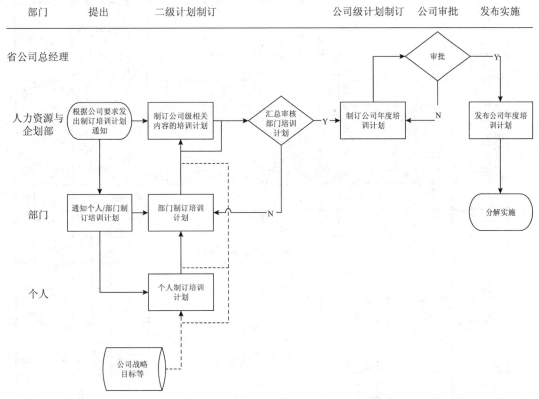

首先，由分公司、部门、个人结合省公司岗位任职技能要求(岗位说明书)、个人技能现状说明材料或有关考核结果等，根据自己明年的发展规划(含企业文化、团队建设内容)、部门用人计划、个人发展的期望等实际情况，在分解公司战略目标、制订自己的工作目标计划时把培训计划作为内容之一及时完成；部门、分公司汇总所属人员的培训计划，按省公司培训管理办法的要求形成自己部门、分公司的培训计划并把相关计划提交省公司人力资源部(主要是岗位培训)；同时，省公司人力资源部根据公司战略目标和组织建设等有关规划，制订后备干部年度培养计划，与干部任免关联的晋升技能培训、转岗培训计划，以及企业文化、团队建设培训计划。

其次，人力资源部汇总各部门、分公司的培训计划，与其他培训计划一起，按公司战略发展要求，按部门、分公司的分类，按培训需求的紧急程度，按培训需求的广泛程度，按时间长短，按预算大小等因素，进行分析、调整，形成公司的年度培训计划草案，人力资源部提交公司总经理审批后形成本年度培训计划。

最后，各部门根据公司的年度培训计划修订、调整本单位(含经分解后的单位所属的个人培训计划)的培训计划，提交省公司人力资源部审批。审批后，由省人力资源部和各单位、分公司按计划分头完成有关任务，完成培训工作。

详细时间安排与ABC分类：

序号	工作项/子项		ABC分类	开始时间													
				12	1	2	3	4	5	6	7	8	9	10	11	12	Q1
1	2003年度培训计划制订工作		A	●													
2	培训支撑工作	培训内容层次规划设计	A		●												
		外部培训资源库、渠道建立	A		●												
		内部培训资源库、渠道建立	A		●												
		培训教材确定	A		●												
		培训实施、考核、相关管理规章制度建立	A		●	●											
		培训考核材料确定、试题库建立	A			●											
		培训档案的初步建立	A			●											
3	实施	岗前培训	A		●												
		实施培训计划	A	●													
4	干部任免与干部培养	干部任免有关工作管理制度建立	A				●										
		干部任免工作实施	A				●	●									
		后备干部选拔、培训、管理、晋升等制度、办法建立	B				●										
		后备干部相关岗位技能、经验等规范的制定	B					●									
		相关培训资源选择、渠道建立工作	B						●								
		后备干部培养工作的实施	B						●								
5	岗位设计与岗位说明书制定		B							●							
6	体系准备1	检查、考核各单位人员的素质	B							●							
		整理完善培训档案	B								●						
		进一步建立培训管理信息系统	C									●					
7	体系准备2	员工职业生涯设计	C														
		个人培训规划制定	C														
8	体系调整	调整/实施	C														
		MIS建立/完善	C														

5. 适应当前特殊形势的明年的培训计划的制订方法

不考虑当前的岗位设计、岗位说明书等，只由各部门、个人在制定明年工作规划时提出相关培训需求计划，由省公司人力资源部制订岗前培训计划、干部晋升培训计划、后备干部培养计划、企业文化与团队建设培训计划；然后经部门或分公司、省公司人力资源部两级汇总分析后形成公司明年上半年度或年度的培训计划。由于这样的计划没有经过岗位分析等环节，并不是十分规范，但可以体现公司的战略规划，以及各单位的实际发展需求。因此，这样的计划可以适应阶段的特殊性，符合实际，满足公司当前阶段的需求。

6. 工作要求及注意事项

培训工作一是必须与公司的发展战略有关，二是要与发展阶段性的实际需要、工作的实际需要有关(必须以实际需要为指导原则开展培训工作)。培训计划的调整：有些培训需求和公司业务推广的战略规划有关，会带动培训计划的变更、调整。实施要求：培训工作一方面与需求关联，另一方面培训不是无限度的，要根据40小时这一限制条件和公司工作的阶段性需求等进行优先排序，而且具体实施时要经计划安排、申请审批等阶段然后才能进入培训阶段。

7. 其他要点

长期设计需要建立：由计算机系统支持的培训管理系统、培训资源库。预算的倒推计算与员工的年度培训规划或机制有关。根据培训管理办法，列出明年的工作重点，结合时间表进行排序。明年的培训工作重点是岗前培训、岗位培训、管理培训——与晋升和干部任免关联、企业文化培训——团队拓展训练。为保证完成重点工作而必须完成的支撑工作有：各部门、分公司岗位设计；岗位职责说明书的编制(以后要完成岗位评价工作，以更好地设计岗位)；培训资源库的建立；各部门、分公司人员技能评价或考核材料的准备；后备干部的确定、考核；相关培训的流程、教材、形式的确定。

10.2 培训需求——访谈法

10.2.1 年度培训计划访谈

某公司人力资源部在制定××××年度培训计划时，采用了访谈法。对象为技术副总、研发部经理、质管部经理、生产部经理、投资部经理、行政部经理。

1. 技术副总

(1) 公司近年来实施的项目管理，虽有制度作保障，但实施效果不佳，只是起到"临时抱佛脚"的作用，因此项目管理要列入培训计划。

(2) 随着公司业务走向国际市场，为保证产品最终质量，需要实施过程质量控制，因此需要引入一些质量管控的新方法，列入培训计划。

(3) 项目组织之间有隔阂，互相抱怨，因此可考虑制订团队管理的培训计划。

2. 研发部经理

(1) 近年来，研发部的项目经理有限，但多个项目并行，因此需要研发人员能分清项目的轻重缓急，但目前这方面能力很欠缺。年度培训计划可以考虑引入针对研发人员的项目管理课程，通过培训，让项目经理掌握项目管理的工具和手段。以前也有过类似的内训，但以IT、工程案例为主，希望明年的培训课程以研发案例为主。

(2) 研发项目组之间协调困难，彼此的想法都保留在自己的脑子里，没有很好地表达，不注重沟通。各项目组角色固定，没有岗位轮换。因此明年的培训计划要考虑团队管理方面。

(3) 应届生在各部门的实习存在问题，实习形式类似"放羊"，要考虑安排他们到生产现场去干活，只有跟班做，体验才会多。要有实习课题、阶段性小结报告，每个阶段都要有考核评估，还需要有思想导师介入。

(4) 现在公司没有人才储备的意识，当项目人手紧缺时，才会想到去招人或内部抽调。可以考虑编写案例库，把研发项目实施后形成的经验，通过项目述职进行分享，这也是一种有效的培训形式。

3. 质管部经理

(1) 近年来，质量管理存在体系审核多、现场控制缺乏的问题。应对生产过程实施质量控制，并落实到车间去。检验工可以考虑由工艺员管理。

(2) 在编写培训教材时，可以考虑增加质量事故案例。

4. 生产部经理

(1) 近年来，公司一直要求操作工要拍摄工序操作的录像视频，以便让新员工直接观看，但今年还是没有成果。明年的培训计划要落实这个工序操作录像的项目，由工艺员负责，每个月由资深员工讲解一道工序的操作要点，进行拍摄。

(2) 机修工的培训，要形成维修档案，做好相关记录表。

5. 投资部经理

公司三年发展规划已制定，但未下发，可以列入培训计划。

6. 行政部经理

公司年度培训计划要区分公司级、部门级。公司级要突出解决公司运营中的紧迫问题；部门级要分类制订计划，并与培训评估、抽查相结合。

10.2.2 201×年培训需求调研报告

在本章节中，我们以某公司的培训需求调研为例，进行说明。201×年4月份，该公司人力资源部对各部门进行了走访和当面沟通，了解到培训的问题和除培训以外的管理问题，归纳起来有两点：缺乏原动力和需建立分层分类的培训体系。

1. 培训问题

自200×年来，人力资源部根据公司及部门的工作重点，组织了许多当时反响很大且体现出短期实效的培训，如新员工培训、技术人员拓展培训、内部培训师队伍组建、客服人员技能提升等，并编写了多本培训教材。但随着公司的不断发展，这种"点"式的培训在经过最初的"新鲜度""热情度"后，逐渐显现出局限性。

1) 共性问题

(1) 培训观念仍然落后。员工普遍认为培训只是人力资源部的事，没有形成"全员培训"的意识；当日常工作很忙时，培训是最容易被"弱化"，甚至"消失"的工作；只有以"上课式""考证式"等形式组织的培训才算培训，而忽视了沟通、交流、案例分析等形式也是培训的形式之一。这部分的培训信息很难掌握、书面资料很难收集。

(2) 学员培训积极性不高。受训者总是以工作繁忙(工作时间组织)或家中有急事(休息时间组织)作为托词，连出勤率都难以保证；部门培训响应度不高，甚至一些部门负责人常常缺席或中途离席，导致下属员工纷纷效仿。

(3) 内部培训师的作用没有发挥。第一批认证的内部培训师的授课内容以管理为主，授课量很少，发挥的作用微乎其微；公司内部培训量不均衡，常常集中在某几个方面，如工艺、安全、设备、体系等，而相关培训师基本都没有经过培训师的资格认证，在授课技巧、课程开发、教材编写方面存在较大的不足；除去年技工等级培训发放了培训师津贴外,其他培训都没有发放培训津贴,在一定程度上影响了培训师的积极性。

(4) 培训内容重点不突出。各部门、系统、生产中心上报的培训计划面面俱到,缺乏重点;培训内容与公司的重点工作结合得不紧密。

(5) 培训成果转换率低。现在的培训效果评估,人力资源部只能做到反应层面与学习层面的评估。行为层面与结果层面的评估实施,需要依靠业务部门与人力资源部共同推动,但目前这块基本没有做起来。

(6) 培训与后续工作脱节。学员培训时没有压力,培训中学到的工具与方法,公司或部门绝大多数没有要求在实际工作中运用。如技术人员参加了"沟通技能提升系列培训"之"技术演练"课程后,没有按原来的沟通项目安排编写统一对外的技术介绍PPT、组织学员进行演练,演练技巧自然无法得到提升。

2) 问题的症结所在

导致上述问题的症结集中在两个方面:员工体会不到培训带来的直接好处——培训的内容与后续工作、绩效、晋升等没有必然的联系;内部培训师体会不到做培训师的乐趣,既没有获得精神上的荣誉感,也没有得到物质上的实惠。

3) 总的对策与建议

(1) 构建一套与员工绩效、晋升挂钩的培训体系。分系统、学校与社会招聘等不同类别制定新员工上岗前的通用培训内容;员工上岗后根据岗位特点与职责,分析其岗位胜任能力要求,建立"基础入门—发展胜任—持续提升—职务晋升"等培训课程体系;根据各体系,设计不同的培训大纲。

(2) 整套体系的建立需要很大的精力投入与专业化的人士指导,公司一方面可考虑到华为、传化等培训体系构建完善的企业学习、取经,另一方面可考虑引入专业的培训公司帮助企业设计与构建培训体系。

(3) 重新建立与优化内部培训师体系,修订并下发《内部培训师管理办法》,通过激励手段从精神、物质两方面调动培训师的积极性,适当发放培训师津贴。

2. 其他管理问题

虽然本次调研最初是以收集培训需求为主要目的的,但在实际访谈中,已经远远超出了培训的范畴,上升到人力资源管理体系的构建,甚至整个公司体制的高度。各部门、系统与生产中心负责人畅所欲言，提出了一些共性问题与解决之道。

1) 共性问题

员工对公司没有认同感、归属感；员工缺乏激情与主动性，对个人职业生涯发展感到迷茫；相较于前几年进入公司的大中专毕业生，这几年新进来的大学毕业生缺乏学习能力与积极性。

2) 问题的症结所在

问题的症结在于员工缺乏原动力。

3) 总的对策与建议

建立一套系统、完整的员工等级系统。所谓员工等级系统，即根据管理、技术、营销、生产等系统的不同，每个系统建立不同的晋升等级，并对应不同的薪酬等级，要注意保持各系统的等级系统的平衡，该等级系统对所有员工公开。目前，公司除工程技术人员有明确的晋升等级外，其他等级系统都没有建立。对于生产系统的等级系统，我们可以借助吉米的资源，其他系统的等级系统可考虑借助专业的企业咨询公司共同组建。

如何建立有效的等级系统是第一步，建立等级系统后如何有效地实施，避免流于形式是第二步。第一步就像确定一把尺，第二步要解决的就是用这把尺如何衡量的问题。如技术系统建立了晋升的等级系统这把"尺"——《工程技术人员晋升条例》与《研发项目管理办法》，但仅在第一、二年对工程技术人员的积极性有所调动，现在仍旧使用老办法评判，又从终点回到了起点。所以，光有"尺"，没有按"尺"去衡量或者衡量得不到位，这块工作仍将流于形式。

3.人力资源部下阶段的行动计划

与公司讨论此调研报告中的问题、对策与建议，明确下一步的行动方案；根据明确的行动方案，修订《2010年培训计划》，并报批；构建与员工职业生涯发展密切相关的培训体系，修订《内部培训师管理办法》与《培训积分制管理办法》，并予以实施。

10.3 年度公司培训计划

某公司年度公司级培训计划，见表10.1。

表10.1 年度公司级培训计划

序号	培训名称	培训目的及要求	培训内容	培训形式	培训具体对象	计划培训时间	预计课时数（小时/人）	组织实施部门	培训供应商名称	费用预算/万元	备注
一、学习班											
1	内部培训师培养班	培养适应公司发展需要的高素质的培训师队伍，保证培训效果，提高培训质量	培训师的角色功能	外请内训	内部培训师	4—5月(分阶段，每周一课)	2	人力资源部		6.00	培训费用3万，奖励内部培训师约3万
			培训需求调查法				1				
			培训课程的设计				1				
			教材的设计与制作				1				
			讲台授课技巧				1				
			培训方式的选择								
			培训师试讲	内训			4				
2	客户服务人员春季训练营	让新进的客服人员快速进入工作角色，提高所有客服人员的技能	公司基本情况		客服人员	1—6月(分阶段)	1	客户中心、人力资源部	公司内部培训师	0.60	
			公司市场与服务现状与发展				1				
			公司产品知识								
			服务技巧与注意事项	内训			2				
			计算机应用能力与写作能力				1				
			案例征集与评选				1				
			客服人员"大比武"				4				
3	生产管理后备人才训练营	在2006年班组管理复合营活动的基础上，进一步加强生产中心车间、班组后备力量的培养，丰富实际管理经验	如何做好车间主任	外培	车间主任后备人才	视外部通知	16		市经济管理培训中心	0.00	
			班组管理知识化与应用	内训			2		公司内部培训师	0.00	
			班组、车间管理课程(VCD)	内训			12	人力资源部、行政人事部	时代光华(VCD)	0.05	购买《时代光华》VCD、书籍
			班组、车间管理书籍自学与交流	内训		生产管理后备人才	1—4月(分阶段)	12		时代光华(书)	0.20	
			后备班组长实习上岗、挂职锻炼	内训			1~2(月)			公司内部培训师	0.00	
			实习上岗心得体会演讲与评比	内训			5			公司内部培训师	0.50	

(续表)

序号	培训名称	培训目的及要求	培训内容	培训形式	培训具体对象	计划培训时间	预计课时数（小时/人）	组织实施部门	培训供应商名称	费用预算/万元	备注
4	新员工培训班(分管理类与工人类)	让新员工了解公司基本情况,尽快融入企业	公司概况、规章制度、体系知识、产品知识、信息知识、安全教育等	内训	全体新进员工	视人员配置	不少于6小时/人	人力资源部、行政人事部	公司内部培训师	0.50	分管理类新员工培训与工人类新员工培训,管理类集中培训外,工队还需根据岗位的不同制订分类培训计划

二、重点课程

序号	培训名称	培训目的及要求	培训内容	培训形式	培训具体对象	计划培训时间	预计课时数（小时/人）	组织实施部门	培训供应商名称	费用预算/万元	备注
1	非财务人员的财务管理	让各级管理者掌握三大财务报表,读懂财务报告,提升工作效率。学会使用预算等财务管理工具,强化内部管理的意识和手段	非财务人员的财务管理	外请内训(沙盘模拟)	非财务部门的部门经理以上人员	6月	8~16	人力资源部、财务部	贝腾科技或无忧培训或影响力	2.50	报价2.4万元;报价5.5万元;报价3万元
2	项目管理	提高产品经理管理水平,提高项目实施质量	项目管理	外请内训	产品经理、技术骨干	3月	8~16	技术中心、人力资源部	爱默生项目经理	1.00	
3	管理高尔夫	让主管学会承上启下,打出管理的好球	主管如何承上启下,与案例研讨	外请内训(情景模拟)	各级主管	7月	16	人力资源部	无忧培训	4.00	
4	有效沟通与团队管理	加强团队的协作与沟通,重塑企业文化	有效沟通与团队管理	外请内训	公司中层以上管理层与后备骨干	8月	8~16	人力资源部	公司内部培训师	0.00	
5	新绩效管理项目实施	配合新绩效管理办法的出台与一季度的实施,让各级主管掌握新绩效管理办法	新绩效管理办法具体操作内容、步骤	内训(角色扮演)	绩效管理的各级主管	1月	8	人力资源部	公司内部培训师	0.00	

(续表)

序号	培训名称	培训目的及要求	培训内容	培训形式	培训具体对象	计划培训时间	预计课时数/（小时/人）	组织实施部门	培训供应商名称	费用预算/万元	备注
三、基础培训											
1	"安全生产月"活动	结合6月份全国"安全生产月"活动，强化全员的安全意识	观看安全录像，生产人员参加安全知识讲座	内训	全员	6月	1	总裁办、行政人事部	公司安全管理员	0.00	
			紧急逃生演习	内训	全员	6月	0.5	总裁办、行政人事部	公司安全管理员	0.00	
			消防安全知识培训与实地演习	内训	义务消防员	6月	1.5	总裁办、行政人事部	公司安全管理员	0.00	
2	国家规定的资格证书的考核与复审	确保国家规定的上岗资格证书的取得	国家规定的上岗资格证所需必需的培训及证书的取得	外培	国家规定需取得上岗资格证书的人员	视外部通知	8~16	人力资源部、行政人事部	资格证书归口管理部门	1.50	
3	工序上岗证的考核	公司规定上岗的员工100%取得上岗证	公司规定的各工序上岗证所必需的培训及证书的取得	内训	经过培训后需持上岗证的所有员工	全年	1~3(月)	人力资源部、行政人事部	公司内部培训师	0.00	
4	内审员	培养内审员，加强其对体系的理解	体系内审知识、职责等	外请内训	体系内审员	视项目进度	8~16	质量管理部、人力资源部	项目指导公司	项目费用内	
5	英语口语培训	提升外语技能，适应公司国际化需要	英语口语培训	外培	管理、技术、营销人员	2004年5月起延续	260	人力资源部	韦博英语培训中心	3.00	
			英语角活动或英语沙龙	内训	管理、技术、营销等人员	每季度一次	10	人力资源部国际业务部	公司内部培训师	0.00	
四、配合公司项目开展的培训											
1	ERP项目培训	推动ERP项目的实施	ERP项目操作知识	外请内训	使用ERP的相关员工	根据项目进度	3	总裁办、人力资源部	优时公司	ERP项目费用内	
2	六西格玛培训	推动六西格玛项目的实施	统计过程控制SPC、质量成本及现场改善、QC手法等	外请内训	工程技术人员和生产管理人员	根据项目进度	30	质量管理部、人力资源部	项目指导公司	六西格玛项目费用内	

（续表）

序号	培训名称	培训目的及要求	培训内容	培训形式	培训具体对象	计划培训时间	预计课时数/(小时/人)	组织实施部门	培训供应商名称	费用预算/万元	备注
3	TL9000体系	熟悉TL9000体系知识和运行TL9000体系	TL9000体系知识、质量职责及质量流程体系	外请内训	各相关部门主管	根据项目进度	8	质量管理部、人力资源部	项目指导公司	TL9000项目费用内	
五、技能培训											
1	工艺与设备知识与现场实际操作	加强关键工序员工的技能培训,稳定和提高员工操作技能	关键工序动作分解与设备操作要点录像	内训	工序员工	全年	2	工艺设备部、行政人事部	公司内部培训师	0.00	录像带的制作费用未包括在内
2	避税及税务知识	及时掌握最新的税务知识,合理避税	避税及税务知识高级培训(参加浙江纳税人俱乐部)	外培	财务相关人员	视外部情况通知	24	财务部、人力资源部	浙江纳税人俱乐部	0.50	1年内可参加7次14天的系统培训
3	公司发展规划	让管理层员工了解公司三年发展规划,更好地开展工作	公司三年发展规划	内训	管理层+普通员工	9月	3	投资证券部、人力资源部	公司内部培训师	0.00	
4	市场意识与渠道管理	提升服务意识,加强渠道管理	市场意识与渠道管理	内训	国际业务部全体	10月	3	国际业务部、人力资源部	公司内部培训师	0.00	
六、骨干员工的培训											
1	管理知识与技能	提升骨干员工的管理知识与技能	管理知识与技能	外培(公开课、沙龙)	管理、技术、营销等骨干员工	全年	4~8	人力资源部	时代光华卫星学院、干部培训中心、万泰等培训机构	5.00	购买年卡(根据实际开展的课程,安排相应的骨干员工参与)
合计										25.35	

10.4 培训制度分析

10.4.1 培训控制程序

1. 目的

对从事与质量、环境保护、职业健康安全、产品有害物质管理有关的工作人员进行培训，可提高各类人员的质量意识、环境保护及职业健康安全意识，保证接受培训的人员达到相关工作要求，为提高产品质量和整个公司的环境保护水平、安全意识创造条件。

2. 参考文献

相关的参考文献主要为《质量手册》。

3. 职责

培训职责分解，见表10.2。

表10.2 培训职责分解

职责	人力资源部	行政人事部	各部门
培训需求	组织	实施	实施
年度培训计划制订	实施	实施	参与
专项培训计划制订	组织/实施	组织/实施	实施/参与
培训计划实施	实施	实施	参与
培训效果评价	组织/实施	组织/实施	参与
培训费用控制	组织/实施	组织/实施	参与
培训档案管理	组织/实施	组织/实施	参与
培训师资、教材管理	组织/实施	组织/实施	参与

4. 培训类型与范围

(1) 培训类型：岗前培训、岗位培训、适应性培训。

(2) 培训范围：所有进岗、转岗、复岗的员工。

5. 工作程序及要求

1) 工作流程

培训工作流程，见图10.1。

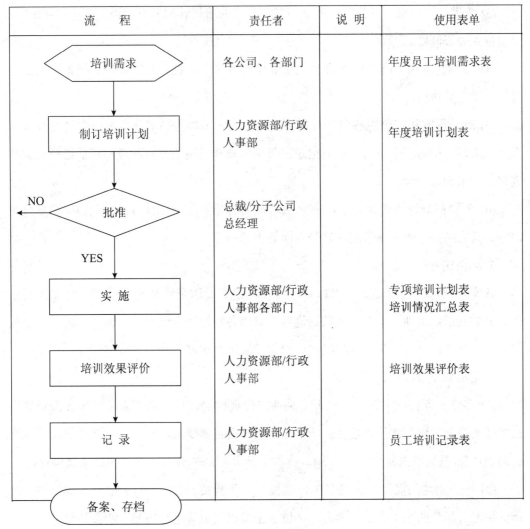

图10.1 培训工作流程

2) 培训计划

(1) 年度培训计划。各部门、各分子公司根据公司发展规划和生产经营实际,必须在每年12月20日前将下一年的《部门年度培训需求申报表》报人力资源部;人力资源部根据公司发展规划、年度生产经营计划和《部门年度培训需求申报表》,编制公司年度培训计划,经总裁批准后实施;各部门、各分子公司根据公司年度培训计划和生产经营实际制订各部门和各分子公司的年度培训计划。

(2) 专项培训计划。根据年度培训计划确定公司内培的培训项目,由实施部门按要求制订专项培训计划并实施;在年度培训计划外的临时培训,应提前一周将专项培训计划书报人力资源部/行政人事部审核,分管领导或总裁审批后实施。

(3) 培训计划调整。各公司、各部门对下半年的培训计划若有调整，应于每年6月15日前报人力资源部。

(4) 由员工本人提出参加外培的，须填写《培训申请表》，经审批后根据《员工教育培训规定》执行。

(5) 对分供方和客户的培训。对客户借助邀请其参加产品培训班的机会进行环境体系知识培训，由客户中心做好相应记录；对供应商通过定期评审和考察评估进行培训和宣贯，由采购部记录。

(6) 公司在制订培训计划中，需涵盖对质量有影响的员工(包括管理层)在质量持续改进、问题解决、顾客满意度提升等方面的培训内容。

3) 培训实施

各实施部门应至少提前三天将专项培训计划书发送至培训相关部门，负责落实师资、教材并组织培训，确保培训顺利进行；对因各种原因未能参加培训者，可采取发放培训相关资料由个人自学、再次组织培训等方法进行培训。

4) 培训效果审核与评价

(1) 各培训课程结束之后，培训实施部门应根据培训目的和要求，对参加人员培训后的效果进行审核与评价，若评价结果未达到培训目标要求，应考虑重新组织培训或修订培训计划(包括培训方式、内容等)，评价记录由人力资源部/行政人事部负责保存。

(2) 生产现场的操作工、叉车工、质检员、化验员、机修(电)工由相关部门与所在车间按照各岗位的职责、操作规程、环境安全健康规定等进行应知、应会的培训，经考核后报人力资源部/行政人事部，经人力资源部/行政人事部监督、检查、审核后，对考核合格的员工颁发相应的上岗证。

(3) 技术设计、内审、化验、计量等岗位须经任职资格认定与培训后方可上岗。公司对存在职业健康与安全风险、有害物质的岗位进行识别，须经任职资格认定与培训后方可上岗。《任职资格认定表》需由初审人员填写，核准人员核准后交人力资源/行政人事部保存。人力资源部/行政人事部应建立公司特殊岗位人员花名册。

(4) 国家规定的特殊工种岗位，如：电工、叉车工、高配电工、机动车辆驾驶员等须取得国家相关部门颁发的职业资格证书。人力资源部/行政人事部应建立公司特殊工种员工花名册。

(5) 对于负责特殊工序(焊组、热胶封)的员工，公司每两年组织一次资格复审，由相关部门与所在车间进行培训、考核后，报人力资源部/行政人事部，经人力资源部/行政人事部监督、检查、审核后，对复审合格的员工颁发相应的上岗证。

5) 培训师资质确认与内部课程开发

(1) 公司应建立与培养适应公司发展需要的培训师队伍。根据培训需求，设置质量、技术、工艺、设备、客户服务、管理等课程，由知识广博、经验丰富、技艺高超的员工担任培训师。

(2) 由人力资源部/行政人事部负责组织培训师资格的认证工作，经公司分管领导审核批准后，方具备培训资格，并发以相应的资质证书。同时，建立《内部培训师档案》，填写《内部培训师花名表》。

(3) 根据公司生产经营管理的实际需要，培训师应定期或不定期地开发内部课程，制定培训教案，编写与修订培训教材并应用、评估。

6) 培训档案管理

(1) 员工培训档案由人力资源部/行政人事部根据属地原则进行分类保存，并在人员调动时进行及时的转移、传递。

(2) 员工的安全教育由安全管理员负责组织、实施，做好相关记录，并按要求进行保存。

7) 培训费用控制

(1) 培训费用。它是指培训费、资料费、学费以及因培训而产生的其他费用。

(2) 费用申报和核销。培训费用由人力资源部统一归口管理，部门应在申报专项培训计划或提出培训申请时列明培训费用，由人力资源部根据计划和费用额度上报审批；费用报销时，凭经审批的专项培训计划书或员工培训申请表按上述流程核销。

(3) 审批权限。年度培训计划内的、培训费用在1000元(含)以下的，由部门申请，公司培训主管审核，人力资源部经理审批；年度培训计划内的、培训费用在1000元以上的，由部门负责人申请，分管领导和人力资源部经理审核，副总裁审批；年度培训计划以外的，由人力资源部经理审核，总裁审批。

6. 相关文件及记录(表单略)

(1) 年度部门培训需求申报表；

(2) 年度培训计划；

(3) 员工培训申请表；

(4) 专项培训计划；

(5) 培训情况汇总表；

(6) 培训效果评价表/外部培训效果评价表；

(7) 应知、应会考核表；

(8) 任职资格认定表；

(9) 特殊岗位人员花名册；

(10) 特殊工种人员花名册；

(11) 内部培训师花名册。

10.4.2 读书报告：培训管理制度摘要

1. ××省电信公司教育培训管理办法的特点

(1) 通知的抬头和格式：内容+附件。

(2) 暂行办法的结构：总则、原则、制度、任务、目标、实施、附件。

原则：坚持让员工教育培训服从于企业战略目标；坚持以岗位培训为主；坚持数量和质量并重、注重实际效果；坚持实施考核；坚持企业发展需求与员工职业发展需求相结合。

制度：员工培训与考核、晋升、任用、待遇相结合；实行职业资格证书制度；实行培训档案制度，并作为晋升、任用的依据；实行报表制度；实行质量评估制度，采取满意度调查的方式；与领导收入挂钩，将其作为考核指标。

任务：企业文化培训；培养复合型人才，配合岗位轮换；产品培训，提升办理电信业务水平；技术培训；KSA培训。

目标：提高全员培训率、专业技术人员培训率、转岗人员培训率、新员工岗前培训率、产品培训及时率、员工培训满意率。

实施：构建培训组织体系；与外部培训机构合作；组建兼职教师队伍和内部培训教师队伍，与考核挂钩；培训经费管理；建立省公司、分公司两级培训管理体系；年度培训计划的制订和实施，根据经营管理目标、业务流程、技术发展需要、岗位技能提高及员工职业发展需要，年度计划包括省级培训班计划、外送培训计划、高级进修计划；明确实施要求；明确权利和义务；明确服务年限及制定违约金标准。

附件：季报、实施计划书、培训登记表、培训协议书。

2. CH集团的培训要点

从人力资源发展的角度来看，培训是指通过给员工提供各种学习机会，包括教学、模拟、案例分析讨论、具体问题解决、实习锻炼、参观等，促使员工获得各种有关工作和职业胜任的知识、技能、能力倾向，简称KSA(技能和态度——重视管理技能的培训，如角色管理技能、时间管理技能、会议管理技能、沟通技能——非财务经理的财务管理、非人力资源经理的人力资源管理；重视对态度的培训，如拓展训练——孤岛求生，在训练中，"聋子""哑巴""瞎子"对应高层、中层、员工)。

可把培训知识分为两大类：陈述性知识和程序性知识。What、How概括了培训的基本流程，包括：培训需求分析、培训内容和目标的确定、培训程序设计和选择、培训实施、培训效果评价、反馈改进。

综上所述，国际国内培训管理动态主要体现在以下几个方面：①培训观念的转变。越来越多的企业把培训看做一种人力资本投入，而不仅仅是一种成本；注重营造"学习型组织"和"全员学习"的企业文化和组织气氛；积极树立"可培训性"思想；认为培训是一种"福利"，而又不仅仅是一种"福利"，福利性培训应该结合员工的职业生涯发展计划，为员工的职业发展和员工的"可雇佣能力"的提升提供帮助。②流行"瀑布式"培训。整个公司的培训计划从最高管理层开始，像瀑布一样向下层层实施。各级管理人员有责任对下级进行培训，"最好的培训方法是让培训对象有机会给别人做培训"，并紧密结合公司需要和公司当前关心的问题。③较多采用分级目标实施培训。应了解"安东尼结构"——战略、战术、运行三个职位层次和战略规划、人际技能、操作技能的对应关系。④培训具体实施方面，越来越多的企业选择内部培训或内部和外部培训相结合的方式，培训方法多样化。⑤广泛应用问卷调查和现场访谈技术，分析公司培训方面的问题，并制订培训规划。⑥提出建立"客户培训制度"，注重与客户建立感情、维持业务关系，促使客户了解公司产品。

10.5 培训分析

在本章节中，我们将以某公司实施的员工培训为例，进行分析说明。

10.5.1 培训教材问题解析

根据近年来新员工培训的实际开展情况，在培训教材的组织中，还须突出重点并对教材进行一定程度的修订。

1. 产品知识

重点：产品原理，产品生产工艺流程，产品系列及运用范围，产品发展趋势。

建议：补充说明产品生产工艺流程。公司产品命名规则比较混乱，应针对产品系列命名给予讲解。以电池厂家为例，应将各系列电池的容量区间、使用范围等进行详细说明，并要做到方便记忆；各系列电池的容量、尺寸、重量等参数描述过于具体，可简化；对于公司产品的发展趋势，在确保技术机密的情况下，应说明各新品的优点、卖点、使用范围，而不是对目前已开发系列的型号做简单罗列。

2. 质量及环境体系

重点：实施体系认证对于公司经营活动的意义，对公司的质量环境方针的理解，公司的年度质量目标，体系文件的层次，公司重要的环境因素，相关部门及岗位的职责。

建议：将质量体系和环境体系(含目前进入辅导期的OSHAS18001)的所有培训内容进行合并。对于体系标准的条款，做框架介绍即可，不要逐条展开解释。

3. 职业卫生与安全

重点：公司安全方针，公司危险源，预警措施，职业病防治的措施。

建议：多采用案例分析的方法，从侧面起到教育和警示的作用。

4. 信息安全与OA使用

重点：信息安全的相关制度，OA使用指南。

5. 员工手册

重点：公司企业文化。

6. 规章制度

重点：考勤及假期管理制度，绩效管理办法，薪资制度，工程技术人员晋升管理办法。

此外，当前的新员工培训还存在如下问题：技术方面的教材理论性比较强，对于一般的管理岗位或销售岗位员工来说，在现场培训中，由于时间短，讲师没有充裕的时间将理论展开，学员较难接受和理解；以讲授为主，缺乏讲师与受训人员的互动，学员不能参与其中；讲师缺乏专业技能培训，讲课缺乏生动性，现场气氛控制能力弱；培训效果评估以笔试为主，当前有安全知识试卷、质量体系及环境体系测试卷，须就各大项培训内容对试卷进行整合和重新编排。

10.5.2 培训实施分析报告

9月×日，公司人力资源部对自200X年至200Y年9月进入公司的管理、技术、销售与服务员工进行了培训。此次培训应到35人，实到32人，因工作原因未到3人(已事先办理了请假手续)，到课率为88%。本次培训的内容涉及公司成长和发展、业务和文化、制度和礼仪、产品和工艺、质量和体系、职业指导等课程，分别由总经理、总经理助理、技术经理、质量部经理、HR经理进行授课，并由副总对大家提出中肯实用的要求。为活跃气氛、寓教于乐，培训中特别穿插了4个游戏，让大家在游戏中体会了做人、做事的深刻内涵，取得了良好的效果。

经过一天的培训，全体员工基本掌握了岗前应知、应会的知识，经考核，除保安不及格外，其他31位员工都通过了考核。培训总结时，还特别对6位表现突出的学员进行了嘉奖，他们幸运地获得了由总经理亲笔题词的书籍各一本(书名为《水煮三国》《渔夫与管理》《孙悟空是个好员工》)。

从培训的满意度效果评价及事后学员的反馈、访谈来看，本次培训较为成功与圆满，达到了预期的效果，获得了大家的一致好评。首先，培训主题巧妙地结合了公司名称与产品的特点，将培训的名字取为"动力火车阳光之旅"，将培训学员分为A、B、C车厢的旅客，抽签时按体形大小进行分类，较有创意；其次，培训开始的"破冰"环节非常有意思，给人以耳目一新的感觉，一下子就紧紧抓住了学员的心，奠定了培训"快乐而充实"的基调；再次，培训在授课的同时穿插了游戏，其中有三个游戏都具有非常深刻的内涵，尤其是"两分钟测试"让学员感触颇深，受益匪浅；最后，几位讲师的授课重点突出、语言生动，得到了学员的一致好评。以上方面值得肯定，将在以后的培训中予以保留并发扬。

当然，不可否认，本次培训中也存在不少问题，主要体现在以下几个方面。

1. 本次培训中存在的问题

1) 课程设置

总经理与副总的课程安排得较分散，经调整，总经理负责讲公司发展与基本情况，副总负责向大家提出要求，以便下次借鉴；制度与礼仪课程，总经理助理做了修改，切入的方式很新颖，商务礼仪略有涉及，未深入细讲，但通过学员的表现来看，单独开设商务礼仪课程非常有必要；将安全、健康方面的内容归入职业健康与安全体系中，理论的内容多，实际的操作少，不太实用，应增加工作中遇到的问题及相应的处理办法。

2) 授课方式

体系知识的授课内容过多，面很广但重点不突出，学员普遍反映听不明白且需要事后补课；讲授产品与工艺、体系知识的课堂气氛较沉闷，授课过程中缺乏互动，参与性较弱，这与课程本身较枯燥不无关系；部分讲师在语言表达方面稍欠火候，难以激发学员的兴奋点和兴趣，有待提高；企业的理念、精神、愿景等企业文化的内容有必要让员工知道并熟记，但课堂上未提及；讲师坐着授课，影响发挥，也不方便在白板上板书。

3) 时间安排

时间安排上过于紧张，有些内容如人事制度来不及讲授，有些内容如体系知识未讲到位，最后的总结也因时间原因简化了，有点草草收场的感觉；有些课程的时间安排不太合理，如公司制度和礼仪的讲授时间可适当加长等。

4) 硬件不足

投影仪：投影字迹模糊，学员普遍反映看不清楚。

笔记本电脑：公用笔记本电脑的运行速度很慢且光驱损坏，在一定程度上影响了培训效果(原准备了音乐带与《企业歌》调节气氛，但最后无法播放)。

摄像机：因没有支架且仅有一张录像盘，拍摄时非常吃力，且无法全程摄像，画面不太清晰，比较晃。通过摄像机拍摄的照片太少，没有拍下每位讲师及学员做游戏的照片。

录音笔：涉及重要的领导讲话应再用录音笔录下来。

话筒：有线话筒不利于培训讲师授课，且噪音较多。可用无线话筒、别衣式话筒。

本子、笔：考虑到公司先前没有发本子与笔的习惯，所以这次也没准备，但有一半以上学员没有带本子与笔，影响了授课效果。

5) 其他

《培训效果满意度评估表》中的部分评估项目、问题设置得不太合理，如"课程的趣味性"对有些课程不适用，难以打分等，学员对问题的回答比较敷衍。糕点、水果上午即可提供，因为开课时间较早，许多员工在十点半左右就饿了，下午提供，利用率也不高。

2. 改善措施

针对以上问题,我们需要从以下方面进行改进与完善。

1) 调整课程设置

应使课程设置更趋全面、合理,并增加一些课程内容,如企业理念、精神、愿景等企业文化内容的宣贯,《企业歌》学唱,商务礼仪内容学习,座谈会,军训等。培训主管应事先进一步充分做好与讲师的沟通,保证授课的最佳效果。

2) 增加培训时间

培训时间由一天改为两天,另安排一至两天时间进行军训、拓展,以培养与加强新员工的组织纪律性和团结协作精神。最好采用全封闭式,晚上也可以通过举办座谈会、联谊会来加深彼此之间的了解。各门课程的授课时间也应根据实际做相应的增减。

3) 加强培训互动

讲师授课时,需进一步加强互动性、生动性,不要机械地将提问放到课程全部结束之后,而应在授课的同时穿插提问,这也是随时了解学员掌握知识的情况的手段。

4) 完善课程内容

体系内容不必面面俱到,要突出重点,对于员工必须掌握的内容要讲透,对于只需了解的内容可适当缩减,对于难以理解的内容可配以图片、视频等方式讲解;《培训效果满意度评估表》部分的内容应做相应的调整,可以请学员带回去仔细填写后再返回给人力资源部。

5) 增加游戏深度

对于"两分钟测试"这个游戏,大家反响较好,可以保留但需注意保密;对于"进化论"这个游戏,大家反映现场较乱,没什么意义,可以淘汰。平时,应注意收集一些有意义且形式新颖的游戏,建立游戏库。

6) 拓宽培训场地

培训不仅有课堂讲授的方式,也可安排在户外。天气好的话,一些课程如《职业指导》可安排在草地上,大家围成圈学习。

7) 配备培训工具

请办公室对投影仪进行修理或更换,为摄像机配备支架与录像盘,购买一台性能较好的笔记本电脑及无线话筒与别衣式话筒(各一支);人力资源部在培训前准备本子、笔、录音笔及数码相机;对于较难理解的课程,可事先发放培训讲义,让学员先做了解；配备站立式的讲台。

3. 培训结束后的工作落实

培训虽然结束了，但培训后的工作必须扎扎实实做好。除培训评估工作外，以下工作也要落在实处。

1) 培训成果推广

通过OA系统、企业报等宣传载体，对反映本次培训内容的照片、DV片断等进行宣传；通过电子邮件与面谈的方式，与兄弟系统的人力资源人员就本次培训的成功经验、不足之处进行交流与沟通，听听他们的意见与建议，以不断完善与提高。《培训成果推广计划》详见附件一。

2) 考试不合格员工与未培训员工的补课

对于考试不合格的员工，再单独安排补课并补考，如补考仍未通过，应与其部门负责人商议，考虑实施相应的惩罚措施；对于未培训员工可采用上网查阅资料、发送培训资料与电话沟通的方式进行补课，并让其做一遍试卷，及时为他们答疑解难。

3) 收集意见与建议

培训后，再次收集受训员工的意见与建议，在平时的工作中，也可随时了解。将意见与建议进行汇总并分析，反馈给相关人员，为下一次培训的改进与完善打好基础。《培训满意度调查与学员意见反馈汇总与分析》详见附件二。

4) 存在问题的沟通与改进

就存在的问题与相关授课讲师、部门负责人沟通，将问题一一落实，根据实际情况尽快配置一些培训工具。

培训工作需要不断完善与提高，这是我们的第一次培训，我们相信，通过大家的努力，下一次我们会做得更好！

欢迎大家随时给我们提出宝贵的意见与建议！

附件(具体表单略)：

一、培训成果推广计划；

二、培训满意度调查与学员意见反馈汇总与分析；

三、学员考试成绩汇总；

四、新员工培训测试结果及试题分析；

五、新员工培训意见反馈汇总(原话)。

10.6 培训形式的变化

10.6.1 专项培训班(项目形式)

某销售公司模拟MBA课程进度所制定的培训项目进度表，见表10.3。

表10.3 某营销公司模拟MBA课程进度所制定的培训项目计划书

序号	项目阶段	项目内容	完成时限	责任人员	阶段性成果	资源支持	备注
1	第一阶段：准备	组织营销系统MBA班项目(以下简称"MBA班")第一期课程暨推广课程	200×.2.17		第一期培训顺利实施，学员满意度高于80分		
2		第一期课程满意度调查及MBA班基本情况调查	200×.3.4		提交《营销系统MBA班第一期培训实施分析报告》与《营销系统MBA班调查情况汇总》		
		第一期课程作业收集	200×.3.5		收集第一期课程作业		
3		成立MBA班项目组	200×.3.13		选出组长、副组长、组员		
4	第一阶段：准备	项目组碰头会	200×.3.13		①确定《项目计划书》，工作布置，明确MBA班的相关要素；②确定第一期课程作业的批阅人，讨论批阅标准		参加人员：全体项目组成员
		第一期课程评分标准	200×.3.14		根据讨论结果，提交第一期课程评分标准，并请各位批卷人评分		
5		提交《营销系统MBA班的基本情况》与《培训协议》初稿	200×.3.18		提交《营销系统MBA班的基本情况》与《培训协议》初稿		
6		与大区、学员核定学员名单，并报项目组批准	200×.3.19		提交确认的学员名单		
7		根据确定的实施细则，拟定《关于组织营销系统MBA班的通知》	200×.3.21		制定《关于组织营销系统MBA班的通知》		
	第二阶段：发动	计算并汇总第一期课程作业成绩	200×.3.21		提交第一期课程作业成绩单，包含分析内容		
8		下发《关于组织营销系统MBA班的通知》	200×.3.25		确保各大区了解营销系统MBA班的基本内容，获得大家的支持与响应，并使整个营销系统成员知晓此项工作		
		公布第一期课程作业成绩	200×.3.25		下发《第一期课程作业成绩》至各部门、各大区		

(续表)

序号	项目阶段	项目内容	完成时限	责任人员	阶段性成果	资源支持	备注
9		根据课程时间，学员准时参加，课前预习、课后复习，及时上交作业	根据课程要求		催收每次的作业，并提交各成员上交作业的时间表		
10	第三阶段：实施	学员组成学习小组分享培训心得与成果	200×.3—2009.11		学员定期分享培训心得与成果		
11		大区经理作为辅导人，积极辅导学员	200×.3—2009.11		每两月或季度至少辅导一次，可借助网络、电话等		
12		作业批改与成绩公布	200×.3—2009.11		收集每次的作业，并汇总与公布学员成绩		
13	第四阶段：验收	毕业论文设计	次年11月		确定毕业论文题目，学员准备论文		
14		毕业论文答辩	第三年2月		学员毕业论文答辩		
15		毕业典礼	第三年2月		组织毕业典礼，颁发学位证书		

10.6.2 异地办事处利用QQ会议培训

某公司西部区域人员分布较为分散，因此公司变通了培训形式，利用QQ会议进行培训。相关记录表见表10.4。

表10.4 西部区域部门培训情况记录表

☑计划内　□计划外

培训课程名称				季度工作讨论	
培训时间	4月10日	培训地点	西部区域	主讲人	
培训形式	网络	培训费用		培训对象	西部全体
培训具体内容	1. 请营销经理对一季度作总结，并做二季度计划，含合同额、销售额、回款额、疑难问题等，目的是增加大区信息流透明度； 2. 进行服务工作总结并就服务工作问题作研讨； 3. 其他提示性内容				
培训签到 (合计：19人)					
培训结果评价	各省份对一季度的销售、服务工作进行总结和评估，并在QQ会议上直观体现； 各省份不但传、帮、带和相互共享成功经验，而且都有赶超精神，直接提升了整个团队的士气； 对一季度取得突破的重庆和新疆市场表示表扬并希望他们再接再厉				

(续表)

原因分析	成功之处： 1. 纪律严格，定于7点开会，准时到达率为100%； 2. 区域通报了目前的市场情况，真正做到了公开、互动、共享； 3. 数据直接体现在书面上，对表扬先进、鞭策后进、经验共享有较大促进作用
	不足之处： 1. 对于会议的效果，没有一个直接评估的平台； 2. 后期讨论服务问题时显得较凌乱
	建议： 1. 对于服务问题的讨论有一个时间的限制，并事先确定发言顺序，如果需要补充的话可以预留3分钟用于自由讨论，然后由会议主持作总结； 2. 对会议议题的发言需提前准备分析材料，免得手忙脚乱
备注	培训如有考试，请附考试成绩单

组织者/日期：　　　　　　　　　　　　　　　负责人/日期：

第11章 薪酬主管的技巧

本章介绍了薪酬主管须知(薪资疑难杂症)、薪酬体系设计(薪点制)、分类薪酬方案设计。

11.1 薪资疑难杂症——薪酬主管须知

11.1.1 被员工投诉,因薪资发生劳动纠纷,是怎么造成的

通常而言,员工不会随意去投诉,若真有类似情况出现,一般有以下原因:公司未按时缴纳社会保险;公司未按时发放工资,并延期多天或数月;公司无故扣减工资;公司未按国家规定支付加班工资;公司未按国家规定给予员工法定休假权利,或不按规定扣减工资。

11.1.2 工资保密能否做到

实行工资保密制度是企业的普遍做法,但工资的绝对保密是做不到的,只能做到相对保密。虽然无法避免,但对于企业来说,仍需要实行工资保密制度。

针对工资保密问题,公司规章制度中可做如下规定:任何员工不得公开或私下询问、讨论其他员工的薪酬。如违反,第一次取消3个月的绩效工资,第二次取消年终奖资格,第三次直接解除劳动合同。关于这一点在员工入职培训时就应重点强调,留下培训签名记录,并讲明这符合《劳动合同法》的规定,先给员工一个下马威,以提示"不要越雷池一步"。

11.1.3 竞业限制的薪资支付怎么计算

《劳动合同法》中规定:对负有保密义务的劳动者,用人单位可以在劳动合同或者保密协议中与劳动者约定竞业限制条款,并约定在解除或者终止劳动合同后,在竞业限制期限内按月给予劳动者经济补偿。劳动者违反竞业限制约定的,应当按照约定向用人单位支付违约金。

竞业限制的人员限于用人单位的高级管理人员、高级技术人员和其他负有保密义务

的人员。竞业限制的范围、地域、期限由用人单位与劳动者约定，竞业限制的约定不得违反法律、法规的规定。在解除或者终止劳动合同后，前款规定的人员到与本单位生产或者经营同类产品、从事同类业务的有竞争关系的其他用人单位，或者自己开业生产或者经营同类产品、从事同类业务的竞业限制期限，不得超过两年。

对于竞业限制的补偿标准，我国法律没有具体的规定，各地方性法规可自行规定。例如：《浙江省技术秘密保护办法》第十三条规定"竞业限制补偿费的标准由权利人与相关人员协商确定。没有确定的，年度补偿费按合同终止前最后一个年度该相关人员从权利人处所获得报酬总额的三分之二计算"。《江苏省劳动合同条例》第十七条规定"年经济补偿额不得低于该劳动者离开用人单位前十二个月从该用人单位获得的报酬总额的三分之一"。

此外，还需要注意以下两点。

依据公平原则，如用人单位免除自己的法定责任、排除劳动者权利，认定竞业限制约定无效。该观点认为竞业限制约定未约定用人单位支付补偿金或补偿金过低，即劳动者只有竞业限制义务而未获得相应补偿的权利，违反了公平原则，从而认定该竞业限制无效。

竞业限制约定必须在合理的前提下才能生效，否则就应认定为无效。该观点认为竞业限制约定必须以企业具有可保护的商业秘密、员工是具有保密义务的人员或支付补偿金等为前提，否则竞业限制约定应被认定为无效。

11.1.4 保密协议的薪资支付怎么操作

保密是约定的义务，无时间限制，无需支付补偿。只有竞业限制才有时间限制，不能超过两年，这个也要有补偿金，具体标准每个地方规定不同。

对负有保密义务的劳动者，用人单位可以在劳动合同或者保密协议中与劳动者约定竞业限制条款，并约定在解除或者终止劳动合同后，在竞业限制期限内按月给予劳动者经济补偿。劳动者违反竞业限制约定的，应当按照约定向用人单位支付违约金。

11.1.5 专项培训协议违约的薪资支付怎么计算

培训协议都会就具体的培训内容、培训金额、约定的服务期限、起始时间等作出规定。假如在培训期间员工违反培训协议，或员工在未完成学业或培训的情况下解除劳动合同或培训后应取得资格证书或学历证书而未取得，培训费用可以全部由乙方自理。

假如在约定的服务期内，员工提出解除或终止劳动合同，可按照实际支付培训费的相应比例向甲方支付违约金，参考标准为：每实际服务满一年递减比例=1/约定服务年限×100%。

此外，还需要注意以下两点。

(1) 培训服务期的违约金数额不得超过用人单位提供的培训费金额；

(2) 用人单位要求劳动者支付培训服务期的违约金不得超过服务期尚未履行部分所应分摊的培训费。

11.1.6 发生劳动纠纷，公司无法举证，怎么规避

发生劳动纠纷时，需要单位进行举证，单位无法举证的，单位须承担不利后果。作为HR，了解如何为公司减少法律风险、降低不必要的法律成本是十分必要的。

(1) 公司应完善规章制度，做到凡事有章可循。比如对于加班工资，可在规章制度中做详细规定：自愿加班有没有加班费？单凭考勤记录能否证明加班？周末参加培训是否属于加班？加班是否必须支付加班工资？

(2) 建立规章制度，对员工的处罚等要合理、合法，要经过民主程序，要进行全员公示。

(3) 公司人事档案需严格、永久地保管，各类记录需严格留档。比如员工的考勤记录最好由员工本人签字确认，员工加班申请单是否有记录？员工请假是否有记录？员工劳动合同是否齐全？等等。所有的人事流程都需经过逐级审批，并由人力资源部负责保管。

(4) HR人员如有变动，要严格做好交接工作，人事资料需仔细审查，以免在交接过程中出现资料丢失或遗漏。

11.1.7 员工咨询工资问题，浪费薪酬专员很多精力，如何改善

每月工资发完后，都会遇到员工来询问工资核算的问题，因员工询问的时间不固定、不可预见，所以经常会打断HR的工作，这在无形中对工作效率造成了影响。为了减少这种间断性的打扰，薪资专员可以对员工每次提出的问题进行分析，然后制定对策，一般情况下，可以从以下几个方面着手。

(1) 每月工资发完后向员工发放工资明细清单，并让员工签字确认。发放清单的目的是让员工知道自己工资的构成，每一个加、减项的数据，帮助他们自行核算。

(2) 工资清单尽可能地清晰明了，比如基本工资、加班工资、奖金、社会保险代扣

的金额、个税、请假扣款等,都应分项列明,这样可使员工直观地看到自己的工资是多少、扣了什么钱、拿到手应该有多少。

(3) 对于一些制造型企业,普通车间工人的文化水平较低,往往对各项费用的理解不够准确,为了减少他们的疑惑,可以组织相关培训,通过培训让他们了解公司的薪资结构,教会他们如何看工资明细。

通过上述方法,相信在工资没有核算错误的前提下,大部分员工都可以通过工资明细自行解决疑问,当然还有一些人会不理解各类假期工资如何计算之类的问题,但即使这样,来询问的人数肯定比以前减少了许多,对薪资专员的工作也不会再有太大的影响。

11.1.8 如何运用好职工代表大会或工会,确保合法

制度合法:有关劳动报酬、工作时间、休息休假、劳动安全卫生、保险福利、职工培训、劳动纪律等直接涉及职工切身利益的规章制度或者重大事项方案,需经过职工代表大会的讨论,由职工代表提出意见和建议。职工代表大会应当有三分之二以上的代表出席方可召开,通过选举和表决的事项应当采用无记名投票的方式,并经全体职工代表大会代表过半数同意方可通过。同时,对企业职工代表大会的代表名额也有限制,需符合规定才有效。

用人单位对员工进行处分或单方解除劳动合同时,应当事先将理由通知工会。用人单位违反法律、行政法规规定或者劳动合同约定的,工会有权要求用人单位纠正。用人单位应当研究工会的意见,并将处理结果书面通知工会。

11.1.9 规范与不规范操作的利弊权衡

劳动合同法、社会保险法等法律法规的实施对企业来说增加了许多用工成本,给企业造成了人工成本的压力。于是很多企业会想着如何打擦边球,会抱有侥幸心理,想着只要没人去投诉,就不会被查到。这样做对企业来说其实是存在重大风险的,企业如能合理运用各种法规,在规范操作的前提下也可以控制成本。

例如,对加班费的成本控制,企业可以做如下规定:企业首先不鼓励加班;建立加班的申报、审批、考核制度;员工加班必须由单位安排或经领导批准;非单位安排或批准的加班不视为加班(例如工会安排的不算加班);统一规定上下班时间,考勤与加班费无关;充分运用特殊工时制;合法利用调休制度。

11.2 设计一套公司薪酬体系——薪点制

一个公司是否必须有薪酬体系，才能发放工资？对于这个问题，一般的教科书总是说先有薪酬体系，后有工资发放。而在现实中，中小企业、小微企业一定会有工资发放，但不一定有薪酬体系。常见情形是通过谈工资来定薪，告诉HR按这个薪资数据做工资表。另外一种情形是：老板直接谈定薪；用人部门与员工商谈，然后找老板定薪；招聘主管或HR经理与员工商谈，然后找老板定薪。

谈工资的规则一：随行就市(对外，行业和地区)；规则二：同类岗位比较(对内)。做得粗的，老板拍脑袋直接作决定；做得细的，先由HR提供同类岗位的薪资数据，再在一个相对合理的范围内取一个数值。

这种谈工资的方法，虽然不成体系，但照样能够做成工资表，形成工资条。但时间长了，公司规模大了，弊病就产生了。由于无法做到真正的工资保密，员工私底下互相比较后，会产生各种不公平感，导致内耗和抱怨加剧。往往到了矛盾积累严重、部门发生冲突时，老板才会觉得恼火，才会让HR或借助咨询公司，设计、优化公司薪酬体系。

11.2.1 如何建立公司薪酬体系(薪点制)

现在，假定你所在的公司已发展到一定程度，老板提出要设计薪酬体系；或者老板有先见之明，虽然公司规模不大，但考虑提前建立薪酬体系。

说到薪酬体系，你马上会想到什么呢？我想应该是一张表，或者叫矩阵。

薪酬体系应建立在职位体系的基础上。薪酬体系一般也会涉及"固定部分+浮动部分"(也有例外，就是只有固定部分)，而浮动部分往往要与绩效考核结果挂钩。所以薪酬体系的建立，一般总是会涉及"职位—薪酬—绩效"，它们的英文名称第一个字母都是"P"，这就是"3P理论"的由来。

关于薪酬体系，教科书会提出三个原则：对外的竞争性，对内的公平性，合法性。对于合法性，2008年新劳动法实施前，企业在实际操作时不太重视，新劳动法实施后，加上创业板、中小板的推出，很多拟上市公司就不得不重视合法性了。对外的竞争性，通常与薪资调查联系在一起，主要针对行业、地区，以确定本公司的薪酬曲线以及与市场的差异。对内的公平性，涉及纵向的职位层级的比较，以及横向的不同部门(职位族)的比较。

在此，我们引出薪酬体系的核心：职等职级表。也有公司叫薪等薪级表，两者略有区别，这种差别主要体现在福利、补贴等的享受方面。

职等职级表的背后，隐藏着该公司的薪酬曲线，体现了公司的薪资政策，同时提供了构建表格的数据基础。

职等职级表常用于纵向、横向的内部比较，薪酬曲线还可用于外部收入水平的比较。

表格中的数值用于测算。如月薪3000元，这就是最常见的职能工资制或岗位工资制；或薪点3.0(规定1分=1000元)，这就是常见的薪点制。

除此以外，还需要对薪资的结构(科目)、比例(固定和浮动，包括基本工资、绩效工资、各类奖金、年终奖)，与薪资关联的福利、补贴等，薪资日常发放的流程，以及平时调薪、年度调薪等作规定，并通过一定的合法程序如职代会等形成薪酬制度。薪酬体系的最终结果是形成公司现阶段的薪酬制度。

11.2.2 职等职级表

我们先看一个职等表，见表11.1。表中有12个职等、5个职位族、两大序列。在此表的基础上，根据本公司的实际情况，比如规模、行业等，设置合适的职等、职等名称、职位族类别，并组织讨论。

表11.1 职等表

职等	职等名称	管理类		营销类		技术类		生产类		辅助类	
		管理序列	技术业务序列	管理序列	技术业务序列	管理序列	技术业务序列	管理序列	技术业务序列	管理序列	技术业务序列
1	总经理级										
2	常务副总级										
3	副总经理级										
4	部门经理级										
5	部门副经理级										
6	资深主管级										
7	高级主管级										
8	主管级										
9	主办级										
10	专员级										
11	助理级										
12	见习生级										

每个职等需设置职级(薪级)，见表11.2。本表有11个薪级，灰色部分为每职等的起薪档、中间档、最高档。在此表的基础上，考虑人员规模，可以组织讨论：本公司设置多少薪级合适？

表11.2 薪级表

职等	职等名称	薪级										
		1	2	3	4	5	6	7	8	9	10	11
1	总经理级											
2	常务副总级											
3	副总经理级											
4	部门经理级											
5	部门副经理级											
6	资深主管级											
7	高级主管级											
8	主管级											
9	主办级											
10	专员级											
11	助理级											
12	见习生级											

11.2.3 薪酬曲线

现在需要建一个Excel薪等薪级表，假定每等分15薪级，见表11.3。录入、调试数据后，观察薪酬曲线是否合适，见图11.1。

薪酬曲线的高度、平滑度、陡度，是通过等差、级差来控制的。等差=上一职等的中间档-下一职等的中间档；级差=同一职等的上个薪级-同一职等的下个薪级；倍率=上一职等的中间档/下一职等的中间档。

表11.3中，11等1级对应系数1.0，最先设置；11等2级的系数=1.0+0.06(11等的级差)，在Excel中右拉，就可以得到11等的所有薪级系数。10等1级的系数=1.0+0.42(对应的等差)，在Excel中右拉，就可以得到10等的所有薪级系数。其他职等操作类同。

表11.3 薪等薪级表数据

职等	职等名称	等差	倍率	级差	级差/元	薪级														
						1	2	3	4	5	6	7	8	9	10	11	12	13	14	15
1	总经理级			0.6		14.86	15.46	16.06	16.66	17.26	17.86	18.46	19.06	19.66	20.26	20.86	21.46	22.06	22.66	23.26
2	常务副总级	4.2	1.28	0.5		11.36	11.86	12.36	12.86	13.36	13.86	14.36	14.86	15.36	15.86	16.36	16.86	17.36	17.86	18.36
3	副总经理级	3.5	1.31	0.4		8.56	8.96	9.36	9.76	10.16	10.56	10.96	11.36	11.76	12.16	12.56	12.96	13.36	13.76	14.16
4	部门经理级	2.8	1.33	0.3		6.46	6.76	7.06	7.36	7.66	7.96	8.26	8.56	8.86	9.16	9.46	9.76	10.06	10.36	10.66
5	部门副经理级	2.1	1.33	0.2		5.06	5.26	5.46	5.66	5.86	6.06	6.26	6.46	6.66	6.86	7.06	7.26	7.46	7.66	7.86
6	资深主管级	1.4	1.28	0.16		3.94	4.1	4.26	4.42	4.58	4.74	4.9	5.06	5.22	5.38	5.54	5.7	5.86	6.02	6.18
7	高级主管级	1.12	1.28	0.12		3.1	3.22	3.34	3.46	3.58	3.7	3.82	3.94	4.06	4.18	4.3	4.42	4.54	4.66	4.78
8	主管级	0.84	1.27	0.1		2.4	2.5	2.6	2.7	2.8	2.9	3.0	3.1	3.2	3.3	3.4	3.5	3.6	3.7	3.8
9	主办级	0.7	1.29	0.08		1.84	1.92	2.0	2.08	2.16	2.24	2.32	2.4	2.48	2.56	2.64	2.72	2.8	2.88	2.96
10	专员级	0.56	1.30	0.06		1.42	1.48	1.54	1.6	1.66	1.72	1.78	1.84	1.9	1.96	2.02	2.08	2.14	2.2	2.26
11	助理级	0.42	1.30	0.06		1.0	1.06	1.12	1.18	1.24	1.3	1.36	1.42	1.48	1.54	1.6	1.66	1.72	1.78	1.84
12	见习生级	0.24	1.20	0.04		0.9	0.94	0.98	1.02	1.06	1.1	1.14	1.18	1.22	1.26	1.3	1.34	1.38	1.42	1.46

薪点表设置完整后，在Excel中画出折线图，就可以观察薪酬曲线的平滑度、陡度。这个需要多次讨论、调试。总体来说，要控制好纵向职位层级之间的差距的合理性。HR要做的基础工作，就是设置Excel表的公式、链接，当录入、修改数据后，曲线将随之发生变化，再观察调试。

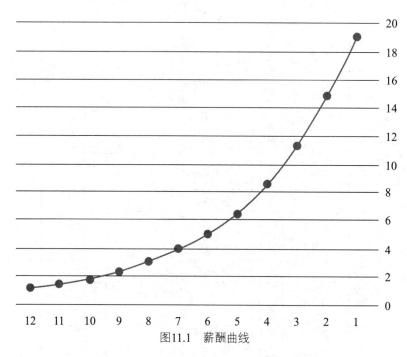

图11.1　薪酬曲线

11.2.4　薪点值和测算

薪酬曲线的系数都是相对值，用以解决内部的公平性问题。至于薪资水平，就要根据"1分=多少元"进行测算。在这个过程中，需要结合公司现有薪资水平及外部薪资水平(本行业、本地区)，组织全员讨论。下面假设1分=2000元，得到每职等薪级对应的薪资数据，见表11.4。

11.2.5　薪资比例

接下来，需要确定不同职等的薪资比例，见表11.5。在这个过程中，也需要组织全员讨论。

为方便阅读，我们依据薪酬制度，经讨论确定，得到表11.6。

第11章 薪酬主管的技巧

表11.4 1分=2000元的测算

职等	职等名称	等差	等差/元	倍率	级差	级差/元	薪级 1	2	3	4	5	6	7	8	9	10	11	12	13	14	15
1	总经理级				0.6	1200	29 720	30 920	32 120	33 320	34 520	35 720	36 920	38 120	39 320	40 520	41 720	42 920	44 120	45 320	46 520
2	常务副总级	4.2	8400	1.28	0.5	1000	22 720	23 720	24 720	25 720	26 720	27 720	28 720	29 720	30 720	31 720	32 720	33 720	34 720	35 720	36 720
3	副总经理级	3.5	7000	1.31	0.4	800	17 120	17 920	18 720	19 520	20 320	21 120	21 920	22 720	23 520	24 320	25 120	25 920	26 720	27 520	28 320
4	部门经理级	2.8	5600	1.33	0.3	600	12 920	13 520	14 120	14 720	15 320	15 920	16 520	17 120	17 720	18 320	18 920	19 520	20 120	20 720	21 320
5	部门副经理级	2.1	4200	1.33	0.2	400	10 120	10 520	10 920	11 320	11 720	12 120	12 520	12 920	13 320	13 720	14 120	14 520	14 920	15 320	15 720
6	资深主管级	1.4	2800	1.28	0.16	320	7880	8200	8520	8840	9160	9480	9800	10 120	10 440	10 760	11 080	11 400	11 720	12 040	12 360
7	高级主管级	1.12	2240	1.28	0.12	240	6200	6440	6680	6920	7160	7400	7640	7880	8120	8360	8600	8840	9080	9320	9560
8	主管级	0.84	1680	1.27	0.1	200	4800	5000	5200	5400	5600	5800	6000	6200	6400	6600	6800	7000	7200	7400	7600
9	主办级	0.7	1400	1.29	0.08	160	3680	3840	4000	4160	4320	4480	4640	4800	4960	5120	5280	5440	5600	5760	5920
10	专员级	0.56	1120	1.30	0.06	120	2840	2960	3080	3200	3320	3440	3560	3680	3800	3920	4040	4160	4280	4400	4520
11	助理级	0.42	840	1.30	0.06	120	2000	2120	2240	2360	2480	2600	2720	2840	2960	3080	3200	3320	3440	3560	3680
12	见习生级	0.24	480	1.20	0.04	80	1800	1880	1960	2040	2120	2200	2280	2360	2440	2520	2600	2680	2760	2840	2920

表11.5 薪资比例

职等	职等名称	比例	
		固定工资	绩效工资
1	总经理级	0.6	0.4
2	常务副总级	0.6	0.4
3	副总经理级	0.6	0.4
4	部门经理级	0.75	0.25
5	部门副经理级	0.75	0.25
6	资深主管级	0.8	0.2
7	高级主管级	0.8	0.2
8	主管级	0.85	0.15
9	主办级	0.85	0.15
10	专员级	0.9	0.1
11	助理级	0.9	0.1
12	见习生级	1	0

表11.6 薪资比例(简化后)

职等	固定工资	绩效工资
职等1~3	0.6	0.4
职等4~5	0.75	0.25
职等6~7	0.8	0.2
职等8~9	0.85	0.15
职等10~11	0.9	0.1
职等12	1	0

11.2.6 薪资结构

接下来，需要设计薪资结构，也就是设计组成薪资的工资科目，见表11.7。

11.2.7 差异系数的考虑

假定本公司有多个工厂或子公司，分布在不同地区，且各地的薪资水平有差别，那么就要考虑设置地区差异系数，使公司薪酬体系尽量统一。但同样的薪点，对应的薪资数据是不同的。

表11.7 薪资组成——工资科目的设计

序号	部门	班组	岗位	姓名	薪点	标准月薪	绩效工资比例	缺勤天数	基本工资	岗位工资	司龄工资	加班工资				计件工资	年休假补偿
												平时加班	周末加班	法定节假日加班	小计		
1	制造部	A车间			1.2	3000	0.1		1470	1230	300						
					1.5	3750	0.15		1470	1718	563						
					2	5000	0.2		1470	2530	1000						

(续表)

津贴补贴						应发工资	社会保险					公积金	五险一金小计	工会费	个调税	实发工资
高温补贴	午餐补贴	夜班补贴	驻外补贴	其他	小计		养老	医疗	工伤	生育	失业					

11.2.8　年度调薪

在进行薪酬体系设计时，还需要考虑年度调薪。可参考两个调薪矩阵，见表11.8、表11.9。表11.8内的数值是调薪比例(增幅)，表11.9内的数值是人数控制比例。

表11.8　调薪矩阵1

		公司绩效					
	调薪比例	A	B	C	D	E	备注
		90(含)~100	80(含)~85	75(含)~80	60(含)~75	60以下	
个人绩效	A	20%	17%	15%	10%	5%	上限+5%
	B	17%	14%	10%	7%	3%	上限+5%
	C	12%	9%	7%	3%	0%	上限+3%
	D	8%	5%	3%	0%	-3%	上限+1%
	E	0%	0%	0%	-2%	-5%	

表11.9　调薪矩阵2

		公司绩效					
	人数比例控制	A	B	C	D	E	备注
		90(含)~100	80(含)~85	75(含)~80	60(含)~75	60以下	
个人绩效	A	15%	10%	5%	3%	2%	
	B	20%	15%	15%	10%	8%	
	C	60%	65%	60%	50%	45%	
	D	0~4%	0~8%	5~10%	20%	25%	
	E	0~1%	0~2%	0~5%	17%	20%	

11.3　分类薪酬方案设计的思路

薪酬体系的设计和操作，应该是HR的职责。但除了通用的薪酬体系，公司也有各种薪酬方案，部分掌握在老总、副总、各部门负责人手中，HR只负责依此核算工资科目。也有的HR能力比较强，能够自主设计、操盘。

薪酬方案，具体包括年薪制、销售提成(奖金)、计件工资、项目奖、津贴补贴、股权期权、工资总额与业绩挂钩、年终奖、特殊薪酬方案(企业年金)、福利项目等。总体来说，薪酬方案的设计思路，与薪酬体系的设计思路不同。

11.3.1 年薪制及适用人群

薪点制从月收入入手考虑年收入,而年薪制则从年收入入手,主要适用中高层、销售人员。

对于低薪资的职位人群,跟他讲3000元/月、3500元/月、4000元/月比较好听,都是整数;对于高薪资的职位人群,跟他讲15万/年、20万/年、30万/年比较好听,也是整数。

如采用薪点制,基本工资是固定的,绩效工资与基本工资有明确的比例关系,考核的部分只限于绩效工资(平时,年终)。总体来看,固定收入占比大,浮动收入占比相对较小。

如采用年薪制,年薪虽然高,但要切块,固定收入占比相对较低。绩效奖金可能被划分为季度或平时两部分,也有年终的风险奖金,上下浮动的幅度比较大。有些企业采用年薪制时要与业绩挂钩,浮动幅度更大;也有的采用承包制的年薪,需要员工交押金。正所谓,高收入、高风险。

年薪制的设计要点有以下几方面。

(1) 适用职位范围。

(2) 矩阵表:几个等级的职等和职位族(中高层、销售)。

(3) 确定年收入水平:表中的数据。

(4) 年薪的组成(结构)和比例:基本工资,平时奖金,年终风险。

(5) 换算到月工资。

(6) 如何考核:整体年薪是否与业绩挂钩?绩效奖金、风险年薪是否与业绩挂钩?基本年薪是否会被扣罚?考核整个部门(分公司)还是"个人+部门"?考核以业绩为主,还是业绩与能力态度的结合?

(7) 有些企业还要考虑:业绩超额时,超额奖励如何发放?

(8) 高年薪的合理避税。

总体来说,年薪制方案虽然是薪酬方案的一种,但从操作完整性的角度来看,一定与绩效考核紧密相关,考核方案部分可作为薪酬方案的组成和附件。

11.3.2 销售奖金提成方案

销售奖金提成方案在销售人员中比较常见,提成或奖金是主要组成部分。

提成,体现为比例形式,业绩好坏与浮动收入有直接的线性关系;也可分段核算。

奖金，体现为一个系数范围，业绩好坏与浮动收入在一个基数的上下限浮动，浮动相对较小。

工资与奖金的区别主要在于：员工完成工作后，公司即付工资；而采用提成方案时，员工要先作出业绩，根据合同额、销售额、毛利、净利润等计算提成数额，一般要等回款到账才能支付，甚至有回款率的设定要求作为条件。

正式发布的销售奖金提成方案，反映了业务内容、业绩、提成比例等方面。在发布前，一定要经过多次讨论和测算。一般情况下，提成比例是倒测出来的。

销售奖金提成方案的制定，包括以下几个步骤。

(1) 确定年收入水平。与行业、地区比较，做好公司定位，假定将年收入定为20万。

(2) 确定划分比例。包括固定和浮动两部分，假定为4：6。浮动部分也就是奖金+提成。如浮动收入=12万，假定4万是考核奖金，8万是提成。

(3) 销售配额的匡算。如企业要求完成1000万销售额，假定有10人，人均100万的合同额，那么8万的提成对应100万的合同额，提成比例是多少？即：$P=8/100=8\%$。

合同额对公司来说不一定是最适合的提成依据，因为有风险，要风险共担。可以换算成销售额(已经开票或发货)、毛利、净利。假定100万的合同额，测算销售额90万、毛利30万、净利15万，则提成比例见表11.10。

表11.10 提成比例

目标提成	提成依据	依据金额	提成比例
8	合同额	100	8.0%
8	销售额	90	8.9%
8	毛利	30	26.7%
8	净利	15	53.3%

有的企业采用分段提成的方式，具体见表11.11。

表11.11 分段提成

实际达成率	分段提成比例
目标的150%	10%
目标的120%	9%
目标的100%	8%
目标的80%	7%
目标的70%	6%
目标的50%	0%

此外，有些企业规定了提成保底和封顶，以控制人工成本。

总体来说,提成的设计思路见图11.2。

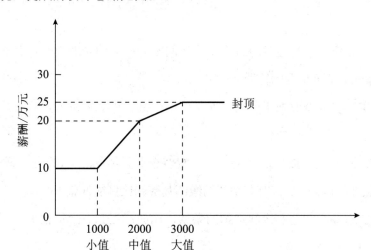

图11.2 提成设计思路

而奖金的设计,与奖金基数的确定、绩效指标的确定有关,具体见图11.3。

此外,还需明确提成的确定是根据个人业绩,还是团队业绩,或者公司业绩?是单独计算还是组合计算?销售线上除了销售人员,还有客服人员、商务、技术支持,这些人是拿绩效工资还是根据提成核算工资?是单独设定,还是从销售部门的提成中再切块呢?

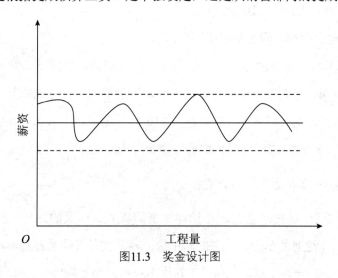

图11.3 奖金设计图

11.3.3 计件工资

1. 计件工资方案的特点

提到计件工资,一般会联想到工厂。工厂的计件工资方案,实际包括很多工资科目,例如:基本工资、计件工资、加班工资、津贴补贴、社保、其他福利、请假扣款、处罚等。

(1) 工资。工资、公积金等科目,企业之间不同:有的企业没有,有的企业有,有的企业只有部分员工可享受此待遇。

(2) 年终奖。有的企业把平时的计件工资部分挪到年底来发放,实际是羊毛出在羊身上。

(3) 社保。有些企业按规定缴纳五险,有些企业只缴纳三险(养老、医疗、工伤);有些企业的缴纳人群非全员;有些企业的缴纳基数和比例能低就低。

(4) 处罚。有些企业会制定很详细的条款,比如:迟到、上班抽烟、不戴口罩、违反5S检查等,扣5元/次。

(5) 计件工资的附带条件。招工时一般注明:包吃包住、招工带人给介绍费等。

(6) 工厂计件工资通常涉及几个常见的科目和薪酬术语,例如:最低工资对应的日工资、小时工资;加班工资对应的基数和倍数,虽然国家规定平时超时、周末加班、法定节假日三种情况按平时工资的1.5倍、2倍、3倍计算,但实际上,不同企业之间有所区别,基数和倍数偏低的情况较多;夜班补贴、环境补贴、餐贴、水电费等科目,标准很低,比如5元/次、3元/餐、100元/月。

(7) 个税一般很少扣,因工资水平不高。

(8) 生产工人对待工资的心态。一线操作工因工资低,生活开支和家庭负担重,看重眼前的到手收入,早些年,不愿意缴纳保险,即使缴纳,一旦离职马上取出;一线操作工因工资基数低,对工资变动比例敏感,如果计算出差错,哪怕出入额只有50元,也会找HR问清楚。企业的HR应理解他们的心理和行为。

2. 计件工资的核心是单价与产量

计件工资=单价×合格产量。这是计件工资的核心。广义的计件工资,在公司测算时包含所有收入,这时的单价是广义的总单价。相关文件发布实施后,单价被切块,比如80%作为单价对应计件工资,20%用于其他小科目,如补贴等。

关于计件单价的单位,不同行业叫法不同,例如:电池按"元/KVAh(千伏安时)",自动控制柜接线按"元/线头",阀门装配按"元/个",电信维护安装按"元/户"或"元/线路",家纺被子按"元/条",羽毛加工按"元/包"。

因此,单价常常成为矛盾所在。这时就需要考虑测算工时、定额,深入到不同的工序。所以，计件工资的方案，不仅要针对岗位，还要针对工序。

3. 工序的工时、定额测算如何考虑

某道工序的熟练工人，假定工资按本地区、本行业的平均工资3000元/月计算，则要考虑：本工厂有多少车间、班组、工序？每工序配置多少人合理？1天能干多少活？给他多少工资合适？

月工资收入的测算，与工作时间安排也有关系。每月工作几天，不同工厂有区别，例如：每月休息2天；每周工作6天；大小周(一周工作5天，1周工作6天)；5天工作制。此外，还应确定每天工作8小时，还是延时到12个小时？是否轮班？等等。这些控制点，与工人的劳动强度，机器是否能停止运行，以及日工资、月工资、年收入等有关系。

对于劳动密集型企业来说，其优势是人多，从老板的立场来说，如果每个工人多拿1000元/年，假如有5000人，就是500万。在设计计件工资方案时多列一些科目，或将标准提高，由于人员基数大，涉及金额可能达几十万，甚至上百万，因此老板很"抠门"。

4. 计件工资与考核的结合

计件工资常被归为薪酬，产量本身就是绩效考核指标。但除了产量以外，工厂在运营时还要关注：防火防盗、现场环境、质量等。所以在计算计件工资时，除了考虑单价和产量外，还要加减其他项目，例如：计件工资=单价×产量-处罚+合理化建议奖励。但一般扣罚多，奖励少。

有些工厂对成本管控很关注，会考核单位产品的损耗定额。此外，对于质量的考核可以用处罚扣减，也可以通过质量系数来调节。

5. 计件工资的适用范围

计件工资在生产企业的工厂中较为常见。台资、港资、韩资及一些国内企业，实行计件工资的情况比较多。此外，电信运营商的维护岗位，以及物流行业的快递员等也实行计件工资制。日资企业很少实行计件工资，法资企业也很少。

计件工资的方案设计，一般较少请咨询公司做，多数是由公司自己完成，公司人力资源部一般不直接管，由分管工厂的生产副总与行政人事部牵头负责。

计件工资制最容易被老板采用，实行起来最为简单，但极容易带来很多低效率的问题，比如一些老工人不愿意提高效率，怕单价降低，这就是泰勒的科学管理理论中所提及的"磨洋工"现象。

11.3.4 项目奖

1. 项目奖设计的基本思路

1) 项目奖的类型

项目奖励的类型包括：以工程项目为主的销售业务的奖励；对特定新业务按项目奖金制所做的阶段性促销；研发项目；工程、技术、研发、设计项目中的配套工作，如图纸设计。

2) 项目奖的设计逻辑

项目奖励的设计逻辑主要是基于6个变量的逻辑关系：工作量、人头、薪资包的变量关系，以及人均工作量、人均薪资、薪资占比的变量关系。

工作量的考核指标有通用性，也有行业特性，可以采用项目个数、项目产生的产值、销售额、项目中的点数等指标。

人均工作量与计件工资的定额类似，实际操作时，多数根据本企业积累的经验数据测定并调整，确切的定额不容易实现。

人均薪资，有时指年薪，有时指人均奖金。

薪资占比是指奖金包占产值、销售额的比例，或新增的奖金包与节约的成本、扩大的产量的比例。

项目奖金包的划分：一种是按照项目规模、难度划分项目奖金标准，如何划分与行业特性有关；第二种是按照项目的阶段划分项目奖金的发放比例。

测算对于项目奖励的设计十分必要。

项目奖励适用于特定人群，主要用于刺激特定人员在特定阶段的积极性，以减少差错、加快进度、推出新产品、实施新工程、拓展新市场。

但奖励方案会经历奏效到逐步失效的过程，要注意发现问题、分析问题、解决问题到重新发现问题的过程循环。

下面以某制造企业的研发中心为例，阐述设计推行研发项目奖励的要点。

案例1：研发人员项目奖励与量化考核

某制造企业研发中心，曾采用ABCD考核等级这种适用于管理人员的考核办法。随着时间的推移和环境的变化，原有办法缺乏对研发人员的积极性的激励，发现不少问题，人力资源部考虑设计新的项目奖励方案。

大致步骤包括：项目立项、项目阶段划分、项目分类、启动会、实施试点、与奖励挂钩。

1) 项目立项

该公司在年度计划与预算中曾涉及技术项目，一般由技术部门自己提出，项目个数多达100个。但某年的完成实施情况不理想：50%及时完成，30%没完成，20%取消。

HR让技术部门自己走动去拜访公司领导、销售部门，得到来自公司高层、销售部门提出的项目需求，结果只有13个。很多依惯例设想的项目根本不需要做，另有3个项目需求是技术部门自己都没想到的。

这一步的目的是确定当年的研发项目是否符合公司需要和市场导向，否则企业的研发中心就是事业单位的研究院了，不能体现经济效益。

2) 项目阶段划分

项目阶段一般分小试、批试、量产三个阶段，奖金包按比例划分，如：50%、30%、20%。

3) 项目分类

项目的规模、工作量、难度、经济效益都不同。那么，怎么体现项目规模的大小？

经过研讨，规定项目分A、B、C三类。A类项目10万，B类6万，C类2万。

怎么评定呢？这就需要进一步讨论了。一般采取"通用+变通"相结合的方法。

通用方法：确定5个评定指标，评出经济效益大小、技术难度高低等，按100分分配权重。

变通方法：将项目分类为基础长期的研究、应用导向的开发、工艺技术开发、质量开发，重新调整权重。

评委怎么选？按总经理、副总，以及各大部门总监+HR，分配权重。

如何打分？不要采取简单的5分制，而是用具体的数据作规定：1000万，10分；800~100万，8分。让大家在这个客观数据的基础上打分。评定综合分可以采用10分制：9分以上，A类，列入项目；6分以下，D类，不列入项目。

4) 启动会

为推行研发项目奖励方案，避免产生利益冲突，统一思想，需要召开启动会，做好培训讲解，提前把大家"卷"进来很有必要。

5) 实施试点

项目的考核涉及进度、质量、成本等，可分阶段推行。不同阶段关注解决特定指标。该公司先考核了进度，一年后考核质量。

研发项目进度考核可采用项目延误率或延误天数这两个指标，延误率=按规定时限完成的项目数/所有项目数×100%，延误天数=实际工期-标准工期。标准工期事先要求研发部门确定，做好Excel表的链接。

6) 与奖励挂钩

技术人员的年终奖励相对固定，切割提取一定比例，公司额外提取一定比例，作为奖金包。这个设计的要点是：让员工参加"赌博"，基本思路是赌1赔5。研发人员投入资金1，完成项目，符合进度考核，拿到5倍(多了4倍)奖励。这个倍率关系是结合员工访谈确定的。

项目奖励方案推行后，到年底统计发现：13个项目，11个完成，完成及时率达到85%，比原来的50%提高了35%。研发人员的收入也提高了，但公司不是无故支付的，是他们额外创造了价值，从大蛋糕中分出来的。此外，公司节约了成本，加快了研发速度，市场部门满意度提高，投诉减少，售后成本降低。

由本案例可知：要提高研发人员的积极性，增加收入，前提是与公司的目标相结合。最终，公司得到利益的大头，员工得到利益的小头，这是泰勒的科学管理的精髓之一。

2. 研发项目设计思路示意图

1) 三个模块、三个关系

工作量—人头—薪资的关系，见图11.4。

图11.4 工作量—人头—薪资的关系

2) 从v1.0到v2.0

现状到目标，见图11.5。

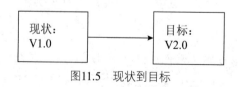

图11.5 现状到目标

3) 三管齐下

方向—体制—积极性的关系，见图11.6。

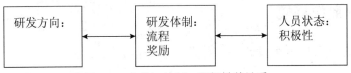

图11.6 方向—体制—积极性的关系

4) 整体规划、分步实施

分步实施的具体内容，见图11.7。

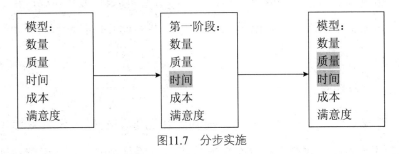

图11.7 分步实施

5) 切块激励

切块激励的相关指标，见图11.8。

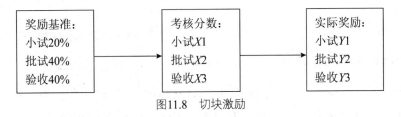

图11.8 切块激励

项目奖励测算

$X1=1-(实际数-下限)/(上限-下限)×(1-0.5)$，即每超过1%，扣2.5%；

$X2=0.5-(实际数-下限)/(上限-下限)×(0.5-0)$，即每超过1%，扣2.5%。

项目奖励测算见表11.12。

表11.12 项目奖励测算表

项目进度延误比率	模拟数据	分数	奖金基准	实际奖金
提前20%以上	22%	1.1	10 000	11 000
提前20%	20%	1	10 000	10 000
提前20%以内，延误10%以内	7%	1	10 000	10 000
延误10%	10%	1	10 000	10 000
延误10%~30%	13%	0.925	10 000	9250
延误30%	30%	0.5	10 000	5000
延误30%~50%	31%	0.475	10 000	4750
延误50%	50%	0	10 000	0
延误50%以上	64%	0	10 000	0

11.3.5 股权期权

在进行股权期权的方案设计时,需要区分几个概念。

1. 不同企业的股权含义

第一是不可能上市的企业,股权实际上是指分红、干股;第二是拟上市公司,股权实际上是指原始股,比如原始股价为1元/股,以后上市股价为20元/股;第三是上市公司,股权实际是差价,比如公司给员工10元/股,某时间点股价涨到15元/股,差价为5元/股。

2. 股权、期权的区别

期权跟股权不同:上市以后股价已经涨到20元/股,给予特定员工群体看涨的机会,以后涨到25元/股,才会获得这个超额的收益。要是企业上市后经营业绩滑坡,基本就是个"饼",空的。

3. 注意事项

股权的设计要考虑"盘子"的大小。对于股权内部的比例分配需要设置评价因素。股权的获得和退出是有条件的,一般和服务年限有关,也与公司业绩有关。

股权期权很流行,但也是把双刃剑。获得股权且套现的,会一夜暴富;没有股权的,心里会不平衡,从而产生抱怨,在工作上"磨洋工"或离职走人。

2008—2013年,我国出现了创业板和中小板上市的潮流,在拟上市的过程中,各企业纷纷推出了"年薪+股份"的激励机制。有的取得了成功,有的走向失败,有的曾经获得了成功,但逐渐失效,有的狂喜,有的失落。

案例2:股权激励,从有效到失效,与等待时间有关

浙北某县级市有家公司,主营业务:贵金属原材料的生产、销售,在非洲开了家工厂,属高新企业,当时也要申报创业板,算拟上市公司。某猎头公司把宁波一个集团公司的人力资源总监挖去当副总,年薪60万+原始股。很有吸引力,朋友圈很羡慕。这年头,流行潜伏,然后一夜暴富。

但等待一年后,上市没有动静,该副总开始犹豫,原始股也没有下决心买,因为该公司老板约定职业经理人需按6元/股的价格购买,10万股就要60万的投入。但后来他还是买了。两年后,他离职了。他说,上市,有太多不确定性,等不及。再加上在外地工作，周末回家，周日晚或周一早上又要赶过去，开车很累，不能照顾家庭、孩子，还是回当地找个年薪高些的集团公司比较可行。

由此可见，股权激励，从有效到失效，与等待时间有关。

案例3：不给原始股的隐患

浙北某县级市，位于开发区内的一家高新企业，较早在主板上市。主营业务：音控设备。据说老板很抠，部门经理都没有原始股，只有少数的副总才有，老板是大股东，所持原始股最多。

上市前，员工年薪都不高，大家相安无事，一起创业。上市后，部门经理心理严重失衡，集体离职，自己去开小工厂，或去别的公司打工。公司只好提拔一些80后当部门经理，"蜀中无大将，廖化充先锋"。

老板把经营企业当成养猪，不是养儿子，养大了，是要卖的。企业上市后，战略没有调整，仍维持现状。但是这个行业属下游产业，变化很快，三五年下来，该公司原来跟随的客户，也发生了行业性的改变，随着新技术的发展，该公司生产的产品逐渐被其他产品取代，一些原来规模很小的公司，追随这些下游新霸主，也做大了，有的甚至达到50亿的产值。

而该公司业务萎缩，订单减少，人才流失，股价下跌，元气大伤。真可谓，成也股票，败也股票。要想东山再起，谈何容易？

注：本章内容选自张明辉著《资深人力资源总监教你做薪酬——操作实务与设计技巧》。

第12章 考核主管的技巧

本章介绍了制定考核方案、修订考核方案、销售提成计算技巧、考核反馈。

12.1 制定考核方案

绩效主管除了维护实施绩效管理办法，还需要制定专项考核方案。下面介绍三个案例：研发项目责任制实施办法、质量管理考核办法、班组长绩效考核管理办法。

12.1.1 案例1：研发项目责任制实施办法

第一章 总则

第一条 为了切实贯彻执行"按劳分配、多劳多得，突出效益优先，适当兼顾公平"的原则，稳定工程技术人员队伍，激励工程技术人员的创造性劳动，以加速新产品开发和技术进步，提高企业市场竞争能力和整体实力，公司决定在研发工作中实行项目责任制。

第二条 项目责任制适用于集团公司批准立项的新产品开发、重大工艺改进等研发项目。

第二章 研发项目的立项

第三条 公司研发项目的立项可以采用公司计划立项和工程技术人员个人建议立项两种方式。

第四条 工程技术人员可以直接向集团公司技术委员会提出立项建议，填报项目可行性分析报告。项目可行性报告的主要内容有研发项目的名称和内容、项目技术指标和功能简述、国内外相关技术发展现状、目标市场和经济效益分析、设计能力分析(包括新技术、新工艺、新材料、新结构、新原理的应用简述)、原材料和零部件的保证能力分析、工艺技术方案、产品检测能力分析、投资估算和项目投入产出分析、项目组成员的内部分工、项目进度安排、配合部门和完成日期、项目经费预算等内容。

第五条 集团公司技术委员会对申请立项的研发项目的可行性分析报告进行审核评议后，由总裁批准立项。

第六条 经公司批准立项的研发项目,根据公平、公开、公正的原则,在全公司范围内进行招标。公司所有员工均可按照自愿原则组成项目组参加投标。

第七条 项目招标由集团公司技术委员会主持。所有投标书由集团公司技术委员会进行评定后确定中标人选后予以公布。

第八条 中标者必须在中标结果公布后两周内与公司签订项目责任书。项目责任书应注明项目名称和内容、所要求达到的经济技术指标、项目开始时间和完成期限、所需的研发经费、项目奖励总额或奖励的确定方式和兑现方式等。研发经费包括项目实施所需的资料费、咨询费、差旅费、试验费,工艺装备采购和产品试制过程中所耗费的材料费、水电费、检测费和计件工人的人工费以及不可预见费。

第九条 无人投标的项目,可以由公司作为指令性计划任务下达给有关责任部门,由责任部门确定项目组成员。

第三章 项目组成员的权利、义务和责任

第十条 项目组成员在承担公司的研发项目时,享有以下权利:

1. 项目组成员在公司的统一计划和领导下,享有独立进行各种调查、研究、开发、设计的权利;

2. 项目组成员完成项目后享有获得本实施办法和项目责任书所规定的奖励的权利。

第十一条 项目组成员在承担公司的研发项目时,对公司负有以下责任:

1. 项目组成员对确保及时完成公司下达的研发任务负责;

2. 项目组成员对所承担的研发项目应达到项目责任书中规定的各项经济技术指标负责;

3. 项目组成员对降低项目开发成本、缩短开发时间、提高研发项目的投入产出效益负责。

第十二条 项目组成员在从事公司的研发项目时必须承担以下义务:

1. 项目组成员必须自觉接受公司的工作检查,定期向公司报告项目的进度情况,重大问题应该主动报告公司,并听取公司意见;

2. 项目组成员必须接受公司对研发工作中出现的各种纠纷的协调,并全面履行公司的仲裁性意见;

3. 项目组成员必须保守公司的技术秘密,不得参与针对本公司的商业性竞争活动,也不得向公司以外的单位或个人提供损害公司利益的技术帮助。

第四章 项目组负责人的权力、责任和义务

第十三条 项目组负责人由项目组成员自愿推荐产生。由于无人投标而作为指令性计划任务下达的研发项目，由公司指定项目负责人。

第十四条 项目组负责人对控制项目进度和研发经费、全面完成项目任务负有主要责任。

第十五条 项目组负责人在项目实施工作中享有以下权力：

1. 项目组负责人有权在项目组成员之间自主进行工作分工，分配其成员的工作；

2. 项目组负责人有权对不符合要求的项目组成员进行调整；

3. 项目组负责人有权根据项目组成员的工作实绩对其月度效益工资的分配和奖惩提出建议；

4. 项目组负责人对于研发经费的使用有审查批准权；

5. 项目组负责人有权决定项目奖励的内部分配方案。

第五章 公司的管理职能和服务功能

第十六条 公司职能部门在项目实施过程中负有以下管理职能：

1. 公司拥有研发项目的立项审批权；

2. 公司拥有研发成果实施、处置、转让和收益的权利；

3. 公司拥有对研发和研究工作中出现的部门之间、部门与项目组之间各种纠纷的协调、仲裁权；

4. 公司拥有在特殊情况下暂停或终止项目实施的权力；

5. 公司拥有研发项目中对外合同的审批权；

6. 公司对研发经费的使用有监督审计权；

7. 公司拥有其他应由公司行使的权力。

第十七条 公司在研发项目实施中应履行以下服务职能：

1. 公司应该积极向工程技术人员提供开发研究所需的技术情报资料，并协助工程技术人员进行立项调查；

2. 公司应该在研发项目的招标中标中为工程技术人员提供公平的竞争机会；

3. 公司应该及时为批准立项的研发项目提供各种必要的物资条件，组织试验和鉴定；

4. 公司应该及时为批准立项的研发项目提供合理的开发资金；

5. 公司应该尽快地将通过鉴定的新产品投入生产并积极组织力量推销，对于其他成

果,应该尽快投入应用以产生效益;

6. 公司应该为工程技术人员提供尽可能多的、有针对性的学习和交流机会;

7. 公司在项目实施过程中应该尽量保证项目组成员的相对稳定;

8. 公司应该及时对取得应用实效的研发成果进行各种形式的奖励。

第六章 项目进度考核

第十八条 为了确保项目按计划完成进度,对研发项目实施进度考核。对于因项目组自身原因而造成延期的,从项目责任书中规定的应完成之日起,每月扣罚项目组成员应得效益工资的30%,直到项目实际完成之日止。

第七章 研发经费的控制

第十九条 公司对项目开发经费实行定额包干与审批相结合的管理。项目经费如有节约,节约部分用于奖励项目组。项目经费如发生超支,应由集团公司技术委员会对经费超支进行评审后才予以支出。经评审属于不合理的支出,可不予以支出。已发生的不合理支出,由项目组成员个人承担。

第八章 项目的评估和奖励

第二十条 项目奖励额度由集团公司技术委员会确定,并在项目责任书中予以明确规定。项目奖励基数主要根据项目新增经济效益确定,同时考虑项目的技术难度和工作量。

第二十一条 项目奖励原则上采用一次性奖励的方式。一次性奖励的额度分为三等,一等为5万~10万元,二等为3万~5万元,三等为1万~3万元。具体项目的奖励额度由集团公司技术委员会根据项目的具体情况确定,并在项目责任书中予以明确规定。

第二十二条 对于开拓新市场的项目,可以在先给予一次性奖励的基础上再进行提成奖励。提成奖励的比例和基数由集团公司技术委员会确定,并在项目责任书中予以明确规定。

第二十三条 研发项目的完成以项目通过公司级的鉴定为标准。项目组在申请项目鉴定时必须提交研发项目成果报告。成果报告的内容主要包括计算说明书、零件图、部件图、总图、原材料和半成品技术要求、工艺技术要求、产品研制报告、产品标准、标准化审查报告、工艺流程。

第二十四条 在接到研发项目成果报告两周后,由集团公司技术委员会主持进行项目完成情况的评估。

第二十五条　项目评估的范围包括市场及用户评估，项目经济效益，项目各项技术指标的完成情况，项目的进度控制情况，制造部门对工艺、设备的适用性的评估，项目本身的技术难度和工作量，项目组自身的努力程度7个方面。

第二十六条　市场及用户评估报告由销售公司负责提供，项目经济效益分析评估报告由计划财务部负责提供，制造部门的评估报告由集团公司下属的相关制造子公司负责提供，其他评估报告由集团公司技术委员会负责编制。

第二十七条　评估完成后由集团公司技术委员会提出项目评估报告，对项目的完成情况作出总体结论。评估结果以百分制表示。其中：市场及用户的评估占总分数的10%～20%，项目经济效益评估占10%～20%，项目各项技术指标的完成情况占10%～30%，项目进度的完成情况占10%～15%，制造部门的评估占10%～15%，项目本身的技术难度和工作量占10%～20%，项目组自身的努力程度占10%～15%。具体项目的评价权数由集团公司技术委员会确定，并在项目责任书中予以明确规定。

第二十八条　项目奖励根据评估得分予以兑现。其中：项目评估得分在80分以上的(含80分)，按项目责任书中规定的项目奖励基数或提成比例兑现；得分在70～80分之间的(含70分)，按项目责任书中规定的项目奖励基数或提成比例的80%兑现；得分在60～70分之间的(含60分)，按项目责任书中规定的奖励基数或提成比例的60%兑现；得分在60分以下的，不予兑现项目奖励。

第九章　项目的检查、协调和配合

第二十九条　公司应对项目的进展情况进行定期检查，重点是研发项目在进行过程中除项目组以外的其他部门的配合与协调情况。检查工作由集团公司技术委员会主持进行。

第三十条　项目组负责人应每月向公司分管领导汇报项目进展情况，接受所在部门领导和集团公司技术委员会对项目进度的检查，并积极做好与横向部门之间的工作协调。

第三十一条　部门领导有责任对本部门工程技术人员所承担的研发项目进行监督、检查和指导，并协助工程技术人员协调跨部门的工作联系。

第三十二条　公司各部门对公司批准立项的任何研发项目都必须全力支持。由于部门的原因而导致项目延期或失败的，公司将追究有关部门领导和有关人员的责任。

第三十三条　由于客观条件的变化，经项目组负责人提议，集团公司技术委员会审核同意，总裁批准，可以对项目进度计划、研发经费等进行适当调整。

第十章　项目的暂停和终止

第三十四条　由于外部条件的变化，使得公司原批准立项的研发和研究项目的实施已经变得不可能或不必要，尤其是该项目的继续实施将损害到公司利益时，经集团公司技术委员会提议，总裁批准，可以暂停或终止该项目的继续实施。

第三十五条　暂停的项目，经集团公司技术委员会提议，总裁同意后可以恢复实施。恢复实施的项目，暂停期间不列入进度考核。

第十一章　其他事宜

第三十六条　本办法的解释权归集团公司技术委员会。

第三十七条　各子公司自行批准立项的研发项目，可以参照本办法执行。

第三十八条　本办法从200×年1月1日起试行。

12.1.2　案例2：质量管理考核办法

一、目的

为进一步加强质量管理力度，提高质量管理水平，确保质量体系有效运行及质量责任制的落实，特制定本考核办法，以引起全员对质量的重视，使质量问题得到及时的传递、分析、处理，减少同类问题的重复发生，降低质量成本，提高公司产品质量及经济效益，保证产品质量持续满足客户需求及达到国内领先、国际先进的水平。

二、考核内容

质量管理考核是对部门涉及产品和服务质量及质量活动开展情况的综合检查考核，检查考核内容包括质量目标、质量活动、纠正效果和质量事故4个方面。

三、检查方法及评分标准

公司质量考核小组负责质量管理考核。考核小组每月组织对部门的质量目标、质量活动和纠正效果三项活动的完成情况进行检查。对当月发生的质量事故按质量责任明确责任部门和责任人，并进行通报批评。检查项目和评分标准按以下规定执行。

1. 质量目标

质量考核小组每月根据质管部提供的月度质量统计表和质量情况检查汇总表，对部门完成质量目标的情况进行考核评分，具体见表12.1。

表12.1 质量目标考核标准

生产中心A	制造部	一次交检合格率95%	每低于指标1%扣10分，每高出指标1%加15分
		工艺文件执行率100%	每发生一次违反规定扣3分
	质检科	出厂产品合格率100%	每发生一次新交付产品不合格，属质量问题扣10分
		材料、半成品、成品检验准确率、及时率100%	每错检、漏检或未按时完成检验，每批次扣10分
生产中心	计供科	采购物料批次不合格及超差代用	不合格超过2批次扣5分/批，超差代用加扣5分/批
		采购计划执行正确率100%	每发生一次不按计划采购扣10分
		账、物、卡准确率100%	每发生一项不符合规定扣5分
		安全库存准确率100%	每发生一次库存不足扣5分
	综合科	人员培训及上岗合格率100%	每发生一次未经培训或考核上岗扣5分，没有处理意见加扣5分
生产中心B		工艺文件执行率100%	每发生一次违反规定扣3分
		出厂产品合格率100%	每发生一次新交付产品不合格，属质量问题扣10分
		材料、半成品、成品检验率100%	每错检、漏检一批次扣10分
		采购物料批次不合格及超差代用	不合格每超过1批次扣5分/批，超差代用加扣5分/批
		账、物、卡准确率100%	每发生一项不符合规定扣5分
营销总部	用户服务中心	用户服务满意率及投诉处理准确率100%	每发生一次用户对服务的投诉或投诉处理差错扣10分
		投诉回复及时率100%(24小时内回复)	违反一次扣10分
	其他部门	合同评审率100%	每违反一次扣10分
		更改合同评审及时率100%(24小时内完成)	每违反一次扣10分
质管部		质量问题处理及时率100%(24小时作出答复)	每违反一次扣5分
		分供方控制有效率100%	每发生同一分供方同种产品连续两批次不合格扣10分
研发中心		技术文件准确率100%	每发生一份正式文件有原则性错误扣10分
		技术文件发放及时率100%(批准后2天内下发)	每违反一次扣5分
计划部		分供方控制有效率100%	每发生同一分供方同种产品连续2批次不合格扣10分
		发货准确率100%	每发生一次发货差错扣10分
		合同执行准确率、及时率100%	每发生一次不符合规定扣5分
		成品库账、物、卡准确率100%	每发生一项不符合规定扣5分

2. 质量活动

考核小组每月组织对各部门的各项质量活动(包括日常质量活动、专项质量活动)进行检查(含内外审核)。检查各部门的质量活动是否符合程序规定,是否按计划实施,完成工作的质量是否达到规定要求。对检查中发现的不符合项按以下规定评分:严重不符合每项扣质量分10分,一般不符合每项扣5分,观察项每项扣2分;检查中未发现不合格项加10分,只有1项观察项加5分。

注:加分后仍应扣除不合格项的得分。

3. 纠正效果

为保证针对在质量技术分析会及各项审核检查中发现的各项质量问题的整改措施得到实施,质量考核小组每月底按《质量问题整改计划表》和《质量情况检查汇总表》逐项检查纠正措施的完成情况,并根据完成情况进行考核(已列入部门工作目标的不重复考核)。完成较好的每项加5分,完成一般不加分,部分未完成扣5分,完全未实施扣10分。

4. 质量事故

质管部负责对当月发生的质量事故进行调查,结合各部门的质量责任,确定质量问题的责任部门和责任人,视质量问题的情节轻重及损失大小进行通报批评,并予以处罚(口头批评罚200元,书面批评罚400元)。对涉及分供方责任的由生产中心供应部门按分供方控制办法处理。

四、质量考核等级评定标准

质量考核小组每月对部门的质量活动进行考核评定,确定每项得分。根据部门系数计算出部门总分,并按表12.2评定考核等级。

表12.2 质量考核等级评定标准

考核总分	评定等级
总分≥110分	优秀
101~110分	良好
91~100分	合格
81~90分	不合格
总分≤80分	严重不合格

注:部门总分=各项得分之和×部门系数+100,并按四舍五入取整;生产中心制造部的部门系数为0.5,其他部门为1。

五、奖惩方法

1. 部门月度质量考核按规定进行奖惩。优秀：部门奖励500元；良好：部门奖励200元；合格：不予奖励和罚款；不合格：部门罚款200元；严重不合格：部门罚款500元。

2. 公司设立质量管理流动红旗。由考核小组从月度评为优秀的部门中评选出质量管理流动红旗单位，并加奖200元。如当月没有部门被评为优秀时，该月不设立质量管理流动红旗单位。

3. 评选质量标兵。对注重产品质量和质量管理的个人，每月通过部门推荐、考核小组评定的方式，评选出月度质量标兵，予以200元/人的奖励，质量标兵人数在三人左右，原则上从一线操作人员和科研人员中产生。

4. 每月由办公室负责将月度质量考核结果、质量标兵及质量事故通报张榜公布，人力资源部负责按质量考核结果及质量事故通报对各部门、质量管理流动红旗单位、质量标兵、质量事故责任部门或责任人开具质量奖罚单，操作方式见《质量奖励基金实施方法》。

5. 年度考核

(1) 全年评为优秀3次或优秀和良好总数达7次以上的部门可获得年度质量管理优秀部门奖，奖励金额1000元，同时该部门负责人有优秀部长优先推荐权。

(2) 评选年度质量先进个人，评选方法是部门推荐、考核小组评定、总裁批准。年度质量先进个人奖金为500元。

(3) 如部门全年严重不合格2次或不合格和严重不合格次数超过5次(含5次)，部门负责人取消优秀部长评选资格，部门不得参加优秀部门的评选。

6. 对坚持质量管理，能及时发现质量问题、制止违反质量管理行为和质量事故的个人和班组将视贡献大小给予一次性奖励，奖励金额为200～1000元。

7. 公司设立质量奖励基金，用于质量管理考核奖惩。

本制度适用于公司各部门的质量管理考核及奖惩，各部门根据部门考核方法及质量责任分级原则进行分解。

本制度由质管部负责解释，从×月1日起试行。

12.1.3 案例3：班组长绩效考核管理方案

一、考核目的

为合理评价各班组长的工作业绩，体现功有所奖、过有所罚的精神，充分调动班组长的工作积极性、树立竞争意识，提高工作效率和管理能力，根据公司本年提出的工作目标，特制定《班组长绩效考核管理方案》。

二、适用范围

本规定适用于生产中心考核单位：生产班组长、辅助生产班组长、服务班组长。

三、考核方法

1. 考核依据：绩效考核指标依据是车间/部门绩效内的业绩指标分解。

2. 考核内容：考核内容主要包括质量、产量、成本、设备维护、现场管理、培训、劳动安全7个方面(其他班组相关指标参照执行)。

(1) 质量。包括月度产品合格率，工艺执行情况，有无因本工序原因出现较大质量事故，互检工作有无开展及客户有无质量投诉。

(2) 产量。包括计划完成率，各品种计划完成率，提供产量报表的准确性、及时性，班组组织生产的合理性4个考核要素。

(3) 成本管理。包括月末盘存工作的准确性，提供材料消耗数据的准确性、及时性，对本班组物料消耗是否控制在核定的指标内，是否对本班组的员工进行成本业绩考核。

(4) 设备维护。包括班组对设备的日常保养工作的及时性、经常性，对设备的保养是否按照该设备的保养要求进行，对设备的保养是否达到效果，停台率是否有明显降低。

(5) 现场管理。即班组长对本工序的现场管理情况。包括现场管理是否符合公司现场管理的要求，对现场的控制是否达到公司规定。

(6) 培训。班组长对新进员工、转岗员工进行培训的情况。培训合格率达100%，符合持证上岗要求。

(7) 安全。对班组人员的日常安全管理是否到位，应确保劳动防护用品穿戴率达100%，实行重大安全事故一票否决制。

生产班组绩效计划考核表，见表12.3。

表12.3 (生产)班组绩效计划考核表

车间： 考核时间： 月份：

序号	关键绩效区域	关键绩效指标	月度目标	标准分	评估来源	考核对象	考核分	备注
1	质量	工序不良率	公司指标	20	质管部	生产班组		
		现场违反工艺率	1	10	工艺设备部			
2	产量	品种计划完成率	100%	15	车间主任			
3	成本	月末盘存准确率	100%	10	成本核算、车间主任			
		材料消耗考核达标	公司指标	10	成本核算			
4	设备	设备使用维护评价	公司指标	10	设备员			
5	5S	现场5S管理执行力	公司指标	10	车间			
6	培训	计划完成率及持证上岗率	100%	5	车间			
7	劳动安全	劳保用品穿戴率	100%	5	行政			
		安全隐患整改率	100%	5	行政			
		轻伤事故考核为D，重大事故一票否决						
	合计							

生产班组绩效考核评分标准，见表12.4。

表12.4 (生产)班组绩效考核评分标准

序号	关键绩效区域	关键绩效指标	评分标准		
1	质量	工序不良率	小于考核指标得20分	等于考核指标得15分	大于考核指标得0分
		现场违反工艺率	无违反工艺得10分	违反一次得5分	违反两次得0分
2	产量	品种计划完成率	计划完成100%得15分	计划完成小于100%得10分	
3	成本	月末盘存准确率	准确率大于95%得10分	准确率小于95%得5分	准确率小于90%得0分
		材料消耗考核达标	小于核定指标得10分	等于核定指标得5分	大于核定指标得0分
4	设备	设备使用维护评价	达到良好水平得10分	达到合格水平得5分	不合格得0分
5	5S	现场5S管理执行力	现场查处率为0得10分	查处一项得5分	查处两项得0分
6	培训	计划完成率及持证上岗率	完成率100%持证率100%得5分	完成率低于100%得3分	完成率低于95%得0分
7	劳动安全	劳保用品穿戴率	佩戴率100%得5分	佩戴率低于100%得2分	
8		安全隐患整改率	整改率大于98%得5分	整改率小于98%得0分	

其他班组绩效计划考核表，见表12.5。

表12.5 (其他)班组绩效计划考核表

车间：　　　　　　　　　　　考核时间：　　　　　　　　　　月份：

序号	关键绩效区域	关键绩效指标	月度目标	标准分	评估来源	考核对象	评分标准来源(《阳光奖惩》)	考核分	备注
1	工作质量	服务满意度	95%	30		各车间/部门			
		投诉事件的处理	及时率	25		各车间/部门			
2	工作任务	计划完成率	100%	20		所属部门			
3	5S	现场5S管理执行力	公司指标	10		生产调度	其他班组		
4	培训	计划完成率及持证上岗率	100%	10		车间/部门			行政抽查
5	劳动保护	劳保用品穿戴率	100%	5		行政			
6	安全	轻伤事故,考核为D,重大事故一票否决				行政			
合计									

注：评分标准采用百分制，评分必须是整数。

其他班组绩效考核评分标准，见表12.6。

表12.6 (其他)班组绩效考核评分标准

序号	关键绩效区域	关键绩效指标	月度目标	评分标准		
1	工作质量	服务满意度	95%	满意度大于95%,投诉事件每月一起得30分	满意度小于95%,投诉事件2起得20分	满意度小于90%,投诉事件大于2起得0分
		投诉事件的处理	及时率	规定时间处理,结果满意得25分	规定时间处理,结果不满意得20分	未按规定时间处理,结果不满意得0分
2	工作任务	计划完成率	100%	计划完成100%得20分	计划完成小于100%得5分	
3	5S	现场5S管理执行力	公司指标	现场查处率为0得10分	查处1项得5分	查处2项得0分
4	培训	计划完成率及持证上岗率	100%	完成率100%、持证率100%得5分	完成率低于100%得3分	完成率低于95%得0分
5	劳动安全	劳保用品穿戴率	100%	佩戴率100%得5分	佩带率低于100%得2分	
		安全隐患整改率	100%	整改率大于98%得5分	整改率小于98%得0分	

四、班组长岗位系数及绩效等级

1. 设置班组长岗位分类是指根据岗位所承担的工作任务和责任性、重要性、复杂性将其分为9个等级，具体见表12.7。

表12.7 生产班组长岗位系数及绩效等级

序号	班组	平均参考分	岗位系数	绩效等级								
				A	B	C	C1	C2	D	D1	D2	E
1		4.76	2.0	1.4	1.2	1.0	0.95	0.9	0.8	0.75	0.7	0.5
2		4.73	2.0	1.4	1.2	1.0	0.95	0.9	0.8	0.75	0.7	0.5
3		4.5	1.9	1.4	1.2	1.0	0.95	0.9	0.8	0.75	0.7	0.5
4		4.48	1.9	1.4	1.2	1.0	0.95	0.9	0.8	0.75	0.7	0.5
5		4.09	1.85	1.4	1.2	1.0	0.95	0.9	0.8	0.75	0.7	0.5
6		4.03	1.85	1.4	1.2	1.0	0.95	0.9	0.8	0.75	0.7	0.5
7		4.01	1.85	1.4	1.2	1.0	0.95	0.9	0.8	0.75	0.7	0.5
8		3.98	1.85	1.4	1.2	1.0	0.95	0.9	0.8	0.75	0.7	0.5
9		3.9	1.8	1.4	1.2	1.0	0.95	0.9	0.8	0.75	0.7	0.5
10		3.75	1.8	1.4	1.2	1.0	0.95	0.9	0.8	0.75	0.7	0.5
11		3.66	1.7	1.4	1.2	1.0	0.95	0.9	0.8	0.75	0.7	0.5
12	机修	4.29	1.9	1.4	1.2	1.0	0.95	0.9	0.8	0.75	0.8	0.5
13	叉运	3.68	1.8	1.4	1.2	1.0	0.95	0.9	0.8	0.75	0.8	0.5
14	高环	3.51	1.8	1.4	1.2	1.0	0.95	0.9	0.8	0.75	0.8	0.5
15	返修	3.23	1.6	1.4	1.2	1.0	0.95	0.9	0.8	0.75	0.8	0.5
16	食堂	3.00	1.2	1.4	1.2	1.0	0.95	0.9	0.8	0.75	0.8	0.5
17	保安	2.85	1.0	1.4	1.2	1.0	0.95	0.9	0.8	0.75	0.8	0.5

2. 月度考核分为A、B、C、C1、C2、D、D1、D2、E九等。A等：考核得分第一名；B等：考核得分第二、第三名；C等：除A等、B等、D等外，在C等范围内，得分排名后两位的，执行等级按C1、C2档执行；D等：考核得分末尾两名，执行等级按D1、D2档执行；E等：重大质量、安全事故一票否决。

3. 连续三个月绩效考核为D等的班组长，建议车间予以罢免。

4. 考核方式主要分为以下两种。

(1) 自评：每月结束后，班组长可根据各项考核要素对本人的工作情况进行自评，对未达到工作要求的考核要素作出说明并提出改进措施。

(2) 相关人员评价：相关部门和人员结合考核要素，根据各班组的实际工作情况，本着公开、公平、公正的原则对各班组长的工作进行评价，并提出改进措施。

5. 考核结果评价：由行政人事部负责组织考评小组人员进行考评，并负责对考评结果进行汇总。

五、薪资组成及计算公式

1. 班组长计件薪资的依据为生产中心计件工资总额，计件单价为0.38元/单位。

(1) 班组长绩效工资总额=入库产量×计件单价；

(2) 班组长月薪收入=年功工资+入库产量×计件单价÷岗位等级系数总和×岗位等级系数×月度考评等级±津贴±奖惩。

(3) 入库产量：根据年初公司下达车间的总量/12月份，以4月份组装车间月平均产量为基数，A产品装配7万单位，B产品装配3万单位核定。各装配车间月产量高于4月份基数产量5000单位，班组长月考核系数×50元，以此类推。月产量低于4月份基数产量3000单位，班组长考核结果减去50元，以此类推。

2. 班组长的岗位工资：班组长的岗位工资一律按3年以下250元/月，3年以上5年以下300元/月，5年以上350元/月的标准执行。

六、考核结果的运用

1. 绩效考核结果是优胜劣汰、竞聘上岗、先进评比等的重要依据。

2. 一年内考核中出现D等或E等的，不得参加年终先进评比。

七、其他

1. 本规定以行政人事部解释为准。

2. 本规定自200×年×月1日起执行。

12.2 修订考核办法

绩效主管还需要不时根据企业实际情况，修订绩效考核办法、方案。

12.2.1 案例4：项目管理体系制度试行调查报告

200×年12月×日，技术部针对本年《技术体系项目管理规定》(试行稿)和《技术体系项目管理的绩效考核实施细则》(试行稿)的试行情况，在会议室与各项目的组长、组员进行了讨论，并对下年的项目管理提出了建议，具体情况如下所述。

一、具体情况

技术中心参与本次调查共11人,全部同意现有以上试行稿的推行,同意现有考核和奖励办法,并同意以下年终奖扣除办法。

(1) 组长个人拿出的年终奖比例:1个A类为50%,1个B类为25%,1个C类为12.5%。

(2) 技术中心的组员个人拿出的年终奖比例:1个A类为15%,1个B类为7.5%,1个C类为3.75%;其他部门组员暂不拿出。

(3) 以上年终奖的比例基数,参照前年标准,发放2个月工资。

(4) 本年尚未完成测试的项目需扣除的年终奖金额在下年项目奖中如数扣除。

(5) 应扣而未扣部分在下一年的项目奖中扣除。

二、对下一年的项目管理建议

1. 年终奖扣除问题

(1) 希望组员扣除的比例按照项目奖金分配比例而定,应使组长发放给组员的奖励多于被扣掉的年终奖;

(2) 应对其他部门的组员进行考核,建议其他部门组员拿出的比例可以是技术中心人员的一半。

2. 平台奖励问题

希望项目进度评估和测试平台也关联起来,即对测试平台进行考核,包括平台的测试量、测试人员的工作态度和检测工作质量等,对于平台奖励建议技术中心通盘考虑。

3. 项目奖金问题

C级项目奖励太少。

4. 发票问题

难以一次提供所有发票,建议每月或每季度上交发票保存在财务处,发奖金时再结算。

5. 奖励发放频次问题

建议每通过一次阶段评审,就及时对该项目的组长、组员进行奖励。

三、期望

希望下年继续实行项目管理。

12.2.2 各部门对考核的反馈

一、质量管理部反馈意见

1. 客户审核部分权重比较低，以200×年为例，客户审核的接待及问题整改跟踪和反馈等占了质管部大量的资源。

2. 供应商和OEM厂商审核部分所占权重太大。

(1) 按照采购委员会的配置，这一部分职责由采购委员会认证组承担。供应商质量改进既有质量管理的问题，也有技术标准完善的问题。

(2) 按照公司现有供应商结构，特别是部分材料的独家供应，质管部很难施加足够的影响力。

(3) 从理论上来讲，供应商的质量合格率越高，说明管理工作越有绩效，但进料检验工作也由质管部管理，存在一定的矛盾。应要求质管部努力加强对供应商质量过程管理的督促工作，并减少管理权重。

二、外贸部反馈意见

具体意见见表12.8。

表12.8 外贸部反馈意见

指标	单位	目标值	建议修改值
外销销售额	万美元	3500	3500
平均回款天数	天	75	88
外销销售费用率	%	3.00	3.00
毛利率	%	22	15.00

三、销售部意见反馈

其中，费用率的指标定义为："国内市场销售费用，不包括代理费"，我认为不准确，应调整为"国内市场销售费用，不包括代理费、工程服务费、佣金、运费"。工程服务及佣金在年度预算时因难以预测没有考虑，而运费应在计划管理部的考核中体现，不是由国内市场所能控制的。具体指标值也需调整到6.02%，配套新市场的目标值可调整为"产生销售或取得选型入围通知书"。

四、计划管理部意见反馈

国内发货每单位的运费指标来源数据有误。

国内市场预算的运费是指上年支付的运费,而不是实际发生的运费。因此不能用上年的平均数据预测全年发货单位数量。

实际上,上年1—7月份的销售量预测为34.18万单位,预计运费574万,平均每单位运费为16.8元。

我已经就运费测算与国内市场沟通,国内市场测算的935万,是上年要支付的费用,而不是发生的费用。实际上国内市场上年的运费是按照销量的50%、34.18万单位、574万的标准计算的。年初提供的前年每单位运费,因为没有剔除海外市场集装箱自提的部分,导致数据错误。现在正在重新核算,今天下班前会发出。

上年生产管理部考核表中的每单位运费指标,每单位运费=A市场部运费预算/A市场的年销售量=935万元/68.12万单位=13.73元/单位,以此作为考核目标。

五、技术中心反馈意见

1. 项目计划的完成情况建议以季度绩效计划为考核依据。

2. 关于降低产品成本,建议增加完成不同比例的赋分值,另外计算分母建议以产品材料成本为准,因为销售成本的影响因素太多。另外建议将该指标改为成本绝对下降值,根据年度目标分季度落实,那样更具备可操作性。

3. 资料差错以正式(书面)反馈单为准。

六、采购部反馈意见

1. 采购部会同计划管理部结合公司制定的《库存和原材料采购的精细化管理》针对不同物料确定安全库存和采购周期。

2. 计划管理部和生产中心在编制生产作业、采购、发货计划和合同交期评审时,应以各物料采购周期为基准,并为采购预留足够的时间。另外,物料需求不能超出供应商的最大产能(如壳盖的最大产能受限于模具数量),否则不作考核。

3. 对于采购及时率的考核,应只考核由于采购部采购行为不当所造成的延误次数,应剔除不可抗力(如运输中断、加工设备故障、模具损坏等)、技术等其他原因造成的延误。另外,对于尚处于试制、调试阶段的物料采购也不应纳入考核范围。

4. 一般情况下,延误时间如超过3天肯定是出现了重大事故,这不是一天两天所能解决的,因此建议取消(延误超过3天的,每增加1天加计1次)。

5. 铅材料按采购当日采购网最低价格来考核不合适。

6. 采购成本的下降有很大一部分需通过大宗物料的机会采购来达成，因此应确定如采购部通过行情研究决定实施采购而财务又无法及时提供足够的采购资金导致错失采购时机时该如何进行考核，是否还应考核财务部每月的资金到位及时率。

7. 还有一部分采购成本的下降需建立在技术中心技术认证或项目进展的基础之上，因此应确定当技术系统延误或相关人员不作为导致成本下降无法达成目标时该如何进行考核。

8. 存货周转率的考核应剔除由于订单和计划取消、变更所造成的物料积压和计划要求备货的物料。另外，考核对象还应剔除进口物料。

七、关于其他部门考核

1. 质量管理部

(1) 产品检验不应只针对公司内部的各生产工序，还应包括外购来料检验。

(2) 产品检验的具体考核内容除了错漏检次数以外，还应包含检验及时性。

2. 技术中心

(1) "有效控制项目进度"中的项目内容还应包含相关部门的需求，不应只由技术中心自行申报。如从降低采购成本的角度出发，采购部认为××酸的国产化应列入项目内容，公司至今已经批量用国产××酸替代了1.5T，技术中心也完成了相关的跟踪测试，但至今不下发同意国产化的技术文件，影响了采购部今年低成本目标的达成(进口××酸为42.1元/kg，国产××酸为9元/kg)。

(2) 还应增加对设计差错率和及时率的考核，因为设计源头的错误将直接导致采购物料的不适用和库存积压。

3. 工厂L

采购部的具体采购进度是依据生产中心各车间的每周作业计划来实施的，因此生产中心的周作业计划的及时、准确与否将直接影响采购的及时性和准确性，因此建议对生产中心增加周作业计划的及时性、准确性的考核内容。

4. 计划管理部

(1) 计划管理不应只是考核生产计划编制的差错次数，还应包含发货计划，因为采购部的包装物料及相关配件的采购进度是根据发货计划来实施的。

(2) 计划的考核不应只是考核差错次数，还应考核及时性和变更次数，否则将影响下游流程。

(3) 计划管理部有责任对每个评审合同进行审核，确保合同需求的正确，否则将导致下游流程采购不适合的物料，因此建议增加此项内容的考核。

5. 工厂Z

采购部的具体采购进度是依据生产中心各车间的每周作业计划来实施的，因此生产中心的周作业计划的及时、准确与否将直接影响采购的及时性和准确性，因此建议对生产中心增加周作业计划的及时性、准确性的考核内容。

12.2.3　KPI调整：产品成本下降率

最早的年度目标值=A/B=4%。A=年度产品成本下降额=1840万元，B=年度销售成本=46 000万元。技术中心和采购部因铅替代品的归属问题，对各自的4%和1%的目标值提出异议。采购部提出新的目标值=1.12%，技术中心提出新的目标值=2.44%，则A=1122.4万。副总确定，新的目标值=3%，则A=1380万元。

财务部和人力资源部共同讨论确定如下规则：在技术中心提出的各季度分解的基础上确定季度分解比例。技术中心提供的数据：1季度=97.33万元，2季度=186.56万元，3季度=418.38万元，4季度=418.38万元，合计=1120.65万元。则比例为：1季度=8.68%，2季度=16.65%，3季度=37.33%，4季度=37.33%。以1380万元为年度目标值，按上述比例分解，得到需消化的各季度的产品成本下降额为：1季度=119.78万元，2季度=229.77万元，3季度=515.15万元，4季度=515.15万元。

各季度的销售成本=46 000/4=11 500万元。则各季度的产品成本下降率目标值：年度=3%，1季度=1.04%，2季度=2%，3季度=4.48%，4季度=4.48%。

1季度该指标的考核分数的调整：目标值=1.04%(原4%)，实际值=0.55%，分数X=实际值/目标值×70/100=37分。副总打了50分。

12.2.4　技术项目管理方法和制度的推进方案汇报会议纪要

会议由技术体系汇报了技术项目管理方法和制度的推进方案，对汇报的内容形成如下意见。

(1) 要求先解决主要矛盾，当前主要问题在于项目进度和项目质量，要求全面推行，在推行过程中不断完善，首先以进度为主要考核指标，提前完成的可以适当奖励，延后完成的按一定比例进行扣罚，关于这一点在季度绩效考核和项目考核中均要体现。

(2) 进度管理可以采用向技术中心进行周汇报和向公司进行月度汇报的方式，技术中心采取周例会的制度。

(3) 对于项目，可以采用分等级的方式，按不同等级进行管理。

(4) 对于项目组长，在现阶段，对于重要的1～2等项目可以采取指定的方式，由技术体系提议报公司批准；对于2～3等项目要求由技术体系的领导担任项目指导人，项目组长可以采用竞标的方式，让其他技术人员能快速成长起来。

(5) 对于项目奖金，采取将项目负责人的部分薪酬和公司注入的奖励基金结合起来，按照项目的工作量、难度、预见的效益等拟定奖金额度，根据技术人员的期望和公司实际，核算技术人员的总薪酬的方法。可以在前次项目奖的基础上有所变动，个别突出项目可以有所区别，由技术体系对现有16个项目拟定项目奖金方案报公司审批；竞标项目确定后先发布，奖励金额在宣贯会前确定。

(6) 对于上年已完成的项目进行一次性评定和奖励，未完成的项目纳入考核中。

(7) 要求严格项目的立项评审，立项评审和批试评审等重要的评审需要公司领导参加。

(8) 对于推广会，可以和座谈会分开进行，直接采用宣贯的方式，然后进行竞标，希望在竞标前先进行准备和预演，在会上明确考核方法。该会议由公司领导参加，希望尽快召开。

(9) 在会前需制定好具体的项目考核方法报公司审批。

(10) 按公司目前的情况，不设立市场部，由技术系统领导传达总经理办公会的意见作为项目的市场需求参考。

12.3 销售提成计算技巧

12.3.1 提成政策——计算依据

销售提成=毛利1×30%×调整系数。

毛利1=不含税销售价－不含税基准价－工程实施费用－付现费用－交易费用－人工成本。

外购(第三方采购)产品的不含税基准价=ERP成本价×1.05，外购产品的不含税基准价按公司2012年制定的标准定义。

工程实施费用=按上年公司统一对工程项目实施政策计算值+正常差旅费的修正；工程项目实施政策计算值=工程技术中心的奖励+公司管理费用。

人工成本包含薪资和五险一金。系统一部、二部、三部、北京办的人工成本实施分摊。系统业务的人工成本=人工成本×系统的上年回款额/上年回款额；合同能源管理业务的人工成本=人工成本×合同能源管理的上年回款额/上年回款额。

调整系数按矩阵确定(本表中平均毛利率的毛利2=不含税销售价-不含税基准价-工程实施费用)。年初签订的绩效协议，目标合同额需明确系统业务的占比(一般要求为30%，假定系统一部目标合同额5000万，系统1500万，合同能源管理3500万)。本表中的合同额完成率指系统业务的合同额完成率。

(1) 合同额完成率每变化10%，系数变化0.1；平均毛利率每变化5%，系数变化0.1。

(2) 当合同额完成率在150%以上，且平均毛利率在96%～100%之间时，系数=2.7。

(3) 当合同额完成率在150%以上，且平均毛利率在15%以下时，系数=1.0。

(4) 当合同额完成率在91%～110%之间，且平均毛利率在36%～40%之间时，系数=1.0。

(5) 当合同额完成率在40%以下，且平均毛利率在96%～100%之间时，系数=1.6。

(6) 当合同额完成率在30%以下，且平均毛利率在15%以下时，系数=0。

调整系数(合同额完成率+平均毛利率的考核矩阵)具体见表12.10。

对于个别区域可能出现的合同额完成率很低但毛利率很高的特殊情况，应提交公司总裁另行决定奖励政策。

系统业务提成的计算：每个项目的回款率达到合同额的80%以上时，方可计算提成和部分发放，其余部分待全款到账后再给予全额计算。

12.3.2 数据提供

在提供绩效考核数据时，需明确数据、数据来源、提供人员、时限要求，见表12.9。

表12.9 绩效考核的数据提供

数据	数据来源	提供人员	时限要求			
不含税销售总价	工业商务部	商务	次月12日前提供	次月15日前与销售确认完毕	次月18日前给考核兼岗汇总	次月23日前给HR总监审核
不含税基础总价	工业商务部	商务	次月12日前提供	次月15日前与销售确认完毕	次月18日前给考核兼岗汇总	
发货额	ERP		次月15日前提供	次月18日前与销售确认完毕	次月20日前给考核兼岗汇总	

(续表)

数据	数据来源	提供人员	时限要求			
开票额	ERP	财务	次月15日前提供	次月18日前与销售确认完毕	次月20日前给考核兼岗汇总	次月23日前给HR总监审核
回款额	商务部	商务	次月12日前提供	次月15日前与销售确认完毕	次月18日前给考核兼岗汇总	
工程实施费	工程技术中心	工程秘书	次月12日前提供	次月15日前与销售确认完毕	次月18日前给考核兼岗汇总	
付现费用	OA(剔除上年提成、工资、奖金、福利、固定资产、交易费)	财务	次月15日前提供	次月18日前与销售确认完毕	次月20日前给考核兼岗汇总	
交易费	OA(如果以借款来支付交易费，必须及时冲账)	财务	次月15日前提供	次月18日前与销售确认完毕	次月20日前给考核兼岗汇总	
人工成本	人力资源部	HR	次月12日前提供	次月15日前与销售确认完毕	次月18日前给考核兼岗汇总	

12.3.3 查表

调整系数：合同额完成率+平均毛利率的考核矩阵，见表12.10。

表12.10 调整系数

平均毛利率/% \ 合同完成率/%	0~40	41~50	51~60	61~70	71~80	81~90	91~110	111~120	121~130	131~140	141~150	150以上
0~15	0	0	0.1	0.2	0.3	0.4	0.5	0.6	0.7	0.8	0.9	1
16~20	0	0.1	0.2	0.3	0.4	0.5	0.6	0.7	0.8	0.9	1	1.1
21~25	0.1	0.2	0.3	0.4	0.5	0.6	0.7	0.8	0.9	1	1.1	1.2
26~30	0.2	0.3	0.4	0.5	0.6	0.7	0.8	0.9	1	1.1	1.2	1.3
31~35	0.3	0.4	0.5	0.6	0.7	0.8	0.9	1	1.1	1.2	1.3	1.4
36~40	0.4	0.5	0.6	0.7	0.8	0.9	1	1.1	1.2	1.3	1.4	1.5
41~45	0.5	0.6	0.7	0.8	0.9	1	1.1	1.2	1.3	1.4	1.5	1.6
46~50	0.6	0.7	0.8	0.9	1	1.1	1.2	1.3	1.4	1.5	1.6	1.7
51~55	0.7	0.8	0.9	1	1.1	1.2	1.3	1.4	1.5	1.6	1.7	1.8
56~60	0.8	0.9	1	1.1	1.2	1.3	1.4	1.5	1.6	1.7	1.8	1.9
61~65	0.9	1	1.1	1.2	1.3	1.4	1.5	1.6	1.7	1.8	1.9	2
66~70	1	1.1	1.2	1.3	1.4	1.5	1.6	1.7	1.8	1.9	2	2.1
71~75	1.1	1.2	1.3	1.4	1.5	1.6	1.7	1.8	1.9	2	2.1	2.2
76~80	1.2	1.3	1.4	1.5	1.6	1.7	1.8	1.9	2	2.1	2.2	2.3
81~85	1.3	1.4	1.5	1.6	1.7	1.8	1.9	2	2.1	2.2	2.3	2.4
86~90	1.4	1.5	1.6	1.7	1.8	1.9	2	2.1	2.2	2.3	2.4	2.5
91~95	1.5	1.6	1.7	1.8	1.9	2	2.1	2.2	2.3	2.4	2.5	2.6
96~100	1.6	1.7	1.8	1.9	2	2.1	2.2	2.3	2.4	2.5	2.6	2.7

12.3.4 计算辅助表

辅助计算表，见表12.11。

表12.11 辅助计算表

序号	业务员	合同号	单位名称	业务类型	产品名称	型号	数量/(套/个)	不含税销售单价/元	不含税销售票面价/元	不含税基准价、结算价/元	不含税销售总价/元	不含税基准总价/元
1	甲		泵业有限公司	水泵测试站改造	主机架	2×9槽	1	235	470	122	235	122
2	乙		泵业有限公司	水泵测试站改造	10A冗余电源模块		2	1254	2508	652	2508	1304
3	丙		泵业有限公司	水泵测试站改造	电源插头		2	1245	2490	647	2490	1295

销售项目统计(数据采集表)，见表12.12。

表12.12 销售项目统计(数据采集表)

类别：工业销售							周期：2012年度							
序号	业务员	合同号	单位名称	业务类型	不含税销售总价/万元	不含税基准总价/万元	发货额/万元	开票额/万元	回款额/万元	回款率/%	是否可提成(系统80%，产品100%)	工程实施费用/万元	付现费用/万元	交易费用/万元	人工成本/万元	毛利1/万元	毛利2/万元
1	甲		泵业有限公司	水泵测试站改造	0.0	0.0	20.0	20.0	17.6	88.0%	Y	5.0	8.0	2.0	4.0	(19.0)	(5.0)
2	甲		泵业有限公司	水泵测试站改造	0.0	0.0	10.0	10.0	10.0	100.0%	Y	1.0	1.0	0.5	8.0	(10.5)	(1.0)
3	乙		泵业有限公司	TRT业务	0.0	0.0	0.0	0.0	100.0	#DIV/0!	#DIV/0!	6.0	7.0	3.0	1.7	(17.7)	(6.0)
4	乙		泵业有限公司	销售	0.0	0.0	0.0	0.0	100.0	#DIV/0!	#DIV/0!	45.0	6.0	4.0	0.8	(55.8)	#####

毛利提成计算，见表12.13。

表12.13 毛利提成计算

系统提成\姓名	不含税销售价/万元	不含税基准价/万元	工程实施费用/万元	付现费用/万元	交易费用/万元	人工成本/万元	毛利1/万元	毛利提成调节系数	毛利提成比例/%	系统业务目标合同额/万元	系统业务实际合同额/万元	毛利提成/万元	毛利2/万元	平均毛利率/%	合同完成率/%
公式															
甲	199.2	103.6	6.0	9.0	2.5	12.0	66.1	1.4	30	150.0	199.2	27.8	89.6	45.0%	132.8%
乙	124.4	64.7	45.0	6.0	4.0	0.8	3.9	0.2	30	180.0	124.4	0.2	14.7	11.8%	69.1%
丙	0.0	0.0	0.0	0.0	0.0	0.0	0.0		30		0.0				
丁	0.0	0.0	0.0	0.0	0.0	0.0	0.0		30		0.0				

目标年薪考核计算，见表12.14。

表12.14 目标年薪考核计算

考核年薪 姓名	目标合同额(不含税)/万元	实际合同额(不含税)/万元	合同额达成率/%	合同额每超100万，奖励0.6万/万元	目标年薪/万元	考核年薪/万元	最小年薪/万元	最大年薪/万元
甲	500	0	0.0	(3.00)	8.40	5.40	4.20	16.80
乙	600	0	0.0	(3.60)	8.40	4.80	4.20	16.80
丙		0		0.00		0.00		
丁		0		0.00		0.00		

12.4 考核反馈

绩效主管需要做好考核反馈。一种是向个人反馈，如360度考核，可采取蜘蛛图形式，比较直观；另一种是撰写绩效报告，向人力资源部经理汇报情况。

12.4.1 360度考评反馈——蜘蛛图

360度考试反馈具体见表12.15。

表12.15 360度考评反馈

序号	姓名	计划	沟通	团队	学习	作风	廉洁	修养	主动性	专业性	责任承担	适岗性
1	甲	77.0	77.1	75.3	77.5	76.8	80.2	80.1	79.0	79.2	79.5	79.6
2	乙	76.6	79.6	73.7	74.4	74.8	75.5	76.5	75.5	75.1	76.0	76.4
3	丙	69.3	70.0	68.9	75.3	74.8	79.2	78.9	72.2	77.0	73.1	72.9
3人样本的平均分		74.3	75.6	72.6	75.7	75.5	78.3	78.5	75.6	77.1	76.2	76.3
实际29人的平均分		72.5	72.8	71.4	73.3	75.0	75.5	75.0	74.3	74.1	73.4	73.6

实际29人，只选取3人做样本。具体如图12.1所示。

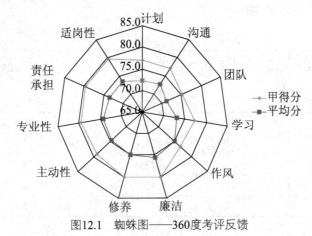

图12.1 蜘蛛图——360度考评反馈

12.4.2 年度绩效报告

为了及时总结公司筹建阶段的工作,对各部门、分公司和员工的工作业绩和工作表现进行客观评价,激励员工工作积极性,人力资源部于200×年12月25日至29日组织实施了年度绩效考核工作。

共有35人参与了年度考核,其中正式参加考核的人员有28人,7名新进员工以同级评价或下级评价的方式参与对本部门员工和部门经理的工作表现和工作胜任能力的考核。28人包括公司领导2人,部门经理(含副经理)9人,员工17人(含试用期届满的员工6人)。

在数据统计的基础上,对考核结果进行了分析,并针对存在的问题提出了改进措施,为修订《绩效管理暂行办法》提供依据。

1. 数据统计

1) 分公司绩效考核结果

分公司考核结果汇总,见表12.16。最高分90.5分,宁波市分公司;最低分77.0分,温州市分公司;平均分80.9分。

表12.16 分公司考核结果汇总

序号	分公司	得分
1	杭州	77.5
2	宁波	90.5
3	温州	77.0
4	台州	80.5
5	衢州	79.0
平均分		80.9

分公司考核指标结果,见表12.17。最高得分比例93%,指标2;最低得分比例74%,指标3;平均得分比例89%。

表12.17 分公司考核结果(指标)

指标	权重	得分	比例/%
1	20	14.0	70
2	20	18.6	93
3	15	11.1	74
4	15	11.4	76
5	15	13.0	87
6	15	12.8	85
平均分			81

2) 部门绩效考核结果

部门考核结果汇总，见表12.18。

(1) 部门考核总分：最高分91.5分，人力资源部；最低分86.5分，工程建设部；平均分88.7分。

(2) 部门任务绩效：最高分92.5分，人力资源部；最低分88.5分，工程建设部；平均分90.9分。

(3) 客户评价：最高分89分，人力资源部；最低分80.6分，市场经营部；平均分83.5分。

表12.18 部门考核结果汇总

序号	部门	任务绩效(70%)	客户评价(30%)	部门绩效得分
1	办公室	91.5	84.0	89.3
2	人力资源部	92.5	89.0	91.5
3	计划财务部	90.0	83.9	88.2
4	市场经营部	89.3	80.6	86.7
5	网络运维部	93.5	81.6	89.9
6	工程建设部	88.5	81.7	86.5
	平均分	90.9	83.5	88.7

3) 部门经理绩效考核结果

部门经理考核结果汇总，见表12.19。

(1) 考核总分：最高分94分，×××，人力资源部；最低分88分，×××，市场经营部；平均分90分。

(2) 工作表现：最高分100分，×××，人力资源部；最低分91分，×××，市场经营部；平均分94分。

表12.19 部门经理考核结果汇总

序号	部门	姓名	部门绩效(70%)	工作表现(30%)	部门绩效总分
1	办公室	×××	89	96	91
2	人力资源部	×××	92	100	94
3	计划财务部	×××	88	94	90
4		×××	87	92	88
5	市场经营部	×××	87	91	88
6		×××	87	91	88
7	网络运维部	×××	90	96	92
8	工程建设部	×××	87	95	89
9		×××	87	95	89
	平均分		88	94	90

部门经理工作表现矫正数据，见表12.20。

(1) 指标：部门经理工作总体表现很好，得分94分；各方面表现比较平衡，责任意识98分，团队意识94分，创新意识88分，学习意识95分。

(2) 评价者：不同评价者的评分比较一致。员工自我评价与同级评价得分非常一致；上级评价与总体评价接近；下级评价在各方面略微偏高一些。

表12.20　部门经理工作表现(矫正数据)

评价来源	责任意识(30%)	团队意识(30%)	创新意识(20%)	学习意识(20%)	工作表现得分
自我评价	91	89	86	88	89
总体评价	98	94	88	95	94
上级评价	98	92	84	94	93
同级评价	89	89	89	89	89
下级评价	108	106	104	105	106

4) 员工绩效考核结果(矫正数据)

员工绩效考核结果矫正数据，见表12.21。

(1) 考核总分：最高分101.6分，×××，网络运维部；最低分83.6分，×××，市场经营部；平均分91.9。

(2) 任务绩效：最高分108分，×××，计划财务部；最低分84分，×××，市场经营部；平均分92.6分。

(3) 工作表现：最高分101.2分，×××，网络运维部；最低分82.3分，×××，市场经营部；平均分91.2分。

表12.21　员工绩效考核结果矫正数据汇总

序号	部门	姓名	任务绩效(50%)	工作表现(50%)	员工绩效得分
1	办公室	×××	86	85.2	85.6
2		×××	84	94.8	89.4
3	人力资源部	×××	94	99.9	97.0
4	计划财务部	×××	108	88.0	98.0
5	市场经营部	×××	92	84.8	88.4
6		×××	95	86.0	90.5
7		×××	90	83.3	86.7
8		×××	91	84.5	87.8
9		×××	85	82.3	83.7
10		×××	84	83.1	83.6

(续表)

序号	部门	姓名	任务绩效(50%)	工作表现(50%)	员工绩效得分
11	网络运维部	×××	102	101.2	101.6
12		×××	93	93.4	93.2
13		×××	96	98.4	97.2
14		×××	88	92.5	90.3
15		×××	95	100.6	97.8
16	工程建设部	×××	95	97.6	96.3
17		×××	97	95.4	96.2
	平均分		92.6	91.2	91.9

员工工作表现考核结果，见表12.22。

(1) 指标：员工工作总体表现很好，得分91分；各方面表现比较平衡，责任意识95分，团队意识92分，创新意识88分，学习意识89分。

(2) 评价者：不同评价者的评分比较一致。员工自我评价与同级评价得分非常一致；上级评价在各方面略微偏低一些。

表12.22 员工工作表现考核结果

评价来源	责任意识(30%)	团队意识(30%)	创新意识(20%)	学习意识(20%)	工作表现得分
自我评价	103	102	96	97	100
总体评价	95	92	88	89	91
上级评价	91	87	95	85	87
同级评价	103	103	97	100	101

2. 结果分析

1) 分公司绩效考核结果分析

从表12.16来看，平均分在80分以上，参加考核的5个市分公司在筹备期间取得了比较好的绩效。省公司在筹备期间取得的各项成绩与各市分公司的努力是分不开的。

从表12.17来看，完成最好的指标是指标2"积极配合省公司做好集团公司骨干网的建设工作"，得分比例93%；完成最差的指标是指标1"积极做好业务市场拓展的前期准备工作"，得分比例70%，应该引起省公司的注意，按照"以客户为中心、以市场为导向"的竞争策略，提升市场营销能力。另外，各市分公司在指标5"配合省公司做好人员的招聘录用工作"和指标6"搞好内部管理，根据省公司有关管理办法和规定制定实施细则，逐步建立和完善内部管理机制"方面都取得了较好的绩效；但是在指标3"配合省公司制定本地网发展规划及近期建设计划"和指标4"做好本地区互联互通的有关工作"方面需要改进。

宁波市分公司在各个指标上都取得了较好的业绩,特别是在指标5"人员招聘录用"方面取得了满分15分;温州市分公司在指标1"业务市场拓展的前期准备工作"和指标4"本地区互联互通"方面需改进绩效;杭州市分公司在指标3"本地网发展规划及近期建设计划"及指标4"本地区互联互通"方面存在不足;台州市分公司在指标1"业务市场拓展的前期准备"方面存在不足;衢州市分公司在指标3"本地网发展规划及近期建设计划"和指标6"内部管理"方面需要改进。

2) 部门绩效考核结果分析

从表12.18来看,省公司各部室在筹备期间也取得了较好的绩效,平均分为88.7分。各部室较好地支撑了省公司整体绩效,并指导各市分公司的组建工作。从部门绩效的两个来源来看,各部门在独立工作方面较强,同时在部门间协作方面略显不足,具体表现在任务绩效较高,平均分90.9分;客户评价较低,平均分83.5分。

人力资源部在部门绩效,包括任务绩效和客户评价方面都取得了最好的业绩,其中部门绩效91.5分,任务绩效92.5分,客户评价89分。从具体的考核内容来看,值得注意的是,人力资源部在"招聘录用和人力资源配置质量"方面取得了满分。

工程建设部的部门绩效和任务绩效虽排名最后,但总体上还是取得了较好的业绩,其中部门绩效86.5分、任务绩效88.5分。

市场经营部在客户评价方面排名最后,平均分80.6分,存在改进的空间。

3) 部门经理绩效考核结果分析

从表12.19和表12.20来看,省公司各部门经理都表现出较强的责任意识、团队意识、创新意识和学习意识。这些行为表现获得了来自上级、同级和下级的一致认同,并与自我评价接近,说明评价是比较客观的。在他们的领导下,各部室、员工均取得了较好的绩效,较全面地反映了部门经理绩效的三个来源(个人承担的任务绩效、下级的绩效、与其他部门共同完成的任务)。

4) 员工绩效考核结果分析

(1) 总体分析。从表12.21来看,参加年度考核的员工在任务绩效和工作表现两方面均取得了较好的绩效,其中员工绩效平均分为91.9分,任务绩效92.6分,工作表现91.2分。说明全体员工在筹备期间为省公司各方面业绩的取得作出了积极的贡献,在完成部门和岗位相应的任务的同时,体现出符合公司现阶段的"三创文化"。

网络运维部的员工×××在总分和工作表现上排名第一，分别为101.6分和101.2分；计划财务部的员工×××在任务绩效上排名第一，为108分。

市场经营部的员工×××在总分和任务绩效上排名最后，分别为83.6分和84分；市场经营部的员工×××在工作表现上排名最后，为82.3分，存在一定的改进空间。建议由部门总经理与他们进行沟通，并由人力资源部进一步分析考核指标，为岗位培训提供依据。

(2) 工作表现分析。从表12.21和表12.22来看，绝大多数员工都表现出较强的责任意识、团队意识、创新意识和学习意识。这些行为表现获得了来自上级和同级的一致认同，并与自我评价接近，说明评价是比较客观的。

(3) 比较部门经理和员工行为表现的评价结果，发现两者评价风格存在一定的差异：下级对上级的评价倾向于偏高一点，上级对下级的评价倾向于偏低一点。

3. 总体评价

1) 绩效结果

从考核结果来看，无论是分公司、部门还是员工在筹备期间都取得了较好的绩效，各个层面作出的贡献和努力应该得到认可。分公司需要在业务市场拓展方面下工夫，省公司各部室需要在团队协作方面作出改进，"内部客户"的意识需要进一步强化，特别是要坚持省公司为基层服务的思想。员工需要人力资源部提供考核结果，由各部门总经理进行个别反馈，并进行绩效沟通面谈。

2) 方案及实施中的问题

(1) 在技术方面，存在的主要问题是如何在360度考核中消除考核者打分的差异，员工互评、部门客户评价(多对多评价模式)通过对评价风格的矫正已得到解决，员工对部门经理(多对一评价模式)的评价风格的偏差仍没有解决，需要进一步研究。

(2) 结合考核结果，修订绩效管理办法。在原绩效管理暂行办法的基础上，对中高层管理人员(包括分公司领导班子成员、省公司各部室负责人)引入述职报告进行考核。季度考核以任务绩效和工作表现为主，年度(或半年度)考核结合胜任能力考核，应用360度考核。

(3) 重视绩效沟通与反馈。人力资源部要在数据统计与结果分析的基础上及时撰写绩效报告，并将考核结果提供给各部门总经理，由各部门总经理及时与员工进行绩效沟通与反馈；同时，人力资源部应针对胜任能力考核结果，撰写能力分析报告，并将考核结果及细分项目提供给培训负责人，建立员工培训发展档案。建议培训负责人查阅员工年度工作小结，并将其作为员工培训的依据之一。

4. 说明事项

(1) 部门经理的工作表现、工作胜任能力的上级评价缺少总经理的评价，可能会影响数据的准确性和结果分析。

(2) 涉及多对多的评价数据都进行了矫正，包括客户评价、部门经理的工作表现、员工的工作表现。

(3) 没有进一步分析客户评价中的问题。

(4) 对部门经理和员工的工作胜任能力的分析另见《工作胜任能力分析报告》。

> **延伸阅读：绩效沟通培训形式创新——HR微电影探索**
>
> 在绩效管理制度中，一般会依据PDCA循环，认为完整的绩效管理体系，应该遵循以下步骤：绩效计划、绩效实施、绩效考核、绩效面谈、考核结果的运用。
>
> 目标制定及分解、量化考核、数据采集、激励机制、劳动法风险、职务晋级等方面的设计、优化，包括软件系统的引入，都体现了绩效管理"硬"的一面。然而，绩效管理还有"软"的一面，即离不开人与人的沟通。
>
> 绩效沟通，是个难点。
>
> 狭义的绩效面谈，主要发生在考核阶段之后，把考核结果告知员工，回顾过去的工作，考核打分，并制订下个周期计划，达成共识。
>
> 但广义的绩效沟通，可能发生在绩效计划、过程辅导、考核反馈阶段。而且沟通的方式方法，不仅是面对面的谈话，还可能包括会议、邮件等。
>
> 在人力资源管理、绩效管理的图书中，绩效面谈一般只有一章内容。主要介绍面谈准备、面谈原则、面谈技巧，包括倾听、提问、表达、观察肢体语言、结束。然后介绍对于不同类型的员工如何与其面谈，比如老员工、优秀员工、差员工、发火的员工、沉默的员工等。
>
> 如何掌握绩效沟通的技巧，是个难点。绩效面谈如同驾驶、游泳、炒菜等，是种技艺，只具备简单的理论知识是远远不够的。
>
> 绩效沟通的培训形式，除看书以外，还可以听培训老师讲解。一些现场的课程，基本也是讲解原则、技巧。录制视频课程也是如此，有些老师还会增加脚本演

练。脚本,就是经理、员工的对话;演练,就是在课堂上让两个员工模拟经理、员工进行对话。有时可用手机、摄像机拍摄成视频。

目前,网络上出现了相关的自制视频,如失败的绩效面谈、成功的绩效面谈,拍摄者有企业也有学生,主要是模仿国外早年播出的绩效面谈视频。但由于脚本不是剧本、演员业余、拍摄静态、画面和音效较差,因此不够专业,很难达到让人触动、有所感悟的地步。

也有的老师会引用电影来进行说明,比如亮剑的李云龙、大话西游的唐僧和至尊宝等,口号是:看电影,学管理。然而,军事、娱乐题材的影视剧情与企业管理的"剧情"毕竟有差别。

基于国内绩效沟通培训形式的现状,杭州考典信息科技有限公司致力于制作职场HR微电影系列,在看电影、学管理的口号下,以发生在中国企业、社会上的种种现象作为素材,进行编剧,并联合专业团队(包括导演、演员、设备等)进行拍摄、剪辑。

微电影是在最近几年开始兴起并逐步成熟的,主题多样,面向网民,有校园、励志、香艳、惊悚、恐怖等类型。但针对企业,定位于管理培训短片,可用于企业内训、大学教学、培训师授课、各类沙龙观摩的很少。

目前,考典科技制作了第1集《绩效沟通之古怪的清洁工》(时长12分)、第2集《逃费游击队之停车位的考核》(时长24分),是国内最早的一批职场HR微电影产品,对绩效沟通的培训形式进行了创新,让学员做观众,看微电影、谈体会,由老师作总结。考典科技公司推出的线下交易版,可通过云盘下载,在电脑、手机端收看,根据次数、月数付费,把内容、拍摄剪辑技术、云技术、加密技术、支付技术等结合起来,可满足用户的多方位需求。

第1集剧情简介:一个HR经理,一个物业公司的清洁工,本无交集。因为抽烟的行为,引发了双方的交谈。HR经理只当闲聊,清洁工却话里有话。有些是台词,有些是潜台词,她的脸色、表情以及一些肢体语言,给HR经理造成了无形的压力,从而产生恍惚感。原来,清洁工始终在表达:你抽烟,增加了我的工作量,我要被考核扣分的。这是从外围的视角,对绩效管理中的绩效沟通(面谈)用微电影的形式进行表达。

第2集剧情简介:一个HR经理,一个公司的停车收费员,本无交集。可是因为他人的逃费，引发了双方的攀谈。原来，只要有停车位的地方，就有江湖。各类车主，为了省钱，想出各种招数，催生了奇特的逃费行为，包括"僵尸车""1号泊位"。逃费停车位也有经营业绩，也要计入收费员的绩效考核，且跟薪酬收入、奖金挂钩。收费员与车主，就像猫与老鼠，在收费与逃费之间，斗智斗勇。停车位的周转率难以提高；包月族、夜归族车主抱怨重重。收费员在逃费次数标准的考核压力下，对车主充满了敌意，这已经成为一个老大难问题，导致收费员、车主、公司领导都产生了不满情绪。大家都在感叹：现在的人，都变坏了。

可是，这一切难题却因一个新政策的实施迎刃而解，即实行停车未缴费补缴机制。收费员的介绍、媒体的报道、前后的对比，引起了HR经理的思考。

两集微电影可作为管理培训、研讨的视频素材，由考典科技出品。

剧照：第1集《绩效沟通之古怪的清洁工》

剧照：第2集《逃费游击队之停车位的考核》

|精通篇|

人力资源部经理的技巧

第13章 人力资源部经理的职责

本章介绍了人力资源部经理的头衔与职位含金量、人力资源部的部门职责、人力资源部经理的职位说明书、人力资源部经理的压力(业务部门对人力资源部的建议要求),穿插了人力资源部经理的职场困惑访谈。

13.1 人力资源部经理的头衔与职位含金量

13.1.1 人力资源经理是人力资源部经理吗

在名片、简历上,有时可见某人的头衔是人力资源经理。基本上可以判断,担任过人力资源经理的人没有担任过人力资源部经理。两者相比,少了一个"部"字,虽说一字之差,但职位的含金量差别却很大。

人力资源经理(HR经理,很早以前叫人事经理),与财务经理、采购经理、IT经理、行政经理类似,是一种职类或泛称。自从人事经理改为人力资源经理后,现在所说的人事经理,便特指人事模块的主管,职责范围缩小了。

从概念的角度来说,人力资源经理比人力资源部经理要宽泛,因为它有层级上的划分,从主管到部门经理甚至总监。简历上标明的人力资源经理,真实职位很可能是主管(高级主管、资深主管)、模块经理(高级经理、资深经理)、经理助理、副经理等。这种模糊、虚高的写法,是一种避实就虚的求职技巧。

从人力资源经理到人力资源部经理,要突出的是:部门经理,正职。

13.1.2 人力资源部经理称呼的变化

很早以前,人力资源部经理也叫人事处处长、人事科科长、劳资处处长、劳资科科长,后来叫人力资源部经理、部长,并逐渐流行开来,也有主任这一叫法。

再后来,凡属集团公司性质的单位,基本上都改叫人力资源部总经理、人力资源中心总经理,也有的公司直接改为人力资源总监。虽然不叫人力资源部经理,但职位类似行政人事部经理、综合管理部经理、办公室主任、办公室副主任、总经理助理、总裁助理。

13.1.3　人力资源部经理的职位含金量

不管职位如何称谓，关键还是要看职位含金量、公司规模(产值、人员)、汇报关系、直接下属等，最终还要看年收入和权限、掌握的公司信息、与高层之间的互动等。

13.2　人力资源部的部门职责

关于人力资源部的部门职责，某民营公司归纳为三个方面：人力资源规划、人力资源管理体系的构建、人力资源日常管理，具体如下所述。

1. 组织制定公司人力资源规划与方案及实施目标

(1) 根据股份公司战略发展构想，组织制定跨年度的人力资源规划；

(2) 根据公司年度计划制定部门年度工作目标、实施方案并组织实施。

2. 建立人力资源管理体系和运作机制，并监督实施

(1) 组织制定并完善各项人力资源管理工作的流程、工作标准和评价办法；

(2) 研究各地区劳动与人事管理的政策法规，收集政策信息和其他相关信息；

(3) 修订和完善公司的各类人力资源管理制度、管理办法和实施细则。

3. 主持公司层面的人力资源日常管理工作

(1) 劳动用工、试用期、劳动合同、人事关系、考勤、职称等日常管理；

(2) 离职解聘处理，各类保险、住房公积金、招调工等日常管理；

(3) 评估管理层的岗位适应性，开展晋升、降级等人事调动活动；

(4) 组织开展专项考评、合理化建议评选及各部门绩效考核工作；

(5) 负责公司薪酬管理；

(6) 组织实施公司年度培训计划及计划外各类专项培训；

(7) 负责公司各部门、各岗位的招聘及人才储备工作；

(8) 协调员工关系，处理纠纷和突发事件；

(9) 负责公司人力资源信息系统的管理与维护；

(10) 建立并发展与各地区政府、学校等各类组织的对外关系；

(11) 完成领导交办的其他任务。

13.3 人力资源部经理的职位说明书

人力资源部经理的职位说明书，见表13.1，由基本信息、职能描述、主要责任、部门权力、岗位设置5部分组成。职能描述分主要职能和一般职能。

表13.1 人力资源部经理职位说明书

基本信息		
部门名称：人力资源部	分管上级：总裁	下属部门：无
部门本职：负责集团人力资源管理和对子公司制度执行、经营管理的监督		
部门宗旨：为公司提供合格的所需人才和确保集团管理制度有效顺畅地贯彻执行		
职能描述		
主要职能 1. 制度建设：负责组织拟订员工招聘、薪酬管理、考核管理、员工培训等人力资源相关制度，负责组织拟订子公司计划管理、生产经营管理等制度，做好制度宣传解释，督查子公司执行情况并提出整改建议。 2. 组织管理：负责拟订集团公司的部门设置和人力编制方案并提交总裁审批；指导下属子公司拟订公司组织设置和制订人力编制计划，汇总后提交总裁审批；负责集团新增部门和人员的申报，下属子公司新增部门和中基层员工的审批(其中子公司经营班子和关键岗位人员的变动或新增须提交上级审批)；负责集团公司部门与岗位分析工作。 3. 薪酬管理：负责组织制定集团薪酬体系和实施细则，进行工资测算与试行，并根据需要修订完善；根据考勤和制度规定，负责集团职能部门的工资核算，指导生产部门、子公司核算员工工资，编制总工资表，提交上级审批后传财务部发放工资；根据集团、子公司的实际用工情况，及时向上级、董事会提出工资总额调整建议。 4. 绩效考核管理：根据集团绩效考核管理制度，负责集团职能部门和员工的月度考核、年度考核及干部晋升考核，汇总考核结果作为编制员工工资的依据；指导、监督集团总部各部门和子公司各部门的内部员工考核，负责调查、评估绩效考核制度的实施问题和效果，根据集团不同阶段的发展要求，及时向上级、董事会提供集团绩效评价标准改进建议及方案。 5. 培训发展：根据集团人力资源发展规划和企业人力资源现状，组织拟定集团年度培训计划，组织开展新员工岗前培训、员工继续教育、管理者的管理培训，协助、跟踪各部门做好各类员工的岗位培训；根据质量管理体系的要求，做好培训记录、效果评估和工作总结；负责集团人才库建设，并对后备干部的选拔、培养、使用、考核进行管理		
一般职能 1. 计划管理：组织拟订集团公司人力资源发展规划，编制人员需求计划、招聘计划、培训计划及干部培养计划，并指导和协助各子公司做好人力资源发展规划；根据集团年度工作计划，负责拟订各子公司工作目标，指导各子公司制订年度工作计划和月度工作计划。 2. 人事管理：组织做好集团各部门的人员定编、定岗工作和集团员工的调配任免手续、劳动争议处理、劳动合同签订、社会保险缴纳等工作；负责集团员工人事档案的建立、整理和归档管理工作；指导子公司开展本公司的人事管理工作，负责办理子公司委托的劳动合同、保险等代理工作		

(续表)

职能描述
3. 招聘管理：根据人力建设需要，做好集团人才招聘渠道规划与建设工作；做好各类人才选拔方法设计，及人才录用手续办理和相关人事资料的留存建档；根据集团人力需求和岗位职责说明书，组织应届毕业生和中层干部以上人员及集团总部人员的招聘工作；负责组织子公司到外(异)地进行统一招工；协助下属子公司进行人员招聘。
4. 员工关系管理：负责与员工之间的沟通交流工作，定期进行员工满意度调查，了解员工的思想动态，受理员工内部投诉，处理员工劳动争议，并根据工作中反映的问题形成相应的报告供上级参考。
5. 服务支持：针对下属子公司的职能部门提出的支持要求提供管理指导和服务支持

主要责任
1. 保证完成公司下达的制度建设、人力资源规划等年度任务。
2. 确保公司发展所需的人力资源，满足各部门提出的人力需求。
3. 保证集团人力资源管理相关制度、人力资源发展规划、本部门的年度和月度工作计划的制订规范性和内容可操作性。
4. 确保本部门各项工作按制度规范高效运作。
5. 保证集团下属子公司的工作符合集团人力资源管理制度的要求，杜绝违规、违纪现象。
6. 保证本部门提供信息的正确性和及时性

部门权力
1. 要求集团各部门和下属子公司配合本部门做好人员招聘、员工培训、管理制度落实等工作的权力。
2. 对集团招聘人员的推荐建议权、对不合格人员的否决权、对应聘人员的初选权和对最终聘用人员的建议权。
3. 要求集团下属子公司报送人员变动情况和所签订的劳动合同，并对员工劳动合同进行审核的权力。
4. 提出干部和员工晋升、降职、奖励、惩处、辞退的建议权。
5. 根据集团总部各部门和子公司的建议以及员工的实际表现，提出员工薪资调整建议的权力。
6. 参与集团关键岗位员工招聘考察与建议、晋升资格审查和建设的权力。
7. 根据工作需要，提出集团员工培训计划，并按计划加以实施的权力。
8. 根据集团工作目标和工作计划，要求子公司制定工作目标和计划并进行落实、及时汇报相关进度的权力。
9. 根据子公司的实际经营状况，对子公司的经营管理提出改进建议的权力。
10. 根据上级授权，督促和检查下属子公司的重点工作、计划执行情况的权力

岗位设置	
1. 经理	1名
2. 招聘专员	1名
3. 人事专员	1名
4. 薪酬专员	1名
5. 绩效管理专员	1名
6. 培训专员	1名

13.4 人力资源部经理的压力(业务部门对人力资源部的建议要求)

人力资源部经理会面临来自各部门的压力。下文中，我们以某公司某年度各部门对人力资源部提出的建议、意见为例，来进行具体说明。

1. 销售中心

公司必须建立一套涉及岗位、任职资格、能力分析、培训、绩效考核、薪酬等方面的完整的人力资源管理体系，包括进岗、转岗员工。目前，人力资源部的主要工作基本为事务性工作，在HR思维、方案方面比较薄弱，对业务部门的情况不够深入了解，不能及时捕捉各系统的HR需求，导致目前的HR工作有一定的局限性。

2. 生产工厂

公司目前最大的问题是员工没有认同感、归属感，只愿意做一些例行性工作，缺乏主动性。将各岗位的作业标准与工作规范的制定、实施、检查与考核结合起来非常重要。目前，L生产中心已开始试行，车间主任、班组长的人才储备问题非常紧迫，理想人选是可以和工人打成一片、对生产非常了解的具备大学以上学历的人才。目前，车间、班组管理水平不高，在一定程度上与现有人员的素质低、能力弱有关。

3. 技术中心

目前，技术团队氛围好，但压力大，员工感觉迷茫。项目奖励起到了锦上添花的作用，但只有利、没有罚，难以起到激励作用，因此要建立一套正常的激励机制。此外，技术人员很难招，公司是否可考虑提高薪酬方面的自由度。

4. 质量管理部

相较于之前招聘的大中专毕业生，公司这两年招聘的大学本科毕业生缺乏学习力、积极性，希望能多加注意并采取措施。

5. 研发中心

员工个人职业生涯必须与公司发展相结合，公司应有明确的定位，及时将压力、动力、希望、方向传递给员工，这样员工才会有干劲；员工的原动力不足已成为一个非常关键的问题；对于技术人员的考核，可考虑采用"岗位技能等级打分+项目打分"的方法综合考评。

公司所有的项目基本都是自上而下进行的，与现有技术系统的人力资源不匹配有一定的关系。公司技术人员的压力不足，为什么走出去的员工成长得很快，因为外部给了他们很大的压力，压力能转为动力。针对技术人员对职业生涯发展的困惑，可考虑以组织的名义与员工不定期谈心(吃饭、喝茶等非正式方式)。

6. 计划部

目前，员工的素质越来越差，原因是多方面的。公司应建立一套完整的考核、晋升体系，并细化到每个岗位。

7. 采购部

部门对下属实施粗放型考核，缺乏量化考核；公司中层以上人员的管理能力需要提升。

8. 财务部

对财务部门而言，人员稳定非常重要。希望在薪酬、待遇上能有所提升，而目前员工除了晋升鲜有加薪的机会。

13.5 人力资源部经理的职场困惑访谈

> **访谈对象：外企人力资源部经理G**
>
> 杭州分公司是工厂，员工有150人，人力资源部的工作比较简单，负责杭州工厂的人事工作，团队总共6个人。大企业和小企业在管理上的做法是非常不一样的，这个公司在外企里面比较特别。从整个层级上来讲，如果我们把不同的工作分到不同的层级中，从专员级到主管级再到经理级，可能主管扮演的是大型外资企业的Manager的角色。所以说，中国企业其实面临着两方面问题：一方面找不到合适的人才；另一方面现有的人才承受着高压力，感觉很累。
>
> 我现在的工作比较安逸，比如招聘这一项，由中国区招聘总监、招聘经理、人力中心总监等共同负责。大家各司其职，不必去承担职责以外的工作。此外，所有的HR工具都由公司总部提供，我们只要遵照执行，将相关政策、关键点贯彻实施即可。例如在薪酬方面，几乎没有大变动，大多由固定工资和15%的奖金组成，我们运用工具计算就可以了，不需要去做其他的东西。
>
> 其实HR很难去做工具，因为你根本不懂人家的工作。我们做绩效时，除了比较关注绩效面谈外，其他指标都存在于系统中，我们只负责打分就好，这个过程就是核算数字的过程，没有那么复杂。

如果公司赋予你的工作没有高出你的职位很多，一般情况下都会做得比较顺利。外资企业最大的特点是系统性，如果在一个岗位上放了个能力很差的人，那么要付出的代价就是他在这个职位上的发展和以后做更高层级工作机会的损失，而这个岗位上的工作还不至于让他做得乱七八糟，因为系统是比较完善的。

我现在的问题是：一、如何提升各个部门经理对专业HR流程的认识，怎样凝聚这个团队。二、公司最大的价值观是尊重，如员工的绩效和态度没有达到管理层不能忍受的地步，我们很多时候还是会运用更加良性的手段让他去改变，通常以企业文化宣贯为主。如果这个人太安于现状，不太想把工作从好做到卓越，对于这种情况，目前暂时还没有有效的解决方法。

第14章 人力资源部经理的技巧——组织架构

案例1：物流公司组织架构的困扰：向谁汇报？

张总，想向您请教一个困扰我公司N年、关于组织体系上的问题。我们公司总部下设4个分公司，分公司下设销售部、运营部；总部设有行政总监、财务总监、销售总监、商务总监、运营总监。

我们一直不明白，这些总监跟分公司经理是什么关系？分公司下设的销售部和运营部，他们的直接上级应该是分公司经理，还是销售总监和运营总监？

因为这个问题，分公司下设的销售部和运营部不知道到底该向分公司经理汇报工作还是向总监汇报工作；总监也不知道分公司下面的员工来问事情，是直接回复，还是让他们去问分公司经理；分公司经理也不知道，自己跟总部的各位总监是什么关系。

这个问题说出来可笑，但确实存在。我们一直无法解决，无法用一张组织架构图体现他们的关系，您能帮我支招吗？

说到组织架构，人们最容易想到组织架构图。实际上，组织架构图是组织架构最直观的表现形式，但组织架构牵涉的事情远不止画图这么简单。

在公司网站或企业宣传册上，总能看到组织架构图，但这是对外的。有些公司还有对内的组织架构，关系和名称有所区别。

公司新成立或增加新业务时，都要设计组织架构。多数公司每年都会重新调整组织架构，以文件通知的形式下发。

组织架构与业务有关。业务类型多，价值链长，部门就多，层次也多，组织架构显得复杂；相反，业务单一，价值链短，部门就少，层次也少，组织架构就简单。

在公司层面，组织架构涉及公司治理结构；在部门层面，组织架构对应部门职责、汇报关系和权限；在岗位层面，组织架构对应岗位设置、定编、定员。

在业务繁荣扩张时，组织架构随之庞大；业务衰退收缩时，组织架构随之削减、裁撤。动作不大的，叫调整；动作大的，具有颠覆性的，就叫重组了。

组织架构的调整，常常包含很多信息。有些信息是公开的，有些信息是隐匿的，或者只有少部分高层知道(也叫内幕)。

组织架构图怎么画？组织架构调整通知如何撰写？调整背后是如何考虑的？组织设计如何形成手册？部门职责修订、定岗定编怎么做？下文中，我们将一一介绍。

14.1 组织架构调整的文件方案撰写

组织架构调整的文件方案，包括向上级单位请示、对下级部门批复、本单位通知发布。

14.1.1 组织架构调整的请示

某民营股份公司有多家子公司。子公司如要进行组织架构调整，须先向上级单位A公司打请示报告。

案例2：关于调整B公司组织架构的申请报告

股份公司：

　　根据本公司的现状及经营管理需要，以提高效率、规范管理为原则，针对公司现阶段工作和人员的特点，特申请对组织架构进行调整，具体如下，请审核批准。

　　本次调整将原来的8个部门合并为5个部门，形成由总经理负责，以销售为龙头，由技术、生产、行政人事及财务作支持的组织架构。

　　特此报告。

上海××科技有限公司
二〇〇×年×月×日

14.1.2 组织架构调整的批复

某民营股份公司的分公司C拟对部门进行组织架构调整，并向股份公司打申请报告，股份公司经研究后给予批复。

案例3：关于对C分公司调整工艺设备部管理职能和人员报告的批复

C分公司：

　　你公司《关于调整工艺设备部管理职能和人员的请示》收悉，同意你公司对工艺设备部管理职能及人员进行调整，请你公司发文，并将文件精神传达相关部门及每一位员工，同时办理好相关人员的人事异动手续，并重新梳理相关人员的职位描述，报人力资源部备案。

特此批复。

浙江××股份有限公司
二〇〇×年×月×日

拟稿：　　　　审核：　　　　签发：

14.1.3　组织架构调整的通知发布

以下是某民营股份公司组织架构调整的通知。

案例4：关于调整公司组织架构的决定

各部门、各公司：

鉴于公司发展需要，经研究，决定对公司的组织架构予以调整。现将调整后的组织架构图下发给你们。请各部门、各公司厘清相互之间的业务关系和职责范围，并遵照执行。

特此通知。

附件：组织架构图

浙江××股份有限公司
二〇〇×年×月×日

拟稿：　　　　审核：　　　　签发：

14.2　组织架构图的画法

14.2.1　不体现职位的画法

某民营股份公司的组织架构图，只有公司、部门，不体现职位，见图14.1。图的最上面为浙江××股份有限公司，下设5个职能部门，即1个营销总部、1个研发中心、2个生产中心、1个子公司。营销总部、生产中心下设二级部门。

营销单元的组织架构图，见14.2。图中最上面为营销总部，下设：销售管理部、客服中心、北京办事处、大客户部、国际业务部、直销区域、代理区域。直销区域下设：华东区、中部区、苏沪区、北方区、西部区。代理区域包括9个代理商。

生产工厂的组织架构图，见14.3。图中最上面是生产中心，下设：计划供应科、制造部、财务科、工程部、综合办、质检科。计划供应科内设：仓库。制造部内设：工艺科、设备科、车间。综合办内设4组。

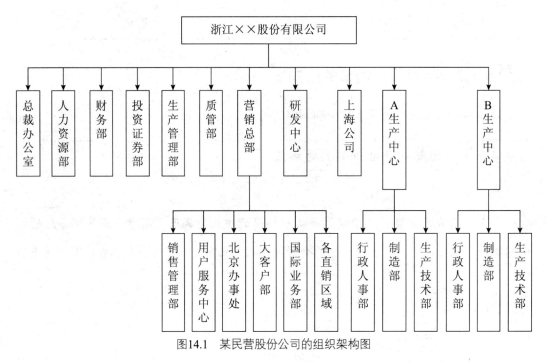

图14.1　某民营股份公司的组织架构图

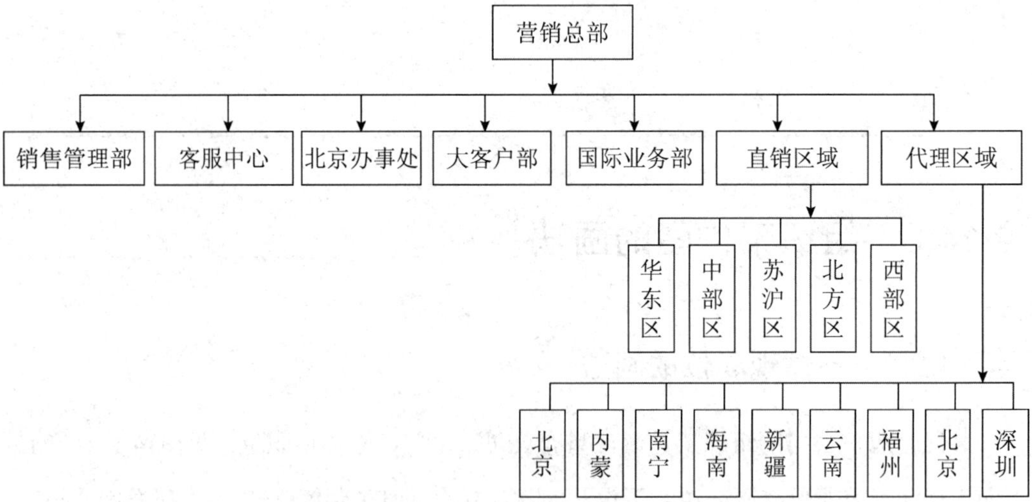

图14.2　营销单元的组织架构图

第14章 人力资源部经理的技巧——组织架构

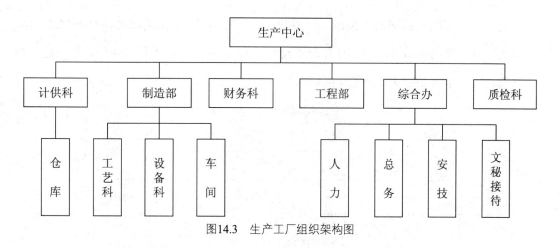

图14.3 生产工厂组织架构图

14.2.2 体现职位的画法

某国企省公司的组织架构图采用了体现职位的画法，见图14.4。

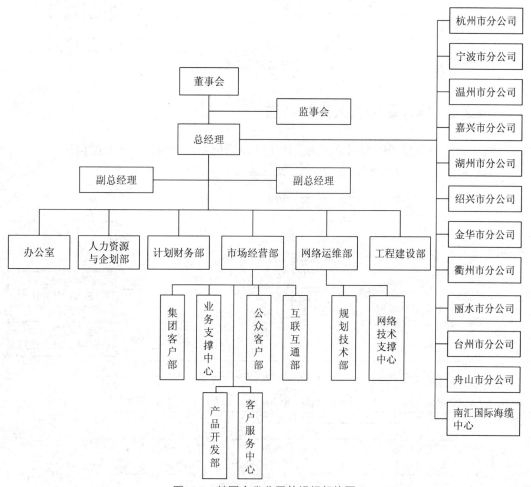

图14.4 某国企省公司的组织架构图

237

某民营公司的组织架构图采用了体现职位(汇报、分管关系)的画法,见图14.5。由图可见,总经理向董事长汇报,总经理下设5个副总,各自分管不同的部门。最左边的2个副总,实行承包制(市场部+生产部)。

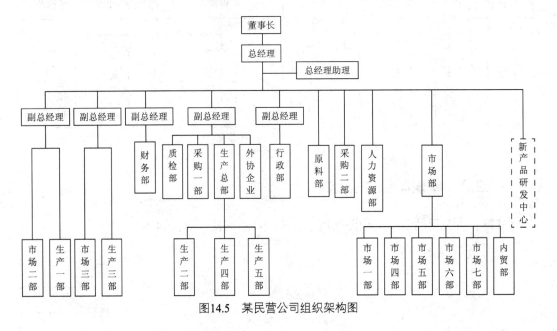

图14.5　某民营公司组织架构图

14.2.3　体现职位和人数的画法

某国企地市分公司的组织架构图采用了体现职位和人数的画法,见图14.6。

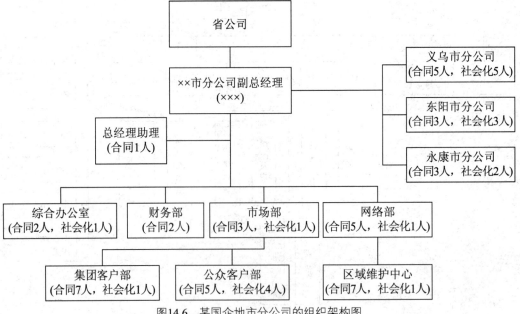

图14.6　某国企地市分公司的组织架构图

某民企制造部的组织架构图采用了体现职位和人数的画法，见图14.7。

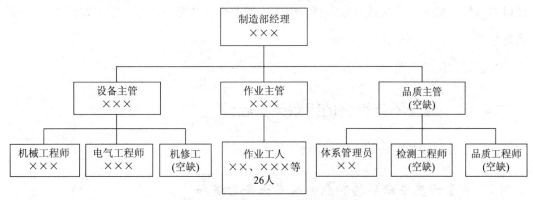

图14.7 某民企制造部的组织架构图

14.2.4 股份制企业/拟上市公司的组织架构图

股份制企业、拟上市公司、上市公司，在画公司组织架构图时，通常需要加上：股东会、董事会、监事会、董事会秘书、4个委员会(战略发展、薪酬考核、审计、提名)、审计部、投资发展部，其位置参考图14.8。

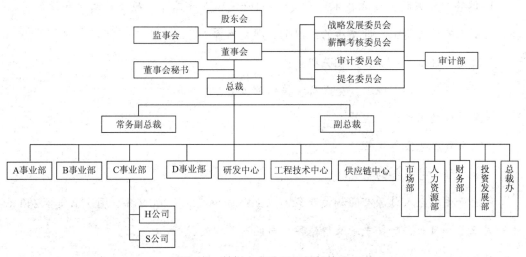

图14.8 某拟上市公司组织架构图

14.3 引发组织架构调整的多种原因

组织架构图和通知只是形式，组织架构调整真正要传达的是调整的原因。员工之所以十分关心组织架构调整，是因为这些动作直接或间接影响自己的利益。因为组织架构变了，职位有可能也会改变。可能有利，也可能不利。

作为人力资源部经理,组织架构调整通知可以安排下属完成,组织架构图也可以通过口述指导下属来画,最后进行审核。但人力资源部经理必须清楚,这次调整的原因到底是什么。

组织架构调整主要有以下几个原因。

14.3.1 经营不善引起的组织架构收缩

下面是某公司生产中心发布的组织架构调整通知。

案例5:关于调整组织架构和相关人员任命的通知

各部门、各车间:

经过半年的搬迁和调整,公司现已进入正常的经营生产期,下半年将把工作重点放在今后的发展和市场开拓方面,并将全面启动研发工作。现有的机构已不适应今后工作的有效开展,在生产中心提出申请的基础上,根据股份公司对《关于调整组织架构和相关人员任命的请示》的批复,现作出如下决定。

1. 调整组织架构:成立技术部,负责LD研发和设计工作;原工艺团队和设备团队合并组成工艺设备团队。调整后的组织架构图见附件。

2. 决定聘任以下人员担任相关职务:

×××任技术部副经理,全面负责技术部工作。

×××任技术部设计主管。

×××任工艺设备主管。

×××任工艺设备副主管。

同时免去以上人员原有的相关职务,以上人员的聘期从200×年×月×日起至200×年一月三十一日止,聘任手续及待遇按公司的有关规定执行。

特此通知。

附件:调整后的组织架构图

××生产中心

200×年×月×日

拟稿: 审核: 签发:

该组织架构调整原因分析：该子公司经营不善，导致公司注销，从外省搬迁回本地，成为一个部门-生产中心。因此，组织架构也需收缩，具体做法是将研发中心、设计部合并为技术部，将工艺部和设备部合并为工艺设备组，技术部只设置副经理、主管两个管理职位。

14.3.2 加强质量管理、财务控制的组织架构调整

下面是某科技有限公司发布的对S公司进行组织架构调整的通知。

案例6：关于S公司组织架构调整及人员任命的请示

股份公司：

鉴于S公司经营和发展的需要，根据公司现有人力资源和实际情况，建议组织架构作出如下调整。

根据组织架构及职能的调整，申请任命：

×××为总经理助理兼生产中心主任，负责生产中心工作；

×××为生产中心副主任，协助管理生产中心，分管品管部工作；

×××为综合管理部经理，负责综合管理部工作；

×××为研发中心主任，负责研发中心工作。

特此通知。

××科技有限公司

××××年×月×日

拟稿：　　　审核：　　　批准：

调整后S公司的组织架构图，见图14.9。

S公司组织架构调整分析：该公司的品管部原为生产中心内设的二级部门，但由于生产中心过于追求产值，相对忽视了质量控制，导致产品次品率增加。为此，公司采取了变相提高质量管理部门地位的折衷做法，品管部仍设在生产中心，但直接向总经理汇报(虚线)。

同时，财务部虽然还设在综合管理部，但改为股份公司财务部派驻。这主要是由该公司连续几年经营业绩不佳，股份公司欲对该公司的成本费用进行控制所引起的。

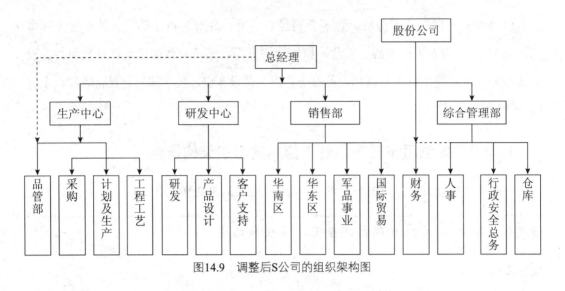

图14.9 调整后S公司的组织架构图

14.3.3 机构精简、提高效率引起的组织架构调整

下面是某公司本着精简机构、提高效率的原则，提出的组织架构调整设想。

案例7：某公司组织架构调整的设想

本公司本着组织结构扁平化、精简机构以提高效率的原则，对股份公司的组织架构调整提出了设想。

1. **股份公司**：将原机构中的北办、国际业务部纳入销售公司管理，成为销售公司所属部门；撤销投资证券部，其职能由总办和财务部承担；公司在行政、财务、人力资源方面实行统一归口管理。

2. **股份公司下设**：职能部门，包括总裁办公室、人力资源部、财务部、生产管理部；分子公司，包括杭州××销售有限公司、杭州××分公司(L生产中心)、Z有限公司(Z生产中心)、C有限公司(C生产中心)；技术部门，即研发中心。

某公司调整后的组织架构图，见图14.10。

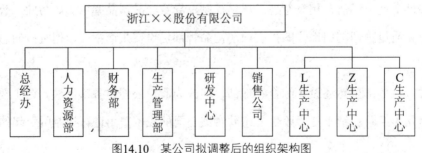

图14.10 某公司拟调整后的组织架构图

组织架构调整分析：该公司当时受金融危机、"非典"的影响，销售下滑，库存增加，导致资金周转压力大，因此对组织架构进行瘦身。

14.3.4 经营管理体制改变引发的集团组织架构调整

下面是浙江某公司发布的组织架构调整通知。

案例8：关于公司组织架构调整的通知

各部门：

根据公司现阶段发展需要，经公司经营班子研究，决定对公司的组织架构进行调整。现将调整后的公司组织架构图(附件1)下发给你们，请遵照执行。有关调整内容说明如下：

一、鉴于A副总经理、B副总经理年初与公司签订过承包合同，公司决定今年仍沿袭原承包模式，以准事业部形式操作。公司将在年底讨论决定明年以子公司形式独立或分开合并。

二、原生产副总C仍负责生产部的生产管理和下属三个生产分部的具体事务，同时受集团总裁授权兼管集团公司采购中心下属采购一部。

三、原料部由总经理直接管理。

四、浙江××有限公司其他管理职能委托集团公司的相应职能部门代为管理。主要职能与委托关系见附件2。

五、浙江××有限公司关键岗位和部门的职责见附件3。

附件：

1. 浙江××有限公司组织架构图，见图14.11；
2. 主要职能与委托关系对应表，见表14.1；
3. 关键岗位和关键部门的职责(略)。

浙江××有限公司

二○○×年×月×日

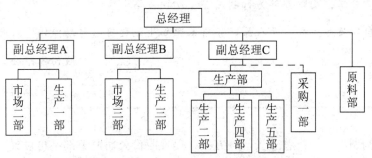

图14.11　浙江××有限公司组织架构调整图

表14.1　浙江XX有限公司主要职能与委托关系对应表

主要职能	原浙江XX有限公司部门	现集团公司职能部门
1. 行政后勤管理	行政部	总裁办
2. 人事管理	人力资源部	人力资源部
3. 财务核算、凭证、报表	财务部	财务部
4. 原料采购和面料采购	原料采购部、面料采购部	采购中心
5. 业务承接与客户管理	市场部(一、四、五、六、七部)	销售中心
6. 质量检验	质检科	质量管理部

组织架构调整分析：浙江××有限公司实现规模扩张后，成立了集团。该公司原有的职能部门被划入集团，仅保留了生产、销售、采购的职能，将其他职能委托给集团的职能部门。

由于副总A、副总B一直与公司具有承包关系，所以他们直接管理自己的市场和生产部门。由于规模的扩大，公司提出独立经营、成立子公司的设想，这引起了股东之间的矛盾、集团管控的混乱，所以制定了过渡期的组织架构调整方案。

14.3.5　加强财务控制的组织架构调整

下面是杭州某公司下发的调整财务部组织架构和人员职责的通知。

案例9：关于财务部组织架构和人员职责调整的通知

各部门：

经公司研究决定，对财务部组织架构进行调整，撤销财务部下属会计部、控制财务部、资产内控部，财务部不再设置二级部门。

调整后，所有公司财务实行垂直管理。任命A、B为高级财务经理，协助财务总监分管不同的财务职能管理工作：A协助分管会计核算、财务报告、成本费用、预算、项目申报支持；B协助分管资金、票据、资产清查、信用、税收、内控审计。

以上职责分工，由财务部另行制定逐步切换方案。

本通知自即日起生效，两人原职务自本通知生效之日起自动撤销，特此通知。

杭州××股份有限公司人力资源部

201×年×月×日

组织架构调整分析：看上去，该方案只提及股份公司财务部不再设置二级部门，并增加2个高级财务经理。实际上,这个方案的真正要点在于:调整后,所有公司财务实行垂直管理。这话是针对子公司,尤其是收购后产生了诸多经营、财务问题的子公司而言的,旨在收回它们的财务管理权,对成本费用进行管控。

14.3.6 销售模式变更、技术发展引起的组织架构调整

下面是杭州某公司下发的调整B事业部组织架构的通知。

案例10:关于下发201X年B事业部组织架构的通知

各部门、各事业部:

根据201×年公司业务发展需要,B事业部下设"五部十办"。

五部:大客户部、产品部、商务部、技术部、系统部。

十办:产品部以渠道销售为主,下设H办事处、T办事处、C办事处、C2办事处、H2办事处、N办事处、S办事处、S2办事处(新增)、S3办事处(新增)、Q办事处(新增)。

撤销原OEM部,并入大客户部。

撤销原工程技术中心A技术部,部分员工与研发中心阀门组部分合并,组建技术部,纳入B事业部,部分员工纳入工程技术X部。

杭州××科技有限公司
201×年×月×日

组织架构调整分析:该公司B事业部的销售形式包括产品销售(通过代理商)、系统工程项目、大客户集中采购。公司尝试采用OEM方式开展销售活动,但效果不佳,所以撤销了该部门。产品部要增加销售量,因此考虑新增若干个办事处网点。将公司技术部门拆分可加强对B事业部的技术支持。

14.3.7 生产模式改变引起的组织架构调整

下面是浙江某公司发布的调整公司组织机构设置的决定。

案例11:关于调整公司组织架构设置的决定

各部门、各子公司:

鉴于公司发展的需要,经研究,决定对股份公司的组织架构予以调整,即在原有部门设置的基础上,增设外协管理部,主要职责是加强对OEM厂商的开发与管理,促进

公司对外协作的进展，同时将采购部调整为一级部门，调整后的组织架构图详见附件。请各部门、各子公司厘清相互之间的业务关系和职责范围，配合人力资源部做好部门职责的调整和人员调配、岗位描述等工作，同时请各子公司做好组织架构调整后相应人员的任免工作，尽快履行职责并有效运作。

特此决定，请遵照执行。

附件：浙江××股份有限公司组织架构图

浙江××股份有限公司
二OO×年×月×日

组织架构调整的分析：该公司当年销售规模不断扩大，但生产遇到瓶颈，导致产品无法及时交付，于是采取了生产外包的方式，即OEM外协。这就需要对外协厂家的生产质量、交付及时性、成本等进行控制，于是新增了外协管理部。另外，该公司的部门有一级部门、二级部门的区别，采购部设在采购委员会下面，为二级部门。但随着公司采购规模的增大，该部门地位也随之提高，变为一级部门。相对而言，采购委员会属于虚设部门，其设置目的是实现有效控制，避免采购环节的暗箱操作。

14.4 部门职责修订

组织架构调整还涉及配套的部门职责修订、定岗定编，即公司—部门—岗位三级落地。组织架构图以图为主，部门职责以文字描述为主，而定岗定编以数据为主。

各部门职责的修订如何进行？可采取让各部门填写修订反馈表的方式。反馈表的内容包括：本部门应该修改的职能，应增加或删除的职能，应调入其他部门的职能，以及对相关部门职能的建议、总体评价。

各部门职责修订反馈表模板，见表14.2。

表14.2 各部门职责修订反馈表模板

序号	部门	本部门应修改的职能	应增加或删除的职能	应调入其他部门的职能	对相关部门职能的建议	总体评价	人力资源部意见
1							
2							
3							

下面以某公司总裁办、研发部对某部门职责修订的反馈信息为例,来进行说明。

14.4.1 案例:总裁办对部门职责修订的反馈信息

1. 本部门应该修改的职能

(1) 对办公用品、固定资产的购置以及展厅的管理应归属总裁办的行政后勤部门;

(2) 行政专员的岗位职责说明过于笼统、不够细致,不易调动下属的工作积极性;

(3) 总裁办的工作量比以前的有限公司的行政部的工作量要大,现阶段行政部的工作已超负荷,为满足公司发展需要,需要配置办公室人员。

2. 本部门应增加或删除的职能

(1) 删除办公用品的购置职能;

(2) 删除基建管理职能,如招投标工作;

(3) 添加安全主任、设备主任、行政专员、总务专员4个具体岗位的职责说明书;

(4) 删除子公司管理中的考核职能。

3. 应调入其他部门的职能

(1) 办公用品的购置职能应归入采购部;

(2) 展厅的管理职能应归入研发部;

(3) 信息管理职能应归入信息管理部;

(4) 子公司管理中的考核工作应归入人力资源部。

4. 对相关部门的职能建议

暂无对相关部门的职能建议。

5. 总体评价

总裁办的职能侧重于办公室工作,我司的行政事务较多,希望能按工作要求配置办公室人员,希望能有比较细致的分工,并制定相应的岗位职责说明书。

6. 人力资源部意见

(1) 办公室用品的购置职能应归入总裁办;

(2) 总裁办属于集团公司,是集团层面的部门,安全主任、设备主任、行政专员、总务专员是有限公司设置的岗位,但如总裁办有需要,可帮助总裁办编制这几个岗位的岗位职责说明书；

（3）基建管理中的招投标工作属于总裁办的职责范围，具体可落实到总裁助理的工作职责中，不属于总裁办主任的职责；

（4）同意将展厅的管理职能归入研发部，但总裁办应该做好后勤服务工作，并做好对研发部管理的指导、监督工作；

（5）同意将信息管理职能归入信息管理部，但目前信息管理部未到位，在该部门成立之前，仍由总裁办负责。

14.4.2 案例：研发部对部门职责修订的反馈信息

1. 本部门应该修改的职能

研发部必须在充分了解公司情况及客户的前提下才能有针对性地开展工作。开发新样品涉及许多新型面辅料，研发部目前的岗位设置不够完善。

2. 本部门应增加或删除的职能

（1）删除协助采购部做好原辅料采购前的定型及技术认定工作，原因是采购部的技术能力比开发部强；

（2）删除技术研究开发及运用的职能，原因是面料技术可以由面料工厂开发，且研发部目前没有技术研发人员。

3. 应调入其他部门的职能

暂无应调入其他部门的职能。

4. 对相关部门的职能建议

（1）市场部：能配合研发部了解产品情况及客户对集团现有产品的反馈信息，以及客户的整体情况；

（2）采购部：能配合研发部及时采购面辅料。

5. 总体评价

研发工作涉及面广，但岗位设定的种类较少。

6. 人力资源部意见

人力资源部暂无意见。

14.5 定岗定编

组织架构的调整,多数涉及定岗定编。如何控制人数、减少人数,需要具体到部门、岗位。企业应分析现有人员情况,根据业务扩展或收缩的需要,作出合理的岗位编制调整。

下面介绍某公司在组织架构调整后,采取的配套岗位调整措施。所有部门的人员信息,按岗位调整说明表模板填写,见表14.3,关键之处在于调整说明。

表14.3 岗位调整说明表模板(部分信息)

序号	部门	姓名	性别	岗位名称	学历	合同性质	合同起始时间	合同终止时间	进公司时间	合同签订方	调整说明
1	办公室	×××	女	主任	专科	正式合同制				股份公司	1. MIS系统管理员和网络管理员合并为网络工程师。2. 增设总务管理员。3. 调整后设6个岗位,由5个人担任:主任1名、主管2名、网络工程师1名、宣传策划1名,总裁秘书由主管中的1人兼任。4. 岗位总数不变,员工人数不变
2	办公室	×××	男	主任助理	研究生	正式合同制				股份公司	
3	办公室	×××	女	主任助理	专科	正式合同制				股份公司	
4	办公室	×××	女	MIS系统管理员	大学	正式合同制				股份公司	
5	办公室	×××	男	企划	大学	聘用合同				股份公司	
6	办公室	×××	男	网络管理	大学	聘用合同				股份公司	

该公司总部的部门、岗位调整最终成果如下:调整前有5个部门,共25人;调整后设4个部门,共19人(在财务部会计、出纳未归并到股份公司财务部前,暂为21人)。调整后,员工数量减少6人(在财务部会计、出纳未归并到股份公司财务部前,暂为4人)。

案例12:某民营股份公司岗位调整结果汇报

某民营股份公司,按照总体、股份总部、销售公司、A生产中心、B生产中心进行部门、岗位的调整。

调整前、调整后的结果:

单位	调整前			调整后			调整结果		
	部门	岗位	员工	部门	岗位	员工	部门	岗位	员工
股份总部	7	27	31	5	19	21	-2	-8	-10
	1	10	26	1	9	19	0	-1	-7

(续表)

单位	调整前			调整后			调整结果		
	部门	岗位	员工	部门	岗位	员工	部门	岗位	员工
销售公司	5	21	28	5	21	26	0	0	-2
A生产中心	6	31	34	6	23	25	0	-8	-9
B生产中心	4	25	26	5	20	21	1	-5	-5
小计	23	114	145	22	92	112	-1	-22	-33

公司总体：总体减少1个部门，22个岗位，33名员工。

股份总部：调整后设5个职能部门19个岗位21人。其中，北办、国际业务部原5个岗位6个人划归销售公司，实际减少3个岗位4个人；研发中心原有9个岗位19人，调整后减少1个岗位7个人；另有11名后勤服务工人和1名测试技工。

销售公司：北办、国际业务部原5个岗位6个人划归销售公司，原相当于7个部门26个岗位34人，调整后实际减少5个岗位8个人；各区域营销人员和调整下来的2名人员下一步再考虑如何安置。

A生产中心：6个部门不变，减少8个岗位9个人。

B生产中心：原计划财务科分为财务部和计划供应部两个部门；减少5个岗位5个人。

14.6 组织手册编制

某集团公司请咨询公司介入，共同合作开展组织设计的咨询项目，成果为集团组织手册。该手册包括以下几部分内容。

第一章：总则。介绍部门职能说明书的使用、岗位职责说明书的使用、名称定义。

第二章：公司组织结构图。

第三章：部门职能说明书。包括13个部门。

第四章：岗位结构。包括董事会机构岗位结构图、集团职能部门岗位结构图。

第五章：岗位职责说明书。包括63个岗位。

14.6.1 总则

合理的部门设置及职能划分、清晰规范的岗位职责说明是实施科学管理的基础。本组织手册从"公司—部门—岗位"三个层面描述了公司的职权体系。第一章总则部分将对部门职能说明书和岗位职责说明书的使用进行说明,并对组织手册中的有关机构名称进行定义。

1. 部门职能说明书的使用

部门职能说明书包括部门基本信息、部门职能描述、主要责任、部门权力和部门内的岗位设置5个部分。部门职能描述、主要责任、部门权力仅指该部门特有的、区别于其他部门的内容,通用部分将在下述总则中说明,不列入部门职能说明书。

1) 部门基本信息

部门基本信息见表14.4。

表14.4 部门基本信息

分管上级	对部门进行定位,明确它在组织中所处的位置,以及部门工作的汇报关系
下属部门	
部门本职	概括部门主要工作,一句话描述该部门"做什么"
部门宗旨	阐明设置该部门的目的,一句话描述该部门"为什么"做这些工作,以及要实现的最终目标

2) 部门职能描述

部门职能说明书中的职能描述仅指该部门特有的、区别于其他部门的职能。根据公司现状以及未来的发展战略,本组织手册将部门的职能分为"主要职能"和"一般职能",以人力资源部为例,见表14.5。

表14.5 人力资源部部门职能描述

部门职能	说明	举例
主要职能	与公司发展战略密切相关、对公司经营发展起重要作用的职能	人力资源的规划、开发
一般职能	操作性的、维持公司日常运作的职能,公司正常管理中必不可少的程序、规范,但对公司发展战略没有直接和明显的贡献	日常人事工作

注意:主要职能与一般职能的划分不是一成不变的,应当顺应公司的战略调整与发展形势。

3) 主要责任

主要责任旨在要求各部门对相应工作的结果负责,而不仅仅是完成规定的工作职能。各项主要责任与具体的工作职能相对应,归根结底是要通过责任的落实,实现部门宗旨。

4) 部门权力

合理的职权体系应当做到责、权对等。为履行各项职能和责任,部门应当享有相应的权力。部门职能说明书中的权力仅指该部门特有的、区别于其他部门的权力。除此之外，各个部门均享有以下权力，见表14.6。

表14.6 部门通用权力表

部门通用权力
● 在部门职能范围内，按制度自主开展工作的权力
● 根据工作需要，提出部门人员增减、设施投放要求和所需资金预算的权力
● 有要求其他部门对本部门工作予以合理配合的权力
● 根据信息管理要求，有查询完成工作所需信息和资料的权力
● 根据企业文化建设要求，有对员工进行企业文化宣传、教育、培训等权力
● 根据集团制度享有的其他权力

5) 部门内的岗位设置

职位说明书应列明职位、编制。

2. 岗位职责说明书的使用

岗位职责说明书既是招聘新员工的依据，也是员工上岗的一份作业指导书。它可以让员工明确自己在整个组织中的位置、应当完成的主要工作、所承担的责任、所享有的权力以及岗位任职要求。岗位职责说明书包括基本信息、职责描述(含主要责任、主要权力)和任职资格三部分。其中，职责描述、主要权力仅指该岗位特有的、区别于其他岗位的内容，通用部分将在下述总则中说明，不列入部门职能说明书。

1) 基本信息

岗位说明书的基本信息，见表14.7。

表14.7 岗位说明书基本信息

岗位编号	为便于归类、查阅，为各岗位按一定标准和顺序编制的号码
职系	由集团人力资源部门根据原有薪酬体系中确定的职系、职级和相应的薪金标准进行填写
职级	
薪金标准	
直接上级	对岗位进行定位，明确各个岗位在组织中、部门中所处的位置，以及岗位之间的汇报关系
直接下属	
岗位概要	概括岗位主要工作内容，一句话描述该岗位"做什么"

2) 职责描述

岗位职责描述分为重点工作、一般工作、日常工作、主要责任、岗位权力。关于重点工作、一般工作与日常工作的划分，以人力资源部为例，详细解释见表14.8、表14.9。

表14.8 人力资源部经理职责描述

岗位职责	说明	举例
重点工作	能够体现该岗位的工作业绩和区别于其他岗位的价值，通常是该岗位直接主持、负责、执行的工作	人力资源的规划、开发
一般工作	与岗位有关，通常是该岗位参与、配合、协助、支持的工作	日常人事工作支持
日常工作	由于日常工作是每位员工都应完成的，因此不在岗位职责说明书中列出(见表14.10)	

表14.9 岗位日常工作表

岗位日常工作
● 在工作中做好与相关部门和岗位之间的协调，努力提高自身业务水平，搞好与同事之间的团结
● 做好本岗位所配备的办公用品及设施的日常维护与保养
● 维持办公场所的清洁、整齐
● 及时向上级汇报工作情况，认真完成上级交给的其他临时性工作任务

(1) 主要责任。在岗位职责说明书中明确主要责任旨在要求各岗位对相应的工作结果负责，而不仅仅是完成规定的岗位工作。各项主要责任与具体的岗位工作相对应，归根结底是要通过责任的分工，落实部门责任，实现部门宗旨。

(2) 岗位权力。岗位职责说明书中的岗位权力是指该岗位特有的、为完成岗位职责而应当具备的权力。除此之外，各个岗位都具有相应的权力，见表14.10。

表14.10 岗位通用权力表

岗位通用权力
● 要求上级事先明确工作要求和提供相应工作条件的权力
● 根据信息管理要求，获取与本职工作有关的信息资料的权力
● 要求上级或相关部门及时反馈本人绩效考核结果的权力
● 要求其他部门(子公司)和岗位对本岗位工作进行合理配合的权力
● 按制度自主开展本职工作的权力
● 提出培训需求、参加培训的权力
● 按公司制度享有的其他权力

3) 任职资格

任职资格包括专业、学历、工作经验、相关职位等方面。

3. 名称定义

(1) 集团：××集团，财务报表为合并报表。

(2) 集团决策层：董事会、董事长、集团总裁。

(3) 集团经营层：集团总裁、副总裁、财务经理、采购中心总经理、销售中心总经理。

(4) 分子公司：集团下属的经营产业的公司，本例中现有A、B、C、D、E 5家。

(5) 分子公司经营班子：本例中，指总经理、副总经理、财务负责人、总助4个岗位。

14.6.2 公司组织结构图要点

在画公司组织结构图时，应掌握以下几个要点。

(1) 集团定位为产业投资与经营管理公司，主要有两大功能：一是新产业的投资发展和现有产业的监督控制，由董事会负责；二是产业的经营管理，由集团经营层负责。

(2) 董事会辅助机构设4个部门：董事长办公室、监察审计部、资金管理部、投资发展部。

(3) 集团职能部门共有9个常设部门，其中：总裁办、人力资源部、财务部、信息管理部为职能服务与管理部门；销售中心、市场拓展部、采购中心、品质保证部、研发部为业务管理部门。

(4) A公司只有原料部和面料部两个生产单位，其他职能部门和业务部门与集团共用，其他子公司仍保持现有的部门设置。

14.6.3 部门职能说明书模板——销售中心部门职能说明书

部门职能说明书模板，以销售中心为例，见表14.11。

表14.11 销售中心部门职能说明书

基本信息		
部门名称：销售中心	分管上级：总裁	下属部门：无
部门本职：负责集团制品外销、羽绒内外销业务及管理工作		
部门宗旨：保证集团良好的销售业绩和稳固的客户关系		
职能描述		
主要职能 1. 销售规划：在市场调研和销售统计的基础上，参与拟订集团年度销售目标和计划，并指导、催办、落实、检查本部门销售目标的实施工作。 2. 业务管理：负责订单从洽谈、业务承接、协调生产、出货到货款回笼的整个过程。做好集团制品外销、羽绒内外销的业务承接工作；做好督促、协调集团采购和生产部门完成订单的工作；做好订单应收款的跟催及回收工作。 3. 客户维护与开发：负责部门现有客户的维护工作，定期组织开展客户满意度调查，及时解决客户反映的问题及要求，并建立客户信用度档案，整理归档；负责制品外销新客户和羽绒内外销新客户的开发。 4. 单证与商检：根据销售合同和相关条款，负责贸易结算单据和证书的审核、制作与管理，并负责单据整理及归档；负责外贸出货产品的商检单据整理、核对与商检办理		

(续表)

职能描述
5. 订单工艺管理：根据订单要求，负责订单工艺图的制作和订单生产时的技术指导，并将图表和样品整理归档。 6. 生产安排：负责将所接订单按类别、时间、质量要求分配给相应的生产工厂，并及时跟踪生产进度；根据客户要求和业务员更改要求，及时通知生产部门进行调整。 7. 营销队伍建设：负责对集团外销工作人员包括业务经理、业务员、单证员、工艺员实施有针对性的专业培训，建立一支专业营销队伍
一般职能
1. 制度建设：负责拟定部门销售管理制度及其实施细则和操作流程，参与拟定部门绩效考核制度、业务人员甄选培养实施细则，并负责制度的宣传解释、贯彻落实和监督检查。 2. 合同管理：负责部门销售合同的谈判、签订，对合同履行情况、资金回笼情况进行监督检查，并负责合同的整理、归档。 3. 市场调研：负责收集国内外羽绒及制品行业最新动态和发展状况信息，负责客户需求状况和诚信度的调查，并整理、归档，做好开发利用。 4. 销售统计：负责部门销售订单、销售业绩、货款回笼等内容的汇总分析，定期编制统计分析报表，提交上级部门，反馈给业务人员与相关部门，作为决策参考。 5. 档案管理：负责部门销售合同、单据、客户资料、业务资料等文书档案的收集、整理、归档、存档、建档与保管，做好档案的保护、保密与开发利用
主要责任
● 确保部门年度销售目标的实现。 ● 确保销售合同的合法合规性及各条款的科学严密性。 ● 确保货款的按时回笼。 ● 确保稳固的客户关系。 ● 确保市场调研、统计信息和客户反馈信息的准确、及时。 ● 确保高效营销队伍的组建、培养和发展
部门权力
● 享有集团制定销售目标和计划时的建议权。 ● 享有订单生产监督、协调和要求其他相关部门配合的权力。 ● 享有获得营销专业技能和素质培训拓展的权力。 ● 根据集团销售政策和考核管理办法，享有一定额度的价格折扣权和定价权
岗位设置
● 总经理　　　　　　　　(总裁兼任) ● 副总经理　　　　　　　2名 ● 业务经理　　　　　　　若干名 ● 业务员　　　　　　　　若干名 ● 单证员　　　　　　　　若干名 ● 统计员　　　　　　　　1～2名 ● 工艺员　　　　　　　　若干名 ● 商检员　　　　　　　　1名

14.6.4　岗位说明书模板——工艺员岗位职责说明书

岗位说明书模板，以工艺员为例，见表14.12。

表14.12　工艺员岗位职责说明书

基本信息					
岗位名称：工艺员		所属部门：销售中心		岗位编码：	
职系：		职级：		薪金标准：	
直接上级：业务经理					
直接下属：无					
岗位概要：负责制作集团外销订单生产所需的工艺资料					
职责描述					
重点工作 1. 订单要求了解：负责与订单相关的业务经理或业务员沟通，了解客户对羽绒制品的具体要求。 2. 工艺制作：根据业务员提供的客户订单资料，制作制品生产工艺图纸和技术资料(配料表、工艺要求等)。 3. 生产支持：做好面辅料的质地、颜色确认等协助工作；负责制品生产部门的技术指导					
一般工作 1. 信息了解：了解国内外羽绒及制品的流行趋势及行业发展信息；定期汇总提供给相关部门(研发部、市场拓展部等)作参考。 2. 工艺资料管理：做好相应订单和工艺资料的整理、归档和保管工作。 3. 培训参与：参与部门组织开展的相关培训					
主要责任 ● 保证各个订单款式、制作流程、颜色等符合客户的要求。 ● 确保所制作的工艺资料符合设计要求、生产可操作、无差错。 ● 保证完成业务经理临时交办的任务					
岗位权力 ● 要求采购部门、生产部门积极给予配合响应的权力。 ● 客户资料信息的知情权和享用权					
任职资格					
资历：高中及以上学历，或1年以上羽绒加工制品、家纺加工制作工作经验。 **专业技能：** ● 熟悉羽绒制品生产制作流程。 ● 熟练使用CAD等绘图软件。 ● 掌握当前羽绒制品面料、款式、颜色的流行趋势。 **其他素质：** ● 有强烈的责任心，工作认真、细致。 ● 具备较强的逻辑思维能力					

　　按照上述模板，或对模板进行合理修订后，人力资源部就可以组织各部门制定、修改所有部门、岗位的说明书，经审核通过后，公司的组织手册就形成了。

第15章 人力资源部经理的技巧——人力资源预算编制

在公司的年度经营计划与预算编制中,人力资源部主要有三项计划编制:年度人头计划、年度薪资福利预算、年度培训计划预算。另外,还需要编制人力资源部的年度部门费用预算。

15.1 年度人头计划表编制

年度人头计划表的编制分三步:表式设计、公式链接、数据录入。

15.1.1 第一步,表式设计

1. 表的横向设置

表的横向包括:上年末人数A、本年度减少人数小计B、本年度增加人数小计C、本年末人数D。

本年度减少人数分为4小类:劳动合同期满终止、辞退、内部调整、其他;本年度增加人数分为4小类:应届生招聘、社会招聘、内部调整、其他。

2. 表的纵向设置

表的纵向包括:合计、行政线a、技术线小计b、营销线小计c、生产线小计d、后勤服务线e。

行政线对应一个细类:行政管理。技术线有6个细类:技术管理、技术研发、技术支持、质量管理、现场工艺、设备管理。营销线有4个细类:营销管理、客服管理、营销人员、服务人员。生产线有3个细类:生产管理、生产工人、生产辅助工人。后勤服务线对应1个细类:后勤服务。

年度人头计划表(空白),见表15.1。读者可根据本企业实际,对此表进行合理修订。

表15.1 年度人头计划表(空白)

人员结构		上年末人数A	本年度减少人数					本年度增加人数					本年末人数D=A-B+C
			小计B	期满终止B1	辞退B2	内部调整B3	其他B4	小计C	应届生C1	社会招聘C2	内部调整C3	其他C4	
合计f													
行政线	行政管理a												
技术线	技术管理b1												
	技术研发b2												
	技术支持b3												
	质量管理b4												
	现场工艺b5												
	设备管理b6												
	小计b												
营销线	营销管理c1												
	客服管理c2												
	营销人员c3												
	服务人员c4												
	小计c												
生产线	生产管理d1												
	生产工人d2												
	生产辅助工人d3												
	小计d												
后勤服务	后勤服务e												

15.1.2 第二步，公式链接

1. 横向栏目的计算规则

(1) 本年末人数=上年末人数-本年度减少人数+本年度增加人数。即代码：$D=A-B+C$。

(2) 本年度减少人数小计=期满终止+辞退+内部调整+其他。即代码：$B=B1+B2+B3+B4$。

(3) 本年度增加人数小计=应届生招聘+社会招聘+内部调整+其他。即代码：$C=C1+C2+C3+C4$。

2. 纵向栏目的计算规则

(1) 合计=行政管理+技术线小计+营销线小计+生产线小计+后勤服务。即代码：

$f=a+b+c+d+e$。

(2) 技术线小计=技术管理+技术研发+技术支持+质量管理+现场工艺+设备管理。即代码：$b=b1+b2+b3+b4+b5+b6$。

(3) 营销线小计=营销管理+客服管理+营销人员+服务人员。即代码：$c=c1+c2+c3+c4$。

(4) 生产线小计=生产管理+生产工人+生产辅助工人。即代码：$d=d1+d2+d3$。

3. 根据上述规则，在Excel中进行公式链接设置

由于本章内容主要针对人力资源部经理，他们都能熟练掌握Excel公式链接技巧，故此处略过不表。

年度人头计划表——设置公式链接，见表15.2。

表格内显示0的单元格，表示已经设置公式计算，不用录入；空格表示要录入数据。

表15.2 年度人头计划表——设置公式链接

人员结构		上年末人数A	本年度减少人数					本年度增加人数					本年末人数D=A-B+C
			小计B	期满终止B1	辞退B2	内部调整B3	其他B4	小计C	应届生C1	社会招聘C2	内部调整C3	其他C4	
合计f		0	0	0	0	0	0	0	0	0	0	0	0
行政线	行政管理a		0					0					0
技术线	技术管理$b1$		0					0					0
	技术研发$b2$		0					0					0
	技术支持$b3$		0					0					0
	质量管理$b4$		0					0					0
	现场工艺$b5$		0					0					0
	设备管理$b6$		0					0					0
	小计b	0	0	0	0	0	0	0	0	0	0	0	0
营销线	营销管理$c1$		0					0					0
	客服管理$c2$		0					0					0
	营销人员$c3$		0					0					0
	服务人员$c4$		0					0					0
	小计c	0	0	0	0	0	0	0	0	0	0	0	0
生产线	生产管理$d1$		0					0					0
	生产工人$d2$		0					0					0
	生产辅助工人$d3$		0					0					0
	小计d	0	0	0	0	0	0	0	0	0	0	0	0
后勤服务	后勤服务e		0					0					0

15.1.3 第三步,数据录入

在空格内录入数据,即可得到年度人头计划表(有数据),见表15.3。

从表15.3可以看出:总人数,上年末779人,本年末988人,净增加209人。本年末总人数988人,其中:行政线76人,技术线78人,营销线114人,生产线681人,后勤服务线39人。本年度增加人数224人,其中:需外部招聘140人,包括应届生10人、社会招聘130人;另有84人的内部调整。

表15.3 年度人头计划表(有数据)

人员结构		上年末人数A	本年度减少人数					本年度增加人数					本年末人数D=A-B+C
			小计B	期满终止B1	辞退B2	内部调整B3	其他B4	小计C	应届生C1	社会招聘C2	内部调整C3	其他C4	
合计f		779	15	2	1	12	0	224	10	130	84	0	988
行政线	行政管理a	62	1	0	1	0	0	15	3	10	2	0	76
技术线	技术管理b1	13	1	0	0	1	0	1	0	0	1	0	13
	技术研发b2	14	2	0	0	2	0	7	0	7	0	0	19
	技术支持b3	6	1	0	0	1	0	4	4	0	0	0	9
	质量管理b4	9	3	1	0	2	0	8	0	8	0	0	14
	现场工艺b5	3	1	0	0	1	0	8	2	5	1	0	10
	设备管理b6	9	0	0	0	0	0	4	1	2	1	0	13
	小计b	54	8	1	0	7	0	32	7	22	3	0	78
营销线	营销管理c1	24	1	0	0	1	0	2	0	1	1	0	25
	客服管理c2	8	0	0	0	0	0	0	0	0	0	0	8
	营销人员c3	36	0	0	0	0	0	12	0	12	0	0	48
	服务人员c4	29	1	0	0	1	0	5	0	5	0	0	33
	小计c	97	2	0	0	2	0	19	0	18	1	0	114
生产线	生产管理d1	15	3	0	0	3	0	9	0	1	8	0	21
	生产工人d2	408	0	0	0	0	0	109	0	63	46	0	517
	生产辅助工人d3	104	0	0	0	0	0	39	0	16	23	0	143
	小计d	527	3	0	0	3	0	157	0	80	77	0	681
后勤服务	后勤服务e	39	1	0	0	1	0	1	0	0	1	0	39

15.1.4 编制年度招聘计划表

在编制年度人头计划表的同时,也产生了年度招聘计划表。

可以这样理解:在确定上年末总人数及结构的基础上,根据公司业务发展需要(主要是根据公司年度经营计划与预算),为达到本年末的总人数及结构目标,在扩充人员的同时,也要控制人数。人员的合理减少、人员的内部调整增加,都是对人力资源的优化。除此之外,还要做好人力资源的外部招聘补充。

所以,年度招聘计划表是在制定年度人头计划表的基础上产生的。

那么,如需要招聘应届生10人、社会招聘130人、内部调整84人,具体到年度招聘计划中,又有什么细化要求呢?

年度招聘计划表,见表15.4。

横向的表头信息包括:序号、岗位类别、申请部门、岗位名称、增补类型、申报人数、性别、年龄、学历、专业要求、外语要求、招聘来源、拟到岗时间、需求理由。

岗位类别栏要求填写:确定岗位和待定岗位。确定岗位指根据拟到岗时间可实施招聘的岗位,包括管理人员、技术人员、营销人员、工人;待定岗位指由部门根据经营情况,另行提出申请并报公司领导审批的岗位。

增补类型栏要求填写:补员、新增、储备。补员指因原岗位员工异动或离职而发生的人员增补; 新增指因部门业务发展目前急需增加的岗位;储备指部门预见到未来的发展而提出的对人员储备的要求。

招聘来源栏要求填写:应届生、社会招聘、内部调整或均可。

从表15.4可知:计划招聘新增小计19人,待定招聘新增小计5人,新增合计24人。由于本书篇幅限制,对数据做了删减,故与表15.3的数据不一致,但影响不大。

表15.4　年度招聘计划表

序号	岗位类别	申请部门	岗位名称	增补类型	申报人数	性别	年龄	学历	专业要求	外语要求	招聘来源	拟到岗时间	需求理由
1	管理人员	采购部	采购员	新增	2	男	<35	大专	不限	无	应届1名,社会招聘1名	2月底	工作量增加
2	管理人员	采购部( )	采购员	新增	1	男	<35	大专	不限	无	内部调整	3月底	工作量增加,拟内部调整
3	管理人员	财务部	成本会计	新增	1	男	<30	大专以上	财务类	无	社会	4月底	为新工厂准备
4	技术人员	技术中心	研发工程师	补员	4	不限	<35	本科	电化学	CET-4	均可	2月底	上年2名项目经理离职,1名项目经理内部调整至OEM部
5	技术人员	技术中心	产品设计	新增	1	男	<35	大专以上	机械类	CET-3	社会招聘	2月底	大客户部及外贸业务增长需要
6	技术人员	技术中心	机电(设备)设计	新增	1	男	<35	本科	机械类	CET-4	社会招聘	6月底	新项目需要,此计划已报批,人员未到位

(续表)

序号	岗位类别	申请部门	岗位名称	增补类型	申报人数	性别	年龄	学历	专业要求	外语要求	招聘来源	拟到岗时间	需求理由
7	营销人员	外贸部	业务助理	新增	2	不限	<24	本科	国际贸易或英语	CET-6	应届生	上半年	业务操作需要
8	营销人员	外贸部	外贸经理	新增	1	不限	<35	大专以上	国际贸易或英语	CET-6	社会招聘	上半年	业务操作需要
9	营销人员	销售中心北方区	营销经理	新增	1	男	20~30	专科以上	不限	一般	内部调整	下半年	
10	工人	销售中心	客户服务人员	储备	2	男	20~25	高中以上	不限	无	均可	200×4/1	客户服务岗位人手紧缺,且不断有人员离职,必须储备
11	工人	销售中心西部区	客户服务人员	新增	3	男	20~25	高中以上	不限	无	均可	根据市场调整情况确定	代理市场收回(三省各1名)
12	待定岗位	计划管理部	跟单员	储备	2	不限	25~35	大专	国际贸易或涉外文秘专业	CET-3	均可	下半年	根据本年外贸业务规模配置,主要负责履行外贸订单,并协助国内市场组织发货
13	待定岗位		车间统计	储备	1	不限	25~35	大专	财会	一般	社会招聘	下半年	
14	待定岗位		出纳兼记账	储备	1	不限	25~35	大专	财会	CET-3	社会招聘	下半年	
15	待定岗位		质量管理员	储备	1	不限	25~35	大专	化学	一般	社会招聘	下半年	
计划招聘新增小计					19								
待定招聘新增小计					5								
新增合计					24								

15.2 年度薪资福利预算表编制

年度薪资福利预算表分为:明细表、汇总表。

15.2.1 薪资福利预算明细表编制

编制薪资福利预算明细表分三步:表式设计、公式链接、数据录入。

1. 第一步:表式设计

1)表的横向设置

表的横向包括:序号、单位、部门、姓名、职位(以上为基本信息);薪点X、司龄

S、本年实际工作月数T、人数N；薪资小计A、社保公积金小计B、其他福利小计C、合计D。

薪资细分为：基本工资$A1$、绩效工资$A2$、津贴补贴$A3$、年终奖$A4$、预计调薪$A5$。社保公积金细分为：养老保险$B1$、医疗保险$B2$、失业保险$B3$、生育保险$B4$、工伤保险$B5$、住房公积金$B6$。其他福利细分为：高温费$C1$、餐贴$C2$、医疗费$C3$。

2) 表的纵向设置

表的纵向分为现有人员、新增岗位。

薪资福利预算明细表(空白)，见表15.5。

表15.5 薪资福利预算明细表(空白)

序号	单位	部门	姓名	职位	薪点	司龄/年	本年实际工作月数/月	人数N/人	基本工资$A1$/万元	绩效工资$A2$/万元	津贴补贴$A3$/万元	年终奖$A4$/万元	预计调薪$A5$/万元	薪资小计A/万元
1	A工厂	生产部												
2	A工厂	生产部												
3	A工厂	采购部												
4	A工厂	采购部												
5	A工厂	综合部												
6	A工厂	综合部												
7	A工厂	新增												
8	A工厂	新增												

(续表)

养老保险$B1$/万元	医疗保险$B2$/万元	失业保险$B3$/万元	生育保险$B4$/万元	工伤保险$B5$/万元	住房公积金$B6$/万元	社保公积金小计B/万元	高温费$C1$/万元	餐贴$C2$/万元	医疗费$C3$/万元	其他$C4$/万元	其他福利小计C/万元	合计D/万元

2. 第二步：公式链接

1) 横向栏目的计算规则

薪资福利合计=薪资小计+社保公积金小计+其他福利小计。即代码：$D=A+B+C$。

薪资小计=基本工资+绩效工资+津贴补贴+年终奖+预计调薪。即代码：$A=A1+A2+A3+A4+A5+A6$。

社保公积金小计=养老+医疗+失业+生育+工伤+公积金。即代码：$B=B1+B2+B3+B4+B5+B6$。

其他福利小计=高温费+餐贴+医疗费。即代码：$C=C1+C2+C3$。

基本工资、绩效工资、津贴补贴、年终奖的计算规则与公司薪资制度有关。假定薪资制度规定：

基本工资=薪点×薪点值×基本工资比例×实际月数/10 000=薪点×1000×0.7×实际月数/10 000。即代码：$A1=X\times1000\times0.7\times T/10\,000$。

绩效工资=薪点×薪点值×绩效工资比例×实际月数/10 000=薪点×1000×0.3×实际月数/10 000。即代码：$A2=X\times1000\times0.3\times T/10\,000$。

津贴补贴=司龄工资标准×司龄×实际月数/10 000。即代码：$A3=30\times S\times T/10\,000$。

年终奖=薪点×薪点值×计奖月数/10 000=薪点×1000×2/10 000。即代码：$A4=X\times1000\times2/10\,000$。

社保公积金的计算规则与国家法规、本公司薪资福利制度有关。

社保公积金单项=缴费基数W×缴纳比例P。其中，缴纳比例(本公司缴纳部分)取2014年杭州市的数据，见表15.6。

表15.6 社保公积金缴纳比例(公司缴纳部分)

养老保险	医疗保险	失业保险	生育保险	工伤保险	住房公积金
14%	11.50%	2%	1.20%	0.80%	12%

缴费基数如按政策执行，应取薪资小计。但在实际操作中，各地政策执法宽严不同，企业为了降低人工成本负担，有时会就低操作，但降低的程度不同。本次假定按如下标准：缴费基数W=基本工资+绩效工资+津贴补贴=$A1+A2+A3$。

其他福利与本公司的薪资福利制度有关。其他福利单项计算规则：其他福利单项=福利标准×人数×月数。其他福利标准，见表15.7。

表15.7 其他福利标准

高温费	餐贴	医疗费
130、160、200元/月	10元/工作日/人(220元/月)	200元/人

2) Excel公式链接

复制表15.5，命名为表15.8，即：薪资福利预算明细表(公式设置)。在表头上面插入一行，把社保公积金的缴纳比例(公司缴纳部分)通过表15.6链接过去。在合计D右面插入一栏，命名为缴费基数W，计算公式设置$W=A1+A2+A3$。

假定在Excel表中，生产部经理对应行5，养老保险对应P列，缴费基数W对应AC列，则生产部对应的养老保险Excel公式设置：$P5=\$AC5*P\$2$。提示：$\$AC5$，表示固定了$AC$列；$P\$2$，表示固定了第2行。

假设$\$P2$，表示固定$P$列；$\$P\$2$，表示固定为$P$列2行这个固定数据。在键盘上取$\$$，可能会出现￥，这时需要按住"Ctrl+空格键"把全角状态切换为半角状态，再按住"Shift+4"，就可输入$\$$。把$P5$右拉到$U5$，再全部下拉，即可完成各项社保公积金的公式设置。

其他福利的Excel公式设置：

(1) 总部对应的高温费$W5=160×C6×12/10\,000$。即：高温费=160元×人数×12个月/10 000。

(2) 总部对应的餐贴$X5=220×C6×12/10\,000$。即：餐贴=220×人数×12个月/10 000。

(3) 总部对应的医疗费$Y5=200×C6/10\,000$。即：医疗费=200×人数/10 000。

(4) 其他忽略不计。

把$W5$、$X5$、$Y5$全部下拉，即可完成其他各项福利的公式设置。

合计、小计的Excel公式设置较为简单、常见，本章略过不表。

年度薪资福利预算表(公式链接)，见表15.8。表中显示0.00的单元格，表示已经设置好了公式；空白处需录入数据。

3. 第三步：数据录入

在空白处录入数据或链接数据，即可得到年度薪资福利预算表(含数据)，见表15.9。

15.2.2 薪资福利预算汇总表编制

将表15.9，即年度薪资福利预算明细表(含数据)，重命名为：A工厂。

假定该公司有5大单元：总部、销售中心A、外贸部、A工厂、B工厂。其他4个单元的明细表编制方法与原则与前面类似。将其整合到一个Excel表内，子表命名为：总部、销售中心A、外贸部、A工厂、B工厂。再插入子表，命名为：汇总。

表15.8　年度薪资福利预算明细表(含公式设置)

序号	单位	部门	姓名	职位	薪点 X	司龄 S/年	本年实际工作月数 T/月	人数 N/人	基本工资 A1/万元	绩效工资 A2/万元	津贴补贴 A3/万元	年终奖 A4/万元	预计调薪 A5/万元	薪资小计 A/万元
1	A工厂	生产部		生产部经理				0	0.00	0.00	0.00	0.00	0.00	0.00
2	A工厂	生产部						0	0.00	0.00	0.00	0.00	0.00	0.00
3	A工厂	采购部						0	0.00	0.00	0.00	0.00	0.00	0.00
4	A工厂	采购部						0	0.00	0.00	0.00	0.00	0.00	0.00
5	A工厂	综合部						0	0.00	0.00	0.00	0.00	0.00	0.00
6	A工厂	综合部						0	0.00	0.00	0.00	0.00	0.00	0.00
7	A工厂	新增						0	0.00	0.00	0.00	0.00	0.00	0.00
8	A工厂	新增						0	0.00	0.00	0.00	0.00	0.00	0.00

(续表)

14.0%	11.5%	2.0%	1.2%	0.8%	12.0%								
养老保险 B1/万元	医疗保险 B2/万元	失业保险 B3/万元	生育保险 B4/万元	工伤保险 B5/万元	住房公积金 B6/万元	社保公积金小计 B/万元	高温费 C1/万元	餐贴 C2/万元	医疗费 C3/万元	其他 C4/万元	其他福利小计 C/万元	合计 D/万元	$W=A1+A2+A3$ /万元
0.00	0.00	0.00	0.00	0.00	0.00	0.00	0.00	0.00	0.00	0.00	0.00	0.00	0.00
0.00	0.00	0.00	0.00	0.00	0.00	0.00	0.00	0.00	0.00	0.00	0.00	0.00	0.00
0.00	0.00	0.00	0.00	0.00	0.00	0.00	0.00	0.00	0.00	0.00	0.00	0.00	0.00
0.00	0.00	0.00	0.00	0.00	0.00	0.00	0.00	0.00	0.00	0.00	0.00	0.00	0.00
0.00	0.00	0.00	0.00	0.00	0.00	0.00	0.00	0.00	0.00	0.00	0.00	0.00	0.00
0.00	0.00	0.00	0.00	0.00	0.00	0.00	0.00	0.00	0.00	0.00	0.00	0.00	0.00
0.00	0.00	0.00	0.00	0.00	0.00	0.00	0.00	0.00	0.00	0.00	0.00	0.00	0.00
0.00	0.00	0.00	0.00	0.00	0.00	0.00	0.00	0.00	0.00	0.00	0.00	0.00	0.00

表15.9　年度薪资福利预算明细表(含数据)

序号	单位	部门	姓名	职位	薪点 X	司龄 S/年	本年实际工作月数 T/月	人数 N/人	基本工资 A1/万元	绩效工资 A2/万元	津贴补贴 A3/万元	年终奖 A4/万元	预计调薪 A5/万元	薪资小计 A/万元
1	A工厂	生产部		生产部经理	6.2	3.0	12.0	1	5.21	2.23	0.11	1.24	0.00	8.79
2	A工厂	生产部			4.1	2.0	12.0	1	3.44	1.48	0.07	0.82	0.00	5.81
3	A工厂	采购部			2.9	5.0	12.0	1	2.44	1.04	0.18	0.58	0.00	4.24
4	A工厂	采购部			3.0	8.0	12.0	1	2.52	1.08	0.29	0.60	0.00	4.49
5	A工厂	综合部			5.0	4.0	12.0	1	4.20	1.80	0.14	1.00	0.00	7.14
6	A工厂	综合部			2.0	3.0	12.0	1	1.68	0.72	0.11	0.40	0.00	2.91
7	A工厂	新增			3.6	6.0	10.0	0.83	3.02	1.30	0.22	0.72	0.00	5.26
8	A工厂	新增			2.2	7.0	8.0	0.67	1.85	0.79	0.25	0.44	0.00	3.33

(续表)

14.0%	11.5%	2.0%	1.2%	0.8%	12.0%							
养老保险B1/万元	医疗保险B2/万元	失业保险B3/万元	生育保险B4/万元	工伤保险B5/万元	住房公积金B6/万元	社保公积金小计B/万元	高温费C1/万元	餐贴C2/万元	医疗费C3/万元	其他C4/万元	其他福利小计C/万元	合计D/万元	$W=A1+A2+A3$/万元
1.06	0.87	0.15	0.09	0.06	0.91	3.13	0.06	0.02	0.02	0.00	0.11	12.03	7.55
0.70	0.57	0.10	0.06	0.04	0.60	2.07	0.06	0.02	0.02	0.00	0.11	7.99	4.99
0.51	0.42	0.07	0.04	0.03	0.44	1.52	0.06	0.02	0.02	0.00	0.11	5.86	3.66
0.54	0.45	0.08	0.05	0.03	0.47	1.61	0.06	0.02	0.02	0.00	0.11	6.21	3.89
0.86	0.71	0.12	0.07	0.05	0.74	2.55	0.06	0.02	0.02	0.00	0.11	9.80	6.14
0.35	0.29	0.05	0.03	0.02	0.30	1.04	0.06	0.02	0.02	0.00	0.11	4.05	2.51
0.64	0.52	0.09	0.05	0.04	0.54	1.88	0.05	0.02	0.02	0.00	0.09	7.23	4.54
0.40	0.33	0.06	0.03	0.02	0.35	1.20	0.04	0.01	0.01	0.00	0.07	4.60	2.89

删除或隐藏基本信息，保留人数以后的横向科目，增加单元栏目。表的纵向为：合计、总部、销售中心A、外贸部、A工厂、B工厂。新增管理岗位，新增工人岗位。最终得到年度薪资福利预算表汇总，见表15.10。

表15.10 年度薪资福利预算表汇总(含数据)

										14.0%	11.5%	2.0%	1.2%	0.8%	12.0%	
序号	项目	人数N/人	基本工资A1/万元	绩效工资A2/万元	津贴补贴A3/万元	年终奖A4/万元	预计调薪A5/万元	薪资小计A/万元	缴费基数$W=A1+A2+A3$/万元	养老保险B1/万元	医疗保险B2/万元	失业保险B3/万元	生育保险B4/万元	工伤保险B5/万元	住房公积金B6/万元	社保公积金小计B/万元
1	合计	984	1361.1	1336.2	253.1	478.3	1.3	3430.1	2950.4	413.1	339.3	59.0	35.4	23.6	354.1	1224.4
2	总部	121	450.2	186.7	37.6	133.4	1.1	809.0	674.5	94.4	77.6	13.5	8.1	5.4	80.9	279.9
3	销售中心A	100	351.8	80.6	5.0	175.6	0.3	613.2	437.4	61.2	50.3	8.7	5.2	3.5	52.5	181.5
4	外贸部	23	113.8	21.7	0.4	61.6	0.0	197.5	135.9	19.0	15.6	2.7	1.6	1.1	16.3	56.4
5	工厂A	588	374.6	775.2	205.9	92.2	0.0	1447.9	1355.7	189.8	155.9	27.1	16.3	10.8	162.7	562.6
6	工厂B	152	70.7	272.1	4.1	15.5	0.0	362.5	347.0	48.6	39.9	6.9	4.2	2.8	41.6	144.0
7	其中新增管理岗位人员	52	140.8	30.1	8.1	31.9	0.0	210.9	179.0	25.1	20.6	3.6	2.1	1.4	21.5	74.3
8	其中新增工人岗位人员	5	6.1	2.2	0.0	0.8	0.0	9.1	8.2	1.2	0.9	0.2	0.1	0.1	1.0	3.4
9	公司顾问、独立董事	12	48.2	0.0	0.0	5.0	0.0	53.2	48.2	6.8	5.5	1.0	0.6	0.4	5.8	20.0

(续表)

高温费 C1/万元	餐贴 C2/万元	医疗费 C3/万元	其他 C4/万元	其他福利小计 C/万元	合计 D/万元
188.9	259.8	19.7	0.0	468.4	5122.9
23.2	31.9	2.4		57.6	1146.5
19.2	26.4	2.0		47.6	842.3
4.4	6.1	0.5		10.9	264.8
112.9	155.2	11.8		279.9	2290.4
29.2	40.1	3.0		72.4	578.8
10.0	13.7	1.0		24.8	309.9
1.0	1.3	0.1		2.4	14.9
2.3	3.2	0.2		5.7	78.9

数据分析：本年共计984人，薪资福利合计5122.9万。其中：薪资小计3430.1万，社保公积金小计1224.4万，其他福利小计468.4万。通过该表，还可看到各大部门、薪资福利细类对应的数据，以及新增人员的薪资福利合计187.2万(179+8.2)，顾问的薪资福利合计48.2万。

15.3 年度培训计划预算表编制

年度培训计划预算表的表头栏目包括：序号、培训名称、培训目的及要求、培训内容、培训形式、培训具体对象、计划培训时间、预计课时数(小时/人)、组织实施部门、费用预算(万元)、备注。

培训计划类型包括：学习班、重点课程、基础培训、配合公司项目的培训、技能培训、骨干员工进修。

年度培训费用预算=18.55万。

年度培训计划预算表的具体填写方法，参见表15.11。

表15.11 年度培训计划预算表

一、学习班

序号	培训名称	培训目的及要求	培训内容	培训形式	培训具体对象	计划培训时间	预计课时数/(小时/人)	组织实施部门	费用预算/万元	备注
1	内部培训师培养班	培养适应公司发展需要的高素质的培训师队伍，保证培训效果，提高培训质量	培训师的角色功能、培训需求调查法等通用课程	内训	内部培训师	4—5月（分阶段）	4	人力资源部	2.50	
			培训师能力测试与评估	内训			3			
			针对不同类型的培训，分别进行授课，内容包括：教材的设计与制作、培训技巧、培训方式的选择等	外请内训		集中授课与实际试讲相结合	4			
			培训师试讲	内训			4			
2	客户服务人员训练营	让新进的客服人员尽快进入工作角色，提高所有客服人员的技能	公司基本情况	内训	客服人员	1—7月（分阶段）	4	客户中心、人力资源部	0.60	
			公司市场与服务现状与发展				4			
			公司产品知识				4			
			服务技巧与注意事项				4			
			计算机应用能力与写作能力				12			
			案例征集与评选				2			
			客服人员"大比武"				4			
3	营销干部培训班	培养与提高营销人员的营销管理水平，从单纯的销售人员转向复合型的营销管理人才，建立一支高效能的营销团队	行业市场总监竞聘	内训、外请内训相结合	高级营销经理以上人员	全年（分阶段）	10	国内市场部、人力资源部	0.00	费用列入营销费用内
			管理技能、市场意识				8			
			营销战略、渠道管理				8			
			经验分享与交流	外请内训	大区经理		8			
			营销与市场相关课程	内训	高级营销经理以上人员		24			
			营销经理述职				8			

(续表)

序号	培训名称	培训目的及要求	培训内容	培训形式	培训具体对象	计划培训时间	预计课时数/(小时/人)	组织实施部门	费用预算/万元	备注
4	生产管理后备人才训练营	在2006年班组管理复合管活动的基础生产中心车间、进一步加强生产中心车间、班组后备力量的培养、丰富实际管理经验	做好车间主任的方法	外培	车间主任后备人才	视外部通知	16		0.30	
			班组管理知识的转化与应用	内训			2		0.00	
			班组、车间管理课程(VCD)	内训			12		0.05	购买相关VCD、书籍，争取免费课程
			班组、车间管理书籍自学与交流	内训	生产管理后备人才	1~4月(分阶段)	12	人力资源部、行政人事部	0.20	
			工人技术等级培训	内训			12		0.50	
			后备班组长实习上岗、挂职锻炼	内训			1~2月		0.00	
			实习上岗心得体会演讲与评比	内训			5		0.50	
5	有效沟通与团队管理	加强团队的协作与沟通，重塑企业文化	技术系统有效沟通与团队管理	外请内训或内训（拓展训练等）	公司主管以上人员与后备骨干	二季度	8~16	技术中心、人力资源部	1.00	结合年度或半年度营销工作会议
			营销系统有效沟通与团队管理			二季度		客户中心、人力资源部		
			生产系统有效沟通与团队管理			一季度		生产中心、人力资源部		
			管理系统有效沟通与团队管理			四季度		总裁办、人力资源部		
6	新员工培训班(分管理类与工人类)	让新员工了解公司基本情况，尽快融入企业	公司概况、规章制度、体系知识、产品知识、信息知识、安全教育等	内训	全体新进员工	视人员配置	不少于6小时/人	人力资源部、行政人事部	0.50	分管理类新员工培训与工人类新员工培训。管理类新员工除集中培训外，还需根据不同的岗位计划制订分类培训

(续表)

序号	培训名称	培训目的及要求	培训内容	培训形式	培训具体对象	重点课程	计划培训时间	预计课时数(小时/人)	组织实施部门	费用预算/万元	备注
二、重点课程
1	项目管理	提高产品经理管理水平,提高项目实施质量	项目管理	外请内训	产品经理、技术骨干		3月	8~16	技术中心、人力资源部	1.00	结合技术中心项目管理计划实施
2	公司规章制度	配合公司各项规章制度的出台,让相关人员熟悉制度,并运用到工作中去	公司规章制度	内训(角色扮演、政策通报、知识竞赛等)	绩效管理的各级主管		全年	16	总裁办、人力资源部	0.50	根据不同的规章制度,设计不同的培训方式
三、基础培训
1	"安全生产月"	结合6月份全国"安全生产月"活动,强化全员的安全意识	观看安全录像,生产人员参加安全知识讲座	内训	全员		6月	1	总裁办、行政人事部	0.00	
			紧急逃生演习	内训	全员		6月、11月	0.5	总裁办、行政人事部	0.00	
			消防安全知识培训与实地演习	内训	义务消防员		6月	1.5	总裁办、行政人事部	0.00	
2	国家规定的资格证书的考核与复审	确保国家规定的上岗资格证书的取得	国家规定的上岗资格证书所必需的培训及证书的取得	外培	需取得上岗资格证书的人员		视外部通知	8~16	人力资源部、行政人事部	1.50	
3	工序上岗证的考核	确保工序上岗的员工100%取得上岗证	公司规定的各工序上岗培训及证书的取得	内训	经过培训后需持证上岗的所有员工		全年	1~3个月	人力资源部、行政人事部	0.00	

(续表)

序号	培训名称	培训目的及要求	培训内容	培训形式	培训具体对象	计划培训时间	预计课时数(小时/人)	组织实施部门	费用预算/万元	备注
4	内审员	培养内审员，加强其对体系的理解	体系知识、职责等	外请内训	体系内审员	视项目进度	8~16	质量管理部、人力资源部	项目费用内	
5	英语口语培训	提升外语技能，适应公司国际化需要	英语口语培训(英语对话、英语会议等)	外请内训	管理、技术、营销等人员	全年	24	国际业务部	3.00	每周到公司2~3天
			英语角活动或英语沙龙	内训		每季度一次	10	人力资源部	0.00	

四、配合公司项目的培训

序号	培训名称	培训目的及要求	培训内容	培训形式	培训具体对象	计划培训时间	预计课时数(小时/人)	组织实施部门	费用预算/万元	备注
1	ERP项目培训	推动ERP项目的实施	ERP项目操作知识	外请内训	使用ERP的相关员工	根据项目进度	3	总裁办、人力资源部	ERP项目费用内	
2	6σ培训	推动6σ项目的实施	统计过程控制SPC、质量成本及现场改善、QC手法等	外请内训	工程技术人员和生产管理人员	根据项目进度	30	质量管理部、人力资源部	6σ项目费用内	
3	TL9000体系	熟悉TL9000体系知识和运行TL9000体系	TL9000体系知识、质量职责及质量流程	外请内训	各相关部门主管	根据项目进度	8	质量管理部、人力资源部	TL9000项目费用内	

五、技能培训

序号	培训名称	培训目的及要求	培训内容	培训形式	培训具体对象	计划培训时间	预计课时数(小时/人)	组织实施部门	费用预算/万元	备注
1	部门季度培训	强化部门负责人的HR职能，提高员工的岗位技能	部门内员工岗位知识与技能	内训	部门内全体员工	每季度一次	8	各部门(含分子公司)	0.00	以部门为单位，按季度实施。涉及需其他部门支持与配合的，由人力资源部协调
2	工艺与设备知识与现场实际操作	加强关键工序员工技能培训，稳定和提高员工操作技能	关键工序动作分解与设备操作要点录像	内训	工序员工	全年	2	工艺设备部、行政人事部	0.50	录像带的制作费用未包括在内

(续表)

序号	培训名称	培训目的及要求	培训内容	培训形式	培训具体对象	计划培训时间	预计课时数/(小时/人)	组织实施部门	费用预算/万元	备注
3	避税及税务知识	及时掌握最新的税务知识，合理避税	避税及税务知识高级培训（参加浙江纳税人俱乐部）	外培	财务相关人员	视外部通知	24	财务部、人力资源部	0.50	一年内可参加7次14天的系统培训
4	应收账款与信用管理	提高财务管理人员应收账款与信用管理能力	应收账款与信用管理	内训	应收账款管理员	1月	8	财务部、人力资源部	0.20	
5	公司发展规划	让管理层员工了解公司三年发展规划，更好地开展工作	公司三年发展规划	内训	管理层+普通员工	9月	3	投资证券部、人力资源部	0.00	
6	采购实务与供应商管理	提高采购管理人员的综合素质和业务水平	采购实务与供应商管理	外培后再内训	采购部1~2人	1月	8	采购部、人力资源部	0.00	争取免费课程
7	工业设计和设计分析	提高产品开发设计人员的设计能力，熟练应用最新设计技术	工业设计和设计分析	外培	产品设计与开发人员	1月	40	技术中心、人力资源部	0.20	

六、骨干员工进修

序号	培训名称	培训目的及要求	培训内容	培训形式	培训具体对象	计划培训时间	预计课时数/(小时/人)	组织实施部门	费用预算/万元	备注
1	管理知识与技能	提升骨干员工的管理知识与技能	管理知识与技能	外培（公开课、沙龙）	管理、技术、营销等骨干员工	全年	4~8	人力资源部	5.00	购买年卡（根据实际开展的课程，安排相应的骨干员工参与）
合计									18.55	

15.4 年度部门费用预算表编制——人力资源部

15.4.1 财务要求的年度部门费用预算表填写

某公司人力资源部编制的本部门年度费用预算表,见表15.12。

表15.12 年度部门费用预算表——人力资源部

科目	本年预算	上年1—10月实际/万元	上年预算/万元	上年实际/万元
工资	见薪资预算	238.07	441.8	
福利费	见薪资预算	33.31	61.85	
工会经费	0	5.07	21.04	
职工教育经费	0	5.07	15.78	3.51
住房公积金	见薪资预算	51.81	66.69	
社会保险	见薪资预算	137.87	201.97	
办公费用		6.02	4.4	5.49
差旅费		0.73	0.87	
业务招待费		0.25		
电话及网络费用		0.6	0.67	
汽车费用				
劳动保护费	见薪资预算	8.3		
房租费				
审计和咨询费				
保险费				
广告费				
税金		1.45	3.5	
研发经费				
开办费				
折旧费		5.65		
无形资产摊销				
长期待摊费用摊销				
其他		8.39	5	
合计	0	502.59	823.57	9

如果你是人力资源部经理,你能否看懂这张表?财务部要你填哪些数据?你怎样组织本部门人员一起编制此表?

该表的横向栏目包括:科目、本年预算、上年1—10月实际、上年预算、上年实际。该表的纵向栏目包括:科目细项、合计。

需要填写的是:本年预算的科目细项空格。显示"0"的地方有三处:合计、工会经费、职工教育经费,这三处不用填写,因为财务部已经设置公式,可自动计算。

下面，我们来逐项分析填写方法。

(1) 合计=所有科目细项之和。

(2) 工会经费=工资×2%。职工教育经费=工资×1.5%。这是财务根据国家规定计提的。

(3) 福利费=工资×14%，也可以计提。但财务没有按规定计提，而是以年度薪资福利预算表中的预算数据为依据。

(4) 对人力资源部来说，不用填写的科目有：汽车费用、房租费、审计和咨询费、保险费、广告费、研发经费、开办费、折旧费、无形资产摊销、长期待摊费用摊销。

(5) 取年度薪资福利预算表的数据的科目有：工资、福利费、住房公积金、社会保险、劳动保护费。

(6) 粗略估算的科目有：其他。

(7) 按"标准×人数"计算的科目有：办公费用、差旅费、业务招待费。

(8) 税金：指残疾人就业保障金。

(9) 上年实际指1—12月，但现在的时点是11月，财务只提供了1—10月的实际数据。那么，如何获得上年实际数据？可以采取估算的方法。即：1—10月实际+剩余2个月的预估数。

15.4.2 人力资源部年度费用分类预算

下面以某国企省公司的人力资源部为例，年度部门费用预算分为：差旅费、招待礼品费、会议费、办公用品费、团体会议费、咨询项目费、培训费、资料费。根据费用标准和频次，按月填写，再汇总。

1. 差旅费预算

1) 差旅费标准

(1) 住宿费标准。省外：领导200元/天，员工150元/天；省内：领导180元/天，员工150元/天。

(2) 伙食补助费标准。省内：20元/天；省外：50元/天。

2) 出差工作日估算

(1) 省内。主要包括对分公司的考察调研、工作指导、安全生产检查等。领导平均5天/月，员工15天/月。按每次住宿1天计。

(2) 省外。主要包括参加省外会议、培训或考察等。部门总经理平均1次/月，计12次；其他人员3次/年，计21次。每次按住宿2天计。

省内出差费用预算、省外出差费用预算，见表15.13。

表15.13 年度部门差旅费预算

出差类型	月份	1月	2月	3月	4月	5月	6月	7月	8月	9月	10月	11月	12月	合计
省内出差/元	领导住宿	900	900	900	900	900	900	900	900	900	900	900	900	10 800
	员工住宿	2250	2250	2250	2250	2250	2250	2250	2250	2250	2250	2250	2250	27 000
	省内交通	2000	2000	2000	2000	2000	2000	2000	2000	2000	2000	2000	2000	24 000
	伙食补助	800	800	800	800	800	800	800	800	800	800	800	800	9600
	小计	5950	5950	5950	5950	5950	5950	5950	5950	5950	5950	5950	5950	71 400
省外出差/元	部门总经理	2100	2100	2100	2100	2100	2100	2100	2100	2100	2100	2100	2100	25 200
	其他员工	2000	2000	4000	4000	4000	4000	2000	4000	4000	4000	4000	4000	42 000
	伙食补助	300	300	450	450	450	450	300	450	450	450	450	450	4950
	小计	4400	4400	6550	6550	6550	6550	4400	6550	6550	6550	6550	6550	72 150
合计		10 350	10 350	12 500	12 500	12 500	12 500	10 350	12 500	12 500	12 500	12 500	12 500	143 550

2. 招待礼品费预算

招待礼品费按50 000元计，见表15.14。

表15.14 招待礼品费

费用 \ 月份	1月	2月	3月	4月	5月	6月	7月	8月	9月	10月	11月	12月	合计
招待礼品费/元	8000	3000	5000	3000	3000	3000	3000	3000	5000	3000	3000	8000	50 000
备注	春节		春茶						中秋			圣诞、元旦	

3. 会议费预算

会议分大型会议和小型会议两种，会议费用标准和次数如下所述。

(1) 大型会议。安排两次，以40人/次计，按400元/人(住宿150元×2，餐费100元)的标准，合计32 000元。

(2) 小型会议。每季一次，以20人/次计，按200元/人(住宿150元×1，餐费50元)的标准，合计16 000元。

会议费预算见表15.15。

表15.15 会议费预算

会议类型＼月份	1月	2月	3月	4月	5月	6月	7月	8月	9月	10月	11月	12月	合计
人力资源工作会议/元						16 000						16 000	32 000
人力资源专题会议/元			4000		4000				4000		4000		16 000
小计/元	0	0	4000	0	4000	16 000	0	0	4000	0	4000	16 000	48 000

4. 办公用品费预算

办公用品费预算，按1200元/月计，见表15.16。

表15.16 办公用品费预算

项目＼月份	1月	2月	3月	4月	5月	6月	7月	8月	9月	10月	11月	12月	合计
办公用品及耗材/元	1000	1000	1000	1000	1000	1000	1000	1000	1000	1000	1000	1000	12 000

5. 团体会议费预算

团体会议费预算，见表15.17。

表15.17 团体会议费预算

项目＼月份	1月	2月	3月	4月	5月	6月	7月	8月	9月	10月	11月	12月	合计
××人力资源沙龙/元	3000												3000
××人力资源协会/元	5000												5000
小计/元	8000												8000

6. 咨询项目费预算

咨询项目费预算，见表15.18。

表15.18 咨询项目费预算

项目＼月份	1月	2月	3月	4月	5月	6月	7月	8月	9月	10月	11月	12月	合计
行业分析资料/元			3000							3000			6000
岗位评估技术/元		25 000						25 000					50 000
薪酬调查分析/元		6000											6000
绩效管理研究/元				5000					5000				10 000
行业业务流程/元					20 000						20 000		40 000
小计/元	0	31 000	8000	20 000	0	0	0	25 000	5000	3000	20 000	0	112 000

7. 培训费预算

邀请专家讲课，从培训费用中支出的，按平均2次/季、每次15 000元计，合计120 000元。

新员工培训按平均400元/人标准计，预计130人(主要为社会化用工)，合计52 000元，平均分摊至每月。

e-Learning平台电子化课件和自制课件预算60 000元，按月平摊。

培训费用预算，见表15.19。

表15.19 培训费用预算

项目＼月份	1月	2月	3月	4月	5月	6月	7月	8月	9月	10月	11月	12月	合计
邀请专家讲课/元	15 000		15 000	15 000	15 000		15 000		15 000	15 000	15 000		120 000
新员工培训/元	4333	4333	4333	4333	4333	4333	4333	4333	4333	4333	4333	4333	52 000
内部讲师及编写专项教材/元	4167	4167	4167	4167	4167	4167	4167	4167	4167	4167	4167	4167	50 000
电子化课件/元	5000	5000	5000	5000	5000	5000	5000	5000	5000	5000	5000	5000	60 000
小计/元	28 500	13 500	28 500	28 500	28 500	13 500	28 500	13 500	28 500	28 500	28 500	13 500	282 000

8. 资料费预算

技术资料、图书报刊的预算，见表15.20。

表15.20 资料费预算

月份 项目	1月	2月	3月	4月	5月	6月	7月	8月	9月	10月	11月	12月	合计
××人力资源管理/元	30	30	30	30	30	30	30	30	30	30	30	30	360
××通信人力资源/元	20	20	20	20	20	20	20	20	20	20	20	20	240
××商业评论/元	100	100	100	100	100	100	100	100	100	100	100	100	1200
人事政策选编/元	10	10	10	10	10	10	10	10	10	10	10	10	10
小计/元	160	160	160	160	160	160	160	160	160	160	160	160	1810

9. 部门费用预算合计

人力资源部的年度部门费用预算合计65.74万，见表15.21。

表15.21 年度部门费用预算合计——人力资源部

项目 费用	差旅费预算	招待礼品费预算	会议费预算	办公用品费预算	团体会议费预算	咨询项目费预算	培训费预算	资料费预算	部门费用预算合计
金额/万元	14.36	5.00	4.80	1.20	0.80	11.20	28.20	0.18	65.74

第16章 人力资源部经理的技巧——体系审核

常见的体系包括：质量管理体系(ISO9000)、环境管理体系(ISO14000)、职业健康安全体系(OHSAS18000)。

作为人力资源部经理，应了解体系对人力资源管理程序的要求、标准条款6.2、与人力资源部有关的职能分配表、与人力资源部有关的3个程序要点、体系审核计划。

16.1 ISO9000的人力资源管理程序要求

16.1.1 标准条款6.2条的介绍

在质量管理体系的程序文件中，有专门的人力资源管理程序，主要涉及能力、意识和培训三个方面。下面介绍其中的6.2条。

1. 总则

人力资源部确定《人力资源管理程序》，建立人的能力识别机制，对从事影响产品质量工作受环境及危险源影响的人员，保证其具有胜任工作的能力，该能力的形成应基于适当的教育、培训、技能和经历。

2. 能力、意识和培训

(1) 人力资源部必须明确各岗位的能力要求和上岗条件，制定相应的岗位规范，确保员工胜任本职工作；

(2) 人力资源部及各部门根据需求，制订合理的培训计划，实施有针对性的、有效的培训；

(3) 向员工提供管理意识教育，确保员工认识到所从事的活动对管理方针及管理体系的相关性和重要性，以及如何为实现管理目标作出贡献；

(4) 使员工意识到所从事的工作涉及的重大环境因素及危险源，产生的实际和潜在的影响和后果，以及个人工作的改进所带来的环境及职业健康安全效益；

(5) 使员工意识到自己在管理体系实施中的作用及职责和偏离相关程序的潜在后果；

(6) 培训实施后应进行有效性评估,找出培训中存在的不足之处,提出改进措施;

(7) 公司应建立职工培训档案,培训档案应留存适当的教育、培训、技能和经验的记录;

(8) 除培训以外,还可采取招聘、竞聘上岗、技能鉴定等方法,提高人员素质,确保人力资源满足需求。

16.1.2 与人力资源部有关的质量管理职能分配表

在质量管理体系中,各标准条款所列的责任由不同的部门/岗位承担。通常用"☆"表示主导,"△"表示配合。

人力资源部主导的标准条款有:第6章(6.1、6.2)。

人力资源部配合的标准条款有:第4章、第5章(除5.1外)、第8章(8.4,8.5)

质量管理职能分配表(与人力资源部有关),见表16.1。

表16.1 质量管理职能分配表(与人力资源部有关)

标准条款	职能部门 责任分配	最高管理者	管理者代表	人力资源部
4	管理体系要求	☆	△	△
4.1	总要求	☆	△	△
4.2	文件要求		△	△
5	管理职责	☆	△	△
5.1	管理承诺	☆	△	
5.2	以顾客为中心	☆	△	△
5.3	管理方针	☆	△	△
5.4	策划		☆	△
5.5	职责、权限和沟通	☆	△	△
5.6	管理评审		△	△
6	资源管理		△	☆
6.1	资源提供		△	☆
6.2	人力资源		△	☆
6.3	基础设施		△	
6.4	工作环境			
7	产品实现			
7.1	产品实现的策划			
7.2	与顾客有关的过程			
7.3	设计和开发			

(续表)

标准条款 / 责任分配	职能部门	最高管理者	管理者代表	人力资源部
7.4	采购			
7.5	生产和服务提供			
7.5.1	生产和服务提供的控制			
7.5.2	生产和服务提供过程的确认			
7.5.3	标识的可追溯性			
7.5.4	顾客财产			
7.5.5	产品防护			
7.6	监视和测量装置的控制			
8	测量、分析和改进		△	
8.1	总则		△	
8.2	监视和测量		△	
8.2.1	顾客满意	△	△	
8.2.2	内部审核	△	△	
8.2.3	过程的监视和测量		△	
8.2.4	产品的监视和测量		△	
8.3	不合格品的控制		△	
8.4	数据分析		△	△
8.5	改进	△	△	△

16.1.3　与人力资源部有关的环境、职业健康安全的职能分配表

人力资源部主导的标准条款：4.4.1(资源、作用、职责与权限)、4.4.2(能力培训和意识)。

人力资源部配合的标准条款：第4章。

具体的职能分配情况见表16.2。

表16.2　与人力资源部有关的环境、职业健康安全管理职能分配表

标准条款 / 责任分配	职能部门	最高管理者	管理者代表	人力资源部
4	管理体系要求	△	☆	△
4.1	总要求	☆	△	△
4.2	环境及职业安全健康方针	☆	△	△
4.3	策划			△

(续表)

标准条款	责任分配 / 职能部门	最高管理者	管理者代表	人力资源部
4.3.1	环境因素、危险源识别风险评价及控制措施			△
4.3.2	法律法规和其他要求	△	☆	△
4.3.3	目标、指标和管理方案	△	☆	△
4.4	实施与运行	☆	☆	△
4.4.1	资源、作用、职责与权限		△	☆
4.4.2	能力培训和意识		△	☆
4.4.3	信息交流、协商沟通	△	△	△
4.4.4	文件	△	△	△
4.4.5	文件控制	△	△	△
4.4.6	运行控制	☆	☆	△
4.4.7	应急准备和响应	△	△	△
4.5	检查	△	☆	△
4.5.1	监测和测量	△	△	△
4.5.2	合规性评价	△	△	△
4.5.3	不符合的纠正措施和预防措施	△	☆	△
4.5.4	记录控制	△	△	△
4.5.5	内部审核	△	☆	△
4.6	管理评审	☆	☆	△

16.2 与人力资源部有关的管理程序介绍

与人力资源部有关的三个管理程序：人力资源管理程序、环境不符合管理程序、职业健康安全运行管理程序。

16.2.1 人力资源管理程序

人力资源管理程序包括：目的、适用范围、职责和权限、管理程序及内容、相关文件、记录要求、相关记录。其中，部分要点如下所述。

1. 目的(略)

2. 适用范围(略)

3. 职责和权限

(1) 人力资源部负责制定和实施本程序。

(2) 人力资源部负责编制质量检验员、质量体系内审员、质量管理人员的培训需求计划。

(3) G/J节能事业部负责编制计量检定、工程技术人员的培训需求计划并实施培训。

(4) 各职能部门负责编制本部门职工培训需求计划并负责实施培训。

(5) 总经办配合各职能部门实施培训计划。

4. 管理程序及内容

1) 确定能力

各职能部门根据部门职责和权限,明确该部门的上岗条件,包括技能水平等要求。

2) 培训计划的制订和管理

(1) 各职能部门根据公司总体发展需求、培训的重点要求、工种或岗位能力要求,研究并制订本部门职工的培训需求计划,并提出培训目标,经人力资源部经理批准上报总裁。

(2) 人力资源部对各职能部门培训需求草案进行审核确认和综合平衡后,编制公司的全年培训计划,明确各项培训的负责部门和实施部门,报总裁审核后列入公司年度生产经营计划。

(3) 人力资源部接到公司下达的年度培训计划,制订培训实施计划,明确培训责任部门和实施部门、培训时间、培训对象等,以文件形式下发。

3) 培训实施要求

(1) 培训实施部门必须掌握培训对象的能力状况及本次培训的目标。

(2) 培训实施部门在实施培训过程中,要教育学员认识到所从事工作的重要性和相关性,懂得如何为实现公司质量目标作出贡献。

(3) 培训后必须进行有效性评估。

(4) 培训实施部门必须保持适当的记录。

4) 培训实施程序

(1) 人力资源部根据公司培训实施计划并视实际情况提前一定时间向各有关部门发出培训通知,各有关部门在接到通知后向人力资源部提交培训报名表。

(2) 培训实施单位接到任务后,必须做好培训前的各项准备工作。

(3) 培训过程中，培训实施部门要进行培训过程的有效性控制，随时掌握学员的学习情况，研讨培训过程中出现的问题，并及时纠正错误，同时将有关信息及时反馈给人力资源部和学员。

(4) 培训结束后，培训实施部门要进行培训的有效性评估，将评估情况记入《培训效果评估表》，对培训中存在的问题要作出正确分析，并提出改进措施。

5) 培训的有关管理

(1) 职工培训工作的实施由人力资源部负责管理。

(2) 举办计划内外的各类培训，应根据培训内容、目的和要求填写《培训申请及报销单》，经审核通过后，组织培训，并对其有效性进行控制。

(3) 若因各种原因需变更培训计划(包括新增、改期、取消培训)应提前通知，并填写《培训计划变更表》，报综合办审核同意后，由实施部门按变更后的计划实施培训。

(4) 培训实施部门必须整理并保存好每次培训的完整资料和记录。

6) 建立职工培训档案

职工培训档案的内容包括：岗位能力要求、本人文化程度、技术水平情况、出生年月、工作经历；培训主要内容、培训时间、培训地点、考核方式、成绩。

5. 职业健康安全运行管理程序(略)

16.2.2 环境不符合管理程序

1. 略

2. 略

3. 职责和权限

(1) 总经办负责公司整体日常安全、环境卫生的检查、统计、处理等工作，并做好记录。负责组织对环境/职业健康安全管理体系的运行情况作检查，及时发现各类不符合管理程序的情况，并组织调查，指导制定改进、纠正和预防措施，并负责对环境、职业健康安全管理体系不符合项的纠正和预防措施的实施情况进行监督和追踪验证。

(2) 各部门对发生的不符合情况和潜在不符合情况及时进行原因分析，制定相应的纠正和预防措施，并在规定时间内完成整改。

4. 管理程序及内容

1) 不符合项的来源

(1) 与法律、法规相抵触的；

(2) 内审、外审、管理评审中出现的不符合项；

(3) 自检、自查中出现的不符合项(包括消防、员工体检、废弃物处理、噪音、废气、废水、辐射、人身伤害、工伤等)；

(4) 相关方提出的重大投诉或抱怨；

(5) 出现重大环境、职业健康安全问题；

(6) 与环境安全卫生有关的其他不符合项。

2) 识别和评审不符合项

(1) 各部门如发现不符合项应对不符合项进行调查分析，视其性质制定纠正措施，必要时采取预防措施。

(2) 各部门如发现不符合项应将不符合情况提交至总经办，总经办负责跟踪后续的纠正、预防措施的实施情况。

3) 不符合项的纠正和预防措施

对不符合项的纠正和预防应按《纠正措施和预防措施控制程序》执行。

(1) 对与法律法规相抵触的不符合项，应在学习法律法规相应规定的基础上，制订相应的改善计划，并付诸实施。

(2) 自检自查的不符合项，由责任部门及时纠正。

(3) 相关方提出的重大投诉或抱怨应提交到总经办，必要时向管理者代表汇报，制订相应的后续改善计划，并落实改善措施。

16.2.3 职业健康安全运行管理程序

1. 略

2. 略

3. 职责和权限

(1) 总经办负责职业健康安全管理制度的建立。

(2) 各职能部门负责职业健康安全管理制度的执行。

4. 管理程序及内容

1) 职业健康安全控制程序的建立

总经办对各部门的危险源及重大危险源进行识别确认后,由各部门制定对应的管理目标、方案。若各指标项目须有多项活动控制,则需设定对应的管理目标。

2) 职业健康安全控制程序的实施

(1) 消防设施管理由公司与物业签订物管合同,由物业公司统一进行维护保养。

(2) 公司依据《应急准备及响应管理程序》进行应急处理,并定期进行消防演习(消防演习由物业统一安排)。

(3) 工程现场服务使用的劳保用品(包括安全帽、工作服、绝缘鞋、手套等)由总承包方或业主在工程移交时统一分发,并要求现场服务人员统一着装。

(4) 对于涉及职业健康安全的相关方管理,依据《相关方管理程序》执行。

(5) 现场用电管理依据《用电安全操作指导书》执行。

(6) 仓库货物搬运管理依据《仓库安全管理办法》《手动液压叉车作业指导书》执行。

(7) 每年公司将对管理人员及现场工程人员安排身体健康检查,对于身体状况不适合现场工作的人员,应及时调整工作岗位。

16.3 体系审核计划

下面以××通讯公司(客户)对××公司(供应商)的体系审核为例,介绍体系审核计划。

1. 第一步:审核安排

××通讯公司蓄电池团队定于本周五对我司的××产品资格进行现场审核,审核安排如下所述。

审核人员:供应商认证部,×××;配套技术部,×××;采购商务管理部,×××;CAF规划系统部,×××。

现场审核:×月30日。

2. 第二步:审核计划安排表

审核具体安排见表16.3。

表16.3 审核具体安排

审核具体安排	
审核日期:200×年×月30日	
时间	审核安排和涉及要素
200×.×.30 8:30—9:30	首次会议:要求供方销售体系、工程技术、质量体系、生产体系和服务体系相关人员参加并介绍,同时做公司简介。认证小组介绍审核目的、审核人员组成及时间安排(要求供应商总经理及管理者代表参加)
9:30—12:00	对供方生产现场、研发设计、实验室及库房进行现场审核
13:30—17:00	按照审核表对供方基本情况(含生产设备、人力资源、人员培训等),上午服务情况(含供方管理、客户投诉、客户满意度、合同评审等),质量保证(含质量体系、来料质量、过程质量、现场管理、出货质量、库房等),工程技术(研发组织和管理、样品验证、小批量、设计变更、可靠性实验等)相关文件和记录进行资料审核
17:00—18:00	审核总结及末次会议(参加人员同首次会议)
审核组签名: 受审方确认及签名:	

3. 第三步:改善跟踪单

审核后,要求提交供方现场审核改善跟踪单。如果有与人力资源管理相关的问题被查出,那么人力资源部就会增加工作量。

××通讯公司供方现场审核改善跟踪单,见表16.4。

表16.4 ××通讯公司审核供方现场审核改善跟踪单

序号	审核组提出需改善的事实描述和建议(如在质量保证体系方面发现不合格项,应分为:严重不合格;轻微不合格;观察项),其他方面发现问题则为改善建议	供方分析原因、制定纠正/预防措施(明确具体措施、责任人、完成日期。5个工作日内提交纠正措施)	责任部门	供方内部对纠正行动验证意见签名	审核方对纠正行动验证意见签名(现场审核团队组长)
1	外审不合格报告中未能明确措施完成日期,内审计划中不应包括第二方审核,可作为内审方案及计划制订的参考因素,内审不合格报告中部分措施无完成日期,验证记录过于简略,应给予验证效果的必要说明,措施应更具体,避免空洞说辞,如可用"4W1H"条目予以明确落实	修订内审控制程序,完善"4W1H"条目要求,明确完成时间。8月20日完成	质管部	已完成。×××于200×年×月×日修改了程序文件,对时间和验证要求做了规定	
2	来料检验不够规范,标识不清晰	规范来料检验、建立检查制度,并做好标识。8月30日完成	质管部	已完成。×××于200×年×月×日已对程序文件相关条款进行了调整与检查	

第17章 人力资源部经理的技巧——与猎头合作

人力资源部经理在引进人才时，有时需要借助第三方，即需要与猎头打交道。这时，HR是甲方，猎头是乙方。

本章介绍了猎头访谈、猎头流程、猎头需求提出、猎头费用比较、签订猎头服务协议、猎头招聘进度控制、背景调查、录用确认函、签订劳动关系与薪酬协议、猎头合作注意事项。

17.1 访谈：猎头、HR对"猎头"业务的看法

有一次，作者分别向猎头、HR问了4个问题：①猎头的操作流程是怎样的？②猎头的困难在哪里？③最成功的一个猎头项目是什么？④最糟糕的一个猎头项目是什么？通过这4个问题，大概可以了解猎头业务的情况。

17.1.1 问题一：猎头的操作流程是怎样的

1. 猎头的回答

第一步：了解企业定位，以及分析职位需求。

第二步：判断接受猎头的可行程度(本土企业更多)。

第三步：确定合作模式、总佣金，企业支付猎头公司定金。

第四步：猎头开展猎寻工作，推荐合适候选人面试，直至上岗。

第五步：收回除定金外的余款，并对人才和企业进行后期跟踪、回访。

2. HR的回答

第一步：需求调研。公司提出需求，猎头通过访谈等途径了解公司用人意向、任职资格、特殊要求等。

第二步：与公司签订委托招聘协议。猎头费用，一般采取"预付款+部分付款+尾款"的支付方式。猎头费用一般按照猎取人才年薪的一定比例来计算，基本在20%～

30%之间。

第三步：人才猎寻。通过各种渠道(网站挂招聘信息、网站人才信息主动搜索、他人推荐、目标企业挖猎等)收集人才信息。

第四步：简历筛选。对收集到的简历进行筛选，确定意向面试人员。

第五步：猎头初试。猎头对所选人员进行初步面试，可采用现场面试或电话面试两种方式。有些不负责任的猎头公司不进行此步骤。

第六步：人员推荐。向企业推荐意向人员简历。

第七步：公司面试安排。猎头与双方沟通，预约面试，并实施面试。有的猎头公司会陪同面试人员一同面试。

第八步：意见反馈。公司与猎头沟通，反馈面试人员信息。人员不合适的，猎头会反复推荐简历并安排面试。

第九步：录用。对合适的人员，公司会通过猎头与意向人员沟通录用条件，包括薪资、福利、报到时间、特别要求等。

第十步：试用期跟进。一般猎头会跟进推荐人员的试用期使用情况，如果试用期使用不合适，一般会重新招聘。

17.1.2　问题二：猎头的困难在哪里

1. 猎头的回答

(1) 对于本土猎头来说：操作有待更专业化，效率有待提高。

(2) 对于所有的猎头来说：行业进入门槛低，工作人员压力过大，导致流动率非常高，创业人员非常多，市场上猎头公司五花八门，不利于行业的整体规范。

(3) 对于猎头个人而言：提高专业化水平，切身为客户利益着想。但目前市场上随企业的发展而发展的顾问，不是很多。

2. HR的回答

(1) 猎头对公司所列岗位的理解不一定深刻，意向人才圈定难度较大。

(2) 猎头对公司的一些"潜规则"不清楚，为招聘带来难度。

(3) 猎头不易了解到一些"潜在用人要求"，比如采购总监就喜欢听话的采购经理，不喜欢太有思想的，但任职要求往往不体现这些。

(4) 公司对岗位的分析不到位，所列任职资格不一定是用人要求的完全表达。

(5) 猎头的人脉关系和招聘渠道制约其发展。

(6) 猎头工作压力大，工作辛苦。

17.1.3　问题三：你觉得最成功的一个猎头项目是什么

1. 某猎头的回答

猎头这个行业很奇怪，不成功就是失败，没有所谓的灰色地带。而所谓的成功，也许只是候选人的一念之差，有时甚至与顾问水平的高低都没有关系。

个人操作过的比较成功的项目是一个物流公司的区域运营总监。当时该公司的江苏区域处于亏损状态中，该企业属民营性质，内部关系较为复杂。

在前期猎寻过程中，我先与物流行业内较为知名的企业联络，在圈定人选实施面试之后发现：职业化程度高的管理人员在民营企业里并不是很受欢迎。

于是我调整方向，在发展较好的一般性的物流公司中寻求合适人员，并挖掘原先猎寻渠道潜在的候选人，经面试圈定一名曾独立成功运营过浙江区域物流的候选人，被老板一眼看中。

项目到这里远没有结束，该人选到江苏上岗以后，发现公司现状和市场形势非常糟糕，加之前任遗留的一个烂摊子导致工作无法开展，该人选遂通过电话向我说明情况。

在了解了候选人的性格脾气之后，我与他进行深入的交流，了解了他的内心想法，并与公司老板以及HR总监及时沟通。此后，老板亲自去江苏市场考察，并作出相关承诺。由于市场情况较为特殊，后期每隔一个星期我都会与该人选和老板沟通一次。

在该人选稳定、有序地开展工作之后，该公司HR总监给了我另外一个高管职位的订单。

2. 某HR的回答

我也有过像猎头一样做招聘的挖角经历，个人觉得其中有可圈可点之处，故在此简单描述下。

某年本公司要大量招聘发动机方面的人才，因发动机人才紧缺，通过网站、招聘会等形式无法满足公司的招聘需要，因此我选择了专向猎取的方式。

在猎取人才的过程中，我对一位猎取对象印象十分深刻。他曾在西部某国企柴油机公司任装配主管，刚离职不久，后到广东一家单位就职，处于试用期，工作较顺利，颇得领导赏识。我和他多番沟通无果。

后来，我通过别人了解到他的家庭地址，于是专门去他西部某省老家，和他的父母、妻子沟通，最终他在家人的劝说下答应到公司面试，后来面试结果非常好，他被公司录用，放弃了广东的工作。后来，他又为公司推荐了几位人才，最终都得以录用。

在这个过程中，我到他家中访谈是一次非常大胆的突破，但事实证明这种突破是取得成功的关键。

17.1.4 问题四：你觉得最糟糕的一次猎头项目是什么

1. 某猎头的回答

由于我们公司组织结构做了调整，前期接单时，项目部门参与度不高，导致后期猎寻过程非常坎坷。

接单的时候说年薪15万可以找到合适的人选，即：具备卫浴公司生产及管理经验，且英语口语流利。实际情况是，该行业人才缺乏，猎取面较窄，能达到客户要求的人选要价基本在年薪20万以上。

在我接受该项目的时候，合同已经签订，我再跟客户沟通时，客户以前期合同已谈好为由，拒绝与我交流。

经过多方猎寻，我最终圈定3名候选人，薪资要求在20～30万之间，对方公司迟迟不答复，最后以薪资过高为由拒绝面试。在沟通无效的情况下，我将该单列为C级。

一个月过后，客户似乎想通了，要求面试，但此时有两位人选已无意向，另外一人"脚踏几只船"，面试后对该企业评价较低。

客户要求继续提供服务，北上猎寻人才，最终寻得一位候选人开价25万+年终激励。

客户终于决定放弃，并要求退款，理由是我们猎寻的候选人的薪资要求与合同大相径庭。

2. 某HR的回答

在东北某市猎取××柴油机重工企业的一名技术人员时，由于没能通过面试掌握大量信息，导致公司决定录用后此人未能报到。

17.2 明确猎头工作流程

下面，我们从猎头的工作流程讲起，以两家猎头公司提供的寻访流程为例。

(1) A猎头公司的寻访流程，包括6个阶段：需求分析、企业了解、综合分析、寻访猎取、人才推荐、跟踪服务，具体见表17.1。

表17.1　猎头寻访流程

进程	项目	内容描述
第一阶段	需求分析	职务与人员要求分析
第二阶段	企业了解	了解客户的企业文化、组织架构、管理现状、工作环境、薪酬福利详细状况等
第三阶段	综合分析	行业分析、人才分布分析、确定目标分布区域及访寻办法等
第四阶段	寻访猎取	1. 由6名资深的猎头顾问成立猎寻专案小组。 2. 从人才库中筛选合适的人才，对行业人才密集地的专业人才进行猎寻。 3. 启动行业兼职猎头和人才导访顾问，进行有针对性的人才挖掘。 4. 对适用的候选人进行有效的结构化面试、甄选及专业测评等
第五阶段	人才推荐	1. 将适合的人选，以保密报告的形式提交给客户。 2. 安排候选人接受客户面试。 3. 就面试效果与客户进行全面沟通
第六阶段	跟踪服务	做好后续的沟通与服务，确保人才为企业创造良好的效益

(2) B猎头公司的寻访流程分5步，在45个工作日内完成。

第1—5个工作日：了解行业信息和相关企业的相关岗位人员信息，确定人才猎寻方式和渠道，确定定向猎寻目标。

第6—15个工作日：对人才进行拉网式搜索，包括：内部搜索和外部筛选。通过各种渠道接近合适的人才，动用大批兼职猎手和信息采集顾问对候选人和相关企业进行信息甄别与核实。

第16—25个工作日：利用本公司的广泛人脉和众多业内人士的良好关系，针对合适的方向推荐行业精英，与有意向的候选人深入沟通，安排秘密面试，对候选人进行详尽的背景调查、综合评估，确定合适的人选。

第26—35个工作日：提交候选人资料，等待委托方意见，安排及协助委托方面试。

第36—45个工作日：确定人选，做好服务交接，促进、协助人才上岗。

猎头公司补充：候选人主要锁定在全国一线电池、电子行业内相关岗位的在职管理和专业技术人员；或者贵方提供目标企业和人才名单，我司可采取定向挖角方式。由于所涉及的岗位较多，所有岗位的人才猎取工作难以同时进行，故我司会根据委托方的用人计划和轻重缓急安排猎寻计划，再按以上操作流程猎寻。

17.3 确定猎头岗位需求

猎头公司、甲方单位对猎头岗位的需求,有不同的表式。

17.3.1 甲方单位的需求表

甲方(用人单位)猎头岗位需求表有两种,一种是列出单个岗位的详细需求,具体可见如下案例。

案例1:委托招聘职位

招聘大区经理:1名

岗位描述如下:

一、汇报对象:G事业部总经理

二、工作地点:××市

三、岗位要求:

1. 本科及以上学历,暖通流体机械或自动化类专业,30~45周岁,5年以上暖通、水泵、阀门相关领域工作经验;

2. 8年以上销售经验(3年以上办事处、区域经理或更高级别的销售管理职位),大型集团公司或中型企业以上规模,有水泵、阀门行业经历优先;

3. 有资源和能力直接获取订单,带领及管理销售团队能力强,认同节能减排理念;

4. 具备优秀的职业操守;

5. 目标企业:上海××泵业制造有限公司、浙江×××暖通科技有限公司、××(中国)水泵系统有限公司等。

四、岗位职责:

1. 根据公司发展战略,提供营销战略的思路和建议给决策层;

2. 根据公司发展目标制订销售计划,完成销售目标;并开拓直销或代理渠道,签订合同,跟踪回款;

3. 管理并培养部门员工,处理好与公司其他部门的关系,进行有效合作;

4. 寻求部门新的利润增长点。

五、薪资待遇:

8000~15 000元/月(根据资历面议,其中80%为基本工资,20%为绩效工资),另加销售提成(以净利润贡献提成为主)。营销费用参照公司营销政策，福利待遇参照公司人事政策。

另一种是批量岗位的表格汇总，明确：岗位名称、计划人数、任职要求、岗位职责、工作地、提出时间，相关案例见表17.2。

表17.2 某科技公司的猎头岗位需求表

序号	岗位名称	计划人数	任职要求(细化)	岗位职责(细化)	工作地	提出时间
1	大区销售总监	1	本科，工科相关专业(暖通空调/热能工程/流体力学/流体机械/自动化控制)；28~35周岁；8年以上销售经验，3年以上中大型企业办事处、区域经理职位有能力；有仪器仪表及自动化行业经历优先，有资源和能力直接获取订单，并有能力带领及管理销售团队；认同节能减排理念	制订销售计划，完成销售目标，开拓直销或代理渠道，签订合同，跟踪回款，人员培养等	杭州，需出差	201×.8.21
2	高级销售经理(EPC机房节能)	1	大专及以上，暖通相关专业(建筑环境与设备工程/供暖通风/低温制冷/热能动力/流体力学、流体机械)；5年以上销售经理经验，有节能空调机房等相关行业销售经理工作经验者优先；了解合同能源管理模式，能够独立组织、运作国内市场销售工作，有成功的市场运营案例者优先；拥有电信等通信行业广泛的社会关系和市场网络，与中央空调行业客户有良好的合作关系，有较强的谈判技巧	完成营销目标，开发培育电信机房节能市场，签订合同，跟踪回款，开拓新业务	浙江，需出差	201×.10.10
3	高级销售经理(EPC医院空调节能)	1	大专及以上，暖通相关专业(建筑环境与设备工程/供暖通风/低温制冷/热能动力/流体力学、流体机械)；5年以上销售经理经验，有节能空调机房、能源等相关行业销售经理工作经验者优先；了解合同能源管理模式，能够独立组织、运作国内市场销售工作，有成功的市场运营案例者优先；拥有政府、大型医院广泛的社会关系和市场网络，与中央空调行业客户有良好的合作关系，有较强的谈判技巧	完成营销目标，开发大型医院空调机组节能市场，签订合同，跟踪回款，人员培养等	浙江，需出差	201×.10.10
	合计	3				

17.3.2 猎头公司的需求表

由于猎头公司的需求表比较复杂，HR一般不愿意详细填写，只按照自己的文件格式提供简要的需求信息，其他需求信息可通过电话或面谈传达，让猎头自己去整理。

某猎头公司的需求表，分客户企业概况、招聘职位描述两部分，具体见表17.3。

表17.3 企业概况及职位要求

一、客户企业概况

(一) 企业现状(经营状况、发展规划)　　　　　　　　　　　　____年__月__日

企业名称		企业成立时间	
企业员工人数		年营业收入	
现处何种时期		品牌发展期	
企业概况			
产业、产品			
产品结构(及生产开发能力)			
人才任职机构的产业情况			
服务体系			
管理体系			
企业文化			
组织架构及人力资源现状			
企业软硬环境(厂区占地面积)			
企业发展战略			
备注			

第17章 人力资源部经理的技巧——与猎头合作

(二) 企业负责人情况(用人理念等，自愿填写)

姓名		职务		性别		年龄		性格	
爱好		家庭		子女		用人心态			
备注									

(三) 聘用人才的直接领导(工作方式、用人心态)

姓名		职务		性别		年龄		性格		爱好	
能力		家庭情况		与老板关系		留用是否长久		用人心态			
备注											

二、招聘职位描述　　　　　　　　　　委托企业_____

职位名称		招聘人数	
工作地点		所属部门	
性别要求		直接上司	
年龄要求		下属人数	
户籍要求		语言要求	
学历要求		专业要求	
电脑水平		经验要求	
是否要求具有同行业工作经验			
工作职责			
技能要求			
其他要求			
上岗时间			

薪酬福利待遇	年薪		发付方式	
	基本月薪		年终奖金(方式、数目)	
	社会保险		交通提供或补贴	
	住房提供或补贴		通讯工具提供或补贴	
	工作制		其他	

备注	

填表单位(签章)：　　　　　　　　　　××猎头有限公司：
经办人签名：　　　　　　　　　　　　经办人签名：

年　月　日

17.4 猎头费用比较

甲方单位在进行猎头供应商选型时，都比较关心猎头费用的支付方式。这涉及猎头费用计算公式、预付款(定金)、保证期等条款。

17.4.1 根据年薪提成

猎头费用基本的计算公式为

$$猎头费A = 候选人年薪W \times 提成比例P$$

假定某个猎头订单合同约定猎头费提成比例为25%，技术部经理年薪20万，则猎头费=20×25%=5万；如合同约定按30%提成，则猎头费=20×30%=6万。

1. 提成比例

在选择猎头供应商时，为了以最低的价格获得最好的服务，HR往往会对多个猎头公司的报价进行比较，或向HR同行打听行情。提成比例的参考范围是20%～30%，应具体情况具体分析。

外资猎头、国内规模较大的猎头，提成比例多为30%。在这个基数上通过谈判可适当下调，比如降到29%、28%。但有的猎头坚持30%，不会作出让步。

国内规模较小的猎头，提成比例多为25%，在这个基础上通过谈判可下调，比如24%、23%、22%，甚至可低到20%。低于20%，猎头的利润空间就很小了。

所以，HR经理心里要有两个数据：30%(大猎头)、25%(中小猎头)。在这个基础上，能下调到多少，就看谈判技巧了。

2. 候选人年薪

除提成比例外，候选人年薪也是影响猎头费计算的重要因素，猎头公司一般会在合同中约定。年薪指税前年薪，包括月工资、绩效工资、提成、年终奖、各类补贴津贴、股权期权、社保公积金等所有收入。

比如，某公司列出的办公室主任的待遇标准：月薪8000元，月绩效工资4000元，年终奖约定标准3万，无股权期权，房租补贴500元/月，通讯补贴400元/月，交通补贴500元/月，其他过年过节费折合5000元/年。猎头公司倾向于认为：候选人年薪=(0.8+0.4+0.05+0.04+0.05)×12+3+0.5=19.58万。甲方单位HR认为应剔除非收入性的通讯补贴、交通补贴、其他过年过节费，倾向于认为：候选人年薪=(0.8+0.4+0.05)×12+3=18万。

两者相差1.58万,按25%、30%的提成比例计算,猎头费分别相差:0.395万、0.474万。

作为HR,应站在公司立场,把猎头对候选人年薪的界定范围适当缩小。否则合同签订后,容易产生歧义,导致合作不愉快,甚至会引发纠纷。

3. 预付款

猎头公司可能会提出按10%或5%的比例收取定金,但甲方单位可能会讨价还价,如最后约定定金标准为:5000元/个职位。

4. 保证期

保证期一般为6个月,有的猎头公司的保证期为3个月。具体的时间需双方协定,并在合同中注明。

17.4.2 分段计算

猎头费也可采取分段计算的方式。候选人年薪越高,提成比例越高;年薪越低,提成比例也随之降低。这是因为年薪高的职位,猎寻难度大。

例如,某猎头公司(民企)报价时,把服务项目分为标准猎头服务、年度战略服务。所谓标准猎头服务,就是双方临时合作,该猎头公司可能是诸多猎头供应商中的一家;而年度战略服务,就是双方长期合作,该猎头公司是独家或少数几家固定的供应商,这时,猎头公司愿意降低部分职位的提成比例,但往往要求一次性支付较多定金。猎头费分段计算见表17.4。

表17.4 猎头费分段计算

服务项目	最低收费	年薪<20万	20万≤年薪<30万	30万≤年薪<50万	年薪≥50万	预付款
标准猎头服务	2万	20%	25%	30%	35%	5000元
年度战略服务	无	18%	22%	30%	35%	2万

17.4.3 岗位打包分类较低收费

猎头费还可采取岗位打包、分类收费的计算方式,将收费标准压低。

例如,某公司提出猎头招聘岗位需求:高管类3个、高级主管类4个、专业技术类8个,需求人数共21人。为控制猎头费用,考虑采用岗位打包、分类定价的方式:总服务费按打包形式收取;前期服务费按总服务费用的30%收取。

经接触筛选，当时本地有5家猎头公司愿意考虑，但分别对不同岗位的最低猎头费用给出了不同的数据。人力资源部比较后，在考虑公司高层意见的前提下，建议：高管类，4万/个；高级主管类，1.2万/个；专业技术类，0.7万/个。具体见表17.5。

表17.5 岗位打包分类猎头费用比较

岗位类别	序号	岗位名称	计划人数	收费标准/(万元/人)						每类岗位收费/万元					
				猎头公司1	猎头公司2	猎头公司3	猎头公司4	猎头公司5	建议标准	猎头公司1	猎头公司2	猎头公司3	猎头公司4	猎头公司5	建议标准
高管	1	质量总监	1	5	3.5	4	5	3.5	4	5	3.5	4	5	3.5	4
	2	物流总监	1	5	3.5	4	5	3.5	4	5	3.5	4	5	3.5	4
	3	锂电技术负责人	1	5	3.5	4	5	3.5	4	5	3.5	4	5	3.5	4
高级主管岗位	1	高级质量主管	1	1.2	2	3	1.6	2	1.2	1.2	2	3	1.6	2	1.2
	2	高级采购主管	1	1.2	2	3	1.6	2	1.2	1.2	2	3	1.6	2	1.2
	3	高级物流主管	1	1.2	2	3	1.6	2	1.2	1.2	2	3	1.6	2	1.2
	4	锂电外贸业务经理	1						1.2	0	0	0	0	0	1.2
专业技术岗位	1	电池研发工程师	6	0.7		1.5	0.8	1	0.7	4.2	0	9	4.8	6	4.2
	2	模具及结构工程师	1	0.7		1.5	0.8	0.5	0.7	0.7	0	1.5	0.8	0.5	0.7
	3	金属材料研发工程师	1	0.7		1.5	0.8	1	0.7	0.7	0	1.5	0.8	1	0.7
	4	高分子材料研发工程师	1	0.7		1.5	0.8	1	0.7	0.7	0	1.5	0.8	1	0.7
	5	测试工程师	1	0.7		1.5	0.8	1	0.7	0.7	0	1.5	0.8	1	0.7
	6	质量工程师	1	0.7		1.5	0.8	0.5	0.7	0.7	0	1.5	0.8	0.5	0.7
	7	驻厂质量工程师	1	0.7		1.5	0.8	0.5	0.7	0.7	0	1.5	0.8	0.5	0.7
	8	锂电研发工程师	2	0.7		1.5	0.8	1	0.7	1.4	0	3	1.6	2	1.4
合计=∑(人数×收费标准)			21	24.2	16.5	33	26.2	23	22.4	28.4	16.5	42	31	29	26.6
平均				1.4	1.7	2.8	2.4	1.9	1.6	1.5	1.9	1.1	2.8	2.1	1.9	1.8

17.5 签订猎头服务协议

用人单位(甲方)与猎头公司(乙方)经过前期沟通、接触，最终要形成书面的猎头服务协议，对各自的权责利进行约束。

下面我们以三份猎头服务协议模板为例进行说明，模板1、模板2为民企猎头公司的模板，模板3为外资猎头公司的模板。

模板1：猎头服务协议

甲方：

乙方：猎头公司全称

甲乙双方在平等互利的基础上经过友好协商，达成协议如下：

一、猎头服务相关事项

1. 甲方非独家委托乙方在中华人民共和国境内(不包括我国港、澳、台地区)按照甲方的职位要求，检索、筛选合适的人选推荐给甲方。

2. 为甲方搜寻和审核合适候选人，并进行必要的面试与评价。

3. 向被录取的候选人提供辞职方面的人事咨询与帮助，与客户保持不间断的联系，协助双方解决可能遇到的问题，确保候选人顺利入职。

4. 甲方与被聘用人员之间的聘用关系由甲方与被聘用人员负责。乙方不对甲方与被聘用人员之间、任何其他第三方(个人或法人)之间的关系负责。

二、甲、乙双方责任

1. 甲乙任何一方约定以上联系人，由本协议产生的有联系人签名的相关业务往来文件或邮件即视为有效文件。

2. 甲方负责向乙方提供公司背景介绍及所需招聘职位的相关信息，并尽可能对乙方提出的有关问题予以解答或确认。

3. 乙方有应甲方的要求提供有效营业证明，及相关服务的简介、流程、收费标准等资料的义务。

4. 乙方有义务为甲方提供所需求职位的候选人的详细简历、人才面试推荐表等资料。

三、面试原则

甲方在服务期间，认真审查乙方所提供的候选人资料，基本符合要求时向乙方索取候选人联系方式并由乙方联系安排与候选人面谈的时间、地点，并就双方的分歧进行沟通、协商。

1. 甲方应在乙方提供候选人才资料后三个工作日内作出是否面试的决定；在复试后一周内，作出是否聘用的决定。

2. 乙方负责在协议期内完成对人才的寻访、面试测评及推荐。

四、保密原则和协议

1. 甲乙任何一方非经对方同意，不得公开对方的任何内部商业资料(包括公司组织架构、职位需求、职位薪金、公司收费、候选人资料等)。

2. 未经乙方同意，甲方不得通过各种方式或渠道对该候选人进行背景调查。

3. 甲方需妥善保管乙方提供的人才资料，对于在本协议规定的有效期限内没有录用的人才，不得将人才资料透露或转让给第三方或第三人。

五、服务费用与付款方式

1. 甲方成功聘用乙方推荐的候选人后,按照以下标准向乙方支付猎头服务费。

(1) 收费比率参考:

职位级别	收费比例
高级经理及总监职位	按固定值12 000元收取(保证期一个月)
高级经理及总监职位	按固定值15 000元收取(保证期三个月)
副总及更高职位	按固定值40 000元收取(保证期六个月)

(2) 对于具体服务的职位,乙方将向甲方一次性收取人民币5000元作为职位前期寻访预付款。如职位成功推荐,该职位的服务费将扣除该职位预付款或将该预付款转作为其他职位预付款。

2. 甲方应在决定正式聘用乙方推荐的人员后或与乙方推荐人员签订聘用书后的3日内,将聘用书副本或受聘人员职位、年薪等情况以书面通知的形式发送至乙方;乙方将在收到聘用书副本或甲方提供的书面形式的录用确认后,向甲方发出付款通知书;甲方应在收到付款通知后7日内付款,所有付款将以支票或银行转账或现金的方式支付;乙方将在收到甲方付款后一周内向甲方开具正式发票。

3. 凡乙方曾推荐过的人选(但甲方聘用先行通过其他猎头中介机构或合法途径且又与乙方推荐重复的候选人的除外),甲方在一年内(从乙方提供候选人个人材料之日起计算)录用的,视为推荐成功,甲方应于被录用人到位前通知乙方,并按本协议约定的委托佣金标准向乙方支付全额佣金。

六、服务保证

由乙方推荐给甲方并由甲方聘用的人员,自其开始在甲方工作之日起,在合同协定的保证期之内,如发生聘用终止,乙方应为甲方免费提供一次相同职位的人才访寻服务。此项服务的提供,应符合下列条件:

(1) 甲方已根据本合同条款全额付讫所有相关费用;

(2) 聘用的终止非因甲方未遵守与受聘人员之间的聘用合同条件;

(3) 甲方在受聘人员终止聘用7日内已书面通知乙方,并要求提供合同规定之服务。

注意:对于上述所有聘用终止引起的职位空缺仅提供一次免费服务。

七、争议的解决

合同双方就本合同或本合同项下条款的解释或履行发生争议时,应通过友好协商解决。协商不成，任何一方均可向乙方所在地人民法院提起诉讼。

八、合同终止

合同双方均有权提前15天书面通知对方后终止本合同，但如果乙方已向甲方提供了本合同所述之服务，则甲方应支付乙方本合同规定的费用。

九、违约责任

1. 如甲方未能按照本合同约定的时间、方式向乙方支付全部款项，则每逾期一天，应向乙方支付相当于逾期部分金额万分之四的违约金。

2. 如甲方未能按照本合同规定履行相关通知义务，则乙方有权按照甲方与乙方所推荐人员签订的聘用合同约定的薪酬，自聘用合同中约定的上班日起计算，收取本合同约定的服务费用。

3. 如甲方违反本合同的规定，将乙方推荐人员的资料用于自己招聘内部员工之外的任何目的，包括但不限于向任何第三方透露、转让、出售这些个人信息，由此造成甲方或乙方与被推荐人员、任何第三人的任何纠纷，均由甲方承担法律责任，甲方因上述违约行为取得的任何收益均应作为违约金偿付给乙方，如因上述违约行为给乙方造成其他任何实际损失的，甲方还应承担赔偿责任。

十、协议期限及续约

1. 协议的有效期限为一年，即从　年　月　日至　年　月　日止。
2. 本协议经双方签字、盖章，即日起生效。

十一、合同更改

本合同经双方书面同意可进行修改。

十二、其他

1. 本合同一式两份，甲、乙双方各执一份。
2. 该协议传真件有效。

甲方：　　　　　　　　　　　　　　乙方：

地址：　　　　　　　　　　　　　　开户行：

　　　　　　　　　　　　　　　　　账号：

代表：	代表：
(盖章)	(盖章)
年　月　日	年　月　日

模板2：代理人才推荐服务合同

甲方：

乙方：

鉴于甲方业务需要，特委托乙方为其推荐、寻访甲方所需人才，双方经协商达成如下协议：

一、合同有效期

本协议自签订之日至　年　月　日有效，除非根据终止条款而提前终止。

二、甲方的权利/义务

1. 甲方应向乙方提供职位名称、职位职责、职位要求、薪酬福利、职位发展前景等真实资料。

2. 甲方应在乙方提供候选人才资料后5个工作日内作出面试决定，在面试后15天内作出聘用决定。

3. 甲方必须通过乙方对推荐的人才进行面试。如有特殊情况需与推荐人才会面，也须事先通知乙方。

4. 如果乙方推荐的候选人在担保期内因任何理由(除职位、主要职责、工作地点变化，甲方违反劳动法律法规，裁减冗员之外)离开甲方，同时甲方已将本合同约定的所有应付款项在本合同约定付款期内支付给乙方，则乙方负责在一个月内免费推荐一次同一职位替代候选人。如果未找到合适的替代人选，乙方承诺甲方可将相当于该职位服务费50%的数额给予退还或在下一合作职位中扣除相应数额的费用。

上述担保期的具体期限见本合同附件"××公司招聘外包人员计划"，担保期的起始日为乙方推荐的候选人受雇于甲方的首日。

5. 甲方对于在本协议规定的人才寻访期限内没有录用的人才，而在此后一年内又拟录用的，应事先告知乙方，并按照本协议支付服务费用给乙方；同时如甲方把乙方推荐的候选人转介给第三方，并且最后第三方雇佣该候选人，则甲方也有责任支付给乙方全部服务费。

6. 甲方有责任为乙方推荐的候选人的信息保密，甲方承诺个人信息将仅为履行本合同之目的而使用，未经乙方书面同意，不得贩卖、披露给任何第三方。

7. 尽管乙方将尽责根据甲方需求找寻合适的候选人，但甲方作为雇主应当对自己雇员的最终选择、录用、持续工作监督承担全部责任。对于推荐候选人对甲方造成的损失或费用将由甲方自行承担，乙方不承担任何相关责任。

三、乙方的权利/义务

1. 乙方应详细了解甲方的历史背景、企业文化、发展战略和前景以及与职位相关的详细、真实的资料。

2. 乙方应根据甲方提供的招聘需求作出职位评估，分析该职位的人才分布、行业背景、寻访的难易程度，并视情况将相关信息反馈给甲方。

3. 乙方对候选人进行初试、复试和综合测评，并确认其资料的真实性。

4. 乙方为甲方和候选人才安排时间、地点面谈，并就双方的分歧进行沟通，促成聘用协议的最终达成。

5. 乙方应对甲方提供的任何商业、技术资料及甲方员工信息进行保密。

6. 乙方承诺在甲方正式录用乙方推荐人才后一年内，不在甲方公司猎取任何在职员工。

7. 正式签订合同后，乙方每接受甲方的任一职位委托，均需要在接受委托之日起的30个工作日内，向甲方递送2～3名候选人资料。

四、付款方式

1. 首期服务费为5000元，在签订协议后一周内支付，作为初期搜寻成本，不予退还。

2. 乙方向甲方收取的服务费标准为：成功推荐候选人按不同的职位级别收取对应的服务费用(具体见附表"××公司招聘外包人员计划")；本合同中所述委托是指甲乙双方书面(包括但不限于下述形式：合同、协议、信件、传真、电子邮件等)确认甲方需要乙方推荐、寻访的职位以及该职位所需的关键要求。在乙方提供推荐、寻访服务的过程中，甲方作出任何对上述委托职位所需关键条件的变更都将被视为原委托职位的结束或新委托的产生。上述委托为本合同的附件，是本合同的一部分，与本合同具有同等法律效力。

3. 服务费于人才到位后10个工作日内付清。如延期则每天按总服务费的0.1%加收违约金。

五、合同终止条件

1. 本合同期满。

2. 本合同签订后30日内,甲方没有委托乙方任何招聘职位的。

3. 经任何一方提前30日书面通知的。

六、争议解决

合同执行过程中,如有争议,双方应及时友好协商解决。如协商不成,任何一方均可向法院提起诉讼。

七、其他

本合同一式两份,甲乙双方各执一份,具有同等法律效力。

甲方: 乙方:

地址: 开户行:

账号:

签字: 签字:

日期: 日期:

模板3:人才寻访委托书

委托方:

受托方:

今有_____(以下简称甲方)委托_____公司(以下简称乙方)代为招聘用工人员。为明确与维护甲、乙双方的权益,特此签订合作委托书。

一、委托招聘及中介服务费:

职级	性别	招聘人数	中介服务费(每人)	合计
高级管理人员	男			
	女			
中级管理人员	男			
	女			
一般员工	男			
	女			
总计(人民币)/元				

二、乙方在委托之日起＿＿＿＿天内，根据甲方的要求，按3:1(每个岗位提供3个人选)的比例向甲方推荐应聘人员，供甲方选择予以录用。

三、甲方应以书面形式明确招聘条件，例如：职位、薪水以及其他有关福利待遇，招聘条件表格由乙方提供。

四、甲方录用由乙方推荐的候选人员后须在三日内以书面形式通知乙方为乙方备案所用，并于收到发票后十日内结清全部费用。

五、甲方在采用由乙方推荐的应聘人员后，在三个月内，如发现其有犯罪记录或受聘人员从聘用单位不辞而别，乙方将退还全部已发生的中介服务费。

六、甲方不得以任何名义从录用人员工资中扣除支付给乙方的中介服务费。

七、乙方不负责甲方录用应聘人员所从事的工作内容以及今后的去向。

八、甲方录用由乙方推荐的应聘人员后，应按劳动法规定与应聘者签订《劳动合同》，并到劳动部门办理相关用工备案手续。

九、本合同作为委托书，中英文各一式两份，并具同等法律效力，由甲、乙双方签字生效，并各执一份。未尽事宜由双方协商解决。

甲方：   乙方：

代表签字：   代表签字：

日期：   日期：

17.6 猎头招聘进度控制

双方签订猎头服务协议后，猎头乙方即可开展工作。甲方公司人力资源部需要对猎头的招聘进度进行控制，并对候选人情况择要记录，以便于向公司高层汇报，应对相关业务部门经理的咨询压力，并可督促猎头乙方提高工作效率。某公司猎头岗位招聘进度情况见表17.6。

表17.6 猎头岗位招聘进度汇报

岗位类别	序号	岗位名称	计划人数	进度记录	备注
高管岗位	1	质量总监/顾问	1	××公司的质管部部长来谈过，但后来没意向；目前猎头提供的简历中，有来自上海阿尔卡特贝尔的一个人选	
	2	物流总监/顾问	1	接触过马来西亚籍的一位女士，在摩托罗拉和伊莱克斯工作过很多年，但后来没谈成	

(续表)

岗位类别	序号	岗位名称	计划人数	进度记录	备注
高级主管岗位	1	锂电副总工	1	××已到位	OK
	2	高级物流主管	1	目前有两个人选：一位在华为供应链做过4年，5月上旬来面试；另一位在中达物流做过10年，准备电话面试和接触	
	3	质管部副经理	1	×××已到位	OK
专业技术岗位	1	铅酸研发工程师	3	松下×××4月中旬报到；天津18所×××5月初报到	
	2	机电(设备)设计	2	×××已报到	
	3	高分子材料工程师	1	××已报到	OK
	4	金属材料工程师	1	接触过金田铜业人选，没谈成	
	5	系统集成工程师	1	已寻访中恒电气×××，但与我公司要求不符合；顾问×××已报到；还需物色1名	
	6	高级技术交流和情报人员	2	已有1个人选，在××集团做过	
	7	高级项目经理	2	已接触过中国电子天津18所，没谈成	
	8	锂电研发工程师	2	浙大2名应届生报到，2名有经验的无进展	
	9	锂电结构工程师	2	已有1个人选：在天能工作2年，本周来面谈	
	10	锂电外贸业务经理	1	接触过华粤宝的一个外贸员，但后来没谈成	
	11	外贸业务经理(新增)	2	目前有1个人选，在中达做外贸10年	
	12	新能源研究人员(新增)	2	刚知道有需求，目前没进展	
		合计	26		

17.7 背景调查

候选人经过简历筛选、面试、复试后，在发出录用函前，最好做个背景调查，因为有些情况被候选人刻意隐藏起来了。甲方HR可以让乙方猎头来完成这个背景调查。下面，我们以某公司要求合作的猎头公司对一个机电设备工程师候选人进行背景调查为例，进行说明。

案例2：人才背景调查表

请就以下人员在贵公司任职期间的工作表现情况给予相应的评定和说明。

一、被调查人姓名：×××

二、公司：××科技有限公司

三、所任职务：设备部——工程部项目经理

四、任职时间：从　年　月　至　年　月止(10年)

五、离职原因：变换工作环境/期望更大的发展空间

六、请在人才评估表的相应项下打"√"。

项目＼评估	差	一般	良好	优秀
职业基本素养			√	
工作积极性			√	
管理能力		√		
业务能力			√	
部门间的沟通与协作能力			√	

七、请针对该员工在职时的表现给予客观评价：

该员工个人品质比较好，只要给予他明确的工作目标，就能够踏踏实实地埋头苦干。但客观地说，如果需要提升到管理岗位的话，他本人还有待于提高。

八、您是否与该员工保持联系？为什么？

还继续保持联系，因为他的亲属还在公司担任职位。

九、证明人姓名：　　　　　　　职务：××科技有限公司总经理

电话：　　　　　　　　　　　日期：　年　月　日

十、人选所在的公司的背景情况：

略。

十一、证明人背景情况：

略。

十二、××猎头公司对背景调查综述：

根据我们对候选人×××在过去工作近9年的单位所做的调查，反馈情况良好。作为原企业的公司老总，他个人表述，对人才的要求还是比较高的，所以，对我们提出的一些问题也做了客观的评价。他认可了×××的人品和踏实的工作态度，同时也指出，如果把×××放到一个管理岗位上，还是不太合适。但贵公司此次招聘的只是一个有较好执行力的机电设备设计师，我们觉得，还是比较匹配的。

案例3是某公司要求合作猎头对供应链总监候选人进行背景调查。猎头公司提供了候选人在任职单位××股份有限公司的三个关系人：上司、平级、分管副总。背景调查模版如下。

案例3：猎头背景调查

××股份有限公司(任职单位)

1. 供应链总监(上司)：×××

在职时间：2000—2008年

职位：物流经理

离职原因：想要获得更好的发展

管理能力不错，很有发展空间。在公司的人际关系不错，有些部门会提很多不合理的要求，他都能很好地处理，是一个责任心很强的人。人品没有问题，早期是做采购的，各方面工作都做得很不错。如公司有适合的岗位仍会考虑录用。

2. 生产技术主管(平级)：××

他是一个做事情仔细、认真、积极的人；团队管理整体还行；人际关系不错，做事情不会拖拉，和其他部门配合度高；有较强的责任心。

3. 副总(分管领导)：×总

能很好地协调人力，工作思路有条理、清晰，老板和员工都很支持他的工作。人际关系没有问题，能很好地协调与上司、下属的关系。有很强的责任心，抗压能力强(之前招的物流经理都是做一两个月就走人)，是一个很有担当的人，不管是对上司还是下属。性格有些急躁。

17.8 委托招聘录用确认函

背景调查结束后，人力资源部经理与公司高层进行汇报，如确定录用，则发出录用确认函，一般给猎头公司、候选人各一份。

模版4：委托招聘录用确认函

兹录用____为我公司研发中心主任，基本月薪税后6000元整，年薪税后90 000元。其他福利：住房补贴400/月，通讯补贴150/月，并享受国家规定的社会保险等各项福利待遇。

请尽快办理原公司离职手续，于2005年__月__日前至公司人力资源部报到，报到时携带学历证书、身份证、离职证明等相关资料。

特此函告！

浙江××有限公司

二〇〇五年 月 日

本函主送：被录用人员一份

本函抄送：××猎头公司一份

模版5：委托招聘录用通知书

_____先生：

你好。经研究，拟录用您担任：G事业部大区经理，负责公司系统、节能服务的市场销售、渠道建设、团队建设等。

劳动合同与××股份有限公司签订。首次劳动合同签订3年，试用期3个月。

待遇：标准月工资由基本工资和绩效工资构成，基本工资占70%。试用期标准月工资税前13 000元/月(另加2000元/月，专项报销形式)，转正标准月工资税前13 000元(另加2000元/月，专项报销形式)。劳动合同约定工资按基本工资填写：9100元。另根据项目签订完成情况享受提成，提成政策另行制定。入职当月起缴纳5险1金。公积金按600元/月缴纳。享受公司规定的各项假期和福利(过节费、高温费、劳保用品费等)。通讯费：350元/月(标准内按实际报销)。差旅费等根据公司营销政策执行。

请在__年__月__日前到公司报到。报到时请携带有关资料、证件原件及复印件(劳动合同解除证明原件、身份证、学历学位证书、职称证书、照片5张)交人力资源部审核。

补充条款(写入劳动合同的补充条款)：

销售业绩考核。略。

未尽事宜，双方协商解决。

××股份有限公司人力资源部

201×年 月 日

17.9 录用签订劳动关系与薪酬协议

候选人录用后，一般要签订公司统一的劳动合同。但有时，需要作出特殊约定。比如，候选人的薪资高出公司现有同等级人员，就需要约定。候选人也会有心理顾虑，要求提前实现约定。

案例4：劳动关系与薪酬协议模版

甲方：　　　　　有限公司　　　　　地址：

乙方：　　　　身份证号码：　　　　住址：

甲乙双方经共同友好协商，取得以下共识：

1. 甲方于　年　月　日起聘用乙方为　　　，任职与劳动薪酬期限为：自　年　月　日起至　年　月　日止。

2. 乙方为甲方服务期间，甲方向乙方支付的薪酬采用年薪制，由岗位工资、绩效工资、奖励工资以及补贴组成。

(1) 岗位工资与绩效工资总计：　　　元(人民币，大写)。

(2) 岗位工资总额为　　　元(人民币，大写)，分12个月发放，即每月月薪　　　元(人民币，大写)；绩效工资总额为　　　元(人民币，大写)，经年终绩效考核后，根据绩效考核成绩，于次年1月份核发。

(3) 奖励工资由公司总经理以特别奖励或年终红包的形式发放，具体额度由公司总经理确定。

(4) 补贴由交通补贴、通讯补贴组成，按实际额度报销。

(5) 公司提供市区的2室1厅住房一套供乙方使用，租赁费用由公司承担。

3. 乙方为甲方服务期间，按照国家有关规定及标准，甲方负责为乙方缴纳大病、基本养老、生育、工伤等社会保险，甲方承担企业应缴纳部分，乙方承担个人应缴纳部分。

4. 劳动纪律：

甲乙双方应严格遵守国家的法律、法规、规章和政策；乙方必须遵守甲方依法制定的规章制度、劳动纪律和保密协议，保守其商业秘密。

5. 约定的其他事项：

因乙方提出辞职、解除与甲方之间的劳动合同的，乙方须向甲方支付经济补偿金，赔偿额度为其年薪的1/12的两倍；非乙方工作发生过失原因，甲方辞退乙方的，甲方须向乙方支付经济补偿金，赔偿额度为其年薪的1/12的两倍。

6. 协议期满时，双方希望继续维持合作关系时，须另行签订新协议；协议期间，乙方的职位发生晋升时，双方根据晋升后的薪酬约定等，签订补充协议或另行签订新协议。

7. 本协议与保密协议均属劳动合同的附件,与劳动合同具有同等法律效力。

8. 本协议一式三份,甲乙双方各持一份,存档一份。自双方签字盖章之日起生效。

甲方:　　　　　　　　　　　　　　　　乙方:

日期:　　年　月　日　　　　　　　　　日期:　　年　月　日

17.10 猎头合作的注意事项

17.10.1 猎头是怎样拿到订单的

本地猎头公司往往会通过协会、俱乐部、沙龙、公开课、报纸等免费途径进行自我宣传;有些猎头公司由熟人、同学、朋友介绍过来;有些通过老板关系进来;有些通过来公司拜访与你逐步熟悉;有些是挖你进入现在公司的猎头公司,自然需要你继续关照他的生意;有些是甲方单位业务扩张,急需人才引进,由于招聘量大,HR压力大,就在QQ群、HR圈子里放风,让猎头公司自己来投标。

异地猎头公司可能会通过陌生电话与你沟通,多数被你无情拒绝,因为你工作忙,或是暂时没有猎头订单。但也有猎头就靠打个电话产生了订单,这与猎头的打电话技巧有关,也跟你是否处于有招聘压力正好需要更多的猎头供应商的阶段有关,还跟你的喜好有关。

猎头给你打电话,有些比较直接,就是问你有没有猎头订单。有些是套路,你需要识别:他是真的有好机会给你,还是他抛了个诱饵,先让你觉得他有好的职位机会给你,然后实际是要做你这里的单子。

有的猎头喜欢把HR作为切入点,有的猎头绕过HR,直接与老板打交道。甚至个别机密岗位存在招聘需求,HR总监也不知道,老板已经通过关系好的特定猎头在操作了。

17.10.2 甲方选择猎头的关注点

甲方单位的HR,一般是在公司业务扩展、自己部门人手有限,或招聘途径有限、招聘压力大时,才会迫切需要与合适的猎头合作。这时,HR须关注以下几点。

(1) 猎头公司确实有实力能帮助HR物色合适人才,体现在提供的简历人选与职位要求吻合、简历人选数量较多、简历提供速度快、复试命中率高等方面。

(2) 猎头费合理。佣金比例最好低于30%(大型)、25%(中小型)，最好不收订金，保证期较长。

(3) 配置的猎头顾问团队服务态度好，沟通能力强。

如上述几方面都对甲方单位有利，当然最好，但实际上，这几项是需要双方综合权衡的。一般情况下，实力强的猎头公司收费就是高，如果公司老板对价格敏感，或年度猎头预算有限，且能够用于猎头岗位的职位数有限，HR就应考虑从报价较低的民企猎头中筛选。

也有的HR、高层与猎头之间，可能还存在收回扣的潜规则。

有的猎头公司，服务范围较广；但也有的猎头公司只对特定几个行业、特定区域、特定职位具有优势，猎头服务水平高，这时候HR也会保留其供应商的资格。

17.10.3 甲乙双方需防备的陷阱

1. 甲方单位HR顾虑的猎头的陷阱

有的猎头公司，在宣传时吹嘘自己服务好、报价低，但要收订金。然而，收了订金后，提供的简历质量很差，难以为企业招到合适的人才，不仅无法缓解HR的招聘压力，还会对公司造成不利影响。

也有的猎头，不够专业，没有真正理解公司的业务需求，比如将节能理解为环保，公司明明需要节能工程师，他们却提供水环境工程师，解释起来很费力。而且这类猎头多自以为是，极易恶化双方关系。

还有的猎头习惯于杀熟。他们会先与你处好关系，在报价时，吃透了大多数人会有的给熟人优惠的心理，说自己公司从来都是按30%收取猎头费，让你不好意思还价。实际上，他跟陌生的客户合作时，往往按25%甚至更低的比例收费。

还有的猎头公司，在候选人年薪定义上，括号里写了很多，你谈判时要求删除，他不删除，他说以后按某个口径计算就好，但真要计算时，他又会按多的计算。这时候，可能涉及HR、副总、老板等关系人，比较费口舌，甚至引发纠纷。

此外，还需注意订金的退款问题。据说，"定金"与"订金"在拟定合同条款时有区别："订金"是可以退的，"定金"是不能退的。条款里可能会提及，如候选人录用后不理想，或约定时间内没有提供合适的简历人选，可以要求退款，但是如果你将款打过去，真要退款会很难，有时即便浪费大量口舌，也很难追回。

还有的猎头公司缺乏职业操守，具体表现为：包装候选人简历，背景调查走过场。因为猎头要促成这单生意，有可能回避一些候选人的缺陷，刻意隐瞒你。关于这点，企业HR尤需注意。

2. 猎头公司顾虑的甲方单位的陷阱

猎头公司也会抱怨甲方单位违约操作，常见的有以下几种。

(1) 甲方单位同时给N家猎头发送职位需求，很多猎头都在挖人，看上去岗位很多，实际命中率很低。

(2) 不给订金，不签合同，想让你做起来，很可能前期投入了，中途不了了之。

(3) 提供简历后，甲方单位自己根据线索去找人。

(4) 录用后，不肯支付猎头费，或借故拖延。

(5) 薪资极低，要求极高，导致多次推荐人选都无法通过，猎头公司老板和猎头顾问最后都付出了较多人工，但收不到猎头费。

所以，开展猎头业务时，双方最好先小人后君子，签订合同，事先把利益需求、分歧都沟通清楚。签订合同后，严格按合同执行，讲究"诚信"两字。毕竟圈子就这么大，如合作不愉快，事后虽然某方捡到便宜，但另一方难免会散布对其不利的消息，从而造成不好的影响。

第18章 人力资源部经理的技巧——HR软件选型

随着公司的发展(业务、人员规模的扩大)，为提高管理效率，公司可能会引入信息系统。人力资源部也会有采购HR软件的需求，这时就需要比较供应商的产品服务性价比等，这个过程叫选型。形成的系统立项建议，就是选型报告。

过去，公司多采用相对传统的电子化人力资源管理软件选型及报告。随着云软件的发展，出现了云HR软件，包括云绩效管理软件等。它有两点创新：不是一次性付款的购买，而是分期付款的租赁；数据不在企业中，而在第三方服务器中。现在，市面上还出现了与微信等社交软件结合的HR软件。但作为企业方的HR，仍需要按照本企业想解决的目标问题、入围推荐的新产品的系统功能、价格等进行比较，最后给出选型结论与建议。

本章介绍了e-HR系统、e-Learning系统的选型报告。e-HR、e-Learning现在已不是新鲜概念。

e-HR是指电子化的人力资源管理，它通过利用IT手段来实现人力资源管理的各项职能，如人事、招聘、薪酬、培训、绩效管理等。除了一般的HR专业人员以外，一般员工、部门经理及公司领导都将与e-HR的基础平台发生相应权限的互动关系。

e-Learning是指电子化学习，运用Internet和Intranet技术进行远程网络培训，依托网络多媒体技术、网上社区技术及网络硬件平台，将专业知识、技术经验通过网络远程传送到学员面前，使学员可以随时随地利用Internet进行学习或接受培训。

由于互联网、移动互联网技术的迅速发展，本章介绍的e-HR、e-Learning技术可能已经过时，有一定的局限性，重点参照选型的框架流程。

18.1 引入e-HR、e-Learning有何利弊

18.1.1 实施e-HR可能获得的好处

(1) 通过e-HR系统的建设，可引进国内外先进的人力资源管理理念并应用到系统中，将国内外最佳的业务实践与本企业的个性化需求相结合，从而可提升本企业的人力资源管理水平。

(2) 建立员工自助服务平台，可促进人力资源管理向多层次延伸，使企业内的不同角色都能参与到人力资源管理活动中，并找到自己正确的管理活动位置，使"全员人力资源管理"的思想得以实现。

(3) e-HR系统涵盖人力资源管理的各个环节，能实现人力资源管理工作流转自动化、业务流程规范化、管理工作系统化。实施e-HR后，能较好地实现各职能模块间的接口，提高人力资源管理的系统性。

(4) 根据公司工作要求，能够实时收集培训需求，提出培训计划制订、调整建议，加强培训工作的快速响应能力；能够更为及时、系统、全面地强化培训管理，为在企业内部形成团队学习的企业文化氛围提供支撑和保证，使公司真正成为优秀的学习型组织。

(5) 提高HR专业人员的工作效率，使他们从繁琐的事务性工作中解脱出来，更加专注人力资源战略性管理工作。实施e-HR后，HR专业人员能在更短的时间内做完事务性工作，有更多的时间系统地思考问题，缓解在"一人多岗"的情况下工作的质量与数量的矛盾。

18.1.2 实施e-Learning可能获得的好处

1. 节省时间、差旅费从而大大降低培训成本

引入e-Learning后，不必在固定的时间、固定的地点进行培训，可以减少差旅费用，灵活调整培训时间，不必中断正常工作；也不必使用教室和其他设备，操作简单、易行，员工通过一台能够上网浏览的电脑即可进行学习，排除了技术障碍，从而降低培训成本。

2. 形成有效的知识管理体系

通过对各种培训课程进行有效分类，积累各种课程，可形成公司自有的知识管理体系。

3. 拓展培训受益面

通过使用e-Learning能使企业内更多的、分布于各地的员工接受培训。

4. 提高企业员工对信息的敏感性

由于e-Learning所涉及的人数和地域比传统培训方式多得多，可以使企业内更多的员工及时获得各种最新的资讯。

5. 个性化学习安排

由于基于Web平台，企业员工可以根据个人情况安排学习时间、地点，合理协调工作、学习与生活的关系。

18.1.3　实施e-Learning可能面临的风险

1. 要求有相当的技术力量和IT资源作支撑

电子化学习管理系统为学习内容的发布及管理提供了一个集成的平台，包含统一的用户界面，支持一系列不同用户，包含学员、经理、内容创建者、指导人员和管理人员等。它具有足够的灵活性和扩展能力，可满足多种不同部门的需要，而且可扩展为同时支持几千名以上的并发用户和几十万的注册用户的系统。这样的系统能对企业的底层电子商务基础设施进行补充，并能与其相集成。

但是，任何一个具有上述能力的电子化学习管理系统，都是一个异常庞大、异常复杂的软件系统，在实际应用和维护时，要求基于完备的技术知识和可观的IT资源。

2. 不可能完全替代传统的培训教学方式

网络学习有着广阔的发展前景，但身教胜于言教，教师的人格魅力、教师与学生的情感交流，是促进学习的重要因素。而在网络环境中，学习者面对的是毫无感情的计算机屏幕，缺乏人与人之间的感情交流，学习者的学习是通过"人—机"交互进行的，即使有"人—人"交互，也缺乏面对面时的那种感觉。教师对学生的作用被毫无感情的计算机所取代，学生面对的是虚无缥缈的网络空间，这样的环境对学生的学习是不利的，会影响学生的学习兴趣，同时还会带来心理、生理上的诸多问题。

3. 需要员工支持

员工是否会接受或参与电子化学习主要与下面三个因素有关，为此，企业要制定相应的培训管理规定，采取得当的措施，以真正取得员工的支持。

(1) 内部营销。若企业能在推动e-Learning前，先大力宣导推广，让员工做好充分的心理准备，则接受度较高。

(2) 学习支持。若员工进行学习时，无论是在技术支持、学习主题还是行政支持方面，都能获得充分的协助，则接受度较高。

(3) 学习动机。假如员工认为所学的课程对他们而言非常重要，则接受度较高。

4. 网络学习对课程要求高

经研究发现，学习者采用网络学习的方式主要会遇到以下几个问题，见表18.1。

表18.1 网络学习将会遇到的问题

排名	内容	百分比
1	缺少交流，遇到问题无法解决	36.8%
2	缺少督促，难以把握学习进度	35.3%
3	缺少网络学习的硬件条件	11.8%
4	计算机操作不熟练	8.8%

由表中数据可知，在实施网络教学中，学习者最关心的是课程的交互性问题。而交互性也成为一门网络课程是否受欢迎的关键，这就对课程制作人员提出了相当高的要求。

18.2 e-HR选型报告

e-HR选型报告需要明确：系统目标、功能需求、供应商产品比较、结论及建议。下面，我们以某国企省公司的e-HR选型报告为例进行说明。

18.2.1 e-HR系统目标建设

(1) 建立人事信息基础平台和招聘、培训、绩效管理三个专业平台。

(2) 实现员工自助、经理自助和总经理自助。

(3) 使人事信息、招聘、绩效考核、培训管理四部分职能的结果互为应用，较好地连接在一起。

(4) 人事信息能够实时更新，在权限范围内共享；简历能自动筛选、汇总；考核结果能自动统计；培训档案能实现电子化管理。

(5) 在省公司及11个市分公司的范围内实施，支持500人以上的员工规模，支持15个以上的管理并发用户和至少200人以上的自助并发用户使用。

18.2.2 e-HR功能需求描述

1. 招聘管理

(1) 统一定制全省公司招聘网站页面，进行企业形象宣传。应聘者在浏览招聘页面的同时，还可了解公司现状、发展前景、企业文化、组织架构、人力资源理念、方针策略等内容，达到形象宣传的目的，有利于吸引更多的人才。

(2) 及时发布招聘信息并对招聘信息进行分类管理。公司目前处于高速发展阶段，对人才的需求也比较大，网络招聘较之于其他媒体，在速度方面的优势是显而易见的。

(3) 应聘者可在线递交简历(完备的系统还能自动统一简历格式)，并能实现自动回复。应聘者在浏览招聘信息时，可以根据我们提供的简历格式来应聘，而不必另行撰写简历。当然，如果做得更客户化，即具备统一简历格式的功能，则会使公司形象更友好、更有吸引力。对应聘者及时给予答复是招聘管理人员的职业素质之一，也会影响公司形象，因此这一功能也是不可或缺的。

(4) 根据设定的条件对应聘信息进行自动筛选、分类、匹配、汇总。通过计算机技术，根据预先设置的条件，可对简历进行快速处理，做到节省时间、提高效率。

(5) 根据不同权限实现对简历库的查询、统计和分析。为各层面与招聘工作有关的人员设置不同权限，便于实时跟踪、及时掌握招聘进度、发现合适人才。

(6) 根据设定的条件形成后备人才库，便于今后调用。有些应聘人才本身素质水平相当高，但由于目前没有合适的岗位而无法录用，在系统中设置后备人才库功能，可扩展人才的来源渠道。

(7) 实现根据需要发送面试通知、录用通知和辞谢通知等功能。

2. 培训管理

1) 培训需求管理

(1) 培训需求收集。能够通过员工自助系统或其他类似功能模块实现培训需求的实时收集或定期收集；能够自定义培训问卷内容；能够进行相关的消息管理。

(2) 培训需求分析。能够自定义培训需求分析的参数、条件等；能够按照不同单位、地域、岗位等进行分析；能够采取不同的方式表现统计分析结果。

2) 培训计划管理

(1) 培训计划生成。能够根据培训需求和培训计划有关要求、条件生成培训计划。

(2) 培训计划调整。能够在已初步生成的培训计划的基础上根据变化条件调整培训计划。

(3) 培训计划的过程管理。能够自动记录、实时记录、灵活表现、按条件或实时查询培训计划的完成、调整、实施过程等有关情况(省公司、市分公司等均能使用，人力资源管理人员可以按权限查询相关内容,实现季报、实时报告的功能)。

3) 培训资源管理

(1) 培训机构管理。合作历史记录;评价——自动与培训的相关结果关联,如满意度等;自定义条件汇总统计分析、排序。

(2) 培训教师管理。合作历史记录;评价——自动与培训的相关结果关联,如满意度等;自定义条件汇总统计分析、排序。

(3) 培训教材管理。相关情况记录;不同文件格式的存档。

(4) 培训设备、设施管理。合作历史纪录;评价——自动与培训的相关结果关联,如满意度等;自定义条件汇总统计分析、排序。

(5) 自定义模块。

4) 培训档案管理

(1) 基本培训档案的建立,自定义条件查询。

(2) 能够通过与岗位要求、职业生涯设计等的比较分析,确定有关员工应该接受的培训等。

(3) 自定义档案、表单格式。

5) 培训实施管理

能够自定义生成培训活动实施过程中需要的各种表单等;能够自定义条件查询、实时查询培训活动的有关实施情况;能够自定义、实时进行有关培训活动分析。

6) 培训基础数据管理

能够录入、导入、调整、查询培训管理工作相关的基础数据;能够自定义培训基础数据的格式。

7) 账户管理

能够自定义账户的权限;添加、更改、删除账户等;更够自定义进行账户分群。

8) 其他要求

所有模块均可查询、打印相关图形、报表、结果等,可以把相关结果转化为Office等文件格式。

18.2.3 e-HR供应商产品比较

e-HR供应商的产品比较见表18.2。

表18.2 e-HR供应商产品比较

项目		公司1	公司2	公司3	公司4	公司5
公司概况		它是国内最早、用户数量最多、规模最大的专业从事人事、人才、人力资源管理软件研究、开发、营销及提供整体解决方案的企业	中国最大的财务管理软件供应商之一,也是较早开发e-HR软件的厂商	它是中国最大的管理软件/ERP、财务软件、独立软件供应商;在并购硕旺的基础上成立HR事业部	国内最早从事人力资源管理软件开发的公司之一,与劳动保障部合作开发	它是微软R在中国唯一的子公司,技术力量依托微软R亚洲技术研究院,具有很强的核心技术竞争力,拥有众多应用技术合作伙伴
产品						基于V2平台,基于战略合作伙伴的产品定制开发
产品功能	绩效管理	根据公司需求分析,经模拟测试,基本能够满足当前需要	根据公司需求分析,经模拟测试,基本能够满足当前需要	不能满足公司当前需要	不能满足公司当前需要	经过合理的定制开发后,满足公司的实际需要
	培训管理	自助模块尚未实现	任务绩效的多人考核未实现,需变通或开发			
	招聘管理	任务绩效的多人考核未实现				
		经过合理的定制开发后,应能满足公司的实际需要	经过合理的定制开发后,应能满足公司的实际需要	经过合理的定制开发后,应能满足公司的实际需要	不能满足	经过合理的定制开发后,应能满足公司的实际需要
产品性能		灵活性、可扩展性较差	灵活性、可扩展性较差	灵活性、可扩展性较差	灵活性、可扩展性较差	基于微软R的技术实力以及实际协商情况分析,定制开发后的产品系统在灵活性、可拓展性、兼容性方面应该良好,能够适应公司未来发展需要
软件环境		无特殊要求	无特殊要求	无特殊要求	无特殊要求	无特殊要求
硬件投入要求		无特殊要求	无特殊要求	无特殊要求	无特殊要求	无特殊要求
合作方式		购买产品及一定的定制开发	购买产品及一定的定制开发	购买产品及一定的定制开发	定制开发	基于公司产品定制开发
投入预算		25~30万	25~30万	35~40万		总价(含e-Learning)45~50万
实施周期		2~3个月	2~3个月	2~3个月	2~3个月	2~3个月
可否作为选择对象		是	是	否	否	是

18.2.4　e-HR选型结论及建议

根据实际接触情况和对性能方面的初步评价，我们认为公司5、公司2、公司1可进入选择范围，公司3、公司4可以淘汰。

在价格方面，公司2的报价高于公司1和公司5。

在服务方面，根据营销人员的实际表现来判断，公司2和公司1不如公司5。

在技术方面，公司5具有微R的V平台和来自微R的强大研发力量作支撑。

建议：根据性能、价格、服务、技术四方面的综合评价，我们建议选择公司5作为合作伙伴，把e-HR系统和e-Learning系统，作为一个统一的品牌项目，利用微R公司的平台和其合作伙伴的成熟产品进行定制开发。整个项目报价约为50万。在性能、价格、服务、技术等方面我们能获得最佳利益。

18.3　e-Learning选型报告

关于e-Learning的选型，我们将从系统功能、产品比较、结论及建议三方面分别介绍。

18.3.1　e-Learning预期实现的系统功能

1. 平台架构

e-Learning系统的平台架构，见图18.1。

2. 系统功能

(1) 系统管理基本功能：登记与注册、安全与鉴定、多角色账户设置与权限管理、自定义界面及语言。

(2) 课程管理基本功能：自带课件开发工具，教学设计，课件播放，支持AICC、LRN、SCORM标准，集成协作，支持多种对象类型。

(3) 交互性：电子邮件、论坛、聊天室、白板、小组、笔记、反馈、帮助、查找、术语表、链接、常见问题解答、公告、指导。

(4) 测试和跟踪基本功能：测试与作业、成绩册、在线评估、跟踪与报告、学习状态。

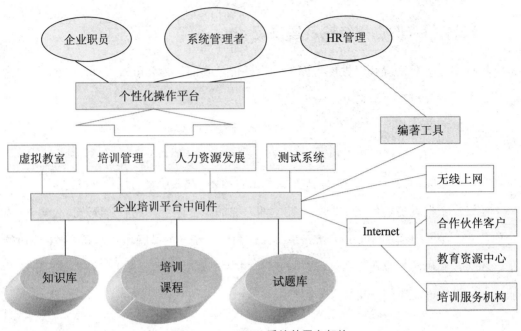

图18.1　e-Learning系统的平台架构

(5) 系统部分功能列表：从用户的角度看，系统可以分为学员学习功能、讲师管理功能、管理员功能、测试功能及课件开发和管理功能5个模块，见表18.3。

表18.3　e-Learning系统功能

功能名称		简要说明
学员学习功能	学习模块	系统自动生成课程库里的课程目录，学员可以注册申请或选择学习感兴趣的课程
	在线考试和作业	提供各种形式的在线试题及作业，使学员能掌握自己的学习进度
	个人成绩册	学员能随时查看自己的学习进度和学习结果
	在线交流	小组论坛、同步聊天室和白板、邮件交流
	资料库	词汇表、Internet链接、参考文章、查找、常见答疑
	功能扩充	可以加插第三方的在线会议工具、邮件服务器
	在线笔记	学员能做个人的在线笔记并支持文件上传和分类
讲师管理功能	课件管理	设定课件的有效性(时间，开放对象)、课件的价格计算，设置课件播放的属性
	跟踪学员的学习进度	确保学习效率，即时给予辅导
	在线交流管理	利用在线交流工具辅导、监控学员
	在线考试和作业管理	管理小组作业考试情况，即时给予辅导
	发布公告和日程表	发布最新课程介绍或重点课程介绍以及学习日程表，便于学生进行学习时间管理
	资料库管理	维护和管理资料库里的信息
	学员管理	设立学员小组，分配学员和派发小组作业

第18章 人力资源部经理的技巧——HR软件选型

(续表)

功能名称		简要说明
管理员功能	权限管理	以层次(Hierarchy)的形式管理系统各项权限
	系统数据管理	系统中各种数据的管理
	系统属性管理	以简单的下拉菜单和Y/N选项配置系统的各种属性,如系统的预言属性、是否允许重复测试等
	批量数据管理	系统中批量的数据管理
	报表管理模块	管理学员学习情况、测试情况等报表
测试功能	开设测试题	系统自带测试题编辑工具,生成各种类型的试题
	考试类型	支持开设练习考试或正式考试
	测试题加载	以灵活的XML格式批量加载测试题目
	测试题评测	完成测试后,系统能马上把成绩全部展现出来
	测试题属性设置	设置试题分数比重、考试时长、题库、随机化出题等
	测试结果跟踪	测量和记录学员学习进度
课件开发和管理功能	课件开发功能	以简易的图形界面引导课件开发过程
	内容开发工具	简单易用的Office界面,让指导员能轻松开发课件
	支持标准	能够识别、播放、跟踪这些标准的课程
	课件管理	提供每个课件的词汇表、Internet链接、参考文章、常见答疑
	课件导入、导出	通过操作简易的向导工具完成课件的导入导出;能把课程输出为HTML格式,方便学生离线学习

通过运行该系统,可在教学管理业务流方面构成如下环路,如图18.2所示。

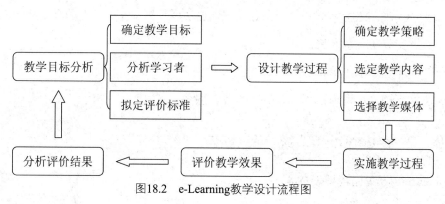

图18.2　e-Learning教学设计流程图

3. 系统功能要求

(1) 系统功能包括:课程制作系统,内容开发工具,测试开发工具,异步教学系统,教学辅助工具,同步教学系统,在线辅导系统,跟踪和报告系统,管理员管理系统等。

(2) 管理功能要求：课程管理、用户管理、课程表的制作与维护等各个模块要清晰、简洁、实用。

(3) 要支持当今最重要的两种e-Learning标准：IMS (LRN) 和AICC。

(4) 要自带测试生成和表现工具，学生完成测试后，系统能马上把成绩全部展现出来，并提供不同的答案、不同的提示，以提高学习效率，促进学生思考。

(5) 交流工具简洁实用。学生和学生、学生和教师之间可以随时随地交流，以充分发挥群体的力量，互相学习，共同进步。

(6) 准确、详尽的报告。学生情况、学习情况、课程情况、出勤情况等要一目了然，以便于企业采取有针对性的措施，因材施教。

(7) 多语言的、友好易用的学习界面。支持多种语言；界面简洁、清晰、友好；运行速度快。学习过程中可以设置书签，在线记录心得和笔记，可以按顺序学习课程，也可以利用课程大纲选择自己喜欢的章节学习。

(8) 无插件要求。系统本身无任何插件要求，课程的表现形式与系统相对独立，不受限制，可通过任何浏览器支持的声音、动画、录像格式进行课程培训。

4. 系统性能、服务要求

(1) 可按企业规模设计并可以升级。

(2) 具有综合性和整合性：必须能够和企业的相关软件系统相结合，如人力资源、财务、客户关系管理和行政管理等，并且能够保证实现数据传输等方面的有关性能指标。

(3) 易于安装、升级和修改。

(4) 硬件环境要求不高，不要求过多的硬件投入。

(5) 技术支持：厂商应能够提供24/7的技术服务。

18.3.2　e-Learning系统产品比较

e-Learning方案比较见表18.4。

18.3.3　e-Learning选型结论及建议

建议选择微C公司为合作伙伴，利用微R公司的平台和其合作伙伴的成熟产品，把e-HR系统和e-Learning系统作为一个统一的项目进行定制开发。目前，微C公司整个项目报价约为50万，通过性能、价格、服务、技术等方面的综合比较，这样选择较为适宜。

表18.4　e-Learning方案比较

项目		公司A	公司B	公司C	公司D	公司E
公司概况		全球第二大独立软件公司，第一大数据库软件公司，全球领先的远程教学软件公司	世界上最大的信息工业跨国公司，目前拥有全球雇员20多万人，业务遍及150多个国家和地区	专业学习管理软件供应商，微R在全球范围内的教育培训软件战略合作伙伴。在全球金融、教育、卫生、培训、政府等行业已有众多成功实施案例	微R在中国唯一的子公司，技术力量依托微R亚洲技术研究院，具有很强的核心技术竞争力，拥有众多应用技术合作伙伴	国内学习管理软件公司，有自已独立开发的软件产品，同时代理C公司产品，是微R中国的战略合作伙伴之一
产品					基于V2平台以及战略合作伙伴产品定制开发	
	产品功能	根据公司需求分析，能够满足当前需求	根据公司需求分析，模拟测试，能够满足当前需求	基本满足公司当前需求，在管理功能上有所欠缺，需要一定定制开发	经过合理的定制开发后，应能满足公司的实际需要	初步满足公司需求，但软件设计、开发水平不高
	产品性能	系统灵活性、可拓展性、兼容性良好，未来一定时期不需要大规模的软件升级，能够适应公司未来发展需要	系统灵活性、可拓展性、兼容性良好，未来一定时期不需要大规模的软件升级，能够适应公司未来发展需要	系统灵活性、可拓展性、兼容性良好，基本能够适应公司未来发展需要	基于微R的技术实力以及实际协商情况分析，定制开发后的产品系统灵活性、可拓展性、兼容性方面应该良好，能够适应公司未来发展需要	系统灵活性、可拓展性、可扩展性以及与其他系统的兼容性有所欠缺
软件环境	服务器支持平台	服务器支持平台			无特殊要求	Microsoft WIN NT SERVER 4.0或以上，无其他特殊要求
	客户端需求	客户端需求			无特殊要求	
	数据库服务器	数据库服务器				
硬件投入要求		P3应达到600以上，1G内存，40G硬盘	P3应达到600以上，1G内存，40G硬盘	无特殊要求	无特殊要求	无特殊要求

(续表)

项目		公司A	公司B	公司C	公司D	公司E
优势		世界级产品、功能强、设计优、系统稳定、拓展性强；能够满足当前需求，适应未来发展需要	世界级产品，功能强，设计优，系统稳定，拓展性强；能够满足当前需求，适应未来发展需要	功能较强，系统稳定，有一定的可拓展性；基本满足当前需求	具有非常强的技术开发实力，拥有自主产权的软件平台产品V2以及其他核心技术产品，能够定制开发适应公司目前、未来发展需要的产品，具有基础性保证；非常有诚意、期望把我们的项目作为品牌项目来做；价格较为合理；拥有众多的国内实力领先的战略合作伙伴，可提供应用开发支持	熟悉产品需求，有相关工作经验
不足		价格高，初期投入过大后续服务费等费用高	价格高，初期投入过大；采用技术不够先进	适应公司当前、未来发展需要，做一定的二次开发，如角色权限管理等管理功能方面	需要定制开发，但前期可以提供C公司的产品，可满足公司工作需要	当前产品不能满足需要，技术开发实力不够
合作方式		购买产品	购买产品	购买产品，少量定制开发	基于V2、C公司的产品定制开发	定制开发
实施周期		1个月	1个月	1~1.5个月	2~2.5个月	
投入预算		软件投入80万左右	软件投入50万左右	软件投入20~30万	软件投入30~40万	10~20万
其他		开发咨询实力强大，相关费用高	开发咨询实力强大，但相关费用高	中国没有办事机构，有相关代理商	技术开发实力强大，服务意识强	
可否作为选择对象		Y	Y	Y	Y	N

18.4 ERP项目的人力资源子模块

ERP项目最为核心的是进销存模块。针对人力资源管理，企业有时单独选型软件，有时也会考虑在ERP项目中将其作为子模块。

ERP项目的实施，通常是甲方和乙方按照共同建立的项目进度表开展工作。下面以某公司为例，介绍人力资源子模块的项目进度开展的思路步骤，及编码规则。

18.4.1 ERP项目人力资源子模块的项目进度设想

某公司召开ERP会议，讨论了人力资源子模块的项目进度设想、人员统计口径规则。

(1) 会议首先由IT公司介绍了人力资源子模块的大致架构以及该模块演示的一些情况，以使项目组成员对该模块有初步了解。

(2) 相关人员介绍了该项目的时间进度。基本安排是在春节前完成组织机构与职务管理和人事(员工信息、劳动合同、人事异动)管理模块的构建，3月31日前完成薪资福利、招聘(含试用期管理)管理、培训管理和绩效管理模块的构建，4月14日前完成人工成本核算模块的构建，在4月15日后进行人力资源子模块的试运行，以配合公司ERP项目建设的整体进度。

(3) 着重对人力资源子模块的组织机构与职务管理和薪资福利模块的项目建设思路进行构想。该项目的工作思路包括以下几个步骤。

① 确定材料清单。包含表格清单(根据不同的客户群和需求，设计基础表格、分类表格、统计报表)和规则制度；以员工花名册为基础表格，在此基础上按统计口径(岗位、职能、职等等)设定各分类表格，针对具有不同人事权限的用户，最终产生日常报表和分析报表。

② 根据表格清单设计样表。

③ 根据规则制度，依据文件建立基础报表和统计报表间的逻辑架构，从而确立ERP人力资源子模块的基本结构。

④ 进行数据测算。

(4) 对绩效管理模块的构建也提出基本思路，绩效模块的设计按以下5步走。

① 确立KPI指标库(股份公司级、分子公司及一级部门级、二级部门级、岗位级，具体KPI指标库的建立以公司规划、年度经营计划以及绩效管理制度为依据，体现公司的价值导向)；

② 确定各指标的目标值；

③ 建立考核计分规则；

④ 建立数据采集渠道；

⑤ 建立各类数据报表，最终实现对考核实际值的采集。

(5) 其他模块如劳动关系管理、招聘管理、培训管理等属于维护性模块。

(6) 项目组成员对以上思路进行了讨论，大家认为该思路比较清晰地对人力资源管理工作进行了梳理，切实可行。

(7) 项目组成员对于实施过程中存在的问题和困难进行了讨论。主要集中在计件工资、人员分类统计口径以及财务口径和实际统计的不一致等方面。

① 按照项目思路，将对公司各类人员的薪酬体系进行整合，以便于统计核算。在整合过程中，现有的计件工资将是一个难点。计件工资的计算、理想的操作模式的选择应建立在产量均衡的基础上，目前有以下两种计件方式可供选择。

a. 完全按计件模式核算工资；

b. 参考计件工资的发放模式，对员工进行考核，根据考核分数和计件价格的转化确定员工的计件工资。

目前，公司按后者来操作。

在计件工资的构成上，也有两种不同的方法。

a. 基本薪资+计件薪资，对于因设备等原因造成的停工而对员工薪资产生的影响以基本薪资的形式补足；

b. 纯计件薪资，设定计件数量的下限，不足部分予以补足，避免因设备等原因造成的停工而对员工薪资产生影响。

② 行政人事部经理、计划部经理及主管针对计件工资中存在的问题提出自己的看法，主要集中在以下几方面。

a. 工人外出服务的情况比较多，其收入如何折算；员工收入单纯看数字比较高，其中很大一部分是加班所得；各岗位尽量减少用人，如公司6台叉车配备5个工人，会带来一定的安全隐患。

b. 大部分员工由于生活压力大等原因，趋向于从事收入高的岗位，不愿意接受公司根据人员素质和岗位任职要求来进行人员配置的方式，公司的薪资体系如何发挥导向作用？

c. 由于生产计划编制的原因，每月的工作量不均衡，如何通过计件工资来引导员工接受公司的人员调配？

会议提及人工成本核算口径和财务报表统计口径的不一致，在确定ERP项目成本模块时需予以关注，并由此引出现有的考核数据是否真实、是否进行还原等问题。

权限以工作职能为依据进行划分，按业务线、职能线、岗位三个层次进行细分，请主管在会后进行分类设计，并同时征求各部门、各分子公司意见，将初稿提交至公司管理层讨论，最后由公司成文下发。

18.4.2 编码规则

在进行ERP编码时，需明确编码规则，了解基础档案编码及规则设置、单据编码及规则设置，确保基础档案的统一性。

1. 九条编码原则

在蓝图设计——基础数据准备阶段，面向软件公司系统管理人员、基础档案管理人员等，重点阐述编码主要原则、主要基础档案编码规则、单据编码规则，指导软件公司依据此编码规则对各类档案和单据进行编码。

在进行编码时，主要应遵循以下几项基本原则。

(1) 唯一性原则。编码与基础档案一一对应，不允许一码多物或一物多码，这是最重要的原则。

(2) 分类性原则。针对类别繁多的基础档案，建议按一定的标准将其分成不同的类别，以便于管理和查询。同一级的类别数量，建议以5~15个为宜。

(3) 扩展性原则。考虑未来可能出现的基础档案扩展或变动，应在现有分类的基础上预留伸缩余地。

(4) 完整性原则。编码时，现有的所有基础档案都应有对应的编码，不能遗漏。

(5) 简单性原则。基于化繁为简、便于管理的目的，应在分类和扩展的原则下尽可能使编码简单些。同时，计算机系统的编码通常会受长度约束。

(6) 一贯性原则。采用的编码方案要一直沿用，轻易不得更换。

(7) 组织性原则。编排应遵循一定的组织与排列顺序，井然有序，便于直观查找。

(8) 易记性原则。尽量满足历史习惯或行业惯例，或者采用具有特定含义、具有暗示与联想性的代码，以便于记忆。该原则属于次要原则，对计算机系统的重要性不高。

(9) 易录性原则。考虑录入的方便性，应使编码尽可能短、特殊符号尽可能少用等，以提高录入效率。

2. 基础档案编码及设置规则

1) 部门编码

采用分级编码，最多分5级，总编码长度为12位，保证在任何账套中每个部门都对应唯一的一个编码，方便在标准账套中统一添加和维护。考虑到组织扁平化的发展趋势，建议使用3级分类，采用2-2-2的总编码，长度为6位。

编码举例：账套001中：01，总裁办；02，财务部；03，人力资源部；04，销售部。销售部内设机构编码为：0401，华东办事处；0402，华南办事处……华东办事处内设机构编码为：040101，华东销售部；040102，华东储运部……

2) 职员编码

职员编码应确保唯一性，最长8位，数字型。由于原有10个账套，建议所有人员采取流水号的方式编码，保证在任何账套中一人都对应唯一的一个编码。所有人员编码为4位，采用流水号在标准账套里统一维护。

编码举例：0001，张三；0002，李四；0003，张三……

3) 客户分类编码

最多可以分5级，最大长度12位，单级最大长度9位。将客户按省份分类，以利于以后的分类统计。如果客户没有明显的类型划分，则可以不使用分类。分类编码采用2位流水码。

编码举例：01，浙江；02，上海；03，重庆……

4) 客户档案编码

客户编码必须确保唯一性；客户编码可以用数字或字符表示；不允许有空格，最长不能超过20位；建议采用数字流水码，位数要根据客户的数量来决定，如采用6位流水码，则最大的客户编码为：999999。

编码举例：000001，大庆石油公司；000002，胜利油田……

5) 供应商分类编码

最多可以分5级，最大长度12位，单级最大长度9位。

3. 基础档案整理统一

现有10个账套的编码，系统切换时需按照编码原则对基础档案的编码规则进行整理和统一。

4. ERP岗位编码规则

为了在ERP中规范地录入岗位，特对各个岗位进行编码。总位数：5位数。按系统号码区分人员统计口径,为了实现公司人员统计、分析的规范化,根据工作岗位性质的不同,现对公司所有岗位建立如下统一分类口径,见表18.5。

表18.5 岗位ERP编码的分类口径

职系一级分类	职系二级分类	代码	指标解释
行政线	行政管理	01	在公司各职能部门从事行政事务管理相关岗位的人员,包括公司领导(除总工程师/副总工程师外);股份公司总部总裁办、投资证券部、人力资源部、财务部、计划管理部、采购部、L2项目指挥部办公室等各职能部门;生产中心行政人事部门中的所有从事行政管理相关岗位的人员
技术线	技术线	02	在公司各技术部门从事技术管理、技术研发、技术支持、质量管理、现场工艺、设备管理等技术管理及技术工作等相关岗位的人员
	技术管理	0201	技术、质管、工艺设备等技术管理相关部门中的部门经理及以上从事技术管理指导岗位的人员;从事技术后勤支持工作岗位(如技术中心的技术信息管理员、技术情报及标准化管理、质量统计员等岗位)的人员
	技术研发	0202	直接从事产品研发的项目经理、研发工程师、设计工程师及应用基础研究等相关岗位的人员
	技术支持	0203	从事客服工程师、海外技术支持等销售技术支持相关岗位的人员
	质量管理	0204	从事质量管理、体系管理、现场质量管理、计量等相关岗位的人员
	现场工艺	0205	从事工艺管理、工艺技术相关岗位的人员
	设备管理	0206	从事设备管理、机械工程师、电气工程师、模具管理等相关设备管理岗位的人员
营销线	营销线	03	在公司各销售部门从事销售管理、销售及后勤支持等相关岗位的人员
	营销管理	0301	市场总监、总监助理;北京办事处人员;客服中心市场主管及商务助理;各大区经理(行业总监)及内勤;国际业务部经理/副经理及商务管理等相关岗位的人员
	客服管理	0302	客户服务相关管理岗位(经理/副经理、客服主管、营销物流兼内勤)及各大区客服主管
	营销人员	0303	公司国内及外贸部直接从事销售岗位的各类营销人员
	服务人员	0304	客户中心及各直销区域的所有客户服务人员
生产线	生产线	04	在公司生产部门从事生产及生产管理相关岗位的人员
	生产管理	0401	生产中心总经理、车间主任、统计核算、调度员、计划管理部仓库主管等从事生产管理、调度、统计核算等岗位的人员
	生产工人	0402	极板车间、A产品车间、B产品车间及辅助车间中的返修、装箱组等直接从事产品制造的工人
	辅助生产工人	0403	从事各种生产辅助性工作的工人,如机修、仓管员、质检、化验、叉运、环保、高配、商标、搬运工、测试工、ERP录入员等相关岗位的人员
后勤服务	后勤服务	05	在公司职能部门从事保安/门卫、食堂、卫生、司机等后勤服务相关岗位的人员

第19章 人力资源部经理的技巧——人力资源规划

人力资源规划，从何说起？

人力资源部的种种工作，多数是年复一年。通常以一年为周期制订计划，继而把计划分解到半年、季度、月度，再具体开展各项管理。可以说，年度经营计划与预算是起点，而年度考核是终点，周而复始。

人力资源规划，一般讨论的是未来3~5年的设想。

首先，它要根据企业发展规划进行，而不能与此脱离。在教科书中，除人事、招聘、培训、薪资、考核模块以外，常把岗位、人力资源规划(HR规划)作为独立的模块。但在企业运营中，HR规划不是独立存在的，它是公司发展规划的一部分。切实有效的HR规划，必须依赖、服从于特定公司的业务发展。

其次，人力资源规划可以划分为两大部分：第一部分是定量规划，主要讨论人员的规模、结构、素质。可以这样问：未来三年，本企业的人员总数分别达到多少？依据是什么？未来三年，岗位结构、学历结构、年龄结构、职称结构、性别结构等的比例如何？依据是什么？未来三年，各层级的人员素质要达到什么水平？第二部分是定性分析，主要讨论要实现以上数据目标的变化，要采取哪些管理手段，包括管理思路、制度建设方向。这些都需要具有针对性。

再次，人力资源规划有公司级，也有部门级。人力资源规划，有的公司不做，以年度经营计划与预算为主；有的公司有3~5年的人力资源规划，但是形式多于实际，对年度经营计划与预算的影响有限；有的公司，制定的人力资源规划对年度经营计划与预算有重要影响。

本章介绍了人力资源规划的报告分析、人头规划的方法、部门人力资源规划案例(客服中心)。

19.1 人力资源规划的报告分析

规划，可以理解为结果(报告)，也可以理解为过程(制定)。我们先来看结果。人力资源部做人力资源规划，篇幅较长、内容较多，但最终需整合到公司发展规划报告中，篇幅就要压缩。

19.1.1 从企业发展规划的组成看人力资源规划

某民营上市公司的发展规划目录涉及九个方面，人力资源发展规划属于第六方面。该发展规划文字篇幅约一万字，其中涉及HR规划的文字篇幅约2800字，占比约28%。除第六方面外，在别处也有相关阐述。

该公司的发展规划包括：一、前言；二、指导原则与发展目标；三、市场营销发展规划；四、产能/产量布局规划；五、技术发展规划；六、人力资源发展规划；七、投资发展规划；八、管理创新发展规划；九、企业文化及制度创新发展规划。

在指导原则与发展目标部分，如何体现人力资源规划？

举例：

指导原则与发展目标涉及市场、技术、生产、管理、人力资源、投资6个方面。其中，管理、人力资源的相关描述为：在管理方面，坚持"科学化、制度化、人性化"的管理原则，以企业文化为基石，强化管理执行力，向管理要效益。在人才培养方面，坚持"国际化、全面化、专业化"相结合，"内部培养与外部引进"相结合的指导方针，建立多渠道的培养机制，以绩效管理为重点，充分发挥和挖掘人才的潜能，形成知识化、专业化的具有高度责任感的企业团队。

在营销规划部分，如何体现人力资源规划？

举例：

在营销队伍建设方面，以长远目标为导向来建设营销服务一体化的团队，以共同的事业、责任、荣誉来激励和驱动相关人员；重视培育一支高素质的，具有正确的价值观、服务观及强烈的团队观的营销队伍；引进国际营销人才；注重营销队伍的专业化、国际化培养，提高团队的综合素质。

在技术规划部分，如何体现人力资源规划？

举例：

在技术管理、团队建设与激励方面，完善并推行研发项目管理制度，以科学的管理手段进行内部管理。完善激励制度和考核制度，营造积极健康的技术研究、开发环境，倡导勇于创新、敢于负责的文化氛围；做好研发人员的职业生涯规划设计，强化对技术研发团队的培训，培养具有市场及服务意识的复合型人才，关注对核心技术人员的培养和激励。鼓励技术创新,加大对技术人员研究开发成果的奖励,进一步完善项目评奖制度。

这些表述简单扼要,如不结合该企业所处的行业及行业现状和发展趋势,很容易变成一些套话。但结合该企业实际,这些话就显得有分量,需要推敲,对该企业将要制定、推行什么政策、制度、方案,有着重要影响。一句话,要有的放矢。

下面,让我们来看看"六、人力资源发展规划"是如何撰写的。

19.1.2 人力资源规划报告的解读

这部分包括7点:基本思路、工作重点和指导原则、人员结构目标、人员配置、培训与开发规划、薪酬与激励机制、绩效管理规划。

1.基本思路怎么写

举例:

根据公司国际化发展的战略目标要求,遵循"国际化、全面化、专业化"原则,对主营业务、LD业务和其他业务,分别进行人力资源配置。以组织架构和业务流程为基础,建立岗位序列和岗位评估流程。建立和完善员工培训和发展计划体系,并通过对薪酬管理体系、绩效管理体系的不断完善与修订,形成公司的价值导向。通过产品和市场的国际化,促进员工行为的职业化,创造一种能有效促进自我激励、自我约束和优秀人才脱颖而出的机制。

2.工作重点和指导原则怎么写

举例:

(1) 结合公司生产管理精细化、新生产基地建设以及新业务发展的需要,人力资源工作重点为:培养具备高素质、创新能力的技术团队,培养具备国际化视野的营销和客服团队,培养具备丰富管理技能的生产管理团队,培养具备跨系统工作技能的复合型OEM团队,并通过实施有针对性的、有效的培训和管理,形成技能熟练的技术工人和生产工人团队。

(2) 坚持"三个"指导原则:一是在薪酬与配套政策上,坚定不移地向关键人才倾斜,使关键人才成为公司发展的中坚力量;二是在各种制度和人员结构上,向销售、技术倾斜,同时提高管理、技术、营销人员及新进员工对生产现场的认知、关注程度;三是坚持"国际化、全面化、专业化"的人才培养方针,在不同系统之间进行必要的岗位轮换、横向调配,以培养全面、综合型人才,提高公司员工的素养。

(3) 完善绩效管理体系和薪酬管理体系。根据公司发展的不同阶段与侧重点持续修正、完善考核指标，从公司利益最大化的角度进行考核细化，体现公司价值导向；根据"以人为本"的原则，为不同系统、不同类别的员工进行薪酬设计，并确定具有岗位特点的绩效管理实施方案。

(4) 结合公司发展需要，进行必要的人才储备，特别是国际化人才、技术人才和生产管理人才的培养、储备。

(5) 建立开放、明确的员工职业发展通道，形成良好的激励机制，促进员工的自我驱动，逐步形成合理的人才梯队。

3. 人员结构目标怎么设置

人员结构目标包括：总人数和岗位结构、学历结构。

1) 总人数和岗位结构怎么设置

举例：

员工总人数、岗位结构，按总业务、A业务、B业务、C业务分别确定。每张表的横向为第1、2、3年底；每张表的纵向为人员总数，包括行政类、技术类、营销类、生产类、其他人员。

总业务、A业务、B业务、C业务对应的员工总人数、岗位结构，分别见表19.1、表19.2、表19.3和表19.4。

表19.1 员工总人数及岗位结构——总业务

项目	第1年底	第2年底	第3年底
人员总数	1675	2519	3124
行政类人员	91	100	112
技术类人员	137	162	183
营销类人员	147	172	207
生产类人员	1230	2011	2540
其他人员	70	74	82

表19.2 员工总人数及岗位结构——A业务

项目	第1年底	第2年底	第3年底
公司产量/万单位	320	460	460
人员总数	1187	1546	1539
行政类人员	76	78	80
技术类人员	114	134	145
营销类人员	119	127	134
生产类人员	816	1146	1117
其他人员	62	61	63

表19.3　员工总人数及岗位结构——B业务

项目	第1年底	第2年底	第3年底
人员总数	445	833	1355
行政类人员	12	12	12
技术类人员	18	18	18
营销类人员	23	30	43
生产类人员	384	765	1273
其他人员	8	8	9

表19.4　员工总人数及岗位结构——C业务

项目	第1年底	第2年底	第3年底
人员总数	43	140	230
行政类人员	3	10	20
技术类人员	5	10	20
营销类人员	5	15	30
生产类人员	30	100	150
其他人员	0	5	10

2) 学历结构怎么设置

举例：

首先，学历结构按博士/硕士及以上、本科、大专、中专、高中/职高/技校、初中/小学及以下6个类别，以本年为基数，对第3年底的学历结构目标作出了限定，具体见表19.5。表内数据为不同学历占总人数的比例。

表19.5　第3年底的学历结构

学历分类	博士/硕士及以上	本科	大专	中专	高中/职高/技校	初中/小学及以下
目前学历结构	3%	12%	8%	6%	31%	40%
第3年底学历结构	4%	14%	8%	5%	34%	35%

其次，对每类岗位的学历要求比例作出了限定。

技术类：本科以上学历占80%。

营销类：大专以上学历占75%，其中营销及营销管理人员中大专以上学历占90%。

生产类：高中/职高/技校以上学历占50%，其中生产管理人员中拥有中专以上学历占60%。

核心管理人员(公司主管以上)：本科以上学历占75%。

3) 平均年龄有何要求

举例：

第3年底员工平均年龄：目前平均年龄32岁，至第3年底平均年龄不超过35岁。

4. 人员配置怎么写

举例：

(1) 在人员配置方面，坚持外部招聘和内部培养相结合的原则。核心骨干以内部培养为主，以外部招聘为辅。

(2) 拓展招聘渠道，加强与高等(高职)院校、技工学校的业务联系，定向培养初级技术、客服和管理人才以及技术工人；采用在西部省份集中招聘的模式满足对工人的需求；加强与行业招聘网站和猎头公司的合作，以获取高级技术人才和管理人才；拓展公司员工内部推荐渠道。

(3) 采取内部猎头方式。通过各种方法捕捉各部门的人员需求变化和各部门人员供给的变化，通过内部员工异动及时满足空缺岗位的需求。

(4) 以岗位评估为基础，结合员工在公司内的职业生涯发展，制订接班人计划，建立并形成内部跨系统轮岗机制，培养业务技能和管理能力兼备的复合型人才。

5. 培训与开发规划怎么写

以国际化标准为导向，以"传道、授业、解惑"为指导原则，以建立内部培训体系为主，以引进外部培训课程为辅，建立并实施以提高各系统员工职业技能为主，涵盖员工职业素养、增强企业凝聚力等内容的培训体系；注重开发、培养具有优秀素养和潜质的员工，并与人才引进相结合。

(1) 完善培训体系，丰富培训内容。包括新员工入职培训，新进应届大中专毕业生的培养计划，核心骨干员工的职业素养培训及定期的企业文化、理念专题培训，各系统专业技能培训。

(2) 重点加强生产系统操作员工的基本技能培训，形成稳定的技工队伍，在公司内部选拔技能优秀的员工担当技能培训师，建立技能培训师队伍，并逐步形成稳定的生产技能培训系统，视不同情况成立内部技校及技工培训基地，为公司的生产系统输送技能成熟稳定的操作员工。

(3) 建立核心人员的国际化培养机制，为公司的国际化发展储备人才。

6. 薪酬与激励机制怎么写

举例：

以职责和能力为导向，建立以职能工资制为基础的薪酬体系。同时，不断完善公司薪酬体系和激励机制，公司在薪酬与配套政策上，应坚定不移地向优秀员工倾斜，并引入外部市场薪酬比较机制，以吸引和留住公司实施战略所需要的优秀人才。

(1) 重视对薪酬总额的管理。与销售收入、利润建立一定的联系。

(2) 进一步完善公司各类激励及晋升方面的制度。在控制薪酬总额的前提下，根据不同部门、不同岗位的特点，制定激励方案。

(3) 实施股权激励机制，使优秀人才成为公司的中坚力量，促进公司可持续成长。重点是对技术、营销、关键管理岗位的长期激励。

7. 绩效管理规划怎么写

举例：

"以绩效论英雄"，不断完善绩效管理制度，逐步建立客观公正的绩效及价值评价体系，强调绩效管理中的全局观念，倡导高绩效文化，注重绩效管理过程。

(1) 完善并推行项目管理制度，以科学的管理手段进行技术人员的内部管理。

(2) 完善生产工人的产量、质量和成本考核制度，在提高劳动生产率的同时，注重产品质量和成本消耗。

(3) 完善中层经理的绩效考核办法，通过引入经理述职等手段提升其管理能力。

(4) 通过对绩效考核数据的分析，加强对公司经营状况的分析，为管理决策提供依据。

19.2 人头规划(人员配置)的方法

可以看到，人力资源规划报告中除了阐述思路的概括性文字，还必须有数据支持。那么，人头数据如何获得？下面我们就此进行说明。

19.2.1 基本步骤

首先，应做好基本测算，根据比例关系确定公司内部基础人员的数量；其次，根据子计划确定工程技术人员和管理人员的数量；再次，考虑组织机构、部门职责调整对人头计划的影响；然后，考虑流程优化对人头计划的影响；最后，根据公司发展战略对计划作出修订。

1. 做好基本测算，根据比例关系确定公司内基础人员的数量

(1) 确定产量和直接生产工人的比例。

(2) 确定直接生产工人和辅助生产工人的比例。

(3) 确定直接生产工人和后勤工人的比例。

(4) 确定销售目标和直接营销人员的比例。

(5) 确定直接营销人员和客服人员的比例。

2. 根据子计划确定工程技术人员和管理人员

(1) 根据设备状况确定设备管理人员(设备管理员)。

(2) 根据产能确定工艺人员和质量管理人员(工艺管理员、质量工程师)。

(3) 根据产品研发计划确定产品研发人员(含主要研发人员、辅助研发人员)。

(4) 根据销售思路确定销售管理人员(商务助理、业务助理、内勤等)。

(5) 根据产量计划和销售思路确定间接生产人员和销售管理人员(计划管理、采购)。

(6) 确定各职能部门人员(行政后勤、人力资源、财务、投资)。

3. 考虑组织机构(部门职责)调整对人员配置计划的影响

如总经理提出的质检人员的设置问题，以及由于组织机构的调整而带来的人员精简。

4. 考虑流程的优化对人员配置计划的影响

(1) ERP项目对人员配置的影响。

(2) 其他流程的优化。

5. 根据公司发展战略对计划作出修订

(1) L2项目对人员配置的影响。

(2) 未来3~5年的发展规划对人员配置的影响。

(3) 客户结构调整对人员配置的影响。

(4) 产品研发方向调整对人员配置的影响。

行动计划分四步：汇总历史数据、了解公司经营计划、高层访谈、流程优化会议。

第一步是进行基础测算，确定基础人员的数量；第二步是根据下年的计划确定工程技术人员和职能部门人员的基础数量；第三步、第四步是根据当前和未来公司的发展情况对人员基础数量进行修正和优化。

19.2.2 实施组织方式

实施组织方式包括：历史数据汇总、部门访谈、高层访谈、专门会议。

(1) 历史数据汇总。历史数据汇总主要针对前4年的各项数据，主要来源于各生产中心和营销系统，通过对历史数据的分析，寻求其中的比例关系。

(2) 对经营计划编制部门进行访谈，了解公司经营计划中的各子计划。通过对上年各子计划的了解，在对上年工程技术人员和管理人员进行人员盘点的基础上，确定下年上述人员的基础人数。

(3) 对公司高层进行访谈。对公司高层进行访谈，主要目的是了解公司发展战略以及确认组织机构是否有调整的需求。

(4) 组织专门会议。汇总各部门关于流程优化的建议，根据流程优化的结果对人员计划进行调整。

公司HR规划，除了由人力资源部牵头，其他部门也可制定自己的HR规划。但部门规划有时过于本位主义，需求会放大，公司层面、人力资源部在审核时需要判断是否合理，毕竟人头是需要控制的。

19.3 部门HR规划案例：客服中心三年人员需求预测

该部门提交人力资源规划(汇报)，最终目的就是呐喊：人手不够，未来三年要加人，希望公司领导、人力资源部支持。但是，增加人手是需要讨论、审批的，这就需要有依据，要说得合理，有说服力。

该汇报看起来有理有据，颇有技巧：先告诉你，人均服务量的历史数据发生变化，人均工作量逐年增加，实在难以招架；再通过对比竞争企业的数据，告诉你人家比咱们人多，我们要是不跟进，客户服务就要落后啦。通过这两组数据，打动你，让你考虑满足他们的需求：我们部门想增加人手，增加什么样的人、怎么安排，都考虑好了，请批准吧。

19.3.1 从本公司的人均服务量看客服人数增长的合理性

人均服务量=五年保有量/当年客服人数。

公司客服人数=正式员工数+代理商的人员数+实习人员数，取第5年(与下面的五年保有量有关)到第11年的实际数据,具体见表19.6。

表19.6 客服人数统计

类型	单位	第1年	第2年	第3年	第4年	第5年	第6年	第7年	第8年	第9年	第10年	第11年	第12年	第13年	第14年
正式员工	人	—	—	—	—	31	34	33	25	30	41	42			
代理商人员	人	—	—	—	—	16	17	13	12	12	9	8			
实习人员	人	—	—	—	—							4			
客服人数合计	人	—	—	—	—	47	51	46	37	42	50	54			

五年保有量是指5年内的销售量,一般国内客户的电池使用周期为5年,也是本企业客服人员需要提供无偿服务的最低年限(未含外贸部的销售业务),具体见表19.7。

表19.7 历年人均服务量、服务人员数量

项目	单位	第1年	第2年	第3年	第4年	第5年	第6年	第7年	第8年	第9年	第10年	第11年	第12年	第13年	第14年
产值	万单位	8.9	13.4	22.1	27.8	25.7	30.3	41.3	48.0	57.1	93.9	125.0	150.0	170.0	180.0
五年保有量	万单位	—	—	—	—	97.9	119.4	147.3	173.1	202.4	270.7	365.3	474.0	596.0	718.9
客服人数	人	—	—	—	—	47	51	46	37	42	50	54	63	75	85
人均服务量	万单位/人	—	—	—	—	2.08	2.34	3.20	4.68	4.82	5.41	6.77	7.50	8.00	8.50

对于表19.7,作出如下说明。

(1) 产值:第1年~第11年为历史数据,第12年~第14年为规划数据。

(2) 五年保有量:第5年等于第1年至第5年之和,第6年等于第2年至第7年之和,以此类推。

(3) 人均服务量:第5年~第11年,根据公式计算,人均服务量=五年保有量/客服人数。以第11年为例,人均服务量6.77万单位,折合某型号的电池为2820组。说明1名服务员要承担2820组电池的服务,包括验收、投诉处理、安装更换,以及客户交流等。第12年~第14年,人均服务量预估要求为:7.5、8、8.5万单位/人。

(4) 客服人数:第5年~第11年,数据取自表19.6。第12年~第14年,也就是需作规划的未来三年,人数需预估,计算公式为:当年预估客服人数=当年的五年保有量/当年计划人均服务量。

对第12、13、14年进行产值预估,五年保有量的实际数据相较于历史数据有所增

长,在要求人均服务量也有所增长的前提下,第12年、13年、14年的客服人数分别为63人、75人、85人,看起来比较合理。

19.3.2 从竞争企业的人均服务量看客服人数增长的必要性

客服中心通过关注商业情报,选取了三家竞争企业的数据。

1. G公司

服务人员约100人(有说97人,也有说近120人,最高时曾达到160人),分南北两大区,以省份为单位,每个省有一名服务主管,服务人员也按地市分片区管理。上年A业务的销售额约16亿(上市公司公报),按年销售额推算其人均服务量低于本企业,因其人员数量多,可调配的余地大。

2. S公司

服务人员约102人,专门服务于通信市场的约82人,上年A业务的销售额约15亿(上市公司公报),服务中心有较充足的机动队伍。

3. C公司

上年销售额约11亿,除去代理部分,上年可调配的服务人员约40人,大部分服务人员分布在各销售区域,总部配置人数有限,主要问题是缺少必要的机动服务队伍,无法实现快速响应。

19.3.3 本部门HR规划想反映的主要诉求

1. 人均服务量饱和

公司这几年的高速发展,促使5年市场总量呈几何级数上升,人均服务量也在上升,但人均服务量基本已无太大的上升空间,除非产品质量有质的飞跃。导致这一现象的原因之一是现在客户的服务要求在不断提高,而产品使用情况不容乐观,从目前销售部的服务情况来看,本公司的基础性服务工作有所缺失,如站点的安装督导、巡检走访、快速响应等方面与主流竞争对手相比,已有明显差距。

近年来,市场人均服务量的变化趋势,见图19.1。

第19章 人力资源部经理的技巧——人力资源规划

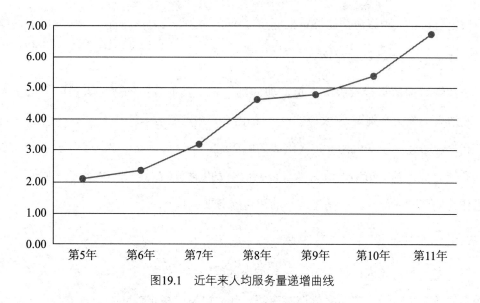

图19.1 近年来人均服务量递增曲线

2. 海外服务的需求

因本年前客户中心的主要工作还集中在销售部,因此,在计算市场人均服务量时未包含外贸部的销售。

从第9年开始,外贸销售量呈爆发式增长,随着使用年限的增加,部分用电环境不佳的国家和地区,产品可能陆续出现问题,本年的海外投诉(包括大客户配套)有明显增加的趋势;而且,从近期对南亚市场的考察情况来看,产品的使用、参数的设置等方面也存在很多问题。因此,对于外贸部的服务确实应该考虑成本和实际情况,对于海外服务人员的配置应有别于销售部,一些基本的工作如安装、更换等可以考虑采用服务人员当地化策略,但必须由公司派驻的技术支持工程师指导把关。

19.3.4 服务人员需求与管理

根据上述分析,客服中心认为:未来三年,客服人员的总数为:62人、75人、85人。其中,岗位结构分服务人员、服务工程师、服务主管、技术支持4类,具体见表19.8。

表19.8 服务人员未来三年的人头需求

年份	本年	第一年	第二年	第三年
服务人员	38	42	48	51
服务工程师	10	10	14	18
服务主管	6	6	7	8
技术支持		4	6	8
总数	54	62	75	85

假定公司、人力资源部能够审批同意,对于部门的人力资源管理将采取以下措施。

1. 建立客户中心机动服务组

个别区域需增加少量服务人员,如西部区域。其他各区的服务人员配置已基本到位,新增人员除做个别调整(或换位)外,都由客户中心管理。

客户中心建立一支由10~15人组成的响应组,平时可以配合区域的巡检工作,分行业、有针对性地进行市场走访。当有紧急情况发生时(如春节期间的雪灾、地震等),将该组作为快速响应部队,以满足客户的快速服务要求。

2. 专业人员招聘

第一年招聘1~2人,目标对象是开关电源或UPS等相关厂家的技术服务人员,以充实服务队伍,并给予一定的薪酬调整空间。开关电源的稳定性和参数设置与电池的使用寿命密切相关,目前公司缺少这方面的人才。

3. 建立海外服务支持队伍

第一年争取有4人能符合海外服务要求,技术支持人员应具备一定的英语表达能力、服务经验和自我管理能力。

第20章 人力资源部经理的技巧——经营计划与预算编制

相对规范的企业,每年的运营起点是经营计划与预算编制,一般安排在每年的11月—次年1月,也有的公司安排在财年的"第四季度",比如1—3月。

之所以叫经营计划与预算,是因为这项工作实际包括两部分内容:明年公司打算做什么事情?这叫经营计划,更多是阐述思路的文字性描述;明年公司打算花费多少费用?这叫预算,更多是数据预测。但预算数据,实际上不仅包括费用,还有收入、利润、回款等。

人力资源计划与预算是子项目,通常叫三项计划预算,即:人头、薪资、培训。

作为人力资源总监,与人力资源部经理的区别之一,就在于是否参与公司经营决策的制定。参与经营,能够提前知道公司全局的经营信息。信息占有得多,尤其是重要信息,且能提前掌握,就会有更多话语权,也能够比一般人更理解老板及其他高层的意图,并能知道哪些事情是公司经营的重点。如果说人力资源部经理的主要职责是组织、实施三项人力资源计划预算的编制,则人力资源总监就需要从公司的高度,了解经营计划与预算编制,更好地指导、推动三项人力资源计划预算的编制与实施。

本章介绍了:全面预算管理、预算管理制度组成、预算工作安排、某公司预算管理实施分析报告。

◆ 20.1 了解全面预算管理——财务的角度

20.1.1 什么是全面预算管理

关于全面预算管理,财务给出的定义是:全面预算是对企业在一定时期内的各项业务活动、财务表现等方面的总体预测,包括运营计划、预算两大方面。

定义中的"一定时期内",通常是指一年;运营计划,包括公司级、部门级;预算包括收入、费用、资本性支出、利润、现金流量、资产负债等子预算。

之所以称为"全面",是因为预算的编制、执行与调整涉及公司的所有部门及主要人员，包括公司所有的业务部门与职能部门。因为在很早以前，预算主要是财务部的事情。

20.1.2 认识全面预算管理的预期作用

企业推行全面预算管理，旨在达到以下目的：细化战略目标、落实绩效考核、合理分配资源、加强风险控制、促进开源节流。

1. 细化战略目标

全面预算能够细化企业战略规划和年度经营计划，它是对企业整体经营活动所做的一系列量化的计划安排，有利于监控战略规划与年度经营计划的顺利执行。通过全面预算的编制，有助于企业上下级之间、部门与部门之间的相互交流与沟通，增进相互之间的了解，加深部门及员工对企业战略的理解。全面预算也为企业的全体员工设立了一定的行为标准，明确了工作努力的方向，促使其行为符合企业战略目标及预算的要求。通过编制企业全面预算，可促使企业管理层认真考虑完成经营目标所需的方法与途径，并对市场可能出现的变化做好准备。

2. 落实绩效考核

全面预算是企业实施绩效管理的基础，是进行绩效考核的主要依据，将预算与绩效管理相结合，可促使企业对各部门的考核真正做到"有章可循，有法可依"。

3. 合理分配资源

全面预算体系中有一部分数据可直接用于衡量下一年度企业财务、实物与人力资源的规模，可作为调度与分配资源的重要依据之一。

4. 加强风险控制

全面预算是企业管理层进行事前、事中、事后监控的有效工具，通过寻找经营活动的实际结果与预算的差距，可以迅速发现问题并及时采取相应的解决措施。通过强化内部控制，可降低企业日常的经营风险。全面预算体系可以初步预计企业下一年度的经营情况，根据所反映的预算结果，预测其中的风险点所在，并预先采取某些风险控制的防范措施，从而达到规避与化解风险的目的。

5. 促进开源节流

通过全面预算可以加强对费用支出的控制，有效降低企业的运营成本。全面预算体系中包括与企业收入、成本、费用相关的部分，通过对这些因素的预测，并配合以预算报告与绩效奖惩措施，可以对下一年度的实际经营水平进行日常监控，有助于企业及时作出决策。当企业的收入、成本费用水平偏离预算时，企业决策者就可以根据预算报告中所反映的问题采取必要的管理措施，并加以改进。而且考虑到收入与成本费用间的配比关系，全面预算体系可以为以收入水平增长为前提的成本节约进行较为准确的预计。

20.1.3 熟悉预算编制方法及优缺点

预算编制方法有几种？一般有：固定预算、弹性预算、增量预算、零基预算、作业基础预算、概率预算、清单预算。下面进一步介绍。

1. 固定预算

最传统、最基本的预算编制方法，叫固定预算法(静态预算法)，它是以预算期内正常的、可能实现的某一业务量(如生产量、销售量)水平为固定基础，确定相应的固定预算数，不考虑可能发生的变动因素而编制预算的方法。

优点：编制简单、容易控制。

缺点：过于机械、呆板，可比性差。

适用：该方法适用于在业务量水平较为稳定的情况下编制预算，或编制固定成本与固定费用预算。

2. 弹性预算

弹性预算法(变动预算法)是在变动成本法的基础上，以未来不同业务量水平为基础编制预算的方法。

弹性预算是以预算期间可能发生的多种业务量水平为基础，分别确定与之相适应的费用数额而编制的、能适应多种业务量水平的费用预算。目的是分别反映在实现各业务量的情况下所应开支(或取得)的费用(或利润)水平。

采用这种预算方法可以随着业务量的变化，反映各项业务量水平下的支出控制数，具有一定的伸缩性，因而称为"弹性预算"。

用弹性预算的方法来编制成本预算时，其关键在于把所有的成本划分为变动成本与固定成本两大部分。变动成本主要根据单位业务量来控制，固定成本则按总额控制。

成本的弹性预算公式为：

$$成本的弹性预算 = 固定成本预算数 + \sum(单位变动成本预算数 \times 预计业务量)$$

优点：一方面能够适应不同经营活动情况的变化，扩大预算的范围，更好地发挥预算的控制作用，避免在实际情况发生变化时，对预算做频繁的修改；另一方面能够使预算对实际执行情况的评价与考核，建立在更加客观、可比的基础上。

缺点：工作量大，将所有成本费用划分为固定性与变动性两类，在理论上可行，但在实务中并不容易。

适用：该方法适用于随业务量变化而变化的各项成本费用支出。

3. 增量预算

增量预算又称调整预算法，是指以基期成本费用水平为基础，结合预算期内业务量水平及有关成本影响因素的未来变动情况，通过调整有关原有费用项目而编制预算的一种方法，是一种传统的预算方法。

应用增量预算法有三个假设前提：现有的业务活动是企业必需的；原有的各项开支都是合理的；增加费用预算是值得的。

增量预算法不主张将预算做较大改动，主要沿袭以往的预算项目和预算标准。

优点：预算工作量小，公司上下容易达成共识。

缺点：以往不合理的开支不易发现，对未来的情况变化考虑不足。

适用：小额的收入成本和费用预算的编制。

4. 零基预算

该方法全称为"以零为基础编制计划和预算的方法"，简称零基预算，最初是由德州仪器公司开发的。它是指在编制预算时对于所有的预算支出，均以零为基底，不考虑以往情况如何，从根本上研究分析每项预算是否有支出的必要和支出数额的大小。

这种预算不以历史为基础作修补，在年初重新审查每项活动对实现组织目标的意义和效果，并在"成本—效益"分析的基础上，重新排出各项管理活动的优先次序，并据此决定资金和其他资源的分配。

零基预算法与传统的调整预算法截然不同：首先，预算的基础不同，调整预算法的编制基础是前期结果，零基预算的基础是零；其次，预算编制分析的对象不同，调整预算法重点对新增加的业务活动进行"成本—效益"分析，零基预算法要对预算期内所有的经济活动进行"成本—效益"分析；再次，预算的着眼点不同，调整预算法着重从货币的角度控制预算金额的增减，零基预算更多是根据业务活动的必要性以及重要程度来分配有限的资金。

零基预算编制的主要步骤：第一步，划分和确定能独立编制预算的基层单位；第二步，根据企业总体目标以及各单位责任目标编制各单位的费用预算方案；第三步，对每个项目进行"成本—效益"分析；第四步，审核分配资金。

优点：有利于提高员工的"投入—产出"意识；有利于合理分配资金；有利于发挥基层单位参与预算编制的创造性；有利于提高预算管理水平。

缺点：工作量巨大，费用相对较高，耗时较长；在进行分层、排序和资金分配时，可能受主观因素影响，容易引起单位之间的矛盾；可能导致只注重局部、短期利益，忽视整体、长远利益的结果。

适用：在公司管理能力未达到相应的水平前，暂时不宜大规模使用，可以针对某些专项性费用使用该方法。

5. 作业基础预算

作业基础预算是以作业管理为基础，以企业价值增值为目的的预算管理形式。它是在作业分析和业务流程改进的基础上，结合企业战略目标和据此预测的作业量，确定企业每一个部门所发生的作业成本，并运用该信息在预算中规定每一项作业所允许的资源耗费量，进而实施有效的控制、绩效评价和考核。这种预算编制方法的实质是对工作步骤进行分解，按步骤确定作业量和所需资源。

作业基础预算(ABB)法的基础是作业成本法(ABC)，而作业基础预算的编制路径正好与作业成本计算的路径相逆。

作业基础预算的关键编制步骤：第一步，将战略目标分解为作业层次的目标；第二步，对现有的作业进行分析；第三步，按照改进后的作业和流程估计未来的作业量，并以此为依据进行资源分配，编制预算草案；第四步，按照战略目标确定的作业优先顺序调整资源需求和资源限额之间的差异，并形成最终的作业预算。

优点：预算因果关系明确；资源配置更加有效；容易发现无效作业和低效作业。

缺点：划分作业项目复杂；没有作业成本应用基础时完全无法使用。

适用：对于已应用作业成本管理法的项目，应尽可能使用该方法，但其他项目完全无法使用。

6. 概率预算

概率预算是对在预算期内不确定的各个预算构成变量，根据客观条件，作出近似的估计，估计它们可能的变动范围及出现在各个变动范围的概率，再通过加权平均法计算有关变量在预期内的期望值的一种预算编制方法。

与弹性预算相比，弹性预算属于确定预算，而概率预算属于不确定预算。概率预算一般适用于难以准确预测变动趋势的预算项目，如开拓新业务等。

概率预算的步骤：第一步，统计事件在上一期间的发生次数及持续时间；第二步，计算事件在一定期间发生的概率的期望值；第三步，确定预算时间；第四步，计算发生事件的时间；第五步，确定单位时间的资源消耗单价；第六步，计算事件所需成本。

优点：便于理解；编制依据充分。

缺点：工作量大，依赖历史数据；对未来情况变化考虑不足。

适用：对于争议较大或不确定的项目可以适当考虑使用。

7.清单预算

清单预算是在列出各项预算项目清单的基础上，对清单进行分析、取舍，然后汇总编制预算的一种方法。

优点：预算依据详细，便于分析并作出决策。

缺点：工作量较大，对变化情况考虑不足，容易遗漏应预算事项。

适用：对于影响较大的收入成本、费用项目，应尽可能使用该方法。

对于预算编制方法的选择，应以企业的实际情况为依据，一般由财务部负责。

举例：

某科技公司201×年预算编制方法选取：原则上，收入采取固定预算编制，考核成本采用固定预算编制，实际成本采用弹性预算编制，收款采取固定预算编制，费用根据不同性质分别采取固定、弹性、清单等方法编制，原则上不采用增量预算编制。

20.2 熟悉本企业的预算管理制度组成

下面，我们以某科技公司为例，该公司的预算管理制度由9项组成：适用范围、控制目标、预算编制原则、预算组织机构、预算人员管理、预算内容与要求、预算层级及期间、预算编制方法、预算控制与评价。下文中，我们将做进一步介绍。

20.2.1 适用哪些范围

预算管理制度适用于公司、各部门及控股子公司的预算编制、审批、执行与调整，以及年度预算、季度预算、月度预算的业务分析。

20.2.2 达到哪些控制目标

(1) 配合公司战略规划，确保公司经营目标与经营计划的实现。

(2) 通过预算编制和执行，评价各单位的经营情况，改进公司经营过程中的不足，加强对各单位经营的控制和指导。

20.2.3 遵循哪些预算编制原则

1. 预算与绩效考核相结合原则

预算执行情况将作为公司对各部门进行绩效考核的重要依据。

2. 分层考核原则

确定预算及绩效考核指标后，公司与各部门负责人签订经营目标责任状，各部门负责人应将考核指标在部门内进行分解，并落实责任。

3. 刚性与弹性相结合原则

预算与考核指标一经确定，原则上不再予以调整。但对于因业务量增长带来的变动成本增加，在履行必要的审批手续后可调整纳入年度预算。

20.2.4 预算组织机构及其职责有哪些

1. 公司预算组织机构

公司预算组织机构包括预算组织领导机构、预算常设管理机构、预算执行机构。

预算组织领导机构为预算管理委员会，总裁兼任预算管理委员会主任，成员包括常务副总裁、投资总监、财务总监、人力资源总监。

预算常设管理机构为财务部。

预算执行机构指公司内部设置的各级单位，包括事业部及其下属各级部门、研发中心及支持中心各部门。

2. 预算管理委员会职责

(1) 审议通过预算管理有关制度、流程与预算编制方法；

(2) 审议提出预算目标；

(3) 审查各部门编制的预算草案及公司年度总预算草案；

(4) 协调和解决预算编制过程中的矛盾；

(5) 将经过审查的预算提交董事会审批，董事会通过后下达正式预算；

(6) 检查、监督和分析预算执行情况，提出改善措施；

(7) 提出修订和调整预算的建议，对于预算执行中出现的矛盾进行调解和仲裁；

(8) 审定公司年度预算执行报告并提出考核奖惩意见。

3. 财务部职责

(1) 草拟预算编制方法和程序，经预算管理委员会审议通过后传达给各单位；

(2) 指导各单位编制预算，对预算管理相关人员进行培训；

(3) 初步审查各单位编制的预算草案；

(4) 汇总各单位预算草案，编制集团预算，一并报预算管理委员会审查；

(5) 监督、控制各单位的预算执行情况；

(6) 每期预算执行完毕，及时形成预算执行报告和预算差异分析报告，提交预算管理委员会审议；

(7) 遇有特殊情况时，向预算管理委员会提出预算修正建议；

(8) 协助预算管理委员会协调、处理预算执行过程中出现的问题。

4. 预算执行机构职责

(1) 收集与规划编制预算的各项基础资料；

(2) 根据工作计划编制本单位预算草案；

(3) 控制本单位预算的执行，协调本单位资源，分解落实本单位预算目标；

(4) 根据内部和外部环境变化提出预算调整申请；

(5) 协调本单位内部资源；

(6) 定期分析导致本单位预算执行差异的具体原因并报财务部。

20.2.5 预算工作怎样分工

各单位负责人是本单位预算工作的责任人，负责预算的编制、上报、具体控制与差异分析。

各单位应在本单位内指定兼职预算管理员，负责接口预算事宜，协助单位负责人完成预算工作。

20.2.6 预算内容与要求有哪些

公司实行全面预算管理，对生产经营的各个环节实施预算编制、执行、分析和考核，对外投资、基本建设、筹资、担保等重要项目也必须纳入预算。预算内容有四项：业务预算、资本预算、筹资预算和财务预算。

1. 业务预算

业务预算是反映预算期内各单位生产经营活动的预算，主要包括销售预算、采购预算、生产预算、制造费用预算、产品成本预算、销售费用预算、管理费用预算和资金收支预算等，由相关业务单位负责根据实际情况具体编制。

2. 资本预算

资本预算是公司在预算期内涉及资本性支出活动的预算，主要包括固定资产投资预算、权益性资本投资预算和债券投资预算，由业务承办单位按项目编制。资本预算编制应遵循量入为出、统筹兼顾、保证重点的原则，注重提高资本性支出的效率和效益。

3. 筹资预算

筹资预算是公司根据预算期内的资金收支情况对资金的筹集及运用作出安排的预算。

4. 财务预算

财务预算主要以预计资产负债表、预计利润表、预计现金流量表等形式反映。

20.2.7 预算层次及期间如何

(1) 各单位应该根据本单位内部组织架构、业务特点等分层次进行预算安排，预算的层次按单位层级逐级分解，再汇总形成公司总预算。

(2) 各单位应将预算作为预算期内组织、协调各项经营活动的基本依据，将年度预算细分为月度预算，通过控制分期预算确保年度预算目标的实现。

(3) 年度预算的期间为公历自然年度，月度预算编制的期间为公历自然月。各单位年度预算编制期为预算所属年度上一年的第四季度，月度预算上报截止日为预算所属月度前一月的25日。

20.2.8 预算编报方法如何选取

编制预算可采用上下结合、综合平衡的办法：自上而下分解目标，明确任务；自下而上层层填报、审核、汇总。

根据不同的预算项目，可分别采用固定预算、弹性预算、零基预算、概率预算、清单预算、作业基础预算等方法进行编制。

20.2.9 预算控制和评价如何操作

(1) 各单位年度总预算及调整申请，由预算管理委员会审议确定；公司年度总预算及调整申请，由董事会审批。

(2) 年度预算方案一经批复下达，各单位必须严格执行，认真组织实施，将预算指标层层分解落实，形成全方位的预算执行责任体系。

(3) 财务部根据预算管理委员会下达的预算文件监控各单位的预算执行情况，对超出年度预算范围的款项，财务部有权不予审批或直接在月度预算中予以删除。

(4) 部门应严格控制费用支出，各项费用应该按专项进行使用和控制，未经财务总监审批，各项目费用之间不得相互替代使用。

(5) 各单位在当月经营过程中需调整预算项目或增补预算的，必须填制《调整/增补预算申请表》报财务总监及总裁审批。在月度预算不同项目间调整的，由财务总监审批。增补费用预算的，如当月增补后费用项目预算金额未超过"当月+1月"限额的，由财务总监审批；超过限额的，需财务总监及总裁审批。每月增补预算不得超过两次，月度增补预算占用本单位当年总预算额度。

(6) 每月初财务部出具上月预算执行情况表，对于预算执行中发生的问题、出现重大差异的项目或异常变动，各部门应查明原因，确定改进措施和对策，由财务部汇总报预算管理委员会审阅。

(7) 根据预算执行实际情况，公司对预算出现异常的单位发出预警提示，责成单位采取措施进行改进。各单位应根据公司要求针对有关问题，采取改进措施，并将具体措施及效果报告至财务部。

(8) 各单位的主要预算指标作为公司对单位进行绩效评价和经营者业绩考核的基本指标，公司根据考评报告及业绩考核办法，对单位经营者进行业绩考核和奖惩兑现。

20.3 预算工作时间的安排

年度预算工作安排，要明确时间、工作事项、责任部门。例如，某科技公司的预算工作时间为11月到次年1月，需经历：预算方案预算表设计、启动会议、第一稿上报、汇总与审核反馈、第二稿上报、汇总、预算质询、审批、下达等环节。涉及：财务部、预算管理委员会、各单位、董事会等部门的责任分工。具体安排见表20.1。

表20.1　某科技公司年度预算工作时间安排表

时间	工作事项	责任部门
201×.11—201×.12.10	设计预算方案、预算表等	财务部
201×.12.10	预算启动会议	预算管理委员会
201×.12.18之前	预算第一稿上报	各单位
201×.12.21之前	预算第一稿汇总与审核反馈	财务部
201×.12.25之前	预算第二稿上报	各单位
201×.12.29之前	预算第二稿汇总	财务部
201×.12.30—201×.12.31	预算质询	预算管理委员会
次年1月	预算审批	董事会
次年1月底	预算下达	预算管理委员会

20.4　案例：某公司全面预算管理现状

在本章节中，我们将以某公司实施全面预算管理的现状为例进行说明。

20.4.1　预算管理取得的成效

经过两年的应用，目前公司内部已经初步建立起预算管理意识，本公司需要通过全面预算管理来提升竞争能力与管理水平的观念，已经在高层管理人员中达成共识，各单位能较好地配合预算编制工作。

第一年四季度，公司预算管理以各单位预测收入、费用的模式为主；第二年在此基础上对全年的收入完成与费用开支情况进行预测，初步建立了一整套预算报表体系；第三年下半年起，财务部开始逐月向各单位反馈预算执行情况，管理逐步闭环。

此外，从第三年度起，公司将预算与考核相结合，参照年初预算目标确定各事业部负责人的绩效考核目标。

20.4.2　目前存在的问题

公司在预算管理上还有很多不足，需要进一步改进，否则预算管理无法真正起到细化战略目标、落实绩效考核、合理分配资源、加强风险控制、促进开源节流的作用，反而会在一定程度上阻碍公司效率的提升，影响战略目标的实现。

1. 形式超过实质

(1) 预算管理在本公司集团层面较受重视，董事长非常关注预算执行情况，定期审阅预算执行报表。

(2) 在业务单位层面，重视程度不足，部分业务单位负责人抱着应付的想法来编制预算报表，导致预算与业务脱节，预算报表不能真正反映业务单位对未来经营情况的预测，失去对业务的指导作用，也无法根据预算执行差异揭示经营中存在的问题。

(3) 预算报表成为"财务部的预算报表"。实际上，全面预算虽然最终会体现为财务预算，但事实上全面预算涉及企业的业务、资金、财务、人力资源、技术研发、项目规划及建设、信息系统、日常管理等企业运行的各个方面，而这些预算并非财务部门所能左右和确定的。财务部门在预算编制中的作用主要是为各预算部门提供预算编制原则和方法，而不能代替各部门去具体编制。缺乏业务部门的真正合作编制出来的预算，因不符合实际而无法执行，根本起不到预算管理的作用。

(4) 除主观重视程度外，组织机构中缺少类似预算管理委员会的机构，制度流程中缺乏质询、问责制度，也在一定程度上导致预算管理不能落到实处。

2. 预算控制滞后于经营业务

预算口径与财务核算口径存在一定差异，公司信息系统存在功能缺陷，预算管理相关人员能力不足，这些都导致无法在经营中实现预算的过程控制，这在费用控制方面体现得尤其明显。

财务部门在预算管理中，未真正将预算管理要求分解到财务人员，也是造成预算过程控制未能起作用的原因，预算过程控制需要具体的财务人员在日常工作中落实，而不能靠数据统计人员在次月以统计执行数据的方式来实现。

3. 预算反馈效率低下

第三年下半年起，财务部开始逐月向各单位反馈预算执行数据，但时效性低，每月中旬甚至下旬才能出具预算执行反馈数据，还常常会出现差错，主要原因有以下几方面。

(1) 管理结构过于复杂，公司建立了多个子公司，但仍按事业部模式进行管理，为充分发挥协同效应，各子公司穿插执行多个事业部业务，导致数据统计复杂、繁琐，这在节能公司J的数据统计中表现得尤其明显；同时，管理结构的复杂化使得ERP供应链上各部门时有业务归属错误的情况发生，直接影响财务数据的准确性。

(2) 财务人员能力有待提升，公司迅速扩张导致财务人员对业务不熟悉，新进人员与老员工的能力都无法迅速适应公司快速发展的需要。

(3) 信息系统功能不足，使得财务部门在统计与归集数据时需要较长时间才能完成。

4. 责权利未真正落实

预算的一个重要作用是为各业务单位及细分单位确定目标、落实责任，并授予其在职责范围内的控制权利。但在实际实施中，公司虽然对预算单位划分较细，但各细分单位未完全获得预算费用的使用授权，权责未能很好地结合。

附录A 人力资源管理制度清单及诊断说明书

企业历年制定的制度，随着时间的推移，也可能陈旧老化，无法做到与时俱进，因此需要及时修订。规范的股份制企业或拟上市公司应建立并完善哪些人力资源管理制度？如何通过资料审核发现可能存在的问题或修订点？下面的案例可以提供一些审核思路，以供参考。

1. 股份制企业(拟上市公司)的人力资源管理制度清单参考

1) 基本应具备的管理制度

(1) 公司劳动合同管理办法；

(2) 人事管理规定；

(3) 考勤和假期管理规定；

(4) 人事月报(统计和分析)；

(5) 员工基础信息表(Excel或软件)维护；

(6) 公司培训管理办法；

(7) 公司薪酬管理办法，含岗位职能制(薪点制)、年薪制、奖金、提成、项目奖、计件计时等；

(8) 公司绩效管理办法，含集团、子公司、部门、员工等层面和分类；

(9) 员工奖惩条例；

(10) 集体劳动合同、集体工资协议、女职工保护办法；

(11) 股票期权激励办法；

(12) 总经理接待日办法；

(13) 劳动季报、年报申报(对政府)；

(14) 招聘管理办法；

(15) 岗位管理办法；

(16) 股份制企业组织架构；

(17) 股份制企业部门职责；

(18) 各工作模块的流程和表单；

(19) 年终奖发放办法；

(20) 年度优秀评比方案。

上述办法的制定、修订，均应通过工会、职工代表大会的审核才算合法。

2) 方案细则

(1) 培训专项协议；

(2) 保密协议；

(3) 竞业限制协议；

(4) 工作周报，月度工作总结，半年度、年度工作总结；

(5) 工作述职办法；

(6) 年度人力资源计划(薪资福利、人头、培训)，与年度经营计划和预算编制配套；

(7) 人工成本分析；

(8) 补充商业保险，如意外保险等；

(9) 企业年金方案，如中长期激励+福利；

(10) 公积金激励方案，不面向全员，针对中高层、业务骨干、工作业绩优秀的员工；

(11) 表扬与批评，月度方案，可与积分制衔接；

(12) 周例会，月度工作会议，半年度、年度的公司会议，营销会议等，宾馆、旅行社等可试行晨会；

(13) 总经理奖励基金、董事会奖励基金、部门团队建设基金；

(14) 员工座谈会。

2. 对某公司的人力资源管理制度的诊断说明书

某公司组织相关人员对人力资源管理制度进行修订、审核，通过对各部门提供的资料复印件、电子版进行审核，至少发现有以下问题点不够规范，需要列入年度公司或部门的重点工作计划，提出改进措施，或纳入工作计划考核，作为绩效工资考核浮动的依据之一。

1) 劳动合同的问题

该公司提供的劳动合同版本有以下几点不足或疑问。

(1) 第×条：担任"××集团员工"工作，从事"××集团员工"岗位，这样写太笼统，应按岗位大类写，如营销类、管理类、生产类等。

(2) 第×条：执行"综合计算"工时制度。工时有三种：标准工时、综合计算工时、不定时。采取综合计算工时、不定时的工时制度需要向劳动局报批才算合法。

(3) 第×部分出现工作内容和工作地点,但合同中没有工作地点这一条款。

(4) 劳动合同版本比较简单。有劳动合同续签的表单,但没有新签、续签、提前解除、终止等的年限规定(这与劳动法有关系,比如:连续签订2次或工作满10年,员工可提出固定劳动合同期限)。

2) 招聘制度的问题

(1) 应聘人员登记表的下端缺少类似的警示性话语:本人承诺上述所填信息完全真实,如有虚假,本人愿承担相关责任,按公司规章制度解除劳动合同并不要求补偿。这是在新劳动法出台后,在对员工维权有利的情况下,企业保护自己利益的实用措施。

(2) 在翻看现有人员的应聘登记表时,HR也反映可能存在信息虚假的情况。这可以通过对过去任职企业的背景调查进行核实。国企在这方面应比民企做得更严谨,以杜绝伪造个人信息的现象发生。

3) 岗位管理的问题

(1) 职位说明书的模板非常简单,只有职责方面的信息。实际上,规范的职位说明书至少应包括:基本信息、汇报关系、职等、主要职能、职责(含考核点)、工作环境、沟通频次与难度、任职要求等。否则,招聘撰写、职位发布、薪资体系的职位评估等都无法有效利用现有的职位说明书。

(2) 职位说明书的职责部分,也没有很好地使用"动词+宾语"的结构。只用"负责"两字,无法明确该职位的工作层次。

总之,在招聘制度方面,与拟上市股份制企业的规范要求存在距离,有很大的提升空间。

4) 人事制度的问题

(1) 档案管理制度以及相关表单,相对比较详细。但是档案填写的真实性有待核实,与应聘登记表一样可能存在虚假信息和水分,HR要加强管理。

(2) 离职管理办法相对比较详细。但一般来说,离职是在人事管理规定中体现的。更进一步说,对于中高层职位、技术业务骨干职位还需要考虑配套的保密协议、竞业限制、培训专项协议。此外,离职率的数据分析和改善措施较为缺乏。

(3) 人事报表。员工信息表(Excel)的科目不够完整,应补全基础信息并加以维护;表格填充了很多种颜色,看上去不舒服;分类统计不完全,比如应按性别、学历、年龄、职务层级、部门、职称、司龄等做好统计,但目前只罗列了姓名;采用手工计算,没有应用Excel的自动计算功能,如小计、合计、平均等。

5) 薪酬制度的问题

(1) 第一条是套话,与薪资无关,应取消。

(2) 级别工资制分9级,适用于政府机关、事业单位;而企业可采取年薪制、薪点制。

(3) 薪资组成不够完善。应包括薪资[基本工资、岗位工资、绩效工资(奖金、提成、项目奖、计件)、司龄工资、加班工资、未休年休假补偿、年终奖、专项奖励基金]、津贴补贴(午餐、高温费、职务补贴、地区补贴、驻外补贴、环境补贴等)、5险1金、其他福利等。

(4) 对于中高层可考虑采用"年薪制+长期激励(分红、股权、期权等)"的薪酬制度。

6) 《劳动法》要求

企业内部没有设工会、职工代表大会,各项制度的施行没有通过决议。从《劳动法》的角度来说,没有做到制度的内容合法、程序合法、传递合法,一旦发生劳动争议,企业极易陷入被动局面。

附录B 上市尽职调查(HR部分)案例

公司上市前，需要做IPO尽职调查。IPO是Initial Public Offerings(首次公开发行股票)的简称。IPO尽职调查环节需要人力资源部参与。

下面我们以某国企和某民企上市的尽职调查为例进行详细说明。

1. 某国企IPO(海外)尽职调查问题目录

该公司的上市尽职调查问题目录包括：①总体介绍；②业务情况；③财务管理；④人事劳资；⑤其他。其中，业务情况可细分为：①目前基本情况；②业务发展战略；③产品与资费；④营销与服务；⑤市场竞争；⑥网络与投资；⑦运营支撑系统。

下面我们选取与人力资源部相关的尽职调查问题进行说明。

1) 公司组织结构

(1) 请给出省A公司和省B公司的组织架构图，说明各个部门的职责和权限。

(2) 省公司在哪些方面接受集团的领导，特别是业务经营、人事、资金调度、固定资产投资、银行贷款、设备采购、技术选型等方面，省公司各有多大的自主权？

(3) 集团通过哪些指标对省公司进行考核？考核如何与省公司工资总额等挂钩？

(4) 请介绍目前省A公司、省B公司、原JT在业务、人员、资产等方面进行整合的实施情况与下一步的计划。

(5) 请说明下属运营单位的有关情况，并提供详细的省公司下属运营单位(包括下属分公司、全资子公司、B子公司、参股子公司、联营企业等)的结构图。

(6) 请提供下属运营公司业务范围、员工人数、员工平均总收入等主要业务指标，请提供下属公司与省公司(分公司及全资子公司除外)之间的业务量信息。

2) 公司管理

(1) 管理层的结构及主要管理人员(指省公司副总经理级别以上人员)介绍(简历、职能)。

(2) 管理人员(指省公司副总经理级别以上及地市分公司副总经理级别以上人员)的合约现况(固定、借调还是借用，合约期限等)。

3) 税收及福利

(1) 请介绍正式工与临时工享受的各种奖金、福利、补贴，和公司为职工缴纳的保险、公积金或其他费用,以及发放或提取标准。

(2) 对于上述费用,正式工200×年总计多少万元,相当于工资的多少倍?临时工总计多少万元,相当于工资的多少倍?

4) 人事劳资

(1) 请提供人事报表。

(2) 请说明员工的薪酬结构。奖金是否与工作表现挂钩?请提供公司的平均薪资标准,如可能,请与其他电信公司相比较。

(3) 请详细描述衡量工作表现的标准和考核制度。员工提升的标准/程序是什么?是否制定了股票期权等非现金薪酬形式?

(4) 员工的平均年龄、学历、工龄(估计)。

(5) 目前,公司执行的社会保障制度、福利计划(包括退休金、住房基金、医疗保险的基本情况)。

(6) 员工住房的基本情况(公司宿舍、分配房、优惠购房、房源、房改政策及资金来源)。在200×年是否有计划进行住房货币化改革?如有,估计总成本将达到多少?

(7) 请简要介绍员工培训计划。

(8) 与员工及各劳工团体的关系,是否出现过劳资纠纷?

(9) 过去三年的员工离职率(特别说明员工流向竞争对手的情况),计算公式为:全年总流失员工数/(年初总在职员工数+年末总在职员工数)。请分析离职原因。

(10) 请提供过去三年每年退休人员的人数、在退休人员方面的总开支,以及每个退休人员的年平均开支(包括基本工资及其他福利性收入)。预计今后每人每年平均开支多少?

(11) 请介绍公司短期合同工的使用情况,包括岗位、人数、费用、季节性变化等。

(12) 高级管理人员的简历和专业背景。

(13) 高级管理人员的委任与升迁情况。

(14) 是否有高级管理人员离开去其他电信公司工作?

(15) 参照组织结构图说明各级领导的主要责任。

(16) 工资级别的设定。

2. 某民企IPO(创业板)尽职调查问题目录

某民企在创业板上市,尽职调查问题目录包括以下内容。

(1) 业务考察,包括:公司历史、经营范围、促销与销售(责任人:销售部和外贸部)。

(2) 生产程序与设施,包括:生产设施(责任人:设备部)、质量保证(责任人:质量管理部)、环境问题(责任人:质量管理部)。

(3) 组织与管理层(责任人:人力资源部),包括:统计的范围(包括L公司、Z公司,不包括S公司)。提供的资料以200×年7月为时点,不包括返聘与顾问人员。

(4) 财务考察(责任人:财务部),包括以下两部分。

过去的财务报表和资料:①损益表;②现金流量表与融资表;③资产负债表;④业务部门资料;⑤公司间接费用分配(各部门分得、未分配部分的汇总)表;⑥合并财务报表;⑦积压未交订货摘要(预付与未预付);⑧主要合同摘要。

预测财务资料(未来5年):①损益表;②现金流量表;③资产负债表;④业务计划;⑤业务部门资料(未来5年);⑥合并财务报表(未来5年);⑦主要客户摘要(未来5年);⑧财务分析;⑨财务申报组织;⑩保险单、承保水平及未清索赔摘要;⑪税务审计情况。

(5) 其他(责任人:总裁办)。包括:①专利/许可证/商标;②公司章程及附则(或同类文件)。

附录C 公司重组的人力资源管理案例

本章介绍了某国企重组的人员融合指导意见、某国企重组某省公司融合后组织架构设计方案。

1. 某国企重组的人员融合工作的指导意见

根据集团公司整体工作部署，JT通信有限责任公司整建制融合到中国××通信集团公司。做好人员融合工作是本次融合工作的关键，各市分公司要从公司整体利益出发，高度重视，精心组织，确保融合工作按时、顺利完成。现就JT公司人员融合工作提出如下指导意见。

1) 人员融合总体原则

(1) 整体融合的原则。对于JT公司在浙江设立的9个分公司的人员，选择到公司工作的，本着全部接收、统一安排、服从分配的原则，由各市分公司接收本地的JT分公司人员。

(2) 顾全大局的原则。各市分公司要考虑公司总体利益，顾全大局，做好人员接收和安排工作；JT公司也要从改革的大局出发，做好员工思想工作，积极配合相关单位以加快融合。

(3) 合法原则。人员安排要符合《劳动法》《合同法》等相关法律法规，并按公司有关规定签订劳动合同。

2) 人员融合工作中重点明确的事项

(1) JT公司融合人员以200×年×月×日前在册为准，JT公司各分公司人员名单、履历、薪酬等情况以省公司统一下发给各市分公司的信息为准。

(2) 岗位安排。融合人员的岗位安排要根据各市分公司实际工作需要，同时要结合人员的专业特点，尽可能发挥人员的作用。JT公司各分公司总经理、副总经理原则上安排到部门领导岗位；技术部人员重点考虑安排到维护岗位或客户技术支撑岗位；市场部人员重点考虑安排到业务、营销岗位；客户服务部人员重点考虑安排到业务、营业岗位；综合部人员可安排到综合管理岗位，也可安排到营销等岗位；财务人员根据实际需要，可安排到财务、统计岗位，也可安排到营销等岗位。

(3) 薪酬福利。融合人员按公司薪酬体系定岗定级，JT公司各分公司部门经理、副经理的定岗原则上不低于10岗(含10岗),其他员工的定岗原则上不超过10岗。定档时原则上按照不低于原薪酬水平定档。7月份按照新的定岗定级开始核发工资。融合人员的福利按公司福利规定执行。

(4) 劳动合同。融合人员进行劳动合同变更,根据公司劳动合同管理规定与各市分公司签订为期1~3年的劳动合同,合同起始期为200×年7月1日。

(5) 尽快办理融合人员的社会基本保险、公积金的关系转移,在关系转移办妥前,暂按原有关系缴费。

(6) 人事档案暂按原管理方式管理。

(7) 党、团、工会关系逐步转入。

(8) 人员融合过程中,融合人员的工作安排要统筹兼顾,根据网络、业务融合的计划平稳过渡,做好工作交接。

(9) 各市分公司确定人员的岗位安排、薪酬定级方案后,报省公司批复后执行。

3) 进度要求

6月10日前了解、掌握人员情况。融合人员名单、履历、薪酬福利等情况由省公司统一了解、掌握后及时下传至各市分公司。各市分公司通过采取与JT分公司领导、员工谈话的方式了解每一位员工的情况。JT公司应予以配合,如实提供有关材料,如实反映情况。

6月15日前召开市分公司总经理会议,布置融合工作任务。JT公司应于6月15日前召开员工会议,传达融合工作精神,做好动员、宣传工作。

6月17日前,各市分公司以传真和电子文档结合的方式上报人员岗位安排、薪酬定级方案。

6月18日前,省公司以传真的形式批复方案。

6月19日,与融合员工签订劳动合同。

6月20日前,各市分公司召开员工大会,人员正式融合。

整体人员融合工作必须在6月20日前完成,各市分公司要从大局出发,保证融合工作的稳定、稳妥推进,积极做好人员的思想工作。省公司人力资源与企划部负责协调人员融合工作,各市分公司在人员融合过程中出现问题要及时反映、稳妥解决。

2. 某国企重组某省公司融合后组织机构设计方案

1) 设计原则

(1) 精简高效、权责统一的原则。

(2) 突出以客户为中心的设计思想。

(3) 以功能单元、业务流程为设计基础，通过科学的分群、分类，进行系统化设计。

(4) 符合实际的原则。既考虑公司的未来发展，又要考虑公司目前的实际情况，所有设计必须有利于实现公司战略目标，有利于优化配置、有效调配现有资源，充分发挥各类资源优势。

2) 组织机构设计

企业组织机构是为企业活动本身服务的，是由职能要素和要素之间的相互联系构成的，所以组织机构应涵盖企业的所有功能、业务内容和商业活动。在进行组织机构设计时，首先应分析电信运营企业的主要功能及其包含的工作内容、相关的业务流程，在此基础上，通过功能划分、业务职能配置，完成组织机构的分析、设计。

电信运营企业的功能主要由运营、战略决策和企业管理功能三部分组成。其中，运营是电信运营企业的核心，必须以电信运营企业运营功能为公司组织机构的分析、设计主体。运营功能包括企业的所有运营工作内容，支持客户业务运转和管理。从流程的角度来说，这一功能包括企业运营的日常操作流程，运营过程中所需要的支持与准备工作。

根据国内外的先进理论，可以按工作流对电信运营企业支撑运营功能的流程进行分层，主要分为客户界面管理、客户关系管理、服务开发与运营管理、网络与系统管理、网络元素管理5个层次。

(1) 客户界面管理。这一流程考虑电信运营企业营销工作中的分析、策略与计划方面的工作内容，包括市场分析、市场策略制定、市场策划、客户群体细分与目标客户群选择、客户需求分析等子功能。

(2) 客户关系管理。这一流程考虑了客户关系管理所需要的基本工作内容，包括获得、加强和维持客户关系的各项功能。它包含产品销售、渠道管理、订单管理、问题处理、客户服务质量管理/客户服务等级管理、计费与收费管理等子功能。而通过这些子功能的不同组合，可实现客户接口管理、市场业务实施响应、客户保持力与忠诚度等功能。

(3) 服务开发和运营管理。包括服务计划与开发、服务问题管理、服务质量分析以及服务计费管理等子功能。这一流程中的服务与产品/业务的设计、组合与管理相关联。

(4) 网络与系统管理。电信运营企业通过该流程实现电信网络的规划、运行维护管理等职能。该流程包括网络计划与开发、网络系统管理、网络资源管理、网络维护与恢复、网络数据管理等子功能。

(5) 网络元素管理。该流程最接近电信物理网络与信息技术，电信运营企业通过该流程实现管理网络元素的功能。

客户界面管理、客户关系管理、服务开发和运营管理对应电信运营企业的营销和业务管理功能；网络与系统管理、网络元素管理流程对应电信运营企业的网络运行、维护等功能。因此，从工作流的角度分析，从前端到后端，运营功能可进一步细分为营销、业务/服务、技术(网络资源提供)等功能；而根据企业运营的实际情况，从电信运营的角度，组织机构可分为营销、业务、技术三个单元。

在以电信运营企业的运营功能为分析、设计主体的同时，对电信运营企业的战略决策功能和企业管理功能也要进行分析，以形成系统、完整的电信运营企业功能群。

根据国内外先进管理理论、经验，结合公司实际，经过系统化分析，对电信运营企业应具备的功能进行了汇总，形成电信运营企业组织机构功能模型图，见图C.1。

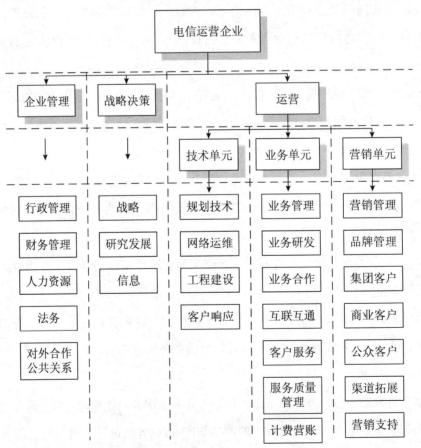

图C.1　电信运营商组织机构功能模型图

根据省、市公司的分工不同，在进行组织机构设计时，对省公司的市场营销部分突出以产品为主线，同时单设运营管理部分；对市分公司的市场营销部分突出以客户群为主线。

3) 省公司组织机构设计

融合后的省公司的组织机构由业务单元、运营单元、网络单元、管理单元和地市分公司五大部分组成，而这五大部分又由19个一级部门、1个二级部门、11个地市分公司组成。

(1) 业务单元。由销售管理部、产品管理与开发部、市场推广部、业务拓展部、业务支撑中心5个一级部门及营账中心1个二级部门组成，负责完成公司的省际及跨区域大客户销售与工程实施协调、相关客户资源管理、收入分配、营销渠道体系管理；产品政策与产品管理；市场推广体系的建立和品牌管理；开发以新业务、新产品为主的新商业模式，建立业务合作伙伴关系以开发拓展增值业务；开展营账管理等业务支撑工作。

在进行业务单元设计时突出"产品"观念，突出产品的设计、开发与管理能力，加强产品分析，有效进行产品的生命周期管理，以从战略上加强产品管理能力为设计原则。突出战略性新业务、增值业务等与公司战略发展方向密切相关的产品研发与管理。

(2) 运营单元。由运营管理部、互联互通部、客户服务中心3个一级部门组成。负责建立并完善公司经营计划、预算和运营管理工作；负责公司内部资源的调配协调，运营业绩指标的制定与考核；负责制定面向电信运营商的网间互联及业务合作策略、互联互通的管理规章；建立并保持与电信运营商良好的合作关系，协调并解决与其他电信运营商之间的网间互联与业务开放争议等互联互通工作；以及客户服务与服务质量管理工作。

(3) 网络单元。由规划技术部、网络建设部、网络运维部、移动部和网络技术支撑中心5个一级部门组成。其中，网络技术支撑中心作为一级部门设置，业务上受网络运维部领导。为了适应公司未来移动业务发展、技术研究的需要，设立移动部。

(4) 综合单元。为了保障企业管理功能的有效实现，设立综合部、人力资源部、计划财务部、信息系统部、商务部、党群/纪检/工会6个一级部门。根据上级单位要求，人力资源与计划财务部单列；根据工作特点和行业内的通常做法，党群部门、纪检监察部门、工会可合署办公。

(5) 三类分公司划分。在本省11个地市设立相应的地市分公司，但要根据地方经济实力、业务拓展潜力等进行分类，划分为ABC三大类公司，详细情况在市分公司组织机构设计中分析。

4) 市分公司组织机构设计

基于上述设计思想与设计原则，随着公司的不断发展，在各地市仍要设立市分公司，根据所属地市的规模、地方经济实力、业务拓展潜力等对地市分公司进行ABC分类，对市分公司的等级、权限等进行差异性界定，分为三类市分公司进行组织机构设计。在此基础上，根据公司发展的实际需要，进行相应的基本岗位设计。

为了提高工作效率、便于指导和管理，根据企业应实现的功能，在进行组织机构设计时，对省、市分公司的部门进行了对应性设计。

县市分公司/经营部的主要职能是市场经营，由市分公司提供技术等支撑。县市分公司组织机构根据公司实际发展状况和地方经济情况进行设计。

(1) A类市分公司。A类市分公司主要有3个。A类市分公司由业务单元、网络单元、综合单元和县市分公司/经营部4部分组成，而业务单元、网络单元、综合单元又由16个部门组成。其中，为适应实际工作需要，营销单元功能列入业务单元，统称业务单元。

业务单元由集团客户部、公众客户部、渠道管理部、市场推广部、计费营账中心、客户服务部、互联互通与业务合作部7个部门组成。其中，集团客户部、公众客户部负责相应的目标客户群体的市场开拓、营销策划、营销活动实施、相应客户资源管理等工作；渠道管理部专门负责市分公司的渠道开拓与管理工作，统一管理营销渠道体系，有效开展渠道营销；市场推广部负责市分公司所属地区的市场推广、市场宣传以及品牌管理等工作；计费营账中心负责市分公司本地业务支撑系统的功能运行，承担计费账务、资源管理等职能；客户服务中心全省共用一个平台，本地客户服务以本地台席服务为主，负责本地客户服务、质量监督等工作；互联互通与业务合作部负责互联互通，以及业务合作的策划、谈判和组织实施等工作。

网络单元由网络技术部、网络建设部、网络运维部、客户项目部4个一级部门组成。考虑到固定网络的特性，有必要在网络运维部下设管线中心，作为二级部门。网络技术部负责市分公司的网络规划、技术发展工作；网络建设部主要负责工程项目管理，组织监督工程实施和随工管理；网络运维部负责市分公司的网络运维管理，本区域的网络运行维护、设备维护、网络资源调度实施，以及本公司的IT维护等；管线中心负责本区域的管线维护管理、施工协调等；客户项目部负责市分公司的客户技术咨询、客户网络技术方案设计支撑、客户工程项目实施、客户工程项目资源协调等工作，形成后台对前台的快速响应和技术支撑。

综合单元坚持瘦型化的原则,设立综合部、人力资源部、财务部、信息系统部等必设部门。

(2) B类市分公司。B类市分公司主要有4个。B类市分公司由业务单元、网络单元、综合单元和县市分公司/经营部4部分组成,共计5个一级部门、7个二级部门以及县市分公司、经营部。营销单元的相关职能并入业务单元。

其中,业务单元由市场部组成;网络单元由网络部组成;综合单元由综合部、财务部、人力资源部组成。

(3) C类市分公司。C类市分公司主要有4个。由4个一级部门、2个二级部门,以及县市分公司、经营部组成。

5) 省公司部门主要职责

省公司部门可划分为营销单元、运营单元、网络单元、综合单元。营销单元的部门:销售管理部、产品管理与开发部、市场推广部、业务拓展部;运营单元的部门:运营管理部、互联互通部、客户服务中心;网络单元的部门:规划技术部、网络建设部、网络运维部、网络技术支撑中心、移动部;综合单元的部门:综合部、人力资源部、计划财务部、信息系统部、党群/纪检/工会(党群部)。

下面以营销单元为例,介绍各部门职责。

首先,介绍销售管理,其职责包括以下方面。

(1) 协助省际及跨域大客户的销售及工程实施工作,维护省际及跨域客户关系,并落实收入分配。

(2) 建立合理的渠道管理模式,协助分公司培养核心代理商,协助分公司销售人员进行业绩管理与评估。

(3) 建立客户渠道的信用控制体系,并关注分公司应收账款体系的建立。

(4) 建立、完善省公司与分公司之间高效率的合同控制、信用审批流程。

然后,介绍产品管理与开发部,其职责包括以下几方面。

(1) 根据公司整体战略规划,负责制定产品线战略,对产品组合策略及产品生命周期进行管理。

(2) 负责业务产品的组合、包装设计,使之成为标准化的业务产品,并应用推广。

(3) 根据国家有关政策,负责制定产品总体资费政策框架,对业务产品及其组合进行定价;在产品树结构内协助相关部门完成各项产品的收入和佣金/折扣指标,制定产品政策。

(4) 协调解决业务中存在的问题，协助完成产品收入指标，进行有针对性的业务指导，建立适合区域业务发展的经营模式，并实施相应计划。

(5) 协助各分公司建立相应的销售机构并进行产品管理。

(6) 参与分公司客户工程CAPEX预算的执行与监控。

(7) 根据各地市场状况、收入贡献情况调整销售策略及市场费用分配比例。

(8) 组织分公司进行各项产品业务及相关政策的培训。

(9) 参与新技术、新业务试验方案的研究与制定。

最后，介绍市场推广部，其职责包括以下几方面。

(1) 根据公司整体战略规划，负责制定专业化的市场发展策略并组织实施。

(2) 负责市场调研和分析，研究市场需求和营销环境，了解和研究各种市场信息和竞争行为，确定细分市场和选择目标市场。

(3) 分析、研究目标客户群体，集中管理客户需求，把市场、客户需求反馈给相关产品、技术部门。

(4) 围绕公司品牌进行产品推广，帮助市分公司建立市场推广队伍，组织重大市场活动。

(5) 培养分公司市场推广队伍，建立统一的、系统的、可评估的市场推广体系。

(6) 和产品管理与开发部一起，调控市场费用，协助完成各项产品收入指标。

附录D　HR定员定额管理流程

定员定额管理的书面文件包括：作业指导书、业务流程图。

1. 定员定额流程作业指导书

定员定额流程作业指导书见表D.1。

表D.1　定员定额流程指导书

修订日期：　　　　　页次： 制订单位：　　　　　版次： 一、目的 加强定员定额管理，调动员工的生产(工作)积极性，提高劳动生产率和经济效益。 二、范围 各子公司，子公司生产部。 三、职责 (1) 原始资料的收集、整理、查阅：各子公司、子公司生产部，人力资源部； (2) 编制计划：各子公司、子公司生产部，集团相关部门； (3) 定员定额：各子公司、子公司生产部，人力资源部； (4) 监督、检查、指导：人力资源部； (5) 考核：各子公司，人力资源部； (6) 分配：各子公司，人力资源部。 四、业务内容 (1) 原始资料的收集、整理、查阅。各子公司必须对本公司的产量、产品结构、人员、人员分布、工时定额、劳动生产率、经济效益等资料进行收集、整理，为下年度调整产品结构、核定生产(销售)计划、确定人员、确定各项经济指标提供依据。 (2) 编制计划。根据集团管委会提出的工作纲要和下达的各项经济指标，各子公司要结合本公司实际制订一套较为科学、合理的生产、销售计划和人员编制计划。 (3) 定员定额。子公司生产部根据公司下达的生产计划，在进一步改进产品工艺、提高劳动生产率的前提下，对工时定额进行调整、确定。同时核定生产、后勤人员，并经公司常务副总经理审核，报人力资源部批准同意后实施。 (4) 监督、检查、指导。人力资源部要加强对各子公司生产部、车间在人员增减，工时定额的调整、确定，产品工时的核算，工时的补贴、分配，员工的考核等方面的监督、检查和指导，以提高核算的准确性和对制度执行的严肃性。 (5) 考核。各子公司要建立、健全对生产一线员工的考核工作，要把职工的实际工资收入与劳动成果、劳动责任、劳动技能、劳动强度、劳动条件等紧密挂钩，使员工分配更加合理。 (6) 分配。各子公司生产部按月将考核结果上报常务副总经理审核后，由生产部统计员输入计算机，作为发放工资的依据。 五、相关文件 《集团劳动工资管理制度》

(续表)

六、表单
(1)《人员核定表》；
(2)《工时定额确定表》；
(3)《工时定额调整表》；
(4)《员工考核情况表》

2. 定员定额管理业务流程图

定员定额管理业务流程图，见图D.1。

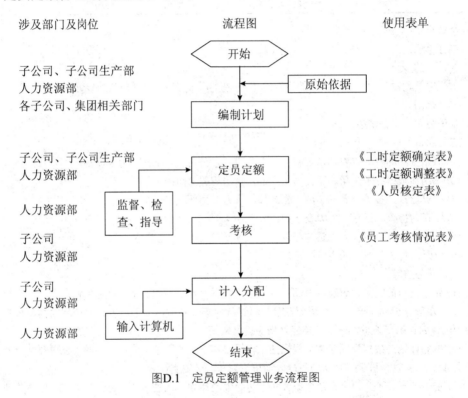

图D.1 定员定额管理业务流程图

附录E 车间主任访谈结果报告

1. 访谈情况

1) 总体情况

此次车间主任访谈对象共19人。总体上,大家都很配合访谈工作,车间主任大多技术出身,大部分人对公司有归属感和集体荣誉感。

2) 部门比较

在访谈的过程中,我们发现各个分部的风格存在差异,有的分部整体氛围很好,车间主任精神面貌良好、积极乐观,有管理心得和管理方法,能真正站在工人的角度去看问题、分析问题,坚持公司的原则,把工人团结起来;有的分部小团体意识很浓,管理方法单一、粗暴。

3) 典型分析

三位接受访谈的车间主任的精神状态比较好,乐观、向上。对工人很重视,能够换位思考,站在工人的角度去看问题,能使工人产生集体荣誉感和归属感。工人流动性很小,大部分老员工都愿意一直干下去,并且以这个集体为荣。车间主任也以身作则,对自己要求严格,能运用一定的管理方法,实行人性化管理,不讲"外地人如何如何"。他们具备很强的责任感,发现问题不推卸责任,在访谈中,×××说了这样一句话:"三楼、四楼出了问题都是我的问题。"让人印象深刻。

3车间在实行5s和其他一些管理措施的时候,没有采用罚款或扣钱的推进方式,但仍取得了不错的效果,他们的观点是:工人也是有自尊心的,如果有人在某方面做得不好,用开玩笑或温和的口气说一下即可,工人会主动改掉这样的毛病。只要你尊重工人,工人也会为公司着想,当公司着急出货需加班时,工人也会自觉加班。

相较而言,出于对公司负责的态度,5车间的要求也是很严格的,尤其在质量管理方面,但是一般采取罚款的方式来督促工人。

4) 小结

车间管理是生产管理的重要环节,直接关系企业的发展及竞争力。一个制造型企业的生产效率,在很大程度上依赖于第一线生产工人的劳动效率。但实际上,有些公司和一些管理人员并未真正重视生产工人。在这样的企业文化氛围中,很大一部分工人会在潜意识里认为自己就是来赚钱的,反正是计件工资,干得多赚得就多、赚得少就离开,导致工人的流动性很大,而"民工荒"现象的日趋严重,更加剧了工人的流失。

2. 发现问题

通过这次访谈,发现车间主任在管理中存在以下问题。

首先,很多车间主任看到的问题多,但提出的措施、建议少。

很多车间主任认为工人就是来赚钱的,没有别的追求,在工作中不服管理,个别人的态度还比较恶劣。在贯彻公司的一些管理措施时,难度很大;也有个别车间主任完全站在工人的角度,来指责公司。在遇到问题时,大多数车间主任不能提出好的措施和建议,不能找到有效的解决办法。

其次,车间主任的技术水平普遍较高,但是缺乏培养、激励下属的意识。

不同车间主任之间的差别,主要体现在以下4个方面。

(1) 感恩的心态。在工作中,有些人是用感恩的心态对待工作,对待领导、工人、同事,能把积极的情绪传染给大家,这样的车间主任不仅受到工人的喜爱,自己也能产生成就感和归属感。

(2) 危机意识。一些人缺乏危机意识,每天只是在重复工作,缺乏成本和质量控制意识,面对问题时,找不到有效的解决办法。

(3) 对待问题的态度。在访谈中,个别车间主任在刻意回避一些问题,不能正视自己的不足。这对自己的成长和公司的发展均是不利的。

(4) 理论与实际的问题。一些车间主任认为理论不能解决实际问题,比如对于5s的推行,他们仅仅认为是搞卫生,工人的主要目的是赚钱,这样做会占用工人的时间;而有的车间主任在公司未推行5s之前,就站在质量管理的角度让员工养成及时打扫卫生、合理摆放物品的好习惯。

很多时候我们会发现,对于同一件事情,采用不同的说法和沟通方式会导致完全不同的结果。工人也是人,会有尊重、爱的需求,公司可以在实行计件工资制的前提下,采取一些更人性化的管理方式。比如对工作优秀且服务多年的车工进行奖励或给予一点补贴,表示公司对其价值的认可,也会增强工人对企业的归属感和荣誉感,从而激励其他车工向其学习。

在访谈中,很多车间主任意识到自己在管理上的不足,表示愿意参加实用性、针对性强的培训,以提升自己的管理能力。我们还发现公司的车间主任除了一位是外省人之外，其余均是本地人。而外地工人所占的比例很大，公司完全可以培养和提拔一些优秀的外地人。

此次访谈也让车间主任感觉到公司的关心，使他们有机会说出他们的困惑和想法，同时他们也希望公司能更多关注基层管理人员和工人。在"民工荒"现象日趋严重的大环境下，只有"用文化留人"才是最有效的。企业有责任让每一位员工都以企业为荣，都能产生归属感并保持快乐的心态。

附录F 职场HR故事：劳动法风云1、2、3

(本章节故事纯属虚构，如有雷同，纯属巧合)

1. 离职女工张招娣

春雷震震。

经过一个冬天的蛰伏，雨水多了起来，草木疯长，一切好像又都滋生起来。正值春夏之交，气压低，又有点闷热，难免让人的心情跟着烦躁和压抑。

邓红卫处理了一下午的杂事，放下电话，口干舌燥，泡了杯茶，准备歇一会，养养精神。这时候，从门口闪进来一个女人，悄无声息。

邓红卫瞅了一眼这女人：大约30多岁，比较高瘦，皮肤有点黑，面有菜色，眉头紧锁，两手揣在衣服口袋里，神色阴郁。看工装，应该是个女车工。

邓红卫问她："你好，你找谁？"

女车工盯着邓红卫看，眼神直勾勾地，面无表情地问："我找人力资源部的经理。"声音粗哑。

邓红卫笑着说："你好，我就是，请坐吧。"回头想叫人事专员倒杯茶水，看她正忙着接电话，于是起身拿了个纸杯，弄了点茶，到饮水机前倒了杯开水，递给这名女车工。

这是邓红卫的职业习惯，来者即是客嘛。没想到这一个小动作，无意中化解了一场可能发生的危险。

女车工怔了一下，一只手接过了邓红卫递过来的茶水，一只手揣在兜里，连声说："谢谢。"神色好像缓和了些。

邓红卫就问她："大姐，你有啥事情，看看我能帮你什么。"

女车工说："我不做了。"

邓红卫不解，问："嗯，我不太明白，你为啥不做了？"

女车工说："我受够了。我要求公司开掉我，然后赔我钱。"

邓红卫一怔，心想：没有调查，就没有发言权，还是应先了解下情况，就说："大姐，你能讲讲具体是怎么回事吗？你的情况我不了解，我也不好帮你啊。"

女车工低着头，一声不响。

邓红卫又耐着性子引导她。

过了一会儿，女车工断断续续地讲了事情的经过。

原来，这个女车工叫张招娣，是三车间的车工，工种是缝纫，工作内容就是每天踩着缝纫机加工被子，从早上7点半干到晚上9点，中间除去中午吃饭1小时、晚上吃饭半小时，成天就是趴在缝纫机上干活。有时订单多，加班加点到半夜，甚至通宵，也是常有的事。

上个月，某天下午，张招娣在缝制过程中出了差错，被背着手巡检的组长看到了。组长沉着脸说："你有没有看工艺图纸，规格和花色都错啦？！"

组长也是女车工出身，活干熟练了，和车间主任的关系不错，就当了组长，组长不用具体干活，主要的工作内容是巡检，及时发现车工有没有出差错，并给予具体指导。

张招娣不知道错在哪里，就要求组长给她示范下这款被子的缝制方法。组长刚准备给她示范，另一条生产线的女车工也说自己有问题，吵着要组长过去。组长一时分身无术，也有点烦，就指着旁边的熟练车工跟张招娣说："你自己看看别人是怎么做的。"然后，就跑到另一条生产线去指导那个女车工了。

这下，张招娣不乐意了，活也不干了，独自生闷气。这张招娣，平时话不多，也不喜欢与别人来往，吃饭都是独来独往。听别人说，她和老公的感情也不好，脾气比较怪，绰号"一根筋"。

过了一会，组长忙完那头，又巡检到这边，发现张招娣停着发呆。就没好气地问她："哎，你怎么不干活啊？可别影响组里的产量，我们可是计件的呀。"

张招娣就一句话："我不会做。"

组长有点火："不会做，可以问啊，嘴长在你身上啊，你是哑巴啊。"

张招娣也来了脾气："我刚才问你了啊，你怎么不教我啊，你是组长，解决问题是你的职责啊。"

组长辩解说："那边18号不是也叫我过去嘛，我又不能分身。"

张招娣白了她一眼说："我先问的，你应该先帮我解决啊。为什么先去教她，你这就是偏心，她是你亲戚啊？"

两人你一言、我一语，真是茅草碰上火星，直接冒烟了。说着说着，大家的火气都大了，言辞中夹带着骂人的话，张招娣骂人也不客气，几句话呛过去，就把组长给骂哭了。

组长平时都是背着手转来转去，手下也管着三十多号人，好歹也是个小领导，虽然是最基层的。被这个张招娣一呛，一时答不上来，眼泪就下来了，转身跑出去了。

另一条生产线有个绰号叫"快嘴"的女工，是车间主任的眼线，看到这种情况，立马就跑到车间办公室告诉了车间主任。

车间主任是生产部经理小蔡的弟媳妇，叫赵胜男，留着一头短发，说话也是大嗓门，做事风风火火，直来直去，绰号"男人婆"。她立马把张招娣叫到了办公室。

"哎，我说你怎么回事？活不好好干，还骂组长，还有没有规矩了啊。"胜男张嘴就批评她。

张招娣一听就十分反感，也辩解说："主任，你不了解情况，就直接说我，太不公平了吧。是组长不指导我，我才说她的。"

胜男哪里肯听，想用平时惯用的霸道镇住她："你真啰嗦。你去给组长道个歉，这事就算完了，回去好好干活。"

张招娣不肯。

胜男看她不肯，心想以后组长也难开展工作，就打了个圆场，说："那这样吧，我给你调到二组，省得你们又闹矛盾，这样总行了吧。"

谁知这张招娣确实是一根筋，不肯调，说："你们是一伙的，合起来欺负我啊。我可没那么好欺负。我也受够了。我要求你们当着大家的面，给我道歉，否则就请公司单方面开掉我，赔我钱。"

胜男哪里肯吃这一套，心想：这个外地人，还反了不成？于是就让张招娣先出去。然后给人力资源部经理邓红卫打电话，要求人力资源部处理，并说："这事应属于劳资双方协商解决，劳动合同自动解除。"言下之意，不给她补偿。

那边邓红卫正忙着面试，就让人事专员四眼去现场处理了。

邓红卫听到这里，想起来了，上个月确实接到过车间主任的电话，只是忙起来忘记了，没想到这张招娣今天自个儿跑来了。

邓红卫不动声色，让张招娣喝口茶，然后问她："后来怎么样了？"

张招娣继续讲了四眼去现场处理的情节。

那天，四眼跑到车间，分别找了张招娣、组长、车间主任谈话。

张招娣跟她说："组长早就对我有意见的，因为我不像别人一样拍马屁，给她送东西，她就跟我过不去，常常把不好的料、不好的针头给我用，我的针头经常断，导致我经常停机，计件产量也上不来，她还反咬一口，说我做得慢，拖了组里的后腿。经常给我难做的款式，也不和我说清楚制作方法，导致我经常做错或返工。"

四眼也算麻利，又跑到车间办公室，找了胜男和组长沟通。四眼平时和胜男就走得近，听胜男和组长的意思，想把张招娣调到二组，他乐得做个顺水人情，也不管张招娣什么想法，就跑出来跟张招娣说："这样吧，你呢，自己也是有些问题的。现在和组长关系处不好，以后更不好做，不如按车间主任的意见，调到二组算了。"

一般的车工，性子老实的，估计也就接受了。可是张招娣就是犟牛脾气，还是不同意，而且开始指责四眼："我看你们都是一伙的，没安好心，你们都想害我，让我无法安心工作。"

四眼也是一肚子火，又跑回车间办公室和胜男、组长沟通。胜男仍然很霸道，没得商量的口气："搞什么搞？给她两个选择：要么调到二组，要么走人。如离职，马上办理离职手续，离开公司，不得影响员工正常工作，否则将报警处理。"

四眼又跑出来把这个意见直截了当地告诉了张招娣。

张招娣一听，突然就歇斯底里地发作了，大吼大叫，躺倒在地上，打滚。

车间里的车工一看这场面，全都停下来了，看热闹。

四眼也昏了头，跳起来，大声吼："安静！安静！我是人力资源部的，不要看热闹，都给我回去干活。"

车工们开始起哄，个别男车工吹起了口哨。

张招娣继续打滚，场面乱哄哄的。

胜男一看场面失控，就赶忙给生产部经理小蔡打电话。小蔡是个厉害的主，绰号"老妖婆"。小蔡说："让门卫上去处理。"

没过几分钟，来了几个五大三粗的壮汉，连拉带拖，就把张招娣给拎了出去，一直到厂门口外的地上，然后拉上了厂门，不让她进去。

张招娣在厂门口的地上躺了一会，吐了会白沫，后来爬起来，也累了，就回家了。

胜男和组长就让四眼带话，要求人力资源部必须开掉张招娣。

四眼自作主张地表示同意，回来轻描淡写地和邓红卫简单汇报了下，只说当时场面是如何乱糟糟，张招娣是如何不讲道理，他是如何机智灵活地处理的。"你看，我还摔了一跤。"四眼把他的小腿肚露出来，把蹭破了皮的地方给邓红卫看。

邓红卫只听信了四眼的一面之词，也没下去调查，就好言安慰了四眼，让他继续处理。

那几天，张招娣继续到厂子里来晃悠，门卫也没管，张招娣就到车间找组长的茬，两人差点又打起来。张招娣把干活的工具包收拾了,包括针头、剪刀之类,然后就在车间里转悠,到每个工位去"巡检"。车间对张招娣的处理不够公正,加上张招娣时不时来干扰下,三车间的车工们经常交头接耳,工作积极性受了影响,计件产量下降了不少。

生产部经理小蔡听胜男说了情况,也急了,就交代办公室主任包小爽要门卫挡住她。

第四天,张招娣又来厂区晃悠,可是门卫不让她进去,因为小蔡和胜男跟门卫做了交代。按她们的惯用手法,对付这些外地人,就是不能太客气,跟她来硬的,她吃不了兜着走,最后还不是乖乖走人。

张招娣越想越气,心里的怒火在一天一天地积累。那阵子天天下雨,气压又低,让人有点喘不过气来。这内外一夹攻,加上张招娣本身性格孤僻、疑心重,就开始恍惚起来。总觉得身边的人都不可信,好像都在算计她,要害她。晚上是整宿整宿地不睡觉,瞪着眼睛坐到天亮。饭也不吃,也不饿。整个人变得非常奇怪和阴郁,脸色冰冷,内心藏着一股鱼死网破的绝望和复仇之火。

邓红卫听到这里,算是基本了解了事情的经过。

邓红卫心想:唉,偏听则暗啊。自己没把这事儿太当回事,由着四眼和胜男她们处理,确实不了解处理的不公之处。大家都是打工的,外地人也不容易啊,每天工作连轴转,加班加点,工资又不高,还受气。胜男她们把矛盾转嫁给人力资源部,让HR做恶人,矛盾都这样极端了,还当着那么多人的面,让她直接走人。还是好聚好散吧,适当给点补偿,别惹出什么乱子。

邓红卫主意已定,就劝慰张招娣:"大姐,你这个事儿,我以前还真没了解清楚,今天听你这么一说,我基本了解了。这样吧,你看目前这个情况,你再做下去,确实也没啥意思了。我看呢,按你说的办,把这个月的工资给你结了,公司再额外给你一个月的工资作为补偿,大家好聚好散。你看怎样啊?"

张招娣一听,这个邓经理说的还是人话,比较合情合理。想了想,点头同意了。

邓红卫心里一块石头,总算落地了。于是咕咚咕咚喝了口茶,又对张招娣说:"大姐,你也喝口茶啊,都说了一下午的话了,你也口渴了吧?"

这时候,张招娣开口说了话:"邓经理,你是个好人。本来,我今天是做了最坏的打算的。我想,你跟他们一样,是一伙的,我也没抱什么希望。没想到,你刚开始就给我泡了杯茶。唉,你们当领导的,给我一个外地人倒茶,没架子,我当时就感动了。要不然,今天可能是另外一种局面了,你看。"

张招娣从兜里掏出了一把大号的剪刀,明晃晃的。

邓红卫倒吸了一口冷气,这才注意到,张招娣有一只手一直藏在兜里,原来是揣着剪刀啊。幸亏自己待人还算客气,小小的一杯茶,居然化解了一次危机。

等张招娣出去,邓红卫还惊魂未定。想起那把剪刀,一阵后怕:在民营企业做HR,真是凶险啊。

第二天,张招娣拿了工资,办了离职手续,就走人了。

这一天,正好邓红卫的试用期已满三个月。她拿着转正申请找小老板马总签字,小马总二话没说,还比较爽快,直接批了。

评论:

公司对很多人来说,只是个打工的地儿。所谓铁打的营盘,流水的兵。进进出出的人多了,HR很多时候就麻木了。虽然员工手册也会提及离职面谈这个环节,但在实际操作中,这个环节还是会被忽视。欢送或依依不舍的场面难得碰到几回,不欢而散或反目成仇却不少见,人走茶凉成了最常见的情形,所以HR也就习惯了不谈或简单走个形式。因为HR也知道,人家也不会跟你掏心窝子。人真的很奇怪,在公司的时候,为了一些憋屈的事儿,寻死觅活的,真下决心走了,反而变得平静了。所以很多离职信都是感谢信,感谢公司,感谢领导,感谢部门头头,感谢同事王哥李姐,末了还要送上一段言不由衷的肉麻话:最后祝愿公司前途无量等。可是,离职面谈真的就这么无所谓吗?就没有什么值得挖掘的素材吗?谈话就跟喝白开水一样平淡无奇吗?这最后的环节就没有任何风险吗?我看,不一定。给对方足够的重视,聆听他或她的潜台词,注意细节,你也许会有更多的发现。

张招娣事件虽然过去了,可邓红卫每次想起来,仍心有余悸。为了举一反三,邓红卫对整个事件从头到尾的每个环节存在的问题做了分析。

(1) 就车间员工管理来看,组长、车间主任的管理存在问题,员工与组长、车间主任的矛盾较深。张招娣与组长的矛盾不是一天两天的事,可以说积怨已深,那日发生的事情只是一根导火线。具体反映了:连续加班的不合理性;基层管理人员在处理这些事情上不注意方式方法,仅仅意气用事。

(2) 员工的确存在异常,疑心很重,在整个事件中表现得很固执、不冷静、精神紧张,有被害幻想倾向,对于公司及领导有不信任感。

(3) HR在处理过程中未能保持冷静的头脑,车间主任及部门经理在员工面前要求立即解除合同造成当时的处理气氛紧张,不利于事情的解决。

(4) HR对于该员工的心理状态未能有清醒的认识，在处理过程中激化了员工的情绪。

(5) 其他部门，比如办公室也没有明确自己的职责，门卫在此次事件中没有及时保持警惕性，导致该员工可以随便出入领导办公室及车间，造成隐患。

(6) 劳动密集型企业内工人很多，加上繁重的连续工作，极易使工人产生疲劳感，如公司对工人的重视不够，将导致大量工人没有归属感，继而离职。

2. 搬厂裁员

转眼到了2007年，风向就发生变化了。媒体都在传递一个消息：自2008年元旦开始要实施新《劳动法》了。

春节过后，刘一刀也听到了类似的新闻，但搞不清楚这对自己的公司、自己的工作会有多大影响。很快，他就体会到了这种影响，好像海啸的预兆，从远处看不见的地方发出压抑又恐怖的滚动声，缓慢但坚决地向前推进。

新春刚过，公司办公会议上，总经理老权提出了B厂要搬迁的议题，大家七嘴八舌地讨论起来。

要说这个B厂，那还是在朱总时代，为了扩张业务收购的，远在江西山区，交通不便，经常发生泥石流，运输成本高，还经常延误交期。

办公室主任老斗"放"了一句马后炮："早就应该关掉了，当初为啥要在那里办厂？"

一旁的物流部经理老汤回顾了下历史："唉，当初主要是因为它有一条生产线，可以弥补我们没有2号产品的缺陷，进军国际市场。我们当时的主导产品是1号产品，只用于满足国内的客户，可是老外喜欢型号小一点的2号产品，我们的技工又不会做，正好B厂是小型国企，经营不善，就盘给我们了。"

权总决心已定："搬是肯定要搬的，一是运输成本高；二是交付延误不可控；三是异地管理增加管理成本。以后计划在咱们自己工厂内增加生产线，加上外协OEM，扩大产能，这样运输成本、交付延误成本、管理成本都可以降下来。你们看看有什么问题？"

副总老随惯于跟风，立马跟上："我同意权总的意见。"

斗主任伸长脖子献计："搬迁涉及人员安置和补偿。以前倒不打紧，现在听说要实施新《劳动法》了，这个补偿成本就不好说了，要搬就早点搬，赶在新法实施前。"

权总对斗主任和刘一刀说："这样吧，今天开会也比较晚了，就不详细讨论了。会后，你们两位一起议一议，下周三前拿出个方案，例会上再汇报。"

斗主任赶紧缩回脖子，老大的话，那就是圣旨啊。然后回头看了眼刘一刀，意思是"你得跟我干了"。

刘一刀一下子有了压力，肩膀都有点下垂了，第一次碰到这么大的事情，周末都没休息好。公司的立场，自然是尽量降低补偿成本，美其名曰安置，说白了就是想办法辞退员工又尽量少给钱，但新法的普及使得处理难度变大。为此，四边工厂总部成立了项目组，但没有掌握员工的想法，也怕员工闹事，导致当地政府不得不介入。

从外派B厂的生产部副经理小诸葛那里得知，B厂要关闭的消息，已经传到了B厂员工那里。据说员工普遍处于等待、不确定、焦虑的状态，每个人的心情不同：希望能获得合理补偿，但又不知道是否会补偿，能拿到多少。

小诸葛自己也感到非常忐忑，既希望满足总部的要求，又希望不做恶人，被员工唾骂甚至威胁。此外，他还担忧自己在B厂的管理任期结束，不知道下一个去处如何。

总之，这是一件擦屁股的倒霉事情。

刘一刀的压力也很大，既要满足公司提出的这种想法，又要面对没直接管理过的异地陌生员工群体，还要规避新劳动法的相关规定。此次涉及员工多达上百人，除制定方案外，还要面对面真刀真枪地现场谈判和处理，难度很大，过程很复杂。但这也是HR在职业生涯中需要经历的复杂局面。

到了周一，一上班，刘一刀就把人事专员小王叫过来："小王，你把B厂的员工花名册、薪资发放表找出来。下班前统计出：人数和员工名单、劳动合同起止时间、劳动合同约定工资、前12个月平均工资，还有当地的最低工资、上年度社会平均工资。"

小王问："领导，您要这个有什么用处？急不急？我手头还有一些招聘工作要处理呢。"

刘一刀说："招聘的事情先搁一搁。B厂要搬迁，我们要确定每个人的补偿基数和补偿月数，加1个月的代通知金，测算出补偿金。"

小王忙说好的，正要走，刘一刀又提醒他："前12个月的平均工资，下限为上年社平工资的60%，上限为上年社平工资的300%，知道吗？补偿月数，从签订劳动合同之日算起，每1年对应1个月，不满1年也算1个月。"

等小王一走，刘一刀打印了新劳动法征求意见稿和上次参加培训获得的新劳动法政策讲解材料，独自研究起来。

下午，斗主任叫刘一刀去她办公室商量制定方案的思路。

斗主任比较狡猾，先问刘一刀有什么想法。

刘一刀说："暂时还没想好，关键是公司要定基调，到底应该怎么处理，我们再顺着公司的思路，往下细化。"

斗主任一笑，心想：姜还是老的辣，关键时刻，还不得听我的。于是说："小刘啊，上周例会上，权总已经讲得很明确了，关闭子公司，就是当前公司战略调整的需要。我那天也提到了，新《劳动法》要施行了，我们要赶时间，提前把这事儿给处理了，尽量减少补偿成本，还不能违反新《劳动法》。"

刘一刀点头称是。于是两人又仔细研究起B厂搬迁的员工安置方案。

斗主任问："小刘，你是HR，对新《劳动法》出台的背景比我熟，你倒说说看，本次安置有哪些方面需要考虑呢？"

刘一刀说："我上午刚看了下新法。按照《劳动法》规定，要以前12个月的月平均工资作为补偿基数，以服务年限作为补偿倍数。2007年12月31日前，是每工作1年按1个月计(不足1年按1年计)，假定按月平均工资2500计，有员工司龄长达8年，就要2万元。按平均4年计，也要人均1万元。假定有100个员工，则需要补偿金100万。"

老斗一听，心想：不算不知道，一算吓一跳啊。这可是笔不小的数目啊，权总和老随可能不会同意的。

刘一刀补充说："斗主任，再拖延几个月，过了2007年12月31日，则面临新《劳动法》的实施，处理难度更大，补偿基数每工作1年按1个月计(不足半年按0.5个月计)。还有，如工作满10年，或连续签订2次合同，员工可以与企业签订无固定期限合同，这麻烦就更大了。"

老斗点点头，半天不响。最后说："我会向权总汇报的。"

次日下午，权总、随总、老斗、刘一刀在权总办公室内开会讨论B厂员工安置原则。

斗主任先说话："权总、随总，这件事情处理起来比较复杂。因为我们总部难以掌握B厂员工的思想动态。我觉得，先要把B厂的管理层、HR、车间主任争取过来。首先是小汪(外派B厂的生产部副经理，绰号'小诸葛')，许诺他顺利处理完此事后，他的职务、薪资、其他利益等给予确保；其次是争取B厂的HR主管邢大姐，许诺她顺利处理完此事后，调动到总部工厂，职务晋级；再次，也许诺几个关键的车间主任，事成之后，调动到总部工厂或外协工厂，薪资上浮，并享受驻外补贴。这样，就把他们的立场拉过来，与我们公司的立场保持一致，一起来解决工人的补偿成本降低问题。"

斗主任到底是老江湖，精通权术。几句话下来，权总、随总十分受用，于是分化、拉拢的原则就敲定了。

老随问:"那么与员工谈判怎么考虑?"

刘一刀一时没什么思路,只得听斗主任发言。

老斗又继续说:"在商言商。我们公司的真实意图就是关闭子公司,但是为了合理规避或者说钻政策的空子,取得与工人谈判的筹码,可以先放风说,公司没有关闭,仍然在注册,只是因为业务调整需要,需要搬迁工厂。公司欢迎员工继续服务,但需要搬迁到异地外协工厂或异地的下属工厂。其实我们也知道,B厂的员工多数是江西本地人,愿意去异地打工的人很少。这就给本地员工出了难题。"

刘一刀明白了,老斗的意思,就是让员工接受一个法律上站得住脚的,算法上也合理的,就是情绪上很难接受的,自己的利益被贬值的方案。

权总问:"具体怎么操作呢?"

老斗又细化说:"B厂与B子公司是两个概念,可以做点文章的。我想到了一个方案,就是尽量拖着,并告诉B厂员工,由于B厂业务量不足,工厂开始停工,这时候,员工与B子公司的劳动关系仍存在,让员工回家休息,继续缴纳社保(支付成本1),给予基本生活费(当地最低工资的80%),一直到劳动合同期满。

我昨天看了小刘提供的B厂员工的明细表,发现有些员工离期满只有几个月,有些有半年到1年,1年以上的为数不多。

赶在新法出台前,合同期满,企业辞退员工,不需要支付补偿金,这对我们是个利好。相反,新法出台后,即使是劳动合同期满,只要员工不提出辞职,企业如要辞退员工也要支付补偿金。这也是我们必须赶在新法出台前尽快处理此事的原因之一。"

权总、随总点头表示同意。

老斗继续说:"企业给员工的选择有两个。

方案1:按到合同期满之前应发放基本生活费的月数给予工资,加社保,一次性给予补偿,双方协商解除劳动合同。

方案2,如果员工不愿意,那么按基本生活费发放,并缴纳社保,但是提醒员工,现在新法要出台了,到外面找工作,别的企业也怕承担责任,如果公司不出具劳动合同解除证明,就是双重用工。"

老斗还做了群体心理分析:"我总结下这个策略,员工心里想的是C方案,让他的利益最大化,以司龄和前12个月的月平均工资作为基数,补偿到一笔钱,比如心理价位是2~3万。但是我们公司只想给1万或者更低。为了实现这个目的,我们就先抛出B方案,就说企业没有要关闭,只是搬迁,要去的就去,不去的,只发基本生活费,缴纳社保,到合同期满,员工所获利益大约只有5000元,而且这期间员工如出去找工作,企业无法开具劳动合同解除证明,只能做临时工,无法全职。

那么还不如A方案,将最低工资(比基本生活费高)作为补偿基数,将合同到期的月数作为补偿倍数,加上社保,一次性结清,并马上开具劳动合同解除证明,员工可以马上找新工作。"

老斗确实高明,一番思路讲解下来,权总立马拍板,敲定谈判原则2:先抛出A方案,让他们接受B方案(没有可能谈C方案)。随总也发扬了一贯的跟随策略,表示支持。刘一刀也觉得十分佩服,老斗思路很清晰啊。

确定了谈判的两大原则,权总就让老斗与刘一刀叫上小诸葛一起商量下一步的具体实施方案。

老斗一个电话,先向小诸葛说明好处,把他争取过来。然后让小诸葛第二天就到工厂来面谈。

小诸葛不敢耽搁,立即风尘仆仆地驱车过来了。

三人成立了B厂搬迁员工安置项目组。老斗任组长,毕竟他经验丰富。刘一刀和小诸葛都问老斗下一步怎么安排。

老斗说:"我想,应该有个法、理、情的先后顺序。"

小诸葛问:"这个法、理、情,是什么意思?"

老斗说:"应该说,ABC方案的差距是很大的。企业的补偿成本从100万降低到不足50万。对企业来说,如能这样处理,当然是好事。

但对员工来说,这个方案是很残酷的。他们本来想着,在工厂任劳任怨地干了多年,想不到企业要搬迁关闭了,以前一直说不会关闭的,大家是一家人,要以公司为家,以厂为家。现在面临关闭了,心理盘算着按以前收购老国有企业那套,用安置费买断工龄,好歹也能得到一笔钱,比如2~3万。现在突然被告知,企业没有说要关闭,只是搬迁,想去的去(家在本地,怎么去啊),不去的,只能发基本生活费,到期满,也要终止合同,所获利益只能达到预想的40%,要么选择B,一次性结清,但所获利益只能达到预想的50%。

想到补偿基数降低了,补偿倍数也减少了,员工心理肯定气啊、怨啊,都在奔走相告,但是感觉没啥办法。他们就会明白我们企业钻了政策的空子,在新《劳动法》出台前,把他们的应得利益给打五折处理了。

站在员工的立场，如把这个事情放在网络帖子里，肯定是骂企业的多，骂处理此事的HR的多。这就是情。

但是，"屁股决定脑袋"。作为处理此事的项目组，我们必须要执行公司领导的意图，在不违反法律的前提下，与员工有策略地谈判，分批处理，确保企业利益最大化。这就是法和理。"

小诸葛表示领会。

刘一刀虽然纠结，但也觉得老斗的说法有一定章法，法、理、情，就是这样的顺序。即使你心里有火，眼里有泪，也没办法。对于处理的人来说，即使你内心同情员工，事后觉得内疚，在当时，你也只能这样去处理。

这就是谈判原则3：法、理、情的先后顺序。

小诸葛又问了一个问题："现场总是要开会的吧？到时开个员工大会？"

老斗说："不妥。这要注意多对少与少对多的区别。只要是个人，都会有情绪波动，也会焦虑、害怕。在摊牌前，谁都不知道现场的气氛和情况会不会失控。要是员工集体闹起来，惊动了当地政府，这件事情就更难处理了。"

对于这点，小诸葛和刘一刀均表示认可。

老斗说："员工人多嘴杂，你一句我一句，或者有带头大哥嚷嚷，谈判就失控了。为了避免这种局面，开员工大会的形式不合适，还是一个一个地到小汪你的办公室谈比较好。谈完一个再谈另一个，当场签字。谈完的人，让他马上离开。"

小诸葛连声说好。这就是谈判原则4：多对少。

小诸葛毕竟外派到此地呆了好几年，要面对员工，也有很大的心理负担。老斗最后又讲了谈判原则5：分工唱戏，总部扮演黑脸，小诸葛唱红脸。

原则既已敲定，小诸葛自己的利益也已确保，心里便有了底，于是先赶回去拉拢B厂的HR主管邢大姐和几个车间主任。

三天后，小诸葛在B厂的争取工作落实，于是，老斗、刘一刀、人事专员小王等驱车赶赴B厂进行现场处理。

这是难忘的一天。

刘一刀还记得当时小诸葛办公室里的场景：左面是外派B厂的生产部副经理小诸葛，对面是总部工厂行政人事部经理刘一刀，右面是长沙发，上面坐着总部工厂办公室主任老斗、B厂HR主管邢大姐、人事专员小王，员工就坐在门背面的位子上。这样，门一关，就形成五对一的格局。这就跟打牌一样，一把顺子压住了一只单牌，从数量上占了优势。

一般的员工，进门前可能还会发火，还想按自己想好的说，但是一进来，一见这个场面，基本上心里就发慌了、憷了，甚至连说话都不利索了。

员工进来坐下后，先由小诸葛做开场白，说的都是些场面话："老王，这个，搬迁的事情，你也知道了，我知道你们也想早点解决，为此事，我也请示了总部好多次。但没有总部的政策，我也很难答复你们。这次，总部也带来了政策，可以当面来解决此事。我能为你们争取的，我也尽力在争取。"

然后，话茬就交给了总部行政人事部经理刘一刀。

刘一刀因为对当地员工不认识、不熟悉，也就没什么同情的心理和关系牵绊，就一直沉着脸，拿出一份文件，盯着员工的眼睛，按照一定的节奏宣布，大致意思为：

一是表示同意小诸葛的话，为了大家的利益，他到总部也争取了好久。总部也认真考虑了，最终制定了这样的政策。

然后，按方案B的思路说，公司没有关闭，仍然在工商局注册，不信可以去查(断了员工要最高补偿的念头)，现在因公司业务调整需要搬迁，员工原则上也应服从并支持公司的决定，公司一直欢迎大家去新的异地工厂或外协工厂。如果员工不支持，不愿意去，公司表示理解，但本地工厂因为没有业务，只能停工，停工期间，员工可以回家休息，由公司缴纳社保，发放基本生活费，一直到合同期满。

这时只见员工老王的表情从激动到失望，半天不响。

然后，小诸葛又继续唱红脸："老王，总部的方案你也听到了。我也考虑到你们的利益和想法，所以我费了一番周折，向总部提出了方案A，就是可以一次性了结，补偿基数是最低生活费，按到合同期满的月数，加上社保，一次性付给你们。"

这时候，员工老王露出了无奈的表情。

小诸葛趁机说："当然，你可以选择方案B。但是你出去找工作，只能做临时工，公司也无法为你提供劳动合同解除证明，现在新《劳动法》要出台了，企业用工都很小心。"

员工老王争辩说："人家企业有什么可怕的？"

刘一刀提醒他："他怕你现在不签合同，过一两年再告他事实劳动合同，要双倍工资，所以不敢用你。"

员工老王的眼睛一眨一眨，吃不准这是真的还是假的。

坐在一旁的B厂HR主管邢大姐也劝说："还有，你选择一次性了结，还可以得到劳动局的失业补偿金呢，这也是一笔钱。"

老王的眼睛又一眨一眨，在权衡。

小诸葛定调："我们的政策就是这样的，你要考虑好。如果你能决定下来，现在就可以在这里签字，明天就给你结算工资，开合同解除证明。你可以马上去申请失业金，可以重新找工作。"

老王停顿了几秒钟，空气似乎凝住了。

这时候，坐在长沙发上的斗主任说话了："呵呵呵(这笑声在当时听起来似乎有点压抑)，老王啊，你想一想，这样还是划算的，公司也是为了你们的利益考虑，要是拖着，可能对你更不利。"

这时候，老王早将心里的C方案忘掉了。在企业给出的A方案和B方案之间挣扎犹豫了许久，在现场气氛及谈判人员气场的影响下，老王低声说："我签。"

签字很快。

等到老王低着头、沮丧地出去后，大家都暗暗舒了一口气。

然后面对第2个员工，过程都差不多。

当然，也有难解决的，员工也有员工的法子。比如有个仓库大姐讲她的遭遇：家里如何困难，有老人生病，子女要读书，还掉眼泪，哭丧着脸，目的当然是多争取点补偿。

在一般情况下，大家也就听听，原则上不会妥协，只有极个别的，才让小诸葛做好人，说同意考虑给他增加一点。一听说可以增加，那些员工马上收住眼泪，咧嘴一笑，爽快地签字，也出去了。

当然还有更难解决的。有个操作工老强，进来就是一张怒气冲冲的脸，眼里冒火，拳头捏紧，浑身上下写满了"我跟你们没完"，并扬言根据《劳动法》第几条第几款，工厂关闭或搬迁要怎么处理，以前收购老国有企业如何按照安置费买断工龄，你们现在这样算计我们，太过分了。

对于这类人，一般当场不给结果，让他回去考虑，次日再谈。

一个白天加晚上，处理掉了大多数员工。

参与谈判的人都很累，喝了很多杯浓茶，一整天只是简单地吃了几口快餐。睡觉前，大家都释放了一半压力，毕竟处理了大部分员工，但还有半颗心悬着，明天那批刺儿头怎么处理还不知道，甚至想过他们要是把自己包围起来该怎么办。

次日，这批人可能也去咨询过劳动局，估计也找不到更好的方法，虽然都知道企业在钻空子，但是从法理上也扳不倒企业方，最后还是来签字了。

小诸葛和刘一刀两人谈到处理此事的感受，心情颇为复杂。既有成就感，为企节约了补偿成本；也有罪恶感，损害了员工也就是弱势一方的利益。最后，大家自我安慰：我们也是打工的，需要权衡法、理、情，实在没办法。而且，对于几个情况特殊的员工，我们也给予了关照。

评论：

在人力资源管理的各个模块中，人事管理属于最基本，也最容易被忽略的一个环节。在MBA课程中，以及西方教材中，人力资源管理的法律章节，看起来总是很陌生，且极易让人觉得无足轻重。可是2008年新《劳动法》的出台，悄然改变了这种情况。劳资纠纷增多，用工环境发生变化，资本市场创业板和中小板出现，打工群体对《劳动法》的熟悉和维权意识的增强，迫使HR重新捡起了劳动人事模块。应用《劳动法》中的很多条款，不是从头到尾背下来就可以的，必须碰到实际问题，才会知道规范操作与不规范操作之间，有太多的变化，劳资双方的利益博弈也有很大的空间。在什么情况下，员工可以解除劳动合同；在什么情况下，公司可以解除劳动合同，有补偿或无补偿，或双倍赔偿，讲究很多。就像《劳动法》第N条N款提及的公司经营地址发生变化，也就是工厂搬迁这种情况，在2008年之前，根本就不是什么问题，可新《劳动法》出台后，这类搬迁引起的劳动纠纷可能会涉及上百万金额。在商言商，从公司的立场出发，总是要尽量降低成本；从员工的立场出发，则要维护自己的权益。而HR作为中间人、资方的代表，难免会卷入双方利益博弈之中。

在上述案例中，获得利益承诺的小诸葛和其他人都得到了相应的好处，B厂关闭后，他们将在总部异地工厂获得新发展。那些被处理掉、被损害了利益的工人群体，可能也会在本地其他企业，找到自己的新位置。不知道他们对此事是否还耿耿于怀，或许在为生计日复一日的奔波中，早就忘却了。

B厂搬迁风云反映了在当下市场经济大潮中，社会环境的变迁以及企业经营过程中的人员调整和利益协调趋势。凡是身处此局的人，都会不同程度地受到影响。

而刘一刀在几年后，也离开了工厂。偶尔想起，在职业生涯中处理过的这些事情，心情非常复杂。如果，在这批被处理的人中，有自己的亲友，或者是自己，那么，自己将作何感想。而且，当年为了企业的利益处理了别人，难保日后不被做某种类似的处理，被损害或边缘化。所以说，天下大势，分久必合，合久必分。得饶人处且饶人，差不多就行了，也别做得太过了。

对于操纵者，只有那些认为与人斗其乐无穷或者为了自己的利益不惜损害他人利益的人，才能保持事情狠绝的风格，而且感到乐趣无穷，且无任何心理负担。

对于那些性格温和或者追求正义公道的人而言，处理别人的职务角色需要会与内心发生激烈的冲突，在以后的较长一段时间内，会对自己产生负面影响。从这个角度来说，HR工作是把双刃剑，常常伤人伤己。

新《劳动法》对某些人的影响就是这样重大。有痛苦，有冷酷，有艰难，有焦虑，还有事后的同情和感慨，以及小人物的辛酸、无奈和眼泪。

市场经济的发展，总是风起云涌。三十年来，单位的概念渐渐消失，取而代之的是，人们在各种类型的公司中打工。从各地南下或到东部沿海地区打工的特殊群体，被称为"民工兄弟"或"打工妹"，报纸常用"孔雀东南飞"来形容这一盛况。

所谓公司，鱼龙混杂。有些"正规军"与员工签订劳动合同，一般都一年一签，有些"游击队"则干脆不签合同。提供五险一金的，可算"正规军"。"游击队"则更参差不齐，稍好些的，提供五险(养老、医疗、生育、失业、工伤)，但无一金(公积金)；差些的，只提供三险(养老、医疗、工伤)，更有甚者，只给一部分人缴纳三险，但缴费基数和比例的水分很大。摸着石头过河吧，总有不尽如人意的地方。案例中邓红卫服务过的省研究所自然缴纳五险一金，规范操作，而三角公司就只提供三险，而且只给部分员工缴纳，缴费基数和比例都极低，毫无规范性可言。刘一刀服务过的工厂，居于中间，给部分人员(除生产工人以外)缴纳五险一金，对于生产工人则只缴纳五险，而不提供一金。在这类公司，"工人"岗位就是底层打工群体的烙印。作为资方代表的HR，与劳方相比，处于强势地位。公司以经济利益为主，与员工的关系倾向于短期交易，能不承担的社会责任尽量不承担。

3. 懂法的宿舍阿姨

事情是从老斗折磨这位阿姨的老伴开始的。

老两口在公司服务了很多年，在朱总任职时，他们的职责是管理集体宿舍。那宿舍阿姨刘一刀也认识，年轻的时候肯定很漂亮。刘一刀刚参加工作时，晚上或周末喜欢出去玩，宿舍规定晚上过了11点就锁门。刘一刀晚归时，都要敲一阵大铁门，把宿舍阿姨或她老伴从睡梦中惊醒，多年来，老两口从无怨言，所以刘一刀对他俩的印象还不错。

后来，权总上任，要压缩成本，老斗为了邀功，就出馊点子，建议以后不再提供集体宿舍，只保留十间左右，其他的转租给别的公司，让员工自己解决住宿问题。当时很多人都在背后骂她，但无力改变公司决策。宿舍阿姨因此被调入公司值夜班，她的老伴则留在缩小的集体宿舍搞搞卫生。两夫妻本来每天在一起，这样就等于晚上要分开了。

有人说，老斗什么都不缺，就是缺德。

　　本来这样也没什么。正好公司里一个干了多年的清洁工郑伯退休了，老斗就动脑筋，把宿舍阿姨老伴调过来搞卫生。老伴清闲惯了，不太愿意，宿舍阿姨便替老伴去说情。老斗正得势，说一不二，小小的宿舍阿姨和老头，居然不听她的命令，违背她的"旨意"，她很恼火，告诉阿姨来也得来、不来也得来。这样一来，老伴没办法坚持，只好每天两头跑，这边要搞卫生，宿舍那边也要管。没过两周，就病了，想请假。老斗不同意，对宿舍阿姨说："你老伴一把年纪了，还娇生惯养的，我们是公司，能做就做，不能做就给我走人。"

　　这话说得很呛人。一般的底层员工听了可能会生气，但也只能往肚子里咽。但是宿舍阿姨不同，她是插队落户的老知青，别看她看上去很普通，其实也是见过世面的，原先在大城市的老国企也是当过车间主任的。而且她对老伴真是疼惜，当宝贝一样疼一辈子了。

　　老伴没休息两天，老斗就逼他去搞卫生，还当面数落了他。老伴哪受过这种气，回去就跟宿舍阿姨哭诉。宿舍阿姨刚值完夜班在睡觉，一听老伴被欺负，气不打一处来，就直接去找老斗理论。但老斗很蛮横，说话不留余地。

　　宿舍阿姨回来后，在宿舍喝了闷酒，抽了包红双喜(女人烦的时候也抽烟)，老伴则在床上抹眼泪。想了一宿，宿舍阿姨想到老斗的为人，以及那些被她赶走却未得分毫利益补偿的人，下了决心，要保卫家人和自己。于是，一场没有硝烟的《劳动法》博弈开始了。

　　公司当时收购了一家香港上市公司的壳，对于很多陈年积累的不规范之处，根据券商、会计师事务所、律师事务所的意见，正在补漏洞，公司高层对这方面也开始注意，不想因小失大。只有老斗为了过一过个人的权瘾，逆势而为。

　　宿舍阿姨看清了形势，发现了管理上的缺口，决定攻城而入。正所谓：人不犯我，我不犯人；人若犯我，我必犯人。

　　于是她暗暗收集、整理证据，咨询律师。她是个有心的人，从开始值夜班起，她都偷偷做了记录并保存下来。这就是典型的"老甲鱼"，目光很长远，没想到当时的无心之举，日后还真派上了大用场。

　　宿舍阿姨给权总写了封信，态度很客气，但意思是在公司值夜班这么多年，包括节假日，公司没有给她发过加班工资，她有记录，自己算了算，应该有六七万，但她只要4万就够了，希望公司能考虑。她还说，权总是个很英明的人，她相信权总一定能作出人性化的处理。

宿舍阿姨根本不提老伴受气的事情。A地的问题,到B处去解决。围魏救赵,这是她的思路。

权总老谋深算,不动声色地把信转给了老斗和刘一刀,让两人处理。老总都是高人,轻易不会表态,总是当好人,恶人就让下属做吧。

刘一刀的态度比较犹豫,一方面是考虑到新《劳动法》的威慑,另一方面是公司要上市,存在一定的软肋。另外,他也觉得宿舍阿姨和老伴蛮值得同情的,想适当地补偿一些,但金额需另议。

但是老斗有不同看法,她觉得如果此次开了一个口子,就会有第二个。她觉得事态并不严重,就让刘一刀采取强硬措施。事到临头,老斗总是希望能找到一些"马前卒",可惜刘一刀不是。

刘一刀夹在中间很为难,跟皇帝身边的太监一样,急得团团转。没办法,既来之,则安之,只好先调查情况、测算数据,找劳动部门和律师咨询。

刘一刀让人事专员详细整理了宿舍阿姨自入职以来的工资发放情况,以及值夜班、节假日值班的相关数据。

过了三天,刘一刀找人事专员小王了解情况,问他进展如何。

小王报告说:"我刚刚问了一下劳动局的法规处,聘用人员的工资发放也应参照法规执行,即按规定是要发加班费的。这种情况他建议协商处理,适当地给一点,尽量不要闹到打官司的地步。我特意问了一下仲裁时效的问题,他说,到时候要看情况来。现在初步看来,仲裁时效60天是过了,但劳动监察时效两年还没过。"

刘一刀对小王的回答比较满意,他对这方面还是比较熟悉的,对这个案子也是下了点工夫的。于是刘一刀对他说:"下午你先把相关数据整理好发给我。下午或明天,你向劳动部门正式咨询一次,把有关意见整理好发给我,再把相关劳动政策找出来发给我。下周我们和部门内其他人员一起商量如何处理。"

三天后,小王提供了这样一份报告:

事由:199□年□月作为聘用人员,与公司是聘用关系,双方签订聘用协议,约定月工资一刀切(目前工资为900元/月)。200□年□月调值班员岗位,单休。我们只在长假日支付3天的节日工资及4天的假日工资,其他时间无加班工资。也就是说,我们不是所有的假日加班工资都没有支付,只是其中一部分没有支付而已。这么多年执行下来,她个人没有提出异议。但她现在因某种原因向公司要求支付第六天的加班工资(按日工资的双倍计算),对于平时延长的工作时间未要求支付加班工资。

政策咨询结果(劳动部门和律师的意见)：对聘用人员的工资发放也是参照规定执行的，即按规定是要发加班费的。这种情况建议协商处理，适当地给一点(具体由企业自行决定)，尽量不要闹到打官司的地步。如真打起官司来，企业必输。关于仲裁时效的问题，最高人民法院司法解释：对于工资拖欠问题已取消仲裁时效的说法。只要是在劳动关系存续期间以及劳动关系结束后两个月，任何时间都可以主张。劳动关系结束后两个月以后仲裁申诉失效。

测算：历年工资清单及历年本市最低工资标准，见附件1《×××200□年□月—200×年□月工资汇总》；聘用协议文本请见附件2《聘用协议》。

加班工资结算思路：将按最低工资标准计算单休加班工资的金额(以下简称"应当支付工资")与当时支付的月度基本工资(以下简称"实际支付工资")进行对比，实际支付工资比应当支付工资高，视为已支付加班工资；实际支付工资比应当支付工资低，视为加班工资未全额支付。

关于加班工资的支付，有如下三个方案。

方案1：按第四条规定，实际支付工资比应当支付工资低的，予以补足。根据历年工资支付情况看，应当补足5866元。

方案2：按第四条规定，我们把当年支付的年终奖金计入实际支付工资后，差额部分将减少2053元，予以补足。

方案3：先找她沟通，不提加班费的事，通过其他渠道适当补偿，金额另行商议(后果：等候仲裁)。

确保协商结果的法律效力：协商成功后，到仲裁院开具调解书，使其具有法律效力，当事人再也不能反悔。

以上就是行政人事部出具的建议方案书初稿。

知己知彼，百战不殆，有调查才有发言权。于是，刘一刀开始与宿舍阿姨进行沟通。

刘一刀也知道与她的谈话不会太顺利，必须考虑各种情况和了解她的真实想法。于是召集部门人员开了一个讨论会，提出了详细的沟通要点，其中包含老斗的立场和刘一刀的立场的平衡。

第一次谈话提纲：

让人事专员小王和老耿代表行政人事部与宿舍阿姨谈话，一个唱红脸，一个唱黑脸。

首先，作出肯定。作为一名为公司服务十多年的老员工，工作方面一直不错，也获过先进工作者的嘉奖。

其次，指出不足。公司与其是协议聘用的关系，每年都在续签，工资待遇与工作时间等规定都是经双方同意的。对于清洁工这类工种，公司给予的市场价格，也是企业化行为，不可能很高。现在反悔，道理上是说不过去的，而且是以补加班费这种形式。企业不太可能为了某一个人去另行制定一个制度。

再次，给予希望。但考虑到实际情况，针对当事人提出的申请，行政人事部与办公室、劳动部门咨询了相关政策，也请示了公司主要领导的意见，会尽量帮员工争取合理的利益。

然后，划定基本底线。按年收入与最低工资的算法，应补发3000多元，再考虑增加1000元的补助，大概应补发4000多元。

最后，给出两种选择。协商，以其他名义给予补助；如打官司，按年收入与最低工资的补差的算法，也只有2000多元。

补充：同意协商的话，需要最后写个承诺书或去仲裁院写调解书。

剧本有了，就要开始演戏了。刘一刀和人事专员小王、老耿一起与宿舍阿姨谈。为了缓和气氛，先给她泡了杯茶。宿舍阿姨不吃这套，直接问刘一刀的态度。刘一刀就按事先演练的套路演了起来。

宿舍阿姨说："你们对别人这样可以，对我这样不行。"她喝了口茶，说："我问过律师的，公司应该补偿我6万，我只要4万，少一分都不行。"

大家只好软下来，跟她说："大家协商嘛。你也退一步，我们也去争取下，大家好说嘛。"

宿舍阿姨把茶杯一放，嗓门很大："商量？公司什么时候想过我们的感受？说实在的，我不是针对你们行政人事部，我也知道你们很为难。我就挑明了，我就是针对斗某人的。这老斗太过分了，欺负我们年纪大，不体谅工作辛苦不说，还侮辱我们的人格，跟这样的人，我就是要斗到底。现在公司要上市，新《劳动法》也要实施了，我就是要抓住这个机会，为自己和老伴争取利益。说实在的，要不是她整天折磨我老伴，我也不会这样做，大家好聚好散嘛，但是现在我坚决要出口气。"

大家都被她的气势镇住了。她说的都在理，理亏的是公司，是老斗太过分了。

第一次的沟通，公司方惨败。

刘一刀回去跟老斗一商量，她也傻眼了，她知道宿舍阿姨是个"老甲鱼"，不好应付的。于是她也软了下来，让刘一刀再咨询下律师，再适当提高点补偿额度，同时她也会去找宿舍阿姨沟通。

到了周五下午，老斗叫刘一刀把宿舍阿姨叫到她办公室一起谈，刘一刀在旁边陪坐。

宿舍阿姨进来了，老斗笑呵呵地虚情假意了一番："啊呀，老姜啊，你爱人身体好了吧？火气别那么大嘛，我们可以再沟通的，你说呢？"

宿舍阿姨不吃这套，直接损她："小斗(故意不称呼她斗主任)，不是我火气大，是你太过分了吧。"

老斗还是笑呵呵地，说："没有啊，我对你们老两口一直比较关照的嘛。"

"关照个鸟啊？你这种人，一个人兼那么多个职务，你还不够啊？你死了能带到棺材里去啊？多少人因为受不了你的折磨，被迫离开了。朱总在的时候，我们公司的氛围还是可以的，等到你上台后，搞得乌烟瘴气，公司都变质了。"

说得老斗的脸一阵红、一阵白。

"我就直接告诉你，我就要这么多，一个子儿都不能少。对付你这种人，就得来硬的。我知道你们现在要上市，也怕违反《劳动法》，我现在就吃定你了。你不给我的话，那就打官司，找媒体曝光。"宿舍阿姨语气坚定，大义凛然。

老斗很尴尬，又找不到更好的说辞，只能一直强调会充分考虑她的要求，希望她不要着急，先回去，她再找公司领导商量下。老斗脸皮够厚。

宿舍阿姨说："斗主任，那我就看你的了。只要你能兑现你今天的承诺，我也会见好就收，不会怎么样的，好吧？"完全是胜券在握的样子，她在谈判中取得了主动权。

宿舍阿姨走后，老斗明显受到了打击。没办法，她只好去找权总、副总老随沟通。

过了一周，公司高层点头，按宿舍阿姨提出的数额做了补偿，具体由行政人事部操办。

到了离职的最后一天，宿舍阿姨来和刘一刀道别："小刘经理，你是个好人，这件事情也让你们为难了。"

刘一刀说："没关系，处理好了就好。"

宿舍阿姨说："我就是看不惯这个老斗，处处仗势欺人，好像这公司是她家的厨房，她爱把垃圾倒哪里就倒哪里，把整个公司弄得臭气熏天。我等下还要上去最后骂她一次，让她也知道被别人羞辱是什么滋味，反正她也不敢拿我怎么样，做事情还是不能太绝了，日后路上看到，至少还可以打个招呼，而不是被人唾骂。"

刘一刀很钦佩这位阿姨，送她出去。她上了楼，直奔老斗办公室。

果然，第二天，有个同事来告诉刘一刀，昨天快下班时，宿舍阿姨到老斗办公室去了，临走时还当面骂她，恶有恶报，总有一天没好下场。老斗不敢正面回应，特别心虚。最后，宿舍阿姨雄赳赳气昂昂地走了，抬着头，目视前方，走出了干了十多年的工厂大门。

评论：

2008年前夕，新《劳动法》即将出台，很多公司抓住这个时间差，作出很多有利于公司利益的处理决定。过了2008年元旦，新《劳动法》出台，打工群体的腰杆直了，反正仲裁也不要钱，劳动法也可以打印自学，或者借助报纸及网络等多种途径，对于HR来说，如出现劳动纠纷，就不好处理了。所谓时势造英雄，新《劳动法》的出台，也催生了一部分打工群体中的牛人，他们平时看着不起眼，到了关键时刻阶段，敢于挺身而出，为了自己的权益，与企业主或代言人斗智斗勇，并取得了不俗的成果。HR作为局中人，往往感到非常棘手。但是，这毕竟是阵痛，该规范的必然要规范，否则，迟早要付出代价的。《劳动法》讲究的是举证和对条款的解读以及运用。这两点，对于资方和劳方，同样重要。

企业中的"老甲鱼"，不仅指那些大人物，还包括一些小角色。他们平时看着不起眼，但到关键时刻，你绝不能小看他。

离职处理，最能反映劳资双方的纠葛和法、理、情的较量。有些人好应付，有些人难应付。在这个案例中，虽然刘一刀是行政人事部经理，但是真正的斗争双方是宿舍阿姨和在公司得势且爱折磨人的办公室主任老斗，刘一刀只是以行政人事部经理的职务角色参与其中，他在内心并不认同老斗蛮横、刻薄的做法。

宿舍阿姨的事情，耗费了行政人事部不少精力，刘一刀也是备感疲惫。但是，宿舍阿姨毕竟是"老甲鱼"，水平很高。在某次关于新《劳动法》的研讨会上，刘一刀就深有感触地和其他HR说："现在大环境变了，新《劳动法》的出台，以及资本市场中小板和创业板的出现，使很多公司成为拟上市公司，公司如存在违法、不规范的地方，要及时改正、补上漏洞。现在的员工，法律维权意识越来越强，有些人对新《劳动法》的了解比一般的HR还要透彻，不要小看他们。在政策的把握上也要注意尺度，不要太过分，免得兔子急了咬人，最后打官司，对公司也没有好处。"

在新《劳动法》实施之前，劳苦大众被市场经济中的私营企业主盘剥得受不了，人口红利也开始减少了，好在国家及时作出英明决策，与时俱进，即将颁布新《劳动法》，旨在保护弱者的利益。很多民工都通过报纸、网络了解了新《劳动法》，正如案例中的宿舍阿姨一样，对此颇有研究。

由本案例可知，很多时候，自学就是最好的培训，这源于自己的利益高于一切。

后　记

　　这本书终于写完了，还有一些话要交代。

　　在我已经出版的图书中，2本与绩效有关，1本与薪酬有关。手头这本，以人力资源管理为主要内容，模块增加了，回顾总结也更全面了。

　　我自2002年出道，一直在不同企业的人力资源部任职，从职务级别来讲，担任主管3年，担任部门经理6年(2段)，担任总监3年，到2013年正好12年。

　　在我的职业生涯中，人力资源管理实务的各个模块基本有所涉猎。但模块接触有先后，掌握程度也不同。最早3年以考核为主，后来接触了薪资；担任部门经理后，又接触了招聘、培训，涉及面更加宽泛。但对于人事模块的掌握，一直比较薄弱，直到2007年，由于2008年要实施新《劳动法》，产生劳动争议的风险增加，我不得不开始重视起来，包括后来公司上市提出的规范与要求，我逐渐通过与人事主管、律师等的工作讨论补了课，并相继熟悉了组织架构、制度建设、岗位管理、工作流程、部门管理等方面。担任总监后，除管理人力资源外，还分管企业文化，并参与了企业经营的部分工作。

　　因此，在我的脑海里，人力资源管理实务不仅仅是模块的增加，更是层次的递增。

　　模块和层级，可视为纵向与横向的结合，做成表格，有很多空白处，要想填充，须掌握其中的技巧，必定需要时间的积累。但是，在企业中，更重要的是，你没有机会去接触。在企业中干了几年，只接触一个或两个模块，这种情况非常多见，因为企业不给你机会，也绝少有同事愿意把他负责的模块的门道告诉你。因为在职场中，竞争先于合作。大家都要混饭吃，都要想办法往上爬。于是，在日复一日的工作中，渐渐产生疲劳感，随着岁月的流逝，白发增多了，但职位的含金量却没增加，烦恼便出现了。

　　因此，在这本书中，我把过去十多年经历的素材整理出来，包括各种制度、方案、流程、表单、数据，进行筛选，按照层级的不同，把专员、主管、副经理、部门经理、总监要做的事情和应具备的技能尽量区分清楚，体现出来，使其贴近现实，能让读者产生模拟感。

后　记

　　在撰写本书时，我就是基于这样的框架，花费了很多精力在素材的筛选上。当素材被如此这般地分类时，我也知道本书的一半已经完成了。

　　总体来讲，我在过去12年经历的那些案例，与最近几年或未来几年，大家正在做的或准备要做的，基本是差不多的。

　　但是，社会在发展，管理理念、技术工具也在发生变化，我们需要与时俱进。

　　在招聘方面，过去我在工作时，全国性的招聘网络主要有三家：前程无忧、智联、中华英才网，后来中华英才网衰落了；同时出现了一些免费的网络招聘渠道，比如赶集网、58同城等；使用猎头招聘居多的企业，多选择猎聘网。再后来，随着互联网、移动互联网的发展，人人网、拉勾网、内推网等日益兴起，推出了互联网招聘品牌，企业开通微博、微信，开始利用自媒体招聘，逐渐成为潮流。

　　在培训方面，我工作时，拓展训练、TTT(培训师的培训)、非人、非财、沙盘模拟、教练技术、EHR、e-Learning、领导力、企业大学等，在当时较为流行。但是，做久了就会产生疲劳感。最近几年又推陈出新，兴起一系列新型的培训形式，包括世界咖啡、促动师、行动学习、在线教育、Mooc(慕课)、K12。此外，还出现了网易云课堂、淘宝同学、腾讯精品课等在线教育平台。在成功学励志方面，继陈安之、翟鸿升之后，"大师"的行列中又出现了刘一秒。随着小微企业的大量出现，创业也成了培训热土，并相继出现一些阶段性的热词，比如蓝海、平台、接地气、干货等。潮流过去，就成了未来研究管理历史的考古遗迹了。

　　在人事方面，我工作时，多采用手工计算以及Excel表格，HR软件主要应用在考勤、工资计算等方面。《劳动法》于2008年出台，我们当时称其为新《劳动法》，现在当然又有新变化，包括劳务派遣受到了限制。如今，劳动者的法律意识显然增强了不少。然而，通过与读者、网友的交流可知，全国各地执行新法的具体情况，仍然存在很大差别。劳动政策、标准是个灰度，而不是单点。

　　在薪资方面，我工作时，谈到薪资改革，咨询公司和查阅教科书，基本都会得到这样的结论：薪酬曲线要陡起来，厂长和工人的差距要拉大。因为要根据贡献分配薪资，才算公平。但是，最近几年，由于一些高管，包括大国企、民企上市公司的高管，他们的薪资实在太高，员工的薪资增加有限，无法抵御物价的上涨。社会上各行各业对薪资差距过高的诟病，在天涯等网络论坛中时常可见。公务员也想涨薪，在天涯晒工资单、诉苦，但遭网民吐槽。教师也想涨薪，也在天涯晒工资单、居住环境，网民还肯给予一丝同情。事业单位实施了绩效工资制度，并要推行养老金并轨改革，公务员退休金变为养老金终于定调实施了。普通打工人群愈加觉得社保公积金的缴费额度和比例过高,已成为沉重负担。企业年金制度,实施缓慢且难度依然很大;官员腐败现象严重,被中纪委查出的贪腐数额之大,令人吃惊;与非法收入、灰色收入相比,普通网民,包括白领的薪资实在是少得可怜。白领,也从高收入的象征,沦落为与"屌丝"差不多的名词。时代潮流滚滚,河东河西,不用三十年。

在绩效方面,绩效软件从过去的IT公司定制,根据并发用户数量收费,发展到云绩效软件,这都要归功于云技术的发展。云绩效软件有三个特点:分期付款,数据在云服务器上,移动。

在对人的考评、选拔方面,测评软件发展得更为成熟,比如北森测评,现在还出现了云测评软件。另外,在绩效沟通的培训方面,我们杭州考典信息科技有限公司较早地探索并制作了职场HR微电影。这与国内最近几年微电影的发展大环境是有很大关系的。对于绩效有用无用的争论如"绩效主义毁了索尼",引发了针对KPI的刻薄言论,但随后,又产生了相对辩证的观点。

在组织架构方面,我工作时,最为常见的还是职能制、直线制,也有事业部制、矩阵制(项目部),网络制较为少见。2014年,随着小微企业的群体性爆发,也出现了一种新的组织结构理论,叫"三叶草",寓意是一个小微企业是由核心员工、承包商、兼职员工组成的。

关于其他方面的发展还有很多,对于这些新事物,很多我都没有亲自操作过,无法具体言说,只能点到为止。这要由在最近几年亲身投入操作过的同行来完成了,也许他们中的一部分正是我的读者。

我每天通过手机看腾讯新闻,或通过订阅的微信公众号,总能看到在各行各业中发生的社会事件。其中,有不少事件背后都隐含着人力资源管理的踪迹,有待我去挖掘。

就在我写下这些东西时,融创与绿城发生了股权争夺,宋卫平先生要重返绿城的新闻在微信群被不断刷新,我们从中看到了人力资源管理的影子——人事任免:融创人马的绿城房地产集团总经理田强被免,随后,田强带领管理层集体反击,澎湃新闻很澎湃。它所使用的主题词是:本体,这就是绿城与众不同的HR叫法:本体建设部。

这一年,除了房地产、钢铁行业,其他行业也在悄然发生变动。移动曾经是最让人向往的公司。移动的短信业务,曾经为其带来滚滚财富。但是因微信的出现,业务收入明显下降了。

虚拟运营商拿到了牌照,挖走了不少运营商的中高层和业务骨干,但是,虚拟运营商的经营业绩和市场拓展没有达到事前预期，反而遭遇困难重重。跳槽这件事，无论对与错，永远都是有风险的。

阿里巴巴和马云，淘宝，天猫，双11狂欢，电商与实体店的竞争，小卖家的焦虑和面临的生存挑战，都反映了电商行业的发展趋势。

在制造业和其他一些行业，还有很多因资金链断裂而跑路的老板。

政策、行业，公司业务，总是大于具体的职能管理，人力资源管理实务也概莫能外。

对我来说，人力资源管理不再是一个职业，而是一个行业，或者说是一项业务。

2002年，我的硕士论文以人力资源外包为主题，HR Outsourcing。今天仔细想来，我所做的转型，正是外包的业务衍生。

未来会怎样？

我们都需要探索，过程与结果，缺一不可。

最后，感谢导师王重鸣教授的教诲；感谢清华大学出版社施猛编辑及团队的付出；感谢同门师兄弟苗青博士、徐小军博士，杭州舟山商会秘书长陈沸律师，苏泊尔HR副总裁董战略先生，刘佳跃律师，青年时报记者刘永丽的友情推荐。

还要感谢我们的用户——广大读者，谢谢你们的支持。

人力资源管理，我们在路上。

张明辉

2014年11月于杭州